·互联网政治社会学译丛·

任孟山·主编

媒介与社会

权力、平台和参与

（第二版）

［澳］尼古拉斯·凯拉（Nicholas Carah）/ 著

任孟山　陈文沁 / 译

MEDIA & SOCIETY

POWER, PLATFORMS, & PARTICIPATION

SECOND EDITION

中国传媒大学出版社

·北京·

图书在版编目(CIP)数据

媒介与社会:权力、平台和参与:第二版 / (澳)尼古拉斯·凯拉(Nicholas Carah)著;任孟山,陈文沁译. -- 北京:中国传媒大学出版社,2023.2(2023.9 重印)
(互联网政治社会学译丛/任孟山主编)
ISBN 978-7-5657-3414-4

Ⅰ.①媒… Ⅱ.①尼… ②任… ③陈… Ⅲ.①传播媒介—研究 Ⅳ.①G206.2

中国版本图书馆 CIP 数据核字(2023)第 040516 号

(互联网政治社会学译丛)
媒介与社会:权力、平台和参与(第二版)
MEIJIE YU SHEHUI:QUANLI、PINGTAI HE CANYU(DI-ER BAN)

著　　者 [澳]尼古拉斯·凯拉(Nicholas Carah)
译　　者 任孟山 陈文沁
责任编辑 于水莲 杨小薇
责任印制 阳金洲
封面设计 闰江文化

出版发行 中国传媒大学出版社
社　　址 北京市朝阳区定福庄东街 1 号　　邮　　编 100024
电　　话 86-10-65450528 65450532　　传　　真 65779405
网　　址 http://cucp.cuc.edu.cn
经　　销 全国新华书店

印　　刷 艺堂印刷(天津)有限公司
开　　本 787mm×1092mm 1/16
印　　张 23.75
字　　数 477 千字
版　　次 2023 年 2 月第 1 版
印　　次 2023 年 9 月第 2 次印刷

书　　号 ISBN 978-7-5657-3414-4/G·3414　　定　　价 99.00 元

本社法律顾问:北京嘉润律师事务所 郭建平

目 录

致 谢

本书是许多同事十年来围绕"媒介与社会"课程合作的产物。许多论点来源于艾瑞克·劳(Eric Louw, 2001)的著作《媒介和文化生产》，这是我们合作《媒介与社会》(2015)第一版时的起点。艾瑞克慷慨地同意我继续推进第二版的工作。感谢他对本书的贡献，特别是他关于意义、权力和霸权的看法。感谢他多次与我探讨媒介、历史和政治，使我在编写本书时受到启发。

在过去的十年里，我有幸在昆士兰大学与讲授"媒介与社会"课程的同事一起工作，许多想法和观点都是在我们协作教学的研讨课中提炼出来的。感谢艾莉娜·布洛克(Elena Block)、德波拉·托马斯(Deborah Thomas)、凯特·华纳(Kate Warner)、萨曼莎·林多普(Samantha Lindop)、卢嘉茵·沙菲克(Lujain Shafeeq)、雷根·尼尔(Regan Neal)和亚当·多德(Adam Dodd)多年来为该课程所作的贡献。感谢艾莉娜·布洛克对媒介与霸权的当代学术争论这一部分所提出的建议。还要感谢马洛里·匹克(Mallory Peak)在编写课程关键概念的早期音频脚本方面的合作。

2018年，我作为昆士兰大学的助教，与学生们一起开发了这门课程。他们在贡献媒体生活体验的想法和思考方式上发挥了重要作用。感谢史培·吴(Shi Pui Ng)、希瑟·马丁(Heather Martin)、克尔斯滕·斯莱明特(Kirsten Slemint)、瑞秋·温斯顿(Rachel Western)、黄宾西(Bingxi Huang)、尼克拉·库克(Nicola Cook)、玛利亚-杰玛·布朗(Maria-Gemma Brown)、萨米·海诺宁-巴恩斯(Sami Heinonen-Barnes)、卢辛达·琼斯(Lucinda Jones)、艾玛·哈利代(Emma Halliday)、奥德特·米勒(Odette Miller)、梅格·托马斯(Meg Thomas)和莉莉安·朗吉亚(Lillian Rangiah)。

我也有幸与昆士兰大学的教学设计专家和媒体制作团队合作开发了本课程的融媒体版，包括动画、视频、音频和互动活动，其中大部分工作都为本书提供了信息。感谢昆士兰大学教学创新研究所允许本书借鉴这项工作。特别感谢琳达·麦克唐纳德(Linda MacDonald)、卡伦·舍帕德(Karen Sheppard)、马特·比德森(Matt Petersen)和丹·格林纳普(Dan Greenup)以及学习课程的其他设计师和媒体制作团队。

我有两位同事对本书作出了重大贡献。一位是艾利奥特·罗根（Elliott Logan），他曾是“媒介与社会”融合课程的研究员和作者。我们共同创作的一些视频，为本书中关于符号学和编码—解码部分的讨论提供了更丰富的信息。感谢艾利奥特允许我使用这些材料。另一位是娜塔莉·科里（Natalie Collie），她是我们设计、实验这门课程的一位长期的优秀合作伙伴，主要负责学习活动和评估的叙事与设计，她的工作出色且鼓舞人心。感谢娜塔莉慷慨地允许我采用我们合作教学中的一些活动和材料，特别是书中关于媒介平台的分析练习。

我很高兴可以收录“媒介与社会”课程上学生、学生合作伙伴和导师的几篇文章。每一章的案例部分都注明了作者的身份。感谢莉莉安·朗吉亚、艾拉·唐纳德（Ella Donald）、梅格·托马斯、丹特·阿洛尼（Dante Aloni）、切尔西·克拉克（Chelsea Clark）、玛利亚–杰玛·布朗和莎拉·希克曼（Sarah Hickman）。

除了“媒介与社会”的教学活动之外，本书的许多内容也受到了我的朋友和合作项目的影响。特别是书中关于“数字亲密关系”的部分，借鉴了我在2015年主持参与数字亲密关系相关项目时的经验，以及我与艾米·多布森（Amy Dobson）和布拉迪·罗巴特（Brady Robards）合著及合编的工作。

没有人比汤姆·奥里根（Tom O' Regan）更关注本课程的进展。但汤姆在我写这篇致谢时已经辞世。他是一位非常慷慨的导师，也是一位具有惊人的历史视野和知识广度的学者。我会永远记得与汤姆在一起时，他沉醉于思想流动的那些快乐时光。他非常鼓励我编写本书的第二版。他的讲授以及与学生的讨论，让我意识到全身心投入这个学术领域的理解工作，并试图捕捉其中的历史发展和新的进展是多么重要。

本书的大部分内容是2020年我与尼克拉（Nicola）、菲利克斯（Felix）和埃尔克（Elke）在家里完成的。我对他们的精神和陪伴充满爱和感激。菲利克斯对撰写书稿非常好奇。

愿这本书成为大家的朋友！

导　论

一、如何生产意义？

长久以来，媒体和文化生产研究都把意义的编码和解码作为基本的概念图式，这 1
种图式把媒介传播过程中的许多方面相互关联起来。意义的生产和编码在制度语境和社会语境中展开，经由技术手段传递，并在另一种语境中为人所接收和解码；这个过程中的每个方面都与其他方面相互关联，但没有任何一个方面能够完全主导其他方面。媒介是传递、扩散意义的社会过程。这个过程的重要性在于它塑造了我们理解世界的方式以及我们与他人的关系，我们对世界的理解方式进一步决定了我们的行为方式。意义分享的过程为权力运行本身所固有。有些人拥有物质资源和文化资源，掌握意义分享的组织权力和规范权力，因此能够影响资源的流动和人类关系的组织方式。

媒介和传播学领域的某些论述，甚至某些研究时段，都更多关注传播过程中的某一个方面。例如，政治经济学和生产研究被指过于重视编码，认为编码塑造了传播过程中的所有其他方面；而关注受众和接收过程的研究则被指过于简单地把受众积极的解码行为等同于拥有权力。不过，媒介和传播学领域的大部分工作既关注人们如何创造、编码和散播意义，**也**[①]关注意义的接收、解码和再扩散。本书建立在编码—解码研究的传统之上，并将下述假设作为出发点：我们只有考虑到传播过程中的每个方面是如何关联的，才能理解这些方面。要理解意义和权力，就必须理解人类关系如何受到意义的流动的影响，这种意义的流动是由制度、实践和技术组织起来的。本书考察的就是强势群体、传播的方式和意义的流动之间的关系。

本书关注参与式文化和媒介平台时代的意义和权力。具体而言，我们通过意义来认识彼此，通过意义的创造分享来确认他者的存在及其生活与愿望，了解他们要在这个世界上占据一席之地的主张。因此，意义是在人们的协商过程中被创造出来的，并由此形成了社会关系、制度和共享的生活方式。但是，人类关系的维持嵌于权力关系当中。 2

① 正文加粗内容为原书斜体内容，以下不再说明。——译者注

我们在追求自己的意志、愿望和生活方式的时候，其他人也在追求或者与我们展开竞争。因此，意义分享既促进了共识，也带来了冲突。群体的目标是要让人们对他们确立的社会关系和社会制度达成共识；而由此产生的冲突和竞争，则可能会让社会关系或资源分配的变化对他们更加有利。

二、权力如何形成与维系？

媒介和文化是形成共识和组织人们参与的核心。在20世纪的大部分时间里，学界关于意义、权力的论点都集中于意义生产的工业化过程。工业社会的一个关键制度是文化工业。文化工业由一系列制造、管理意义传播的机构组成，通过这些机构来塑造和管理大众。这些机构包括学校、大学、政策制定部门以及对本书来说非常重要的媒体和流行文化产业。文化工业在形成民族认同、促进工业经济管理方面具有关键作用。20世纪崛起的媒体和文化产业为大量受众生产内容，是社会、政治、经济和技术等一系列因素相互作用的结果。大众传媒，例如广播、电视和印刷媒体，都只能单向地对受众传播内容，让所有受众同时收看相同的电视节目或阅读相同的报纸。这种传播系统与需要公众和大众市场的民族国家以及产业相契合。民族国家要让广大民众形成一致的集体身份，工厂则只能为大众市场生产一套标准化的产品。

在工业时代，文化工业的受众在很大程度上被认为是标准化意义流的接收端。至于受众在这个过程中扮演何种角色，则众说纷纭。具有批判性和反乌托邦的观点认为，受众是意义的被动接受者，受到那些控制文化生产的强势群体的操纵。正如在法西斯主义时期，广播、电影和其他大众媒体成为重要的宣传工具，工业化的文化生产已经表现出在引导广大民众方面的强大权力。但另一些更加细致的分析则指出，意义的工业化生产塑造了人们赖以生存的文化世界。正如媒体不能影响人们怎么想，但可以影响人们想什么。传媒业的重要性体现在它们创造了人类看待世界的框架，并为人的身份建构提供符号资源。诚然，受众可以积极地决定如何利用他们能够接触的意义和符号资源，但
3 几乎很难影响其所处的宏大的文化图式（cultural schema）。文化工业是建立、维系这种文化图式的关键机制；这种文化图式将受众参与限制在一个由强大的利益集团建构和管理的表征性框架（representational frame）内。这些论点十分有力，因为它们揭示了一点——即使民众积极地参与意义的解码与传播，媒体也能控制他们。

20世纪，学界不断提出关于受众积极参与意义的接收与传播的论点。有些观点具

有功能主义和工具性的取向，试图向国家或公司解释，管理大众不仅仅需要创造、传播意义，也需要塑造个体解释、解码意义的社会语境。另一些观点比较乐观，认为既然受众能够解读意义，那么文化工业就无法像那些评论家所声称的那样对广大民众产生强大的影响，因为受众总是能够自由地对文化工业提供的意义进行解码和创新。这些观点认为受众具有创造力，可以抵制、重整和调整批量生产的意义，使之契合自己的身份、意志和世界。随着数字媒体在20世纪90年代的勃兴，这些乐观的观点也有了市场。如果工业化文化产业的“问题”是阻碍受众参与，认为受众只会接收、解释那些预先设定的意义，那么数字技术为这个问题提供了一个解决方案，因为它能让受众积极地参与意义生产。在过去二三十年间，参与文化在数字技术的支撑下，已经成长为成熟的媒介平台。当代文化工业的形态说明信息技术已经更加普遍地渗透进我们的生活。文化工业不再只是批量地制造、传播意义，而是刺激、引导我们进行参与，这样才能把社会生活转化为数据流。媒介平台是当代文化产业的一种标志性制度形式，是我们社会创造、控制意义及数据的关键场所。

概念地图

一些重要观点为本书的观点提供了一个框架。我们将从**意义**和**权力**这两个基本概念开始介绍。

1.**意义**是人类传播的基本构成。人类通过意义来表达他们的感知、意图、感受和行动。意义以语言、图像、体态和仪式等形式存在，隐含了我们理解自己、彼 4
此和我们生活的世界的方式。我们通过意义来认识彼此，在创造和分享意义的过程中确认他者的存在、生活与渴求，了解他们要在世上占据一席之地的主张。意义是在协商过程中形成的，以催生社会关系、制度和共享的生活方式。

2.**权力**是实现自己意志的能力，你的意志可能与他人的意志相悖。人与人之间关系的特征是围绕物质、经济、政治、符号和文化资源的争夺。

权力的建立与维系部分取决于控制**意义**的能力。在任何人类社会中，关系都存在于强势群体、传播的方式和意义的流动之间。

我们可以借助三个概念来认识意义与权力之间的关系：**意识形态**、**话语**和**霸权**。

1.**意识形态**是人们赖以作出决定和采取行动的一种观念框架。媒介和传播的批判研究经常考察意识形态的问题，以分析强势群体如何建构意义框架，使之符合其利益。

2.**话语**指的是一种意义和观念系统，提供关于社会及社会制度的规则、程序和实践的信息。话语认可某些人并鼓励他们的做法，否定另一些人并阻挠他们的行为；指出哪些生活方式可以接受，哪些不能接受。

3.**霸权**是一种文化状态，其中，某一群体把某种特定的生活方式及相关的观念、身份和意义视为常态。当某一群体的思想看起来是自然的、不可避免的或是一种常识的时候，该群体就是占统治地位的。族群必须努力地实现并维持其霸权地位。

权力运行——生产、管理意识形态、霸权和话语——部分取决于对表征和身份创造的控制能力。

- **表征**是生产、交换意义的社会过程。人们用媒体来建构对现实的看法。人们对世界的理解方式塑造其行为方式。
- **身份**由表征生产而来，是我们在社会环境及权力关系中进行定位的过程。我们依赖可用的表征和话语来进行身份的建构。

5 在20世纪，**表征**和**身份**的建构过程是在大众社会的**文化工业**当中组织起来的。

- **文化工业**由一系列制造意义并以此来塑造和管理大众的机构组成。
- 文化工业雇用了一批**专业传播者**，他们的工作是生产和管理意义。

在过去二三十年间，**媒介平台**逐渐成为文化产业中主导的制度形式。媒介平台把人们参与意义的创造和扩散与收集和处理数据结合起来。这些平台除了制造并向**大众**扩散意义外，还需要受众**参与**意义的生产和扩散。受众虽然能够接收、解码、扩散和创造意义，但也受到大范围**监控**。文化工业为监视和回应受众投入了大量资源。平台具有**参与性**和**算法性**的特征。参与者创造和消费内容，给予并获得关注，并把自己的社会经历转化为数据流。这些数据则被用来训练算法模型，以便对内容、注意力和行动进行分类与展示。当代的文化工业依赖**数字**技术行使**权力**，以便监视、组织和控制受众的**参与**。

三、文化产业的当代形式

20世纪大众社会文化工业的许多关键特性依然存在，比如世界各地的人每天都会看电视、听广播、阅读新闻和看电影，也会在城市里行走时看到广告牌上的广告。文化工业能够塑造共享的生活方式，受众在这个过程中扮演着积极的参与角色——这一观点仍然很重要。数字技术的发展极大地扩展了文化工业在组织日常生活方面的作用。媒介平台成为一种主导的文化工业形式，嵌入全球化、网络化和信息化的资本主义制度当中。正如20世纪的大众社会用大众传媒来塑造集体身份和大众市场一样，21世纪的网络化灵活经济也需要那些具有适应能力的身份、细分市场，还有那些碎片化且不对称的内容和数据流动。灵活经济的基础是大规模的定制商品、服务和体验，与按需生产多 6
重身份受众的文化工业相互关联。如果20世纪的工业经济为大众市场制造的是一种产品，那么21世纪的灵活经济则同时为多个细分市场制造多种定制化产品。这种迎合小众群体生活方式的生产模式，与可以同时塑造、定位和管理多重身份的媒介系统的发展相互关联。

20世纪的文化工业严格控制表征形式，限制了受众接触符号资源和文化资源的机会，进而限制了人们对意义创造和扩散的参与，这也使其饱受批评。与之相较，媒介平台似乎大幅拓展了普通人创造和扩散意义的空间。然而，20世纪文化工业的控制模式或许只是在表征层面，这一点也体现在拉斯韦尔（H. Lasswell, 1948）提出的5W模式，即“谁对谁说了什么，通过什么渠道，产生什么效果”；而媒介平台则在这个结构上增加了参与式和数据驱动式权力运行方式。这个媒介系统告诉受众去想什么的能力，在文化工业跟踪、引导、利用和回应受众表达的过程与空间中，随着它不断赋予受众更多表达自己的机会而得以放大。曾经的文化工业通过限制意义创造和扩散的主体，阻碍了受众的参与，而今天的文化工业则努力刺激受众参与意义的生产。文化工业制造与管理民众的方法已经拓展到参与技术和响应技术。这些控制的运作方式就是让受众在限定的传播空间中展开互动，以便监测、引导和利用他们生产的意义。今天的文化工业已经高度宽容、更具参与性，而且响应度也更高，更深入地渗透进了人们的日常生活。

四、平台媒体如何组织意义的生产、参与和数据处理？

我们可以思考电视和智能手机之间的区别。电视是大众时代文化工业的象征，而智能手机则是平台文化工业的象征。电视把影像传送到千家万户。每天的早上和晚上，人们通过电视中专业传播者创造的影像来理解世界，这些传播者决定着谁可以发言、如何呈现世界。因此，电视的控制模式是表征性的，它通过图像来塑造人们的身份和实践，让每个人同时看到相同的意义流，这种大众观影方式形成了集体的身份认同和生活 7

方式。与之相较，智能手机也向受众分发连续的图像，但这些图像流是动态的，每个受众看到的东西都有所不同。他们能看到什么，取决于他们的身份及其在社会网络中所处的位置，因为手机传送的图像流会不断迎合受众的偏好和行为。这种内容混合体由专业传播者、文化中介以及普通人创造出来。我们在智能手机上看到的几乎所有的内容，都流经那个由文化产业制造并维护的网络。其中大部分内容要么是由专业传播者制作的，要么是在受到专业传播者监视的网络中扩散开来的。我们每天随身携带手机，手机则被动地监测我们在城市中的活动以及我们与朋友的互动，越来越多地监测我们的表情、情绪和身体。比较而言，电视媒介局限在家里，经常是关着的，因此只能分发意义，而不能监视或监听我们。而智能手机一直附着在我们身上，永远是开启状态，不停地发送、接收意义并收集数据。因此，智能手机更加灵活，响应更加迅速，不仅能与广大民众持续地交互，还能监测并管理他们。如果说电视是形成大众集体身份的中心，那么智能手机则促进了身份在网络中的生产和定位。

平台媒体因提供了新的参与方式而受到赞誉，又因其在人口管理当中急剧扩大了信息和意义的利用范围而受到批评。受众参与是这种文化工业不可或缺的一部分，但这并不意味着受众拥有了更多的控制权力。实际上，受众参与的越多，他们对网络的发展、意义的流动和数据收集的贡献就越大，也让管理可以更具自反性（reflexive）且更加及时。本书分析了新闻、政治、品牌和流行文化如何依赖受众的参与，目标是解释媒介平台如何构建受众表达的机会，与这种表达机会密切相关的是其对技术的大量投入，如此才能监控人们的日常生活。

五、权力运行中专业传播者的作用何在？

本书特别关注专业传播者对意义和权力的管理工作。文化工业目前的组织越来越着眼于媒介平台，专业传播者的工作也不只是生产内容和意义，而是拓展到了管理文化中介以及在内容持续扩散的过程中管理受众的参与行为。专业传播者不仅创造和扩散意义，也管理其他的意义生产者，还实时监视并回应广大民众。专业传播者也参与创造
8 和管理社会与城市空间，并在这些地方组织受众的参与。因此，专业传播者并不是单纯地为大众创造意义和表征，他们也在复杂而分散的网络中管理无限的意义生产过程。专业传播者需要掌握高超的传播能力、战略能力和分析能力，在文化工业控制的结构当中建立、维系社会关系；不仅要产出令人信服且有价值的内容，还要管理空间、人口以

及复杂的传播过程。

本书中的许多理论观点都具有批判性。批判理论关注社会关系的建构如何嵌入权力运行，论述媒介在塑造社会世界方面的作用，解析媒介和传播中的个体、制度、社会、文化、历史和技术面向。这些论点对学者、公民和专业传播者都有价值。因为，理解符号资源不均衡流动如何塑造了我们生活的世界，有助于让公民更具批判意识。这能让我们反思如何有效地让自己的声音被听到，如何参与那些对我们生活的世界有实质影响的传播行动，以及如何创造新的社会关系。最优秀的专业传播者会在更广泛的社会、文化和政治进程当中更加细致地理解媒体所处的位置。顶尖的专业传播者不仅仅要掌握传播技巧，运用技术来生产引人关注的内容，或打造那些引导受众参与的平台，而且还需要批判和分析能力，思考如何为社会关系和社会结构的建构作出贡献。批判理论能帮助我们深入思考人类经验和人类关系。哪怕你对通过意义来行使权力所带来的结果不太感兴趣，批判理论也提供了一些方法，让你深入理解意义与权力之间的关系。这组关系属于专业传播业务的范畴，理解它有助于了解各种策略会带来什么样的结果。需要指出的是，批判性思考并不是指责权力是坏的，或媒体是坏的，也不是为了揭露事物的本质。权力非常重要，它管理着我们的做事方式。批判理论并不是要去设想一个没有权力的世界，而是要分析权力是如何组织起来的；批判性的观点关注权力运行的方式，以及意义如何塑造人与人之间的关系。权力并非简单地使用强力，其运行结合了规训和参与机制。因为如果人们都同意并且参与权力关系的建立，那么他们是最容易被管理的。最好的领导者都理解意义与权力之间的关系，无论他们对媒体和权力持有何种政治态度或个人观点。

六、参与学术辩论

本书引用了这个领域中一些学者的著述，你可以阅读这些著述来拓展思考，从本书 9
的观点中得出自己的观点。与所有的学术出版物一样，本书不是一部与世隔绝的论著，而是根植于更广泛的学术辩论之中。如果你了解学术出版的运作方式，而且知道如何阅读学术论文，将能更好地理解本书的观点和论点。

期刊论文和学术出版物

期刊论文是学者向学界展示其研究结果和论点的研究或文章。在期刊上发表文章，必须经过相关领域专家的匿名评审。这样的过程可以确保论文在发表之前经过了相关领域专家适当的评估。学者向期刊提交论文后，编辑会把提交的内容进行匿名处理，然后发给该领域的专家，一般是两位或两位以上。这些专家读完文章后，将他们的评审结果和是否出版的建议回复给编辑。审稿人要作出两个判断：一是判断文章的论点、方法和发现是否严谨，是否符合该领域的学术规范和原则；二是判断文章对学术辩论有多大的贡献。因此，论文必须提出一些新的观点和见解，能够推动学术领域的重要辩论。期刊是一个持续辩论的论坛，也是更宏大对话的一部分。因此，你读到的任何一篇期刊论文，都将回应该领域学者过去以及当下提到的内容；如果这是一篇好文章，随着时间的推移，还能得到未来学者的回应。学术期刊的目的是激发研究人员展开结构化的对话，以严谨的方式来分享研究和论点。

期刊是学术领域的基石，是专家建构和管理观念生产的机构，能够塑造并定义某个研究领域。期刊是规划辩论、批评观点、展示观点和开展论争的论坛。如果没有期刊，学界就没有共享机制来以建设性的方式相互反对、相互挑战和相互支持。好的文章能够阐明该领域中的重大问题，有力地挑战当下的思维方式，并呈现严谨的研究方法、发现和论点，为同一个学术领域的学者指出前进的方向。期刊最新刊登的文章让读者深入了解该领域目前的重要辩论，但这并不意味着过去的文章已经不相关或不重要。如果能够在老的文章中发现有用且相关的辩论或思考，也应该采用。需要注意的是，在引用过去的文献时，要思考如何在当下的学术辩论中理解这些文献；要知道有谁在文章发表之后引用、参考或者扩充过其中的辩论。

如何阅读期刊论文

虽然所有的期刊论文都不尽相同，但都具备一些基本要素。了解这些要素是什么、如何找到它们以及它们为何重要，能帮助我们理解文章、评估其质量、更有效地阅读，并将其中的论点纳入自己的论文。

在阅读期刊论文时，要找到这五个要素：

1.一个重要的问题或主张；

2.在学术辩论中的立场；

3.对研究方法或路径的解释；

4.关于研究发现和论点的介绍；

5.对研究影响和学术贡献的陈述。

一、问题或主张

在阅读期刊论文时，你要找的第一个要素是作者提出的主要问题或主张，这个要素设定了作者期望读者进行阅读的框架，能帮助读者评判文章。编辑如果同意发表一篇文章，很大程度上是认为文中提出的问题或主张很重要，而且作者也对该问题或主张进行了清晰的表达。你通常会在论文的第一部分找到相关内容，这是理解一篇论文的基础。作者可能还会解释，为什么他们提出的问题或主张很重要，对谁或对什么重要。这些研究问题或主张可能与学术领域、政策或治理问题有关，或者是与政治、文化生活或一个行业当中发生的事件有关。

二、在学术辩论中的立场

作者对问题或主张的呈现，与文献综述密切相关。有些论文提供了明确的综述部分，有些文章则会把作者的主张和问题与对相关文献的分析结合在一起。作者有时可能不会明确称其为“文献综述”，而可能会列出一系列主题的标题，然后开展论述。

这部分的目的不仅是总结学术辩论，而且要组织、构建辩论。一篇好的文献 11
综述会提出相互竞争的观点，或阐明当下学术辩论中的缺点和局限性，目的是展示作者提出的问题和主张如何能够回应文献中的重大争论。有时，作者会提出要添加一些新的证据来填补当前辩论中的空白。也有作者提出要通过提供一些证据或展示一些新的发展如何改变已有的学术见解，从而纠正或反驳文献中的一些重要假设或主张。

学术文献一直在持续建构。期刊论文的目的不是用确定的知识来结束辩论，而是推动辩论向前发展。论文开头的文献部分是为了让这篇论文与学术辩论联系起来。有时，文献综述会表明研究对学术具有“应用导向”的贡献，有时则是“概念”方面的贡献。应用导向的贡献指的是从文献中提取已有的观点，然后在新的语境中进行应用或测试。例如，如果过去的研究主要调查了在某个场景（例如城市）生活的人，新的研究可能会在不同场景（例如农村）对人进行测试，以检验这些观点。概念性贡献指的是重新表述文献中已有的观点，或提出新的观点，这也是为了应对技术、社会或文化中出现的新的发展。

看完参考文献之后，读者应该清楚地了解研究所针对的学术辩论、辩论的重要性以及作者打算如何对此作出贡献。文献不仅能让读者熟悉辩论，也能为读者自己的研究提供一些参考。通常而言，有效确定阅读范围的一个好的方法，就是去查看其他人正在关注的那些作者的论文。如果你找到一篇有相关主题或问题的论文，请查看作者是在哪些学者工作的基础上进行研究的。如果你发现作者之间存在相互引用的情况，就说明你已经找到一个连贯的学术对话，你可以在此基础上形成自己的思考，撰写自己的文章。

三、研究方法或研究路径

作者提出问题和主张，解释它为什么重要，并且把自己的研究置于当下的学术辩论当中。然后，他们就会开始介绍自己如何展开研究，也会解释如何对已有的文献作出原创性的贡献。

媒介和传播学领域有广泛的研究路径。有的期刊会提供非常系统的模板，让作者在此基础上介绍研究方法。这些期刊更加推崇经验研究并遵循科学方法
12 的传统，例如心理学或社会学的方法。这些期刊上刊发的论文可能会清楚地标出“方法论”部分并进行详细、清晰的解释，一般还会评估研究的优势和局限性。

有的期刊则具有人文科学的传统。在这些期刊发表的论文当中，作者对方法论的解释和论证可能更加含蓄，但总会以某种形式存在。作者至少会用一个段落的篇幅来解释他们如何做研究以及做了什么，并会提到谁采用过类似的方法来解决类似的问题。

采用定量科学方法的研究可能会做一项描述性调查或实验调查，作者会清楚地解释、评估调查中变量的效度、样本量和分析程序。如果研究采用话语分析方法，则会解释所选分析文本的范围，描述分析步骤。访谈研究可能会写明受访者的样本、提出的问题、访谈内容的分析方式以及可能提出的主张。

有些论文会提出批判论点和概念，而不一定有经验证据或方法论的部分。但这些文章也会清楚地解释论证结构及涉及的材料。这些材料不是像访谈、文本分析或调查数据那样的经验材料，而可能是作者正在构建、批评或分析的一个学术辩论或概念框架。

在媒介和传播学领域，研究没有方法上的对错，也没有什么方法比其他的更好。重要的是作者要解释清楚他们是如何进行研究的，澄清其采用的方法如何能够回答自己提出的问题或支撑自己提出的主张。了解方法论有助于了解作者接下来提出论点的基础。你可能还会发现，有些论文采用的方法对你自己的研究项目和方法也很有用。

四、研究结果和论点

前面提到的三个要素分别是问题、文献综述和方法，这些内容清晰地展现了一篇文章的内容、重要性以及研究是如何完成的。接下来，作者将介绍研究的发现

和论点，这部分通常会用原创的材料和论据来表明作者的论点对文献有何贡献。这部分有时被叫作“研究结果”和“讨论”，有时则会在一些主题子标题下出现。经验研究更多地会单独呈现结果，然后进行讨论，这在刊登调查研究的期刊中很常见。在其他论文中，结果和分析交织在一起，这在定性研究和批判研究中更常见。这部分的结构通常能够为读者的论文写作提供有用的概念框架，因为学者 13
通常会在调查结果和论点部分提出一些概念，你可以用这些概念来形成自己的论点、分析和研究。

五、研究意义和贡献的陈述

论文的结尾部分会解释研究的意义和局限性，并对后续研究提出建议。具体而言，论文作者会解释研究结果对学术辩论的影响和意义，然后提出针对这个问题应该如何进行下一步的研究。你可以把作者的结论作为自己论证的起点，把论文中提出的问题和挑战作为思考和写作的起点。当学者阅读别人的论文时，会参考其中提出的影响和建议，将之作为制定后续研究和论点的基础。

六、把论文置于更广泛的学术辩论当中

你还需要在更广泛的学术辩论当中定位自己正在阅读的论文。第一种方法是查看论文的参考文献并找出其他的文章，这些文章能够拓展论文中对你有用的观点。在查看参考文献时，要与阅读论文相互结合。如果你认为作者提出的观点有说服力或有用，而且发现作者引用了另一位作者，那么就要查阅另一位作者的论文。第二种方法是查看论文发表之后，还有谁引用了它。引用指的是一篇文章发表后被另一篇文章参考。学者根据引文来了解文章发表后如何被纳入当下的学术辩论。由于学术出版相当缓慢，因此你可能会发现，文章在发表两三年后才会被其他作者引用。当然，著名学者的文章或某一学术领域辩论的关键文章会被高频引用。

谷歌学术是查找引文最简单的方法。你可以在上面查找正在阅读的文章。找到之后，文章下方会出现一个“引用”的链接，后面还有一个数字，这个数字就是文章的引用量。单击这个链接，就会看到一个文章列表，然后就可以搜索相关的出版物了。如果一篇文章有数百个引用，可以单击“在现有文献中搜索”这个对话框，然后在这些引用原始文献的文章中搜索关键词。这能帮助你找出相互引用 14
的文章，从而了解一篇文章在学术辩论中的立场。这对你的研究也有益处，因为你能从中找出并定位学者之间共享的对话，这些人已经在开展并参与辩论，你也可以参与其中。

第一章　意义、表征与权力

意义的创造与控制对权力运行至关重要。

15 ★ 什么是媒介？

★ 什么是意义？

★ 意义如何产生，如何受到控制？

★ 权力如何利用意义？

本章内容

- 定义媒介、意义与权力；
- 考察媒介技术的发展历史；
- 介绍传播者、信息、媒介和接收者之间的关系；
- 思考意义与权力如何关联；
- 介绍霸权的概念。

一、导论

我们根据媒介的节奏来组织生活。每天早上醒来，人们就会听到或看到工业化媒介 16
系统生产的声音或图像，例如伸手去拿手机、打开收音机或电视机。这些声音和图像是如何传送给我们的？

通过信号传输塔或者当我们走出前门在草坪或台阶上拿起一份报纸时，信息就开始传递给我们。当今时代，城市中最重要却几乎看不见的媒介基础设施或许就是信号塔。

距离你家或你所在位置最近的信号塔在哪里？你需要多长时间才能找到它？你觉得自己所在的城市有多少个信号塔？

离我家最近的信号塔坐落于几百米处的一家街角商店的停车场里。这家商店曾是一家百事达音像店，那里很适合开这种店。像百事达这样的音像出租店曾遍布世界各地城市的郊区近40年。曾经每个街区都有这样一家音像店，但现在已很少见了。过去，这里是一个有磁带库的商店，而现在则是一个信号发射塔，成为地方居民与庞大网络数据库之间的连接点。信号塔是思考媒介与社会的一个绝妙的起点。我们早上拿起手机时就连接到信号塔，信息和数据流经手机到达我们这里，组织起我们大部分的生活。因此，信号塔是传播观念、收集数据和控制信息流的节点。

信号塔有助于我们思考媒介的两个基本特性。首先，媒介是**技术性的**，是收集、存储、处理和分发信息的技术。在如今这个充满声音流和图像流的社会里，需要大量的基础设施遍布城市，进入千家万户，抵达每个人的身体。其次，媒介是**文化性的**，我们通过流经信号塔的图像、声音、符号和故事来理解这个世界。

因此，我们对媒介及其社会角色的考察，将涵盖媒介在日常生活中的持续存在、意义的生产扩散以及信息的收集、分析和分配。

二、什么是媒介？

自12世纪开始，英语“medium”一词被用来表达“中间的事物”或“介于”两点之间的意思（牛津英语词典，2020）。媒介可以是一种事物、物质和关系，甚至是介于某些东西之间的人。例如，艺术家用颜料作为媒介，颜料就是艺术家用来在画布上表现其脑中 17
图像的物质。从14世纪开始，媒介成为组织交换关系的个人或机构，例如，银行是交易者之间的媒介。从19世纪开始，人们已经可以拜访“灵媒”，比如通灵者或先知，这些人能够帮助生者与死者沟通。

19世纪中叶，“媒介”一词开始被用来描述大众传播渠道，先是报纸，然后是电影院和广播，最后是电视。20世纪，“媒介”一词开始被用来指称在社会中创造与扩散意义的机构和技术。随着20世纪中叶计算机的发明，“媒介”一词开始被用来表示存储数据的物质，例如磁带或硬盘驱动器。21世纪，媒介也指人们用来创建、分享和访问信息的数字平台和设备。

一直以来，我们都在不断发明、投入使用并重新定义媒介。在媒介与传播学领域，我们一般用“media”这一复数形式来表达媒介；一个例外情况是在表示一系列机构的时候，我们用的是“这种媒体”（the media）的表达方式。

从媒介本身发明创造的历程来看，我们认识到人类具有一些特殊能力。媒介是人类在体外存储信息的工具。正如杜汉姆–彼得斯（John Durham–Peters，2015：82）曾经问道：“人类和海豚有何区别？”他之所以问这个问题，是因为人类和海豚在某些重要方面非常相似：人和海豚都是社会动物，都通过身体来交流，而且都使用工具。杜汉姆–彼得斯（2015：82）写道：

> 海豚向我们展现了不借助人造物的交流方式。海豚不可能发明无机的媒介，不能制造仪器或纪念碑，也不能在体外存储信息或用自动化的方式处理信息。海豚的智能瞬息万变，在经过一件事情之后就会消失。它们的数据传输也是流动的，永远无法下载，那是一个即刻消失的图书库，如同没有被录制下来的广播电视节目或没有被记录下来的演讲一般。

他认为，海豚虽然也通过交流来形成一系列活生生的社会形态，包括小群、集群和派系，但它们不能在体外的物质之中存储交流的内容。使用媒介，是人类的独特之处。

人类传播之所以与众不同，不仅仅是因为我们创造了符号和意义系统来理解世界，也在于我们制造出来的机器可以把交流的内容在体外表现出来，使之能够被记录、存储和处理。诸如墓碑、海报、报纸、图书馆、博物馆、书籍、电影、记事本、电话、数据库、社交媒体平台等这些人造物，都是人类记录、传播内容的介质。与人类相比，海豚能知道的只是在自己身体中保留下来的东西以及它们在海洋中交换的信息。人类文明的一个不同之处正是在于我们能够存储的信息要比一个人一辈子所能知道的更多。

18 因此，媒介研究与其他社会研究和文化研究领域一样，分析的是社会结构和人类发明的那些让我们与其他的人、动物和自然环境共存的技术。为此，我们首先要了解人类传播中两个基本的构成要素：意义和媒介。

意义是人类利用身体来彼此交流的能力，体现了人类传播中的文化、社会和符号维度，也就是人们制作、分享与理解文字、图像和声音的能力。

媒介是人类创造的用于收集、存储、处理和分配信息的物质结构、工具和机构。我们通过媒介来组织自己的经验，并以持久的方式来改变周围的世界。在过去几百年间，随着人类开始在复杂的城市社会中生活，媒介也如同许多其他技术一样变得越来越重要。媒介在某些方面就像医疗保健、水电等公用设施以及学校、教堂等机构一样，都是管理庞大的密集人口的必要技术。

三、媒介的历史发展

首先，让我们回顾一下人类在体外存储信息、跨越时间保存信息、跨越空间传送信息和处理信息这段历史。从历史的角度来观察这个过程，可以将之划分为象征时代、技术时代和数字时代（Kittler, 2010）。

人类已知的最古老的岩壁艺术距今已有44,000年，它位于印度尼西亚苏拉威西岛的一个洞穴里，描绘的是人类狩猎的场景（Aubert et al., 2019）。这是最早的象征语言记录之一，也是我们目前所知的人类在体外存储信息的最早记录。即便斗转星移，岩壁上存储的信息也会流传千年。当然，这可能不是人类储存信息的第一个地方，但却可能是最持久的一个。后来，人类开始在其他发明或制造出来的材料上记录信息，例如墓碑、泥板、莎草纸、卷轴和早期的手抄书。信息只要被记录在这些小东西上，就可以移动了。

这些早期的媒介是**象征性**（symbolic）技术，需要人类通过自己对世界的感知，然后转化成手绘图画或文字。在象征时期，人类开始尝试各种能够跨越空间传播信息的方法，例如利用信鸽，或通过烟雾信号来编码讯息。正因为人类能够以物质形式来记录、存储、分享、交流信息，复杂的社会才得以建立。就像人类之所以发展出贸易，部分是因为我们可以把关于购买者、商品以及欠款的信息都记录下来。

1440年左右，印刷机的发明标志着一个新阶段的开始。在这个阶段，我们发明了一 19
系列机械，它们不仅可以复制符号、跨越空间传输信息，还可以捕捉、存储光和声音。本书把这些机械叫作**技术**媒介（Kittler, 2010），因为它们不需要通过人将现实转化为符码（如字母表），而是把一种媒介的内容存储在另一种介质上。例如，相机把光存储在胶片上，唱片把声音存储在黑胶唱片上。技术媒介非常重要，它们有效地替代或复制了曾经局限在人身上的传播过程。比如印刷机实现了符号的大规模复制，催生出新的媒介形式，并随之带来了新的文化实践和文化形态。印刷机取代了人工，成为符号再生产的工具；由印刷机批量生产出来的书报催生出新的公众讨论和新的观念，对13至19世纪发生于宗教、科学、经济和政治领域的革命运动起到了重要的推动作用。到了19世纪，电报的发明首次实现了电子交流，信息随之得以跨越空间高速传输；人们也开始思考如何通过电网来分发信息。

电报和印刷机扩展了符号的传播。印刷机用机械手段复制符号，电报则以电子方式分发符号。19世纪中叶发明出来的照相机是一种可以存储现实本身的设备。在相机出现之前，如果要存储图像，就必须先让光通过眼睛和视神经，把光信息传输到大脑，然后用手在纸张等材料上把图像绘制出来；而相机捕捉图像并不需要先通过人体。

人工绘制的图像一直是人类感知的产物，表现了人对现实的印象。但有了相机以后，光就不需要经过人眼和大脑，而只需要穿过玻璃镜头，在那里经过化学反应之后被储存到金属上，最后保存到胶片上。相机在这个过程中把一种介质存储到另一种介质上面，也就是把光存储在金属上。与之同理，19世纪后期的留声机把声音储存在蜡当中。在留声机发明之前，人们如果要存储音乐，首先要用耳朵听到音乐，然后在大脑里理解音乐，最后还要用手谱写乐谱。只有一部分人能够把耳朵听到的音乐转换为纸上的音符，但留声机却可以把声音存到蜡上面，而且这些声音并不需要先通过人体的处理。

此后，人类的许多发明都在不断提高捕捉光和声音的能力。19世纪后期，发明家开始用移动幻灯机和电影放映机等工具做实验，在人的眼前移动一系列静止的图像，这样就会形成移动的效果（Kittler, 2010）。人类在开发出能够存储光和声音的机器之后，下
20 一步就是探索跨越空间的传输方法。1876年发明的电话是首个实现实时传输人声的技术。19世纪末的无线电技术是一项非常重要的发明，因为在20世纪，捕捉、传输光和声音的媒介技术将成为大众社会中行使权力的核心。这些技术媒介用不同的方式让人体从传播行动当中解放出来，加速提升了媒介技术跨越时空传播的能力，使之超越人体和感官的极限。从19世纪初的电报到19世纪末的无线电，这些技术助力帝国建设跨越大陆，对大量人口和地区的殖民统治也随之成为可能。

进入20世纪，随着工业化、城市化以及大型而复杂的大众社会的发展，大众传媒系统随之出现。从20世纪初开始，传媒不断制度化与工业化。也正是在这一时期，得益于广告、消费者和政府的资助，电影、报纸、广播和电视等发展成为具有工业规模

的企业。

这个时期的媒介技术和实践之所以非常重要，主要有以下三个原因：

1. 现代传媒产业与职业的产生；

2. 媒体成为大众社会日常生活的核心；

3. 媒体成为政治经济进程的关键机构。

每天，借助"收听"广播，人们融入社会更大的政治和经济系统之中。正是广播告诉人们社会如何运作，以及人们在社会中占据了什么位置。20世纪上半叶的广播、电影、大众报纸，以及20世纪50年代崛起的电视，对于大众社会里文化的形成与维持都非常关键。这些机构的重要性在于它们是通过技术来大规模地生产和管理文化。

20世纪下半叶，更多定制化的移动媒介技术开始涌现。20世纪70年代以后，出现了大量设备和系统，例如磁带录音机、随身听、家庭影院和有线电视。这些技术不仅让消费者能够更好地控制消费媒体的地点、时间和方式，也让传媒文化更加碎片化、定制化。例如，有了随身听以后，人们就不用再收听广播，而是播放自己想听的磁带。

20世纪，数字媒介加入了技术媒介的行列。如果技术媒介可以把一种介质存储到另一种介质中（例如胶片上的光、蜡上的声音），那么数字媒介则能把所有信息（包括光、声音、文本）都转换为二进制代码（Kittler, 2010）。这样一来，媒介不仅可以存储和传输信息，还可以处理和操纵信息。自第二次世界大战以来，数字技术和互联网持续发展，直到20世纪后期才不断地在民众的日常生活中普及开来，而这也加剧了信息的碎片 *21*
化和定制化。实际上，互联网本来是冷战时期美国军事计划的一部分，直到20世纪90年代，随着互联网和个人电脑同时在家庭中普及，它才成为一种公共媒介形式。互联网第一阶段的发展主要是一种文字网络通信形式，例如电子邮件、论坛和聊天室，其特点是开放式、分布式和非商业性。

到了21世纪初，互联网已经发展出参与性、高度商业化和数据驱动的特质，这也意味着互联网渗透到了日常生活中。20世纪下半叶，几乎每个家庭都有电视，而今，几乎每个家庭都能上网。主导互联网发展的大型媒介平台出现在世纪之交，例如1997年的亚马逊、1998年的谷歌、2004年的Facebook、2007年的Netflix（流媒体服务）以及2007年的苹果手机。智能手机使得互联网演变成一种参与式、数据驱动的媒介基础设施，永远地附着在我们身上。这些数字平台具有参与性和数据驱动的文化模式与商业模式，标志着20世纪大众文化的巨大转变（Jenkins, 2006; Andrejevic, 2007; van Dijck, 2013）。现如今，我们在观看与回应媒体的同时，媒体也在监视和回应着我们。

四、传播、媒介与接收者

约翰·杜汉姆–彼得斯（1999：1）在其著作《对空言说：传播思想史》中写道："直到19世纪后期，我们才能根据自己的传播能力来定义自己。"正是从这个时期开始，报纸、电报、广播和电影等媒介形式成为那些生活在大型工业社会中普通人的日常经验。政治和经济精英开始意识到，要管理工业革命以后出现的城市和大众社会，媒体和传播具有关键作用。20世纪中叶，一门逐渐成形的学科试图解释传播如何运作，分析如何通过传播来管理舆论。这门学科随着媒体的工业化而诞生，因为公司和政府想了解如何通过传播来获得商业成功和政治优势，他们对部分早期传播研究人员进行了资助。

这一时期出现的传播模型有四个基本要素：传播者、媒介、讯息或信号、接收者。有两种基础的传播理论可以帮助我们理解这个传播模型：一种由政治学家哈罗德·拉斯韦尔提出，另一种由计算机工程师克劳德·香农（Claude Shannon）提出。

1948年，拉斯韦尔提出了一个著名而精炼的传播模型：谁、通过什么渠道、说了什么、对谁、产生了什么效果。这个模式中的每个元素都指向传播的一个组成部分。

22
- "谁"是传播者。
- "说了什么"是讯息。
- "通过什么渠道"是媒介。
- "对谁"是接收者。
- "产生了什么效果"指被接收讯息带来的结果。

传播是这样一个过程：具有某种意图或目的的传播者通过媒介，把讯息传递给接收者。

同年，一位名叫克劳德·香农（1948）的工程师提出了另一个影响深远的通信模型。香农提出的"通信的数学理论"与拉斯韦尔的传播模型有着相似的基本组成部分（见图1–1）：信源选择要传达的讯息，发送器把讯息转换为信号，信号通过信道发送到接收器，接收器再将信号转化为讯息。

这两个模型有着相同的要素。信源是传播者，渠道是媒介，讯息通过媒介抵达接收者。

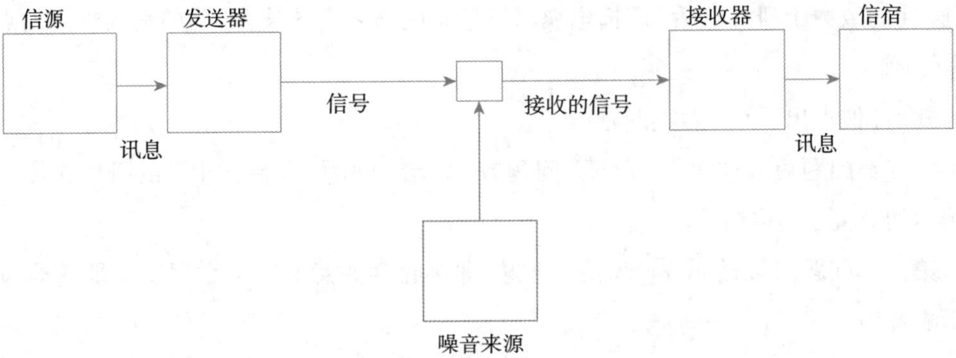

图1–1　香农（1948）的一般通信系统示意图

二者也具有相同的概念结构：传播者、讯息、媒介、接收者（见图1–2）。它们都把传播描述为把讯息从传播者传输到接收者的线性过程。但二者也有一个关键的区别：政治学家拉斯韦尔关心意义在人之间的流动过程，他感兴趣的是精英如何通过传播来组织大众社会中的观念扩散；工程师香农则关注如何有效地在点对点之间传递信息的技术。这个差异是我们理解当代媒介与传播环境的核心。

23

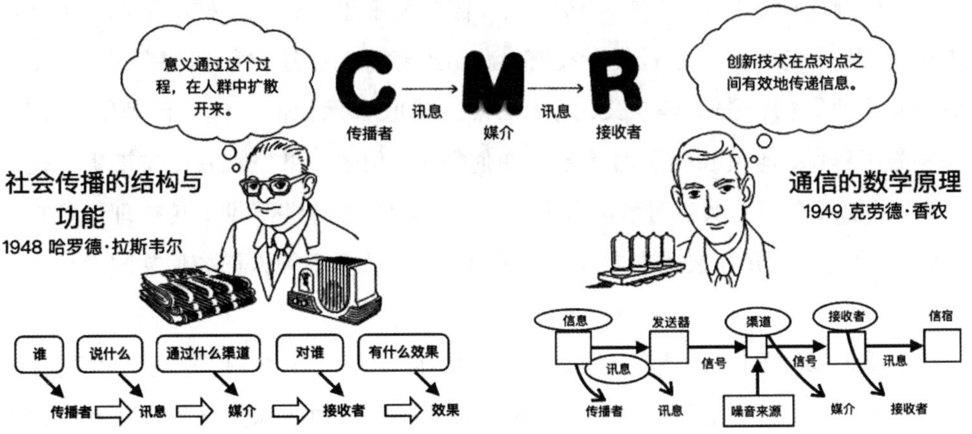

图1–2　传播、媒介、讯息和接收者

思考一下Facebook这样的社交媒体平台。它既是一种人们用来生产和分享意义的系统，也是一种收集和处理信息的技术系统。上文介绍过，这两个传播模型把传播者、媒 24
介、讯息和接收者之间的关系看作一种“社会”过程和“技术”过程。社会过程指的是意义在人与人之间的创造与扩散。技术过程指的是工程系统（媒介基础设施和技术）抓取、存储、分配和处理信息。研究传播既要理解这些过程，也要理解它们之间的关系。

对此，工程师克劳德·香农（1948）提出，可以把传播学者感兴趣的问题分为三类：

第一类是“技术”问题，即传播符号在传输时的精确度如何。这是工程师感兴趣的问题，他们致力于研发电话、广播电视以及数字网络之类的技术，目的是实现点对点的信息传递。

随后，他提出了另外两类问题：

第二类问题可以被叫作“象征”问题或“社会”问题，即传输出去的符号在传达想要传达的意义上有多精确。

第三类问题可以被叫作“政治”问题，即接收到的意义在多大程度上能符合预期地影响行为。

这三类问题揭示了传播的技术面向与社会面向之间是如何相互依赖的。因此，传播是一种社会技术过程，一方面是工程系统跨越时空传输信息，另一方面是通过这些系统来传播观念和意义，从而让人们形成对世界的感知共享，或在现实世界组织行动。政治经济精英开始重视这个过程，并投入了大量资源，因为他们发现，如果能影响人们如何理解世界，就能影响他们如何行动。

这些早期的传播模型经常被批评为过于线性。它们有时被叫作“皮下注射”或“直接效应”模型，因为这种从传播者到接收者的线性传播过程，相当于把观念直接“注入”人们的大脑。但这些批评并不十分公平。像拉斯韦尔和香农这样的早期的传播学者显然知道，传播要比这个过程复杂得多；人们虽然可以创造出任何想要的意义，并期望接收者像他们那样去理解意义，但无法确保接收者像他们一样进行理解。然而，香农是一名工程师，他关心的是通信系统如何平衡“信号”和“噪音”；拉斯韦尔是一名政治学家，他关心的是讯息对解读者带来何种“效果”。这些早期的传播理论都在尝试把传播者、讯息、媒介和接收者之间的关系概念化，从而理解人们如何共同建构共享的世界观。

我们来回顾一下传播哲学家约翰·杜汉姆–彼得斯的观点。他发现，“我的神经末
25 梢位于我的大脑，而不是你的大脑。因此并不存在一个中央交换枢纽，让我可以把我的感觉输入你那里，也没有任何‘无线’接触方式，可以把我对世界的直接体验传递给你”（Duham–Peters，1999：4）。传播在根本上源于这样一种事实：虽然人人都能对世界产生各种体验，包括各种观念、感受和感知，但无法直接与人分享。我们无法进入或控制另一个人的感官和思想。为了解决这个问题，我们人类制作工具和系统，把我们的生活经验转化为信息和讯息，然后与他人分享。那些“工具”是讯息和媒介技术，并且始终存在于我们彼此之间。但我们发现，无论这些工具多么精细，都无法让我们直接感受对方的体验，而只能让我们建立一个共享的栖息地，一起建构一个世界。因此，媒介研究、传播学和文化研究这些学科总在关注人类经验中这种不可简化的面向：我们通

过把信息存储在体外的媒介创造一个社会世界，用媒介来创造意义并与彼此分享。即使传播技术可能会发生变化，但传播过程一直保有四个基本组成部分：传播者、讯息、媒介和接收者。

五、意义生产

本书已经介绍**媒介**作为一种设备在收集、保存、处理和扩散信息方面的作用，并开始思考我们用这些工具来创建共享世界的复杂过程。根据传播—媒介—接收者这个模型，我们开始观察媒介如何被用来组织社会中的信息流动，以及媒介如何塑造我们看待世界的方式。一个传播者制作一条讯息，然后通过一种媒介发出，是希望别人能够理解讯息。传播—媒介—接收者之间的交换是一种**意义生产**的社会过程。

传播是人类经验的核心。我们出生时就身处语言和意义的环境里，并逐渐在社会化的过程中学会语言、掌握意义。那些我们所学习的语言、影响我们世界观的文化以及我们了解的思想，在我们出生以前就已经存在。我们的成长伴随着历史的内化，这就好比一个集合或一个池子，里面充满了观念、意义和实践，伴随年月的增长而不断沉淀下来。这些观念和实践就是社会和文化。对于我们如何处理与他人之间的关系、如何设想自己的生活以及如何做事，传播在情感和物质方面都发挥了很大的作用。

我们把意义、实践和传播方式内化，从而成为各种社会群体和文化的成员。意义是一种资源，我们用它来形成自我身份、与他人协商，并在社会世界中定位自己。意义从来都不是稳定、静止或固定的。我们在使用、扩散与分享意义的同时，也在改造和重新定位意义，因为社会和文化并非一成不变。意义不断地被重新发明出来并受到挑战。每个个体在与他人日常交流的过程中，都在促进意义的重构。当我们要理解和塑造我们的 26
世界时，必然会改变那些在我们出生时就知道的意义结构和文化实践。那些意义和实践塑造了我们，我们也用它们来塑造自己与他人的关系以及自己与世界的关系，意义和实践的变化贯穿了人的一生。那些在意义之网中难以察觉的无数微小的转变，就是在代与代之间、地方之间以及群体之间的传递中发生的。因此，文化是一个动态而富有生命力的过程。意义的变化发展正是因为传播过程中发生着感知、接收和解码以及传授、散播和编码，这些都需要无数微小但极富创造性的人类交往。

所有个体都在意义的制造、再造和扩散当中发挥作用。当然，有些个体和群体在传播过程中要比其他人更有权力，因此，我们所在的这张意义之网并非任意形成的。人们的位置因其所在的权力关系而有所差异，这些位置会影响他们进入媒体生产和扩散系统的通道。有些人拥有更多符号资源、文化资源和经济资源来控制意义的制造与扩散。但这绝不意味着传播是一个线性的等级结构。因为每个交流着的人都处在特定时空下的某个社会关系网络中；每个人在采纳、协商或抵制意义生产扩散方面的能力都有所不同，而正是这些意义构成了他们的生活、身份和社会世界。

意义的制造嵌入人际关系，人际关系总是存在符号资源和物质资源的分配不均。某些人之所以可以控制人类社会的形态、文化习俗和物质世界，是因为他们拥有的资源是权力的基础。本书把这些过程叫作权力关系。个体获得并维持权力的一种方式，是通过意义来定位自己，从而让自己和其他人发生关联。为此，人们需要创造并控制意义生产扩散的系统。正如意义永远不会固定一样，权力关系也在不断流变。人们争夺意义是要提高自己在权力关系网中的位置。获得传播手段、甚至掌握特定意义，不仅是权力的衍生物，也是获得权力的手段。那些有权力的人之所以更能够制造和扩散意义，是因为他们能够掌控传播机构和传播实践。意义生产的场所以及意义流动的渠道都是重要的斗争场所。因此，新闻编辑部、影视工作室、议会、法院、大学和研究机构等意义生产空间，都是人们争取渠道、争论观点的斗争场所。

要理解为何一组特定的意义会在某个时空中扩散开来，就必须分析人与人之间的权力关系。要理清权力和意义的格局是高度复杂的，因为其中的每对关系都在不断转化。所有人类群体都在不断争夺权力，赢家和输家也在不断地改变阵营。权力的转移伴随着意义生产的变化。要理清意义生产的机制，与理清意义本身一样，需要仔细考虑意义嵌入的时间、地点和权力关系。

六、影响意义生产的权力

27 要分析影响意义生产的权力，需要先考察权力与意义之间的关系。权力虽然无形，但作为人，我们都能凭直觉意识到它的存在。我们平时都清楚要如何根据周围的权力关系行事。在家里、教室、工作场所和公共场合，我们知道有些人能够控制我们的行为方式，虽然这种控制往往很微妙，但我们都心甘情愿地接受权力对我们行为的规约。权力是意义生产扩散的一个关键维度。我们在分析权力时，特别关注特定人群在特定场景或时刻是如何制造和扩散观念的。权力的定义很多，是一种难以捕捉的现象。在本书中，权力指的是在与他人互动时获得己之所欲的能力。有权力的人即使遭到他人的抵抗，也能够实现自己的意志（Weber, 1978）。权力还体现在巧妙化解冲突的能力上，即从一开始就阻止对立的议程的发展（Lukes, 1974）。

这个关于权力概念的定义，可以引出三个相关的问题：

1. 权力与精英群体之间有什么关系？

2. 权力从何而来？

3. 意义与权力之间有什么关系？

（一）权力与精英群体之间有什么关系？

讨论意义生产与媒体之间的关系，有时听起来像是一种阴谋论，也就是认为权力精英会操纵媒体内容来谋取私利。持这种阴谋论观点的人多少会指出，强势群体会小心翼翼地控制由媒体制作、扩散的讯息和意义。在他们眼中，媒体无所不能，却被用来生产“虚假意识”。但即便强势群体可能会利用媒体来制造和扩散其偏好的意义，也不能保证实现意图，因为制造和管理意义的过程杂乱无章，并没有一群精英关起门来、坐在一起密谋制造什么社会意义。换言之，对意义生产的控制并不总是压制性的，也可以是自反的、可变通的。也就是说，精英并不是通过管控特定的意义来控制意义的生产，而往往是通过监视和回应一般的意义生产，即对之加以调控、塑造和疏导。控制意义的方法非常精细、微妙。强势群体利用媒体来维持权力，但这并不意味着他们可以用媒体来直接操纵人民。

美国政治学家罗伯特·达尔（Robert Dahl, 1961）和社会学家赖特·米尔斯（C. Wright Mills, 1959）对权力概念有不同的看法，这分别对应着关于权力运作的两种不同的理解方式。达尔在其著作《谁治理？》（*Who Governs?*）一书中提出了多元主 28
义立场。他认为，在民主制度中，权力是分散的，因此不存在统一的精英。但米尔斯在其著作《权力精英》（*The Power Elite*）中指出，权力最终属于社会中的一小部分人。相比较而言，达尔的多元主义权力观认为，社会由众多交叉的利益集团组成，没有明确的精英阶层。但米尔斯的权力精英理论把社会视为一种等级结构，一小部分精英联合起来统治其他人群。本书采取第三种理解权力的方法——“霸权统治模型”。这种观点介于“权力分散”和“统一精英”之间。霸权指的是把一种文化（即一套思想、实践和价值观）打造为一种常识，并且获得人们的同意。例如，在西方社会，自由主义、民主制度和资本主义是主导的霸权观念，大多数人基本上同意这些观念并据此开展行动。霸权精英形成于利益集团的联盟，这些联盟虽然强大，但其统治地位存在混乱性和暂时性，而不像米尔斯所说的那样等级森严。

29

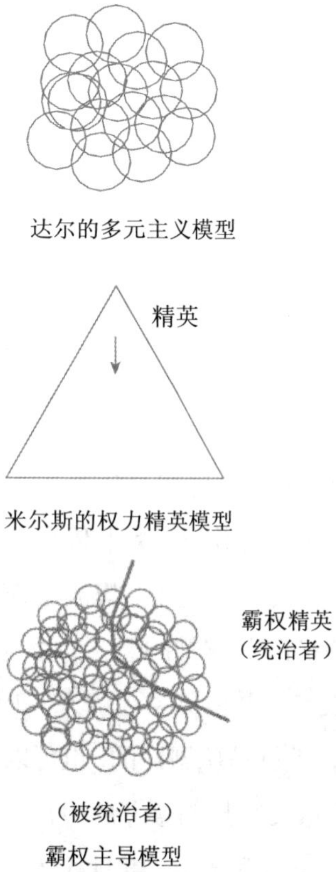

图1-3　多元主义、权力精英和霸权主导

米尔斯和达尔的立场看似相互排斥，但如果考虑权力的迁移和变异，就会发现两种观点都有道理。权力的场所在斗争过程中一直在发生变化。多元主义否认精英出现的可能性，这种观点似乎比较幼稚。权力精英并非人类生存的必要条件，达尔（1961）所描述的那种权力分散的情境可以存在，但多元主义没能认清精英其实可以并且确实在蓄意地操纵和控制大众的现实，这一点同样比较幼稚。然而，认为普通人肯定没有权力、永远只能受人摆布的想法同样令人质疑。更加实际的做法是，既承认（有抱负的）精英的存在，也承认非精英群体是复杂的多元竞争体系的一部分，都能参与对物质、文化资源及权力的竞争。在这个框架中，媒体是众多社会斗争场所之一种，是获取和建立权力的一种手段。

霸权主导模式的基础是用一种动态变化的视角来考察精英。具体而言，在某些时候，精英很可能会集结起来，设法在某个特定语境下获得主导权力，哪怕之后会受到挑战甚至被推翻。他们的对手可能是另一些新兴精英，也可能是分散而多元的网络或利益联盟。关于达尔的理论模型，我们可以设想一种没有任何权力中心的社会，这种社会是由一系列支离破碎且相互竞争的利益主体构成的，而且这些利益主体很容易发生变化。如果把社会想象成一种流动变化的实体，就可以用精英理论和多元主义理论来描述这种不断变化的连续体中的不同时刻。葛兰西（A. Gramsci, 1971）提出的霸权斗争概念特别有助于理解相互竞争的利益集团之间的互动，也能够帮助理解现有的、新兴的和衰落的权力精英。霸权必然需要建立和维护，如果有人想要获得并维持权力，就必须持续投入资源、管理与其他潜在精英之间的关系、积累物质资源、创造观念并获得认同，这个过程永远不会完结。统治精英不是在幕后操纵社会的阴谋家，相反，他们需要为霸权辛苦劳作，统治只是他们努力的一个结果。在当今社会，建立和维持霸权还需要管理千百万人的利益。

（二）权力从何而来?

权力有三种常见的来源：

1. 通过物质和文化资源来获得权力并获得他人的同意，包括使用暴力或威胁使用暴力。

2. 占据社会地位，从而增强行动能力，让他人服从并限制其行动能力。

3. 利用和控制意义，用以建立社会关系。

这三种解释都有价值。简而言之，权力来自经济和文化资源、社会地位以及对语言和意义的控制能力。

为了获取并维持权力，精英以及潜在的精英都要控制那些创造和管理观念的机 30
构。许多机构需要“获得授权”之后才能制造并扩散意义，例如教育机构、媒体、议会和法院。这些场所就是文化资源，人们对这些场所趋之若鹜，争相控制，任何社会都存在这样的斗争。当权力关系不够牢固或出现争议时，斗争也最为激烈。强势群体总是竭尽所能地控制和限制进入这些机构的门槛。

在大型工业社会中，资格认证是一种重要的控制手段，是机构制定的准入标准。正如要成为教师、学者或律师，就必须获得相应的资格。20世纪，大学成为西方社会中关键的资格认证机制。不是任何人都可以进入媒体并成为意义的生产者。媒体运营者不仅要具备合格的技能和资质，还要保证他们雇用的意义生产者也具有这种机构的意识。那些生产无政府主义、反资本主义、法西斯主义或恐怖主义报道的人，就无法在倡导自由主义的西方新闻机构里面保住饭碗。

20世纪，媒介成为一种重要的文化资源，定义人的好坏、强弱、重要与否、可信与否、合法与否。为了媒体表征而展开的斗争成为必需，因为这些话语界定了特定的等级结构，决定了社会地位和占据这些地位的人是否具有合法性。20世纪下半叶，正是因为人们认识到了媒体在观念制造与扩散的过程中的重要性，那些追求权力的人也开始把媒体机构当作一种宝贵的财富。只要拥有和控制媒体机构，就有权决定聘用某些意义的创造者。媒体一般只会为那些他们关注的特定的人或事赋能；媒体可以通过说他们的坏话，或者只要不承认他们的存在，就可以让他们丧失权力。要了解媒体的所有权和控制权是否真的能带来权力，就需要分析相关的个体、媒体所处的语境以及在这个语境下发生的更广泛的斗争。权力并非一成不变，生产意义的机构是动态的场所。但如果有人已经拥有物质权力和象征权力，就可以在未来的权力斗争中占据优势。

（三）意义和权力之间有什么关系？

个体在多大程度上能够塑造和改变意义？对于这个问题，我们可以提出三种答案。

1. 意义是固定的

31 第一种观点认为意义是固定的。个体身处预先设定好的社会结构之中，扮演特定的角色，其塑造意义的能力相对较小。

从这个观点来看，语言是一种命名事物并传承那些名称的社会历史进程。具体而言，虽然有一个世界就在那里，但我们只能通过语言来了解它；个体改变名称的能动性较小。正如语言学的创始人费迪南·德·索绪尔（Ferdinand de Saussure, 1974）提出，我们在社会化过程中进入了语言的"囚笼"。在他看来，我们在出生时就面对着一个有着主观结构的世界，学习的是已经存在的符号和符码。马克思主义理论家路易·阿尔都塞（Louis Althusser, 1971）采用索绪尔的语言结构观，提出了意识形态国家机器的思想。意识形态国家机器包括家庭、宗教、媒体和教育。这些结构把我们置于固定的意识形态或意义之中，而且这些意义决定了我们理解世界和行动的方式。阿尔都塞认为，权力来源于对意识形态国家机器的掌控。这种观点具有结构主义和主观主义的特点，认为人类在传播活动中的能动性很小。

2. 意义是暂时固定的

第二种观点认为意义是暂时固定的。在这种观点看来，个体具有一定的能动性，能够共同改变意义，但这是一项艰巨的任务，不是随便哪个人都能够完成的。意义只有被反映在更大的制度结构和社会结构中时，才会发生实质性的变化。

这个立场具有后结构主义的特色，它的基本观点是，我们并不完全由出生时的社会结构所决定。法国哲学家米歇尔·福柯（Michel Foucault, 1977）认为，我们是在话语实践（或意义生产）当中构建而来的，这些实践是由机构内的能动者创造出来的。这种立场把人类的能动性和斗争与制度化的传播观联系起来，意义重大。这意味着结构固然存在，但结构、制度和实践是可变的，因为它们是人类斗争的结果；意义结构因人类的社会实践和传播实践而得以维持。福柯的话语实践观代表了语言决定论的转向，他否认了我们生来就面对一个无法改变的语言或意义系统的观点。福柯认为，知识是人类在自己制造的机构里通过积极的实践形成的，这种知识观与安东尼奥·葛兰西（1971）的霸权斗争观一脉相承。对于像福柯和葛兰西这样的哲学家来说，传播是人类斗争的结果。虽然传播结构可能会对人类行动设定框架，但不会预先决定人类的行动。

3. 意义是永远开放的

32 第三种观点认为意义是永远开放的。个体具有高度的能动性，能够在各自的身份展演中改造、挪用并合成意义。意义随着个体创造出新的关联而发生变化。

法国哲学家雅克·德里达（Jacques Derrida, 1976）认为，意义结构会因为固定、拆解和重新固定而发生持续的开放式转变。换言之，意义的制造是一场无止境的象征游戏，总是只有一部分被固定下来（Laclau and Mouffe, 1985）。这种观点的局限性在于没有注意到意义与社会结构之间的相互作用，没有回答权力关系如何嵌入可识别的政治经济语境之中。权力斗争虽然涉及符号互动与文化资源，但不能认为那只是单纯的意义之争（Hall, 1983）。

福柯的话语概念与葛兰西的霸权思想都认为意义可以暂时固定，他们承认人类的能动性和结构限制同时存在，因此这种观点更具解释力。具体而言，人类必须在已经存在的经济、政治和语言结构中制造意义，因而必然受到权力关系的制约。但这些既存的结构和权力关系并非不能改变，也绝非完全稳固。相反，这些结构设定了后续权力斗争和影响力斗争的发生条件，这些条件可能有利于某些参与其中的个体或群体，但不会为任何人预设一个结局。

意义与权力关系都是在持续的斗争过程中形成的。在这个过程中，如果特定的意义和结构对某些人有利，他们就会尝试加以锁定。如果他们有足够的权力或影响力，甚至可以暂时获得成功。但权力是关系性的、杂乱无章的，取决于人类在特定时空下的互动方式。由于任何控制系统总是存在空隙和矛盾，总有人想规避那些控制机制和封闭的意义，而且经常能够成功。但归根结底，关系的改变无法避免，权力转移也必将出现。权力是短暂的，总是受到语境的约束，总会从那些尝试拥有它的人那里溜走。意义和权力关系都在不断地流转、迁移、转变，有时二者是同步的，有时不同步。这也为那些希望挑战现有权力关系和结构的人带来契机。正是关系的流变限制了那些有权力的人，因为他们无法让那些有利于自己的关系永久固定下来，因此总会受到其他群体的反击。正因为人类具有斗争的习性，而且在任何社会结构中都能发现空隙和矛盾，因此权力总是受到限制。无论是经济结构、政治结构还是文化结构，都不是永恒的封闭空间。结构至多只能引导人的能动性。

意义的生产也是同样的道理。意义生产的过程受到多种人为的权力关系和结构的
制约，虽然这些制约会限制人类工业和创造力，但永远无法消除它。即便权力关系和 33
结构不能决定意义，但仍是制造和控制意义的语境框架的一部分。

七、围绕意义的斗争：霸权概念

人类关系中的一个重要维度，就是竞争的个体和群体不断为权力和主导地位而斗

争。竞争对意义的扩散和生产都有影响。所有社会都有主导群体和被支配群体，主导群体自然要维持地位，他们有两种创造和维持权力的机制：

1. 对挑战者使用暴力或威胁使用暴力。

2. 使那些赋予其主导地位的社会安排具有合法性。

（一）主导群体合法性越高，所需暴力就越少

精英群体往往会结合暴力和合法性来维持主导地位，而且更倾向于用合法性而不是暴力。因为如果人们认为一种权力关系是合理的，这种关系也就更容易维系。因此，意义的生产与流通是获得并维持权力的重要工具。建立并维持主导地位的一个关键要素是操纵意义，这样才能让被支配者同意。专业传播者能够建立具有合法性的常识性意义，这是建立霸权的核心，因此他们也被卷入了权力的斗争之中。

意义是流动的，是专业传播者之间持续斗争的结果。专业传播者既可以为主导群体效力，也可以为被支配群体效力。一般而言，主导群体的优势更多，因为他们有更多的资源来雇用专业传播者，创办或拥有生产意义的机构。例如，在美国总统大选期间，那些拥有资源的人可以投资广告、游说团体和智库来生产与传播观点，从而极大地影响意义的生产过程；他们可以用自己的资源来架构政治辩论的框架，使政治议程和媒体议程中一些特定议题具有合法性，同时让另一些议题失去合法性。

建立霸权需要不同的专业传播者，包括游说者、政策制定者、律师、研究人员、记者、广告商、政治战略家、数据分析师、设计师等。他们聘请这些专业传播者不仅仅是为
34 了生产意义，也是为了影响和控制那些组织意义扩散的社会、文化、法律和政治结构。如果能够雇用最好的顾问、政策制定者、舆论研究人员、竞选专家和传播者，就更有可能将自己的想法提上议程，成功机会也会大大提升。但哪怕是最老练的专业传播者，也不能决定意义的结果，最多只能在任一时间点上让意义生产偏向于那些主导者或掌握权力的人。理解这种能力的本质和限度，也是审慎考察意义与权力之间关系的一项工作。

（二）定义霸权

专业传播者建立霸权。霸权指的是建立并维护那些主导群体或强势群体的合法性。如果被支配者同意让更强大的群体统治，后者就有了合法性。在这方面，知识分子或专业传播者有三项任务：

1. 专业传播者为主导群体建立共识和合法性，支持强势群体的利益和目标，让其

他群体认为强势群体拥有的领导力、观念和道德准则是“自然”的。在媒体和教育领域，制造合法性的工作最为常见。

2. 专业传播者组织结盟、促成妥协。这在议会中最常见，人们就不同的利益在那里讨价还价，最后作出妥协、达成交易。

3. 专业传播者运用策略来引导政治力量或强制力量。在葛兰西看来，暴力是所有霸权的基础。即便没有必要真的去对大多数公民行使暴力，但暴力的威胁无处不在。最简单的例子是警察和司法系统执行法规。大多数公民只要了解违法的后果，就不会触犯法律。知识分子和专业传播者的工作就是组织这些威慑力量并使之合法化。

专业传播者在各种机构当中生产和管理那些让强势群体合法化的观点，这些观点可以出现在任何地方、任何时间。主导话语一般并不明晰，但却为意义的产生、扩散和争论确定了范围，无论何时何地。

并非所有人都接受主导话语，任何时候都有个人或群体不相信那些由专业传播者 35
传播出去的观点。霍尔（S. Hall, 1980）指出，“反对”者会对这些意义进行协商，或干脆拒绝。而且总有专业传播者反对主导观念。在任何社会，我们都能发现持有对立观点的群体。南非的国家党受到反种族隔离人士的挑战。大多数欧洲国家都存在民族主义者反对移民和多元文化政策。在很多国家，反全球化的激进分子可能通过政党、暴力、集会、独立媒体、艺术或音乐传播思想。有些专业传播者致力于发展和扩散对立的观点，从而颠覆霸权话语，增进被统治或失去权力的群体的利益。这些知识分子、文化生产者和专业传播者从事的就是反霸权工作。

观念斗争之所以重要，是因为意义会带来重大的现实后果。人的思想决定了其行动方式，反过来看，人们通过行动创造的世界会影响其思考方式和言说的内容。因此，我们制造和扩散的意义具有现实后果。如果有人改变了意义的本质，就可以改变人类互动、社会组织和资源分配。例如，女权主义把性别问题带入西方的社会议程，成功改变了西方社会人类互动的方式、工作实践和资源分配。反之亦然，物质关系的不断变化也会影响意义的形成。例如，南非在取消种族隔离之后就出现了大量财富转移，然后出现了新的黑人精英群体，使许多社会主义者转变为自由企业的商人。对社会、文化和经济系统的建构与重建，在某种程度上都涉及意义的巩固、分离和再巩固的斗争。意义的变化不仅影响我们看待和谈论世界的方式，也改变了我们的生活方式和生活的世界，这反过来又会影响权力关系。随着新的权力关系的出现，围绕意义、资源和权力的新的霸权斗争也接踵而来。

霸权工作会带来极为复杂的结果。这是因为相互竞争的利益不断发生转变，人们总是在不断变化的关系中进行定位和重新定位，继而产生无数的位置，这些位置恰恰是人们理解意义的立足点。但生产一套恒久稳定的主导意义永远不可能实现。相反，霸权斗争永无止境，要不断应对挑战、对抗式解码、权力转移和不断变化的联盟。霸权制定的意义只是暂时的，在酝酿的那一刻起就面临挑战。尽管如此，总有专业传播者试图控制意义并使之稳定。

案例：光的历史

文/莉莉安·朗吉亚（Lillian Rangiah）

图1-4　伦勃朗（Rembrandt）的《自画像》（*Self Portrait*），1658

36 图1-4是荷兰画家伦勃朗的自画像。伦勃朗的画作因为逼真地表现了光而广受赞誉。看一看光是怎样打在他脸上的：画像中的光线只照亮了人的右脸、鼻子和部分嘴巴，他的眼睛从暗中向外凝视。伦勃朗不仅是在画自己，更是在画光。

绘画是“象征”媒介（Kittler, 2010）。光首先要被艺术家看到，透过他们的眼睛，被他们的大脑所诠释，然后通过他们的手被复制出来。存储在画布上的不是光本身，而是艺术家用来表现光的符号。几个世纪以来，画画是转化、捕捉和存储光线的唯一方法。基德勒（F. Kittler）在《光学媒介》（*Optical Media*，2010）一书中描述了人如何捕捉光线，我们将借鉴他的分析来解释象征、技术和数字技术在捕捉与存储光线方面的一些关键变化。

37 伦勃朗的自画像虽然高度写实，但被复制下来的图像仍然取决于画家的感知，也受制于画家表现光的能力。因此，当时的两幅画作不可能完全一样。随着技术媒介的发展，这个问题被规避了，光线已经不需要经过人的处理就能被自动地捕获并存储下来（Kittler, 2010）。

在向技术时代过渡的过程中，人们开始开发一些技术来复制光线，使之承担身体的一些功能，从而减少人为干预。例如，欧洲艺术家用大型暗箱上的一个小孔把光投射到墙上，这样一来，图像就被投射到画布上，作品的初步构图也就完成了。但如果要把光存储下来，还需要艺术家手动描画光线。

fig.6 Engraving of a "portable" camera obscura in Athanasius Kircher's *Ars Magna Lucis Et Umbrae* (1645)

图1–5　暗箱

照相机的发明标志着技术时代的到来，这是第一个可以投射和**存储**光线的技术，而且不需要让光先经过人体的处理。

照相机的暗箱把光线投射到感光面——底片上的卤化银晶体。晶体在吸收光的同时会成比例地变暗，形成一个“负像”（图像中的亮部在底片上是暗的），然后 38
再复制一个“正像”，那看起来就是一个现实的副本。因此，摄影可以让光直接存储在另一种介质——金属晶体上（Kittler, 2010）。

摄影技术让人类能够用机器来生产相同的图像。随着摄影技术的进步，贵族以外的人也更加容易获得图像，拥有自己的肖像画也就不再仅限于那些有钱人。捕捉光线的技术变化还影响了艺术和肖像美学。过去，君主会让人画一些令人敬畏的庄严的肖像，而今也可以拍摄一些私密相片，以供有能力购买相片的资产阶级观赏。君主的家庭合影似乎也显示出生活的不易，好像他们的生活与当时的资产阶级家庭并无二致（Kittler, 2010）。

摄影技术在整个19世纪得到了巨大的提升，照相时间从几小时缩短到几秒钟，这样就可以在瞬间捕捉稍纵即逝的光线（Kittler, 2010）。19世纪后期，发明家试验了频闪仪和电影放映机等工具，这些机器可以把一系列静止图像在人眼前移过，从而形成动态的效果。但在当时的技术条件下，一次只能让一个人通过设备上的一个小孔观看图像。

1879年，移动幻灯机成为首个能让多人同时在一个外设屏幕上看到影像的设备。爱德华·迈布里奇（Edward Muybridge）受托拍摄一匹在赛道上疾驰的奔马。他在赛道上安装了12台摄像机，每台只拍一张照片，总共拍了12张，每张照片中只有一个马蹄接触地面，表现出这是在马匹疾驰时拍摄的。快速连续拍摄这些照片，能给人一种马在移动的错觉。同一时期，艾蒂安-朱尔斯·马雷（Étienne-Jules Marey）发明了一种可以快速连续记录多幅图像的设备，用来在移动幻灯机上显示图像（Kittler，2010）。

19世纪后期，托马斯·爱迪生（Thomas Edison）采用了这些早期的电影摄影和展演技术。他制造了两台设备，两台机器都可以用“伊士曼牌”摄影胶片，一台用于拍摄，一台用于展示简短的“动态图像”。这两个设备设计的标准化让爱迪生实现了电影的商业化（Kittler，2010）。爱迪生的“运动镜”电影放映设备在美国销路可观，不少企业主纷纷购置用以吸引人群。他们把电影放映机放在一个柜子里放电影，一次只有一个人可以观看。人们可以将一枚镍币放入柜子的插槽中，然后就能看到一个简短的场景。

1895年，卢米埃兄弟（Lumière brothers）制造了既可以拍摄又可以放电影的一体机，这是首个把电影带给广大观众的机器。他们意识到了这项发明的商业
39 价值所在，开始向人们出售观看“动态图片”的门票（Kittler，2010）。这台机器可以一次性让多人看电影，播放一遍又一遍，让电影成了一个利润丰厚的行当，后来还产生了一整套生产、发行和展映的电影产业。

有观点认为，如果“排除”人的因素，让光可以自动化存储，就可以产生不受主观影响的客观现实图像。但技术媒介从一开始就与社会、政治和审美的结构相互交织。理查德·戴尔（Richard Dyer，1997）认为，白人（Caucasian-ness，高加索属性）的霸权视角弥漫于西方思想中，但经常被伪装成一种“客观”的视角。我们可以从彩色胶片的历史中观察到标准的白人至上主义。柯达和其他胶卷制造商的员工和高管大多是白人男性，而且美国的摄影和胶片相机市场也由白人买家主导。这两个因素意味着柯达胶片致力于更好地展现白人肤色，采取的也是白人的审美标准。柯达在测试胶片时只会拍摄一个年轻的白人女性模特，而且在调试时只改变胶卷的色调（Roth，2013）。他们发现，参加测试的人更喜欢拍出比实际更加苍白的肤色，柯达也以此作为校准胶片的标准（Winston，1985）。

白人当然很容易理解面色苍白美在哪里，但这种胶片无法捕捉更暖的肤色。用这种胶片来拍摄非洲人，往往会让他们显得有些病态。直到20世纪60年代左

右，巧克力业和家具业开始抱怨，当时的胶片无法拍摄出适合他们产品广告的棕色调；黑人父母也抱怨，在学校拍照片时，他们的孩子在白人同学旁边显得毫无特点。此后，柯达才开发出能够捕捉更全肤色的暖色胶片（Roth，2013）。

数字摄影在很大程度上克服了光存储的技术问题。在数字摄影中，光在撞击传感器后转换成代码，而不是被介质直接吸收（Kittler，2010）。比较而言，彩色胶片技术受限于光与光敏晶体之间的化学反应和染色过程，而数字图像的限制在于图像有多少数据点可以分解；机械照片记录的是胶片曝光那一刻镜头前的完整图像，而数字图像则记录了大量的离散数据点，然后再重建图片。因此，数字摄影和电影摄影在技术上完全可以解决肤色呈现的问题。

数字图像只要更改代码就可以进行定制，完全不需要真实的参照物。换句话说，数字媒介不仅可以存储光线，还可以模拟光线，哪怕没有真实的东西，也 40
可以拍出看似真实的图像，例如《黑客帝国》中的子弹路径、《指环王》三部曲中“咕噜”这个角色，以及《罪恶之城》中黑白世界里出现的不可能在现实中看到的色块。

但数字技术带来了新的呈现问题。虽然数字摄像、电影摄影和特效可以真实地记录黑皮肤和其他肤色，但数字人工智能（AI）的面部识别技术，例如滤镜和手机解锁功能，在某些时候只能识别白人，而无法识别黑人，因为这种算法的训练数据集主要是白人面孔（Buolamwini and Gebru，2018）。因此，白人特权不仅仅是一个技术问题，还是一个社会问题。如果这个产业由白人主导，同时他们还假定市场也主要是白人买家，这时候技术发明也会更加偏向白人。

纵观人类捕捉、存储和操纵光的历史，就可以察觉象征时代、技术时代和数字时代的媒介技术如何与权力关系产生关联，这些权力包括谁可以为身体和现实呈现来设定技术代码，以及这些技术代码如何影响我们的意义生产实践。

思考题

1. 请回顾声音捕捉技术在象征时代、技术时代和数字时代的变化，思考传输光的媒介与传输声音的媒介的历史发展轨迹有何异同。

2. 我们已经知道，彩色胶卷是为拍摄白皮肤而设计出来的。请举出一种特定的技术，例如收音机、随身听或印刷机，思考技术发明的社会、文化和政治语境如何决定其用途和用户。

3. 本章的案例介绍了一系列促进光学媒介发展的男性专业人士。但女性专业人士（如调色师和后来的“计算师”），也为早期的数字代码做了计算工作。可以说，女性在媒介发展中发挥了重要作用，但很少有人承认这种“隐性劳动”。在人类历史发展中，谁会得到认可、获得赞誉？社会因素和文化因素如何对此产生了决定性影响？

小 结

本章对媒介、意义和权力进行了定义。从技术意义上讲，媒介是用于收集、存储、处理和分配信息的设备。在社会或文化意义上，媒介是我们创造和分享意义的机构。我们通过媒介来讲述故事、宣传思想，并在这个过程中创造出共享的现实。

41 20世纪，媒体机构成为大众社会的重要组成部分。随着媒体机构和专业人士的出现，学界开始关注传播的运作方式，一些重要的传播理论开始描述传播者、媒介和接收者之间的关系。

控制传播是行使权力的核心。霸权这个概念让我们关注持续不断的意义斗争和意义生产的过程，这是因为群体想要获得并维持其合法性和权力。这也促使我们思考，意义生产如何被嵌入现实关系和物质资源之中。合法性的建立和维护与经济、政治和文化资源的获取相互关联。

延伸阅读

延伸阅读所列文献为传播概念提供了基础性的解释。杜汉姆-彼得斯（1999）解释了这个概念如何随着20世纪上半叶大众传媒的出现而发展起来。拉斯韦尔（1948）为理解大众传播提出了著名的概念框架。

Durham-Peters, J.(1999).The problem of communication.In *Speaking into the air*: *A history of the idea of communication*.Chicago, IL: University of Chicago Press.

Lasswell, H.D.(1948).The structure and function of communication in society.In L.Bryson(Ed.), *The communication of ideas*(pp.37–51).New York: The Institute for Religious and Social Studies.

第二章　表征

表征非常重要，因为人们理解世界的方式会影响他们的行动。

★ 什么是文字和符号？ 43

★ 什么是表征？

★ 表征与权力有何关联？

★ 表征作为一种社会过程是如何运作的？

本章内容

介绍媒体如下功能：

- 理解社会现实；
- 身份与社会生活的创建与中介化（mediate）；
- 管理权力关系。

一、表征与权力

44 表征（representation）是制造和交换意义的社会过程（Hall, 1997）。媒介不仅仅是现实的反映或映射，也是一种社会过程，人们通过媒介相互交流，从而建构关于现实的观念。这些社会互动是在具有不同经济、文化、符号资源、制度和仪式的人之间展开的。所谓现实的社会建构，是指我们所理解的现实是在人与人之间的社会关系当中产生的。虽然在真实的世界中存在真实的物质和真实发生的事件，但我们只能通过彼此互动的社会过程来理解世界。没有社会互动和文化实践，我们就无法理解现实。英文“表征”一词中有一个前缀“re”，这个前缀很重要，指的是把现实**再次**呈现给他人的过程。表征是社会性的生产，表征的意义取决于创造者和传播者是谁，取决于表征在什么样的文化图式中扩散，还取决于接收它的人是谁。相比其他人而言，有些人不仅可以塑造特定的意义，还可以塑造意义的产生、分配及接收的语境。

媒体表征塑造人们在世界上的所思所行。表征也具有重要的情感维度，能预测、建构并放大我们对事物的感知，强化或挑战我们已有的态度，唤起恐惧、激情和焦虑情绪。因此，表征不仅仅是一种创造和扩散信息碎片的理性过程。关键问题并不总是关于表征是否准确，而是在于它们如何巧妙地架构事件，从而把个体置于特定的社会秩序当中。我们感兴趣的是表征如何协调人与人之间的关系。众所周知，人际关系错综复杂，在很大程度上，我们的感受以及彼此之间的权力关系与经验事实一样，都是表征的组成部分。

表征是一个过程，嵌入人们对世界的理解方式当中，同时也作用于这个世界。这个过程十分微妙，年深日久。图像和叙事本身没有意义，只有当它们与其他的图像和叙事发生关联时才会有意义，这些图像和叙事要么早就已经存在，要么与其被生产出来相关。即便有群体想要“固定”特定的表征，其他群体也会创造出不同的表征，提出其理解的世界和采取行动的立场。因此，需要考虑的一个基本问题是，表征在多大程度上描绘了“真实的”世界。

对于这个问题，有一种观点认为，表征永远无法固定下来。意义生产具有连续性和开放式的特点，会产生许多可能性，这个观点围绕着这些可能性展开。人类能够创造新的意义，也能用新的视角来看待世界。正因为人类具有这些能力，才能够通过意义生产来不断重新安排权力关系。不过，这种关于意义生产的思考方式也存在问题，它需要解释为何一种意义要比另一种意义更好或更合理。批评者则指出，并非所有的意义都是平等的，有些意义能更好地解释物质现实。

还有一种观点认为，强势群体想让意义固定下来，但这是一个不断持续的复杂过程。只要某个群体掌握了权力，就可以固定意义；但如果其他群体获得了权力，就可能颠覆旧意义并创造新意义。这不是一个具有目的论色彩的过程，因为新的意义并不一定比之前的更好。这种观点认为，我们可以根据自己的参与和经历来判断意义的“好坏”，而且有人会评判意义的价值和真实性并为之辩护。这种观点有助于把表征与权力联系起来：如果表征是为我们共享的社会现实赋予意义的社会过程，那么就可以认为，表征之所以重要，是因为我们对这个世界的理解方式会影响我们的行动方式。强势群体则要让这种理解世界的社会过程与我们体验世界的过程同步。 45

（一）文本与符号

人类制造和使用符号，从而理解世界以及人与人之间的关系。试想一个场景：我们走在一个陌生城市的街上，找地方吃饭，往往会从饭店窗户往里面看看，会翻阅菜单，或者看看里面吃饭的人。我们还会拿出手机，在谷歌上搜索对这个地方的评价，判断这些餐厅、咖啡馆或酒吧是否值得一去。如何判断呢？我们可能会因为看到品牌的标志、顾客的着装风格或网络评分而选择去这个餐厅。这些因素表现了饮食是否美味，同时影响了我们的判断和行动。

如果表征是创造和分享意义的社会过程，那么它的基本构成就是文本和符号。符号是产生意义的任何事物，可能是一个词、一个物体、一个标志或一件衣服。符号是意义生产这种社会过程的基本要素。文本是符号的集合，可以是一则故事、一则广告或一首歌曲。理解文化文本是在特定语境下开展的一种社会实践，我们以此来了解世界以及人与人之间的关系。

符号具有能指和所指两个维度。能指是符号本身的物质形式，是我们看到或听到的东西。所指是能指指向的意义或交流的东西，也就是意指（signify）。例如，商店橱窗里的霓虹灯标牌上写着“OPEN”，这是一个能指，意指店铺开着，欢迎顾客光临。

符号学是关于象征意义如何形成的研究，分析的是能指和所指在社会过程中所产生的关联。二者之间的某些关系是紧密结合的，不需要太多的思考或辩论，也不会产生分歧。例如，我在教室黑板上写下字母“C-H-A-I-R”，然后让人指出屋子里的这个物 46
体，每个人都会指向那个我们坐着的有着四条腿的东西。字母“C-H-A-I-R”是能指，我们坐的东西是所指。能指和所指之间的关系是在社会中产生的。尽管“chair”这个词与我们所坐的物体密切相关，但两者之间并不存在自然而然的关系。人类出现并开始在文本和物体之间建立关联之前，不存在像“chair”一样的东西。要让能指和所指产生关联，两者之间的关系需要被建构，然后才能在人之间分享。有些意义因广泛分享而获得普遍的认同。这些意义日复一日地运作于人类关系的中介过程。正如我们一般把坐着的东西叫作“chair”，这不会有任何问题。

能指和所指之间的这种直接的字面关联是明示意义（denotative）；二者之间更开放的关联是隐含意义（connotative）。一般来说，明示意义是字面意义，隐含意义是联想意义，但严格来说这并不准确。即便是一个词最基本的、看似无可争议的意义，也是符号与世界某个方面之间的关联。假设每个符号都位于一个几近无限、散布着可能意义或潜在关联的空间的中心，明示意义就是那些最紧密地围绕在这个符号周围的意义。它是一个符号最稳定、直接且广泛共享的意义，与该符号之间的关系高度密切，就像客观真理那样自然而然。简而言之，明示意义指的是一个符号与特定意义之间产生关联的自然化的过程（Thwaites et al., 2006: 60－65）。

我们可以区分能指和所指之间的明示关系和隐含关系。明示关系显然是能指和所指之间直接的字面联系，隐含关系则更具开放性和联想性。如果我说“我要回家”，“家”的明示意义就是我要去我住的那栋楼。如果我们一起工作，而且正好是周五，那么这句话的字面意思就是我完成了一天的工作，现在要去我住的地方。如果我说“我要回家了”，而且你知道，我要去探望住在另一个城市的家人，那么你可能会从我的陈述中联想到其他内容，知道我所说的“家”指的是我家人所在的地方。“家”可能会让人产生快乐或悲伤的联想。我们可能渴望回家，也有可能与家人之间的关系比较复杂。“家”对不同的人来说可能意味着不同的东西。如果一位政客说移民应该“回家”，在这句话中，能指“家”就与种族和国家身份具有很强的联系，这里能指和所指之间的关系是一个政治辩论和竞争的问题。能指和所指之间存在的这些联想的、隐含的关联，最能够表现出表征与权力之间的关系，它们指向媒体和文化产业中核心的权力模式，即共
47 享意义的生产。强势群体想让能指和所指之间的关联自然化，使之符合其利益；想要获得权力的群体则要与他们竞争。分析能指与所指之间的关系，就是研究我们如何社会性地建构共享的社会现实，同时揭示这些关联如何嵌入权力关系当中。

（二）编码与解码

上一章介绍了传播模型有四个基本要素。在最基本的情况下，这个模型是一个线性过程，也就是传播者创建一个讯息，通过媒介将之发送给接收者。

想象一下你在电视或YouTube上看到一则政治广告。政客是传播者，电视是媒介，我们在电视上看到图像、听到话语，是接收者。回顾上一章的讨论，传播者—媒介—接收

者这个模型的优点是简单，但这同时也是一个缺点，批评者将之称为“魔弹论”或“皮下注射论”，好像媒介只是简单地把意义直接注入接收者的大脑。但意义并不是你接收到的东西，而是你参与创造的东西。传播者可以让讯息携带他们想要的任何意义，但并非所有接收者都会认可这些意义。接收者有很多，而且想法各不相同。

线性的传播者—媒介—接收者模型，其缺点在于无法解释意义生产过程中内在的社会性。实际上，控制意义扩散和解码的权力非常重要。对此，文化研究学者斯图尔特·霍尔（1980）在20世纪70年代提出了著名的编码—解码理论，他认为，意义的建构既发生在传播者的讯息编码过程，也发生在接收者或受众的讯息解码过程（Turner, 2003）。学界对受众的理解出现过一次重大的转向，即认为受众是“积极的参与者”——霍尔的理论正是这一重大转向的一部分。受众能够理解媒体表征，并能够将之融入日常的实践和身份中。要理解意义，不能简单地通过文本“分析”或确定符号与能指之间的关系来理解，而必须观察表征的受众或接收者如何理解并在能指和所指之间建立关联。极其重要的是，一个文本不存在单一的意义，同一个文本可能对不同的受众来说具有不同的意义，因为他们在社会文化中的地位不同，理解媒体的立场也就不同。

虽然有些人拥有更多的权力来控制意义创造的资源以及意义扩散的结构和空间，但没有人能够完全控制意义的编码和解码。强势群体有能力控制媒体机构和技术，而且有资源来雇用和领导专业传播者，但他们也就只能如此而已，因为表征的运作是话 48
语性的，讯息一旦生产出来就会被扩散出去，在进入社会实践和社会制度时才有意义。机构不能完全控制这些社会实践。表征的过程取决于每个时刻的行动者，以及他们影响或控制他人的能力。简而言之，“编码”和“解码”讯息的时刻“相对自主”（Hall, 1980）。在霍尔看来，电视节目是在电视网的制度结构、技术基础设施和生产实践中生产出来的。

电视生产者编码讯息的方式，受到其如何预估别人解码方式的影响。很少有专业传播者想被受众误解，多数传播者都重视自己所处的权力关系。电视新闻的专业传播者不仅要预测政治精英和企业家如何感知他们的讯息，也要考虑普通观众会怎么理解。在话语层面，他们生产的讯息受其对更广泛的文化霸权的感知的影响，这种霸权既反映了政治经济精英的利益，也反映了普罗大众的生活经验。专业传播者高度关注更广泛的文化话语和权力结构，其中既包括政治精英、企业赞助商和广告商的利益，也包括收视率和市场研究体现出来的受众反馈。生产者并不是自发的讯息创作者，只是在持续的表征过程中的某个间歇从事工作。有人可能会认为，专业传播者的工作具有极高的影响力，因为他们编码的讯息会被分配给大量受众；受众个体虽然能以自己的方式解码，但不太可能对讯息进行编码并将之发给广大受众。即便媒介系统的互动性已经越来越高，但其中仍然存在明显的差异。

受众由众多的个体组成，他们有着不同的生活经历、优先关心事项和价值观。这些都关系到他们如何解码讯息。但是，在我们的社会中存在一些广泛共享且广受认同的特定意义。因此，文化文本往往存在有偏好的意义。编码—解码理论提出了三种受众解码文化文本的立场，分别是主导或首选立场、协商立场和对立立场。

1. 当受众按照编码者的意图来解码讯息时，表征在**主导的**霸权符码中运行。编码者和解码者之间达成了共识。要让讯息成为霸权性的，就要表现其真实性与合法性；如果解码者也同意这种主张，就能使之成为霸权。专业传播者的编码工作就是让别人认同其主张具有合法性。

2. 当解码者理解编码者提出的真实性或合法性主张，但没有同意这些主张时，就
49 会发生表征的**协商**过程。在这种情况下，解码者承认讯息的合法性和权力，同时表现出自己的立场，从而让讯息适应自身的条件和社会关系。解码者的协商能力在某种程度上取决于其相对的自主权、权力及其拥有的文化和经济资源。表征的协商过程显示了权力的混杂性和偶然性。解码者虽然承认权力的存在和合法的主导符码，但同时会运用一切可用的资源来抵制它。许多传播，以及持续的霸权与表征工作，都涉及这种日常的协商过程。

3. 当解码者完全理解但又彻底拒绝编码讯息时，就出现了**对立的**解码立场。对立的解码立场会破坏权力关系。如果许多人都拒绝以编码者预期的方式来解码讯息，而且这种立场得到了其他经济、社会和文化资源的支持，就意味着霸权可能会瓦解或失去合法性。

讯息一旦被编码并分发出去，就只有在被解码后才能产生效果，这些效果包括影响、娱乐、指导或劝服。编码讯息的意义结构不一定与解码的意义结构一致。尽管专业传播者可能会设定议程、架构讯息，但永远无法保证受众如何处理讯息。表征的过程在某种程度上总是开放的。因此，我们除了要分析讯息本身之外，还要关注受众如何处理表征。

我们可以根据编码—解码理论列举关于主导、协商和对立解码的相关案例。一开始可以先找出哪些群体尝试保持共识，哪些群体在破坏共识。行使权力既要关注编码和解码，也要关注二者之间的关系。

想象一下，你在电视上看到一位政治人物告诉公众，为了防止新冠病毒传播，大家应该在公共场所戴口罩。要让这条讯息产生效果，就需要每个人都理解这条讯息的意

义。政治人物希望你同意他的观点。就戴口罩这个案例而言，其主导意义是如果大部分人戴口罩，就可以阻止新冠病毒的传播。这条讯息理所当然地认为新冠病毒是一种威胁，因此所有公民都需要在防疫方面发挥作用。这是“主导的”或“首选的”解读方式。受众可能会认同这些主导的社会价值观，但文本很少能够引起纯粹的主导或首选解码方式。对文本最常见的反应是“协商式”的解读立场。当人们看到这条公共卫生信息时，虽然认同新冠病毒是危险的，且戴口罩可以阻止病毒传播，但是可能会因为不存在个人风险而决定不戴口罩；或者他们所在的地区威胁很小，还不需要戴口罩；或者他们 50
只在乘坐公共交通或参加集会时才戴口罩；或者认为戴口罩不酷或有点尴尬等，这些就是协商式解码。对抗式解码意味着人们虽然理解政治人物发出的戴口罩阻止病毒传播的讯息，但他们拒绝这种说法，或者甚至不认为新冠病毒是危险的。这时，他可能会立刻把戴口罩与过度的国家权力和侵犯个人自由联系起来。

编码—解码模型有助于思考表征这一社会过程与权力运行之间的关系。一个强势群体可能有能力对意义进行编码，将之传播给大量的解码者，但也受到限制。虽然意义不是预先确定的，但编码者是在一个社会系统中工作，而那些已经达成一致的、首选的观念主导了这个系统，从而限制了可以谈论的范围。而且编码者无法控制解码过程；解码者总有可能拒绝首选的或主导的意义。因此，在某种程度上，权力在编码者和解码者之间分配。有权力的群体努力让编码和解码保持同步，以便产生共识与认同。想要获得权力的群体则要破坏这个过程，创造对立的解码方式，或者自己制作含有替代意义的文本。

（三）控制表征

霍尔的模型有助于思考意义生产和表征出现的复杂过程，这些过程在任何社会的任何时期都会发生。编码和解码为我们提供了一个有用的标准，有助于找出那些有能力进行讯息编码、扩散、解码和再扩散的个人和群体。

有权力的编码者可能掌握着创建和分配讯息的传播方式。他们的讯息可能会按照他们的预期得到那些与统治霸权结盟的人的解码和认同。他们也可能会发现其他群体在进行协商式解码。协商过程是管理霸权的一部分，但不会从根本上破坏它。其他群体可能会对这些意义不满意，但他们明白需要认同这些意义。

除了**有权力的编码者**之外，还有那些**争取获得权力的编码者**。这些个体和群体大部分也是在统治或主导的霸权中运作，但会争取通过协商，在霸权结构中获得不同的地位，以便获得更多的经济和文化权力。在表征的过程中，这些人往往是可以接受的论辩方。协商不断在霸权结构**内部**进行，以使各种编码者和解码者基本同意霸权结构。这种编码者和解码者要么与统治霸权保持一致，要么积极参与协商过程，要么不表明态度，这是我们大多数人平时都熟悉的表征过程。在任何历史时刻，我们都需要反思一个问题：权力关系组织着我们的文化和政治进程，这种权力关系是否存在争议，或者，群体是否在协商和争夺资源。近年来，伴随着右翼民粹政治势力和社会运动的兴起，全球化的一系列基本原则（例如自由贸易和移民）受到挑战，我们可以将之视为在自由民主的资本主义制度下，权力结构的内部正在展开斗争，或者，我们也可将之视为对霸权观念和制度的根本挑战。

51

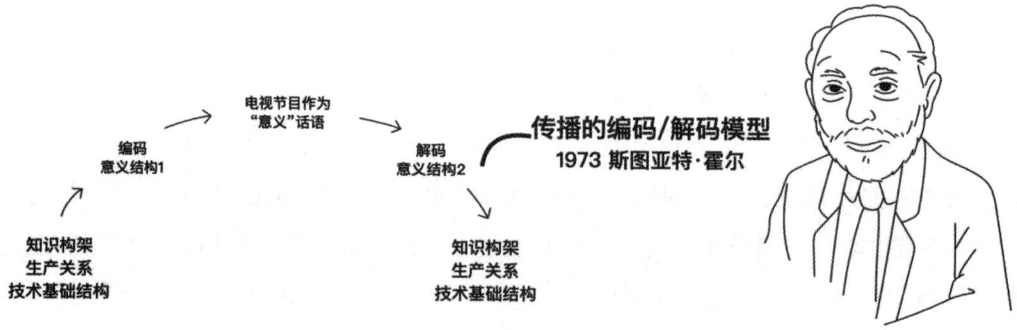

图2-1　编码—解码

与主导表征过程和协商表征过程明显不同的，是那些以**编码者和（或）解码者与统**
52 **治霸权相对立**的社会和历史时刻。任何社会在任何时候都有从根本上反对统治霸权的个人或群体。在我们的文化中，人们往往认为这些编码者/解码者的传播具有破坏性，打破了既定的常识，毁灭了共享的叙事，破坏了集体的身份认同；他们破坏的程度，就如他们对自己的想法可能的坚持程度一样。这种编码者/解码者可能更擅长带来文化混乱，而不是文化共识。对于表征过程来说，只有当这些群体在表征过程中获得创建和分配讯息的传播手段，并且如果有群体按照他们的意思来解码讯息时，这种对抗才会有结果。简而言之，他们必须有能力创造和扩散讯息，让自己的讯息对别人产生意义，这样才能带来真正的影响。

二、意义与权力的关系：意识形态、话语与霸权

强势群体试图控制意义，他们生产和扩散的意义如果成为主导，即人们把那些意义

当作常识或真理时，就意味着他们成功了。但上文已经讨论过，意义并非完全可控、不可改变或完全固定，因为人们会积极地阅读、解释和解码意义。尽管主导群体付出了巨大的努力，但控制意义的做法总会受到阻碍，而且新的意义也可能会出现。

意义的控制关乎物质和文化资源的竞争。人类社会资源稀缺，人的生活机会取决于他能获得什么样的物质和文化资源。只要没有足够的资源来满足所有人，群体之间、个体之间就会发生斗争。至于人类斗争的本质和结果，其核心是斗争的规则，亦即什么样的资源竞争规则是可以被接受的。在自由民主制下的资本主义社会，个体不能强行取得他人的财富，因为有无数的法律和制度管理着财富的所有权和生产。这些规则通过
意义斗争而确立下来并得以维持。强势群体试图用意义来设定对其有利的规则。意识 53
形态、话语和霸权这些概念则能够把意义与权力之间的关系理论化。

意识形态这个概念为研析社会生活规则的建立和维系提供了一个框架。意识形态是一种观念和意义系统，我们用它来理解世界和人与人之间的关系。“意识形态”一词通常被用来指代别人的信念及其作出决定、采取行动时所依据的价值观或原则，因此经常具有负面含义。例如，一位政客称另一位政客为“意识形态思想家”（ideologue），是在暗示后者所持的信念令其无法看到真相。这种日常用法捕捉到了意识形态这一概念的部分面向，即既存在正确而真实的意义或看待世界的方式，也存在错误而扭曲的意义或看待世界的方式。当强者企图控制意义，就是要扭曲这些意义，形成一套对他们有利的看待问题的方式，而不是让意义反映客观事实。这种思考方式假设某个人破坏了理想的传播方式，不让别人看到“正确”的意义。它假定存在一个实际的、最终的真理，而且人们可以发现这种真理。

对意识形态最基本的批评体现于“他们不知道自己在做什么”，即人们因为不了解事情的真相而行动。例如，我们可能会说，我们之所以同意自由民主制有效，是因为我们没有充分意识到它维护的经济制度实际上是帮助富人保护他们的财富和资源，而并不是像他们一直告诉我们的那样赋予我们公民权力。由此观之，自由民主制中的赋权叙事是一组意义，这组意义掩盖了社会中人类关系的真实本质，即少数人积累了大部分的财富和资源。基本的意识形态批判提倡社会矛盾（别人告诉我们的社会运作方式与社会的实际运作方式之间的矛盾）隐藏在观点之中。对一些人来说，只有揭露这种虚假意识才能实现理想社会。

有两个重要的论点对上述意识形态批判进行了反驳。首先，意识形态批判建立在一种信念之上，也就是认为人们可以找到并实现理想社会。其次，当代的批评者已经注意到，当代的公民往往似乎知道事情是怎么回事，但仍然表现得好像不知道一样

（Žižek, 1989）。这可能是因为他们不在乎，不在意那些影响其生活的社会矛盾，或者他们想不出任何办法来解决这些矛盾。例如，当代公民常常怀疑政客说的是不是真话，是否真的在为公民的最大利益做事。尽管大家心知肚明，但仍然表现得**好像**政客确实将公民的最大利益放在心上一样。我们很少在成熟的自由民主国家当中看到公民反对政治体制。可见，如果仅靠主体的信念，意识形态无法发挥作用。正如我们对媒体的表征往往态度漠然，我们声称并不相信他们，或者已经看穿媒体表征在本质上是建构出来的。意识形态的运作方式是提供符号资源来让社会现实产生功效并产生可能性。但要让意识形态发挥作用就需要我们的参与，而不是我们真诚的信念（Žižek, 1989）。

54 因此，仅仅理解事物的现状并不会改变权力关系。改变世界不是纸上谈兵。意识形态不一定只会掩盖矛盾，也可以提供一种与矛盾共处的方式，一种即使存在矛盾但仍然让生活有意义的方式。如果我们这么看待意识形态，就不会认为那些坚持意识形态的人容易上当受骗；而是认为意识形态是让人们在即使存在矛盾的情况下，仍然让社会生活正常运转的一种方式。意识形态或扭曲的传播不会在社会矛盾存在的情况下消失。而且正因为社会矛盾无法得到完全解决，意识形态才不能消失。意识形态不会掩盖社会矛盾，它是由社会矛盾生产出来的。

米歇尔·福柯（1972）提出的**话语**概念解释了意义、实践和制度之间的关联。他研究了监狱、诊所、庇护所和学校等机构的发展。每个机构都有一套自己的实践和话语，在这里工作的人必须学习适应该机构的相互关联的实践和话语。实践指的是那些可以被接受的做事方式；话语是指在某个场所内可以被接受的“语言”。只有那些具备了机构实践和话语的人才会被招募进来，如果他们不遵守这些实践和话语，就不太可能保住工作。

遵从是权力话语体系中关键的管理机制，指的是人们知道必须遵从组织内部关于表达、实践和身体的话语，否则就会带来负面后果。需要重视的是，福柯并不认为我们是自然语言结构的囚徒，相反，这种系统在人们遵从既有的实践与话语之余也给了人们积极选择的空间。但无论有无选择，对一种话语的遵从就会限制表达的范围，时间长了也会限制思考的范围。在福柯看来，话语支配着什么样的知识和观念可能出现。话语有权力把某些问题或议题排除在讨论之外，从而阻止了辩论并预先决定了辩论的结果。例如，自由市场话语可能会阻碍人们去想资本主义或许对某些天赋异禀的人不利，会削弱他们获取成功的能力。同样，国家干预主义的话语不会让人们去思考国家干预主义可能助长依赖并阻碍财富的创造。

媒体主要的权力运行方式是创造和扩散那些被我们当作“常识”的观念。“常识”

可以被理解为**霸权**。上一章中已经介绍过霸权概念。如果人们视一种特定的生活方式及相关的观念为理所当然，这个社会就具有凝聚力。如果强势群体所偏好的观念看起来自然而然且无法避免，这个群体就具有霸权。福柯和葛兰西都承认人类存在矛盾的本质——虽然人类可以自由行动，但那是一种受约束的自由。霸权和话语的概念都承认 55
意义生产具有结构性的制约。专业传播者可以在已有的制度安排和话语安排之间进行选择，要么成为变革的推动者，要么成为保守者，或者干脆毁掉旧的制度，创造新的秩序。话语和霸权这两个概念都涉及意义生产在权力运行中的作用，斗争恰恰是这两个概念的核心。

三、媒介化和媒介仪式

媒体是日常生活的节奏、质感和背景的一部分。我们可能只对媒体传播的特定意义感兴趣，但还是需要关注媒体在组织我们日常生活中所发挥的基础作用（Couldry and Hepp, 2013）。媒介化指的是媒介不断成为社会、政治和文化进程运作方式的一部分。库尔德里与赫普（N. Couldry and A. Hepp, 2013）建议，要把人类历史视为“一种不断强化的媒介化过程”。这意味着随着时间的流逝，社会中的媒介越来越密集，我们的社会中充满了媒介物，人们每天的安排都围绕媒介流（flows of media）组织起来：从开车去上班时听的收音机，到晚上看的电视，还有躺在床上刷着的智能手机。人们越来越关注媒介，越来越多的机构也开始关注媒介的运作方式。

媒介化以三种方式展开。第一，媒介在理解和组织人类关系方面变得越来越重要。我们通过媒体表征和媒介技术来逐渐了解世界以及我们所处的位置。第二，社会机构和社会过程逐渐适应媒体机构的惯例和实践。例如，现代政治和政府的组织基本上依循媒体叙事的生产和管理；职业体育很大程度上成为电视表演。第三，我们的私人和公共空间围绕物质性的媒介技术组织起来。电视在家庭布局中是一个重要物件，城市中满是移动信号接收塔，全城被Wi-Fi覆盖，人们的智能手机因此可以始终在线。

媒体有条不紊地架构和呈现社会世界。库尔德里（2003: 1）建议我们应该关注“媒体在安排生活、组织社会空间方面的作用”。在充满媒介的社会中，媒介是我们通过政治制度以及共享的国家身份和文化身份来设想“社会共存”的关键。媒体是我们了解更宏大的社会政治结构的主要场所，这些结构中的任何意义、实践和身份对我们而言可能都有意义。不管媒体传达什么讯息，它们往往标榜自己只是简单地反映人类世界、生活方式和权力关系中的价值观。它们鼓吹社会世界存在一个权力合法的“中心”，而且它们与“这个‘中心’有优先关系”（Couldry, 2003: 45）。媒体把这种观念“自然化”了，
56 这种观念即“存在一个要**被**呈现给我们的社会中心”，媒体在生产、管理表征过程方面具有合法性。表征过程在媒介仪式中组织起来，从而让“媒介是我们通向社会中心”的这种观念具有了合法性（Couldry, 2003: 2）。尼克·库尔德里（2003）把这些主张叫作中介中心的神话，这指的是一种普遍的信念和日常实践，即媒体是社会世界的中心，而且“在某种意义上，媒体从那个中心发声并为之服务”（Couldry, 2003: 46）。媒体标榜它们代表我们，为我们的利益说话，是“人们作为社会人知晓重要社会现实的优先渠道”（Couldry, 2003: 58）。正因为媒体把自己打造为展示现实的优先窗口，因此首先要传播的是其在身份生产、文化和社会关系当中的权力和中心地位。

我们在媒介仪式中可以看出媒体如何“替代”社会世界，如何把自己定位为“团结”社会的核心（Couldry, 2003: 4）。专业传播者不仅制造意义，也宣扬那些能够让社会团结起来的社会关系和社会过程。有些媒介仪式高度庄重，例如皇室婚礼、奥运会、总统就职典礼或自然灾害哀悼活动。当我们在早餐时间看新闻、在手机上登录社交媒体或与同事谈论前一天晚上看的电视节目时，媒介仪式也就由此进入我们的日常生活。这些仪式或壮观，或平实，吸引着我们的关注，让我们分享观点和价值观，以此来架构我们看到的现实。

媒介仪式决定了画面“内”“外”的内容，例如政治是什么、是谁在从事政治以及政治事件发生的地点。媒体每天“去”议会报道那里的新闻，与那里的政客、顾问交流，然后陈述那里发生的事情、发生政治事件的媒介仪式框架和参与者。随着时间的流逝，这种政治呈现是可以预测的、自然的并且具有合法性。普通公民因而以为政治**就是**媒介仪式中呈现的那般。有些人在框架“以内”，能够用符号资源来影响表征，而其他人不在这个框架里面。

因此，通往意义生产场所的渠道并不均衡。媒体称自己是帮助我们想象社会的合法场所。虽然它们**自称**为我们说话，但**真正**说话的是那些拥有经济、政治和文化资源的人，是他们在创建、访问、监管和利用媒体机构、媒介技术和媒介过程来管理表征。媒介的生产特征表现为符号资源的分配不公。在媒介密集的社会里，媒体具有建构和命名现实的象征性力量（Couldry, 2003）。这种权力带来了经济和政治关系以及文化身份和实践的合法性。媒体之所以拥有合法的权力，是因为在我们看来，它是我们想象自己生活以及与他人关系的场所，我们对此见怪不怪。我们生活在媒介密集的社会中，所有人都无法想象没有媒体的日常生活、政治进程、文化习俗和休闲娱乐。中介中心神话让

人们承认社会世界存在一个中心，而媒体能让我们接触到它，这是我们接受媒体在我 57
们生活中占据核心地位的基础。媒体能够赋权，也能夺权，它们是象征权力得以集中、组织和规范的场所。那些能够接触媒体机构的人拥有制造、分配意义的符号资源。

虽然强者可能会用媒体来生产特定的观念，但要产生效果，首先有赖于媒体是社会中心的合法代表。媒体本身需要建立、维护自己的合法性，从而让象征权力集中起来。如果媒体没有融入我们的日常生活，如果没有人每天接触它们，那么它们也不会成为权力和合法性的场所，特定的讯息和表征也不会在其中流动。因此，媒介仪式是建立、维持媒体权力的基础。

案例1：烧烤贝基与表征的社会过程

文/莉莉安·朗吉亚

2018年，“烧烤贝基”（BBQ Becky）这个模因风靡一时，展现了美国社会长久以来存在的种族权力失衡的状况。下图中的女人名叫詹妮弗·舒尔特（Jennifer Schulte），人们叫她“烧烤贝基”。

图 2–2　舒尔特在YouTube视频中（由狄欧娜发布）打电话的照片

这张照片取自米歇尔·狄欧娜（Michelle Dione）上传到YouTube的一个25分 58
钟的视频，视频的标题是《白人女性看到黑人男性在奥克兰烧烤，因种族歧视报警》（Diona, 2018）。

视频显示，舒尔特之所以打电话报警，是因为她看到一群人在烧烤，其中主要是非裔美国人。在舒尔特看来，“在公园里烧烤是违法的”，她在“表演”公民义务时进行了意义的编码。她试着让自己看起来是一位杰出的公民，在做“正确”的事情，对狄欧娜不断重复“在公园里烧烤是违法的”，从而为自己的行为辩护。

狄欧娜完全理解舒尔特的意思，但认为这并不合理。对于狄欧娜以及其他的烧烤者来说，舒尔特似乎只是因为这些烧烤者是黑人而感觉受到威胁。狄欧娜的观点得到了广大网友的认同，YouTube上的一位评论者指出，舒尔特更关心的是烧烤者的“深色皮肤”，而不是他们的“木炭烤架”。

这则报警视频在网上疯传，两周内点击量达200万次。2018年，其他几个关于美国白人攻击黑人的视频也在网上走红。这些视频都是用数字媒体的方式来让人们关注日常生活中的种族主义行为。这些视频形成了一种模式：美国白人认为自己能够占用公共空间，而美国黑人则害怕被排除在外。

报警的人似乎没有意识到，这可能是一种种族主义的行为，而且有可能会让美国黑人遭受真实的警察暴力。但他们觉得自己只是在遵守规则，是为了“公共利益”而行动（Mann，2018）。

狄欧娜的视频里有一帧舒尔特的画面（见图2-2）在社交媒体上广泛传播，请仔细看图中的两个人：舒尔特身材高大，气焰嚣张，占据了大部分画面。她的表情被墨镜挡住了，意指漠不关心的态度，这是一个特别重要的能指。由于我们看不到她的眼睛，所以无法知道她在想什么，因此这些元素也指向不信任。

这副墨镜让一些观众联想到电影《终结者》。如果人们在解读一个符号的能指和所指之间的关系时，需要掌握另一种文化文本的知识，那么这个符号就是互文的。如果你熟悉电影《终结者》，就可以知道舒尔特的墨镜暗示她是一个危险的机器人执法者。

与背景中的舒尔特相比，那个非裔美国人在画面中看起来很小，这也是舒尔特眼中的“威胁”。他站在画面外围，离摄像机很远，甚至对舒尔特不感兴趣，只想回到烧烤架那里。

一般来说，黑人男性总被呈现为危险且具有威胁性的侵略者，是值得怀疑的对象；而白人女性则被表现为无辜而脆弱的受害者。这种呈现是为了证明白人对黑人的压制是合法的（Mann，2018）。但在这张图片中，二者的动势相反。舒尔特看起来很大，而黑人很小，这其实是把**舒尔特**看作真正的威胁，因为她正在报警。在这个语境下，舒尔特报警的理由——这些烧烤者带来了威胁——显现出讽刺意味。画面的框架结构让人们用对抗的解码方式来解读舒尔特的行为，向白人占有公共空间的霸权发起挑战。

59 舒尔特的照片很快在网上产生了大量带有“烧烤贝基”名号的图片和模因。“贝基”是对白人女性的一种称呼，也是一种具有转喻意涵的刻板印象，指的是那

些对非裔美国人及其文化略有恐惧或排斥、但从不认为自己是种族主义者的白人女性。其他类似的白人女性名称包括“卡罗尔”（Carol）、“简”（Jan）和“凯伦”（Karen）等。把舒尔特叫作“烧烤贝基”的做法让她的行为产生了新的意义，显示出她是美国白人日常持续的**更广泛的**种族主义**文化**的一部分。

狄欧娜把视频上传到YouTube两天后，“烧烤贝基”就成了一个模因。人们把舒尔特的照片拼接成“烧烤贝基”的形象，还在背景中插入了表现种族平等的知名照片。图2–3展示了一些案例。

图2–3　烧烤贝基的模因图像

米尔纳（Milner, 2016: 26）指出，模因指的是把文化文本组合在一起，形成 60
新的文本，这是一种“挪用”文化文本的逻辑。文本中的符号之间新的关系产生了
新的意义。模因本质上是互文的，因为要解码一个模因，就需要熟悉其挪用的文 61
化文本的意义（Milner, 2016）。“模因”指的是一系列（或其中的一个要素）格式相近、内容相似的文本。社交媒体用户如果改变一幅图像中的元素，然后在网上分享自己改造的文本，这个过程就是模因的传播（Milner, 2016）。

“嘿，我要举报一场毕业典礼。”

图2-4　毕业典礼的模因

烧烤贝基这个案例表现了互文性如何发挥作用。舒尔特的脸是模因中的固定要素，代表了舒尔特所代表的理念，例如白人至上或白人特权。它同时也指向狄欧娜整个的“烧烤贝基”视频以及全球层面“贝基们”惯常的种族主义行为。

用户做的这些模因把舒尔特的脸与不同的非裔活动家和领导人的形象并置，包括马丁·路德·金（Martin Luther King Jr）、罗莎·帕克斯（Rosa Parks）和查德维克·博斯曼（Chadwick Boseman）。这些图片编码的意义是：如果你是非裔美国人，你做任何事都需要争取可以做这件事的权利，哪怕是“作为黑人出现在公共场合”这样司空见惯的事。因为像舒尔特这样的“贝基们”不仅会干扰公园游客烧烤的权利，还会破坏争取种族平等的斗争。

模因组合的方式也会产生意义。杰西卡·马多克斯（Jessica Maddox, 2019）将烧烤贝基这个模因作为“Photoshop 模因”的一个案例。Photoshop模因指的是通过数字图像编辑技术，把一种文化文本叠加在另一种文化文本上。
62 Photoshop模因中“糟糕的”P图风格，戏谑地暗示这种图像不是真实的照片。也就是说，创作者故意用最基础的P图方式制作烧烤贝基的模因，让舒尔特在这个事件背景下显得非常奇怪。

P图这种实践也会发挥意识形态的作用。在视觉上，它呈现了舒尔特色盲式的种族主义行为（Maddox, 2019）。很明显，舒尔特最初并不是这个图像的一部分，她不经允许就把自己的想法强加于人，现在甚至企图把其他人都剔除出去。这正是我们会在贝基、卡伦、简和卡罗尔等典型人物身上看到的行为。

Photoshop模因也表现出视觉文化的制度控制正在不断瓦解（Peck, 2014）。

修图在传统上是主流媒体的职责范围，这些媒体受到强大的、通常是白人的媒体精英的控制，正是他们用Photoshop来再生产霸权符码(Peck, 2014)。但当任何人都可以用计算机制作Photoshop图像，而且还用了“糟糕的”P图方法时，媒体机构的主导地位就会被打破。

烧烤贝基的模因是对白人身份霸权和制度性权力的反抗。如果任何人都可以快速使用Photoshop，那么像舒尔特这样的人就不再拥有展现自己种族主义行为的霸权能力。

你觉得烧烤贝基的模因过时了吗？模因的运行需要我们能对这种讯息产生共鸣，而且要了解其中被挪用的文本(Milner, 2016)。如果把烧烤贝基这个案例放在2018年的语境里，那时候狄欧娜的视频刚刚传播开来，而且新闻机构也在报道类似的种族主义事件，我们当然就能够明白为什么这个模因会牵涉这么多人。现在距离2018年已经有了一些时日，这种模因可能不再能引发共鸣。模因是快速发展的视觉数字文化的一部分，但这并不意味着它们在社交媒体推送上流传之后若干年就不再值得批判分析。一直保留下来的是模因创造、繁殖过程中的挪用和转化，以及它们抵抗霸权表征的潜力。

狄欧娜上传到YouTube的视频长达25分钟。如果你一直看到最后，就会看到两件事。第一，舒尔特在受到人们羞辱后失声痛哭，这张图片具有不同的深意，她不再是一个冷酷无情的终结者，而是看着很可怜，人们很难不为她感到难过。这段视频意味着烧烤贝基模因当中的关联是建构出来的。这并不是否认舒尔特的行为是种族主义。相反，我们应该反思：如果在网上传开的主要是舒尔特哭泣的图像，那么由狄欧娜视频延伸出来的相关意义又会发生什么变化呢？

第二，警察**确实**出现在视频结尾部分。这是一个主导的表征性符码——把美国白人描述为“无辜者”，把美国黑人描述为“可疑者”。主导的表征性符码会对美国黑人产生持续的影响。当贝基们和卡伦们报警时，往往会让真正无辜的黑人“嫌疑人”面临监禁或死亡(Mann, 2018)。这说明正是由于世界内部的行动，表 63
征才能够建构权力关系。

思考题

1. 烧烤贝基模因这种文本是否有助于打破种族权力的不平衡？
2. 找出你订阅的数字媒体中广泛传播的模因。

   (1) 这些模因在哪些方面是互文性的？

(2) 它们意指什么?

(3) 它们编码的是什么价值?

(4) 这些模因如何表征权力关系?

3. 你认为模因能够引发社会变革和政治变革吗?
4. 在权力斗争当中,模因可以成为重要的文本,请举出一个相关的案例。
5. 你能制作一个有关当下权力斗争的模因吗?
6. 思考有关白人女性特指的表征。白人女性有哪些正面或负面的刻板印象?
7. 你能指出表现白人女性善意的贝基式白人女性形象吗?

案例2: 贝图塔倡导者

文/梅格·托马斯 (Meg Thomas)

贝图塔倡导者(*The Betoota Advocate*)是一家澳大利亚讽刺新闻网站,类似于美国的《洋葱报》(*The Onion*)(*The Betoota Advocate*, 2020a)。克兰西·欧弗瑞(Clancy Overell)与埃罗尔·帕克(Errol Parker)是该网站的两个主笔。他们在所有公开场合都表现得像乡村小镇记者。讽刺新闻有其严肃的一面,既能像传统记者那般提供信息,也会提供正式新闻媒体不会提供的"真相"和有意义的评论(Feldman, 2008)。特别是对年轻受众而言,讽刺新闻是其获取新闻和政治信息的重要来源。2018年,美国广播公司*The Mix*节目采访了欧弗瑞和帕克,当被问及假新闻的负面影响时,他们反驳说,这在某种程度上需要让消费者来决
64 断,而且在这样一个"糟糕"的世界里还是应该有点笑料。

贝图塔倡导者虽然是一个讽刺新闻网站,但也针砭时事。其网站上的文章一般都配有p过的粗糙图片,而且在澳大利亚的社交媒体上被广泛分享。目前,贝图塔倡导者在Facebook和Instagram上分别有783,000和637,000名粉丝。即便和传统新闻媒体相比,它的受众群体数量也很大。例如,澳大利亚的国家新闻媒体第7新闻频道的Facebook账号有200万粉丝,而"贝图塔"的粉丝量相当于它的40%。

贝图塔倡导者结合了社交新闻(social news)和喜剧新闻(comedy news)的特点。社交新闻是适应社交媒体平台注意力模式的一种新的新闻类型。赫科姆等人(E. Hurcombe et al., 2021)指出,社交新闻在三个方面不同于传统新闻。第一,社交新闻采用网络平台的语言,其新闻样式也有与平台媒体上其他内容类似的

特征。第二，社交新闻在创建时就充分考虑到“可分享性”，这是为了激励读者在社交媒体上与他人分享。第三，社交新闻摒弃了“平衡”报道的新闻惯例，会对某个问题采取明确的立场（Hurcombe et al.，2021）。

社交新闻和喜剧新闻摆脱了传统新闻业的规范和惯例，因此会批评、讨论政治问题和其他公共问题。但在某些情况下，喜剧新闻可能会比传统新闻媒体提供更多的信息和教育内容（Feldman，2013）。喜剧新闻的矛盾之处在于，虽然它可能会让受众对新闻和政治报道产生更多的批判意识，但也容易引发愤世嫉俗的情绪，削弱议题的严肃性（Feldman，2013）。

社交新闻和喜剧新闻于公民意向有何利弊？要回答这个问题，可以考察像贝图塔倡导者这样的讽刺媒体发表的时事批评，这些观点与传统媒体发表的观点一样重要。

2018年9月，贝图塔倡导者发表了一系列以“托尼叔叔”为主角的文章。我们将之作为一个案例，解析其如何通过社交新闻和喜剧新闻的形式来对重要议题进行报道与评论。要解码“托尼叔叔”这个角色的含义，读者需要了解澳大利亚的文化和政治背景。

澳大利亚是一个移居殖民国（settler nation），1770年被英国殖民之后，移居者、原住民以及托雷斯海峡岛民之间的暴力冲突一直持续至今。原住民和托雷斯海峡岛民为自己的家园和文化进行的斗争贯穿了整个殖民史，其基本诉求是政治代表权和自决权，这也鲜明地体现在诸如“没有我们的参与，就不要为我们做决 65
定”和“过去是、将来也永远是原住民的土地”这样的口号当中。

2018年，澳大利亚前总理托尼·阿博特（Tony Abbott）被莫里森政府任命为原住民事务特使。他出生在英国，母亲是英澳混血，父亲是英国人。阿博特是一位保守派政治家，认为自己全身心投入了原住民事务，但在任期间，他相信每年只需要在偏远的原住民社区进行一次管理，就可以“更好地了解在这些地区工作生活的人的需求”（BBC News，2014）。在接受特使职务之后，他在议会上表示，将解决原住民社区面对的“最大挑战”——上学问题，虽然他也提到，原住民的长者并不认为上学是他们最重要的问题（Abbott，2018）。那里的领导人认为，根本的政治改革才是首要问题，例如获得宪法承认和制定相关条约。批评者认为，阿博特在关键政治改革方面采取的“实用性”举措，显然与专家、事实以及有实际经验的人的建议背道而驰。无论阿博特的政治地位如何，澳大利亚政府对他的任命反映了一个悠久的传统，也就是让移居者作为原住民和托雷斯海峡岛民的代表，为他们进行发声和行动。

艾利森·霍兰德（Allison Holland）解释道，特使的作用是凝聚原住民社区、促进原住民与立法机构之间的沟通，因此是澳大利亚众多原住民的代言人。这个职务通常需要懂得多种语言，广泛了解不同原住民的价值观、优先事项和传统（Holland，2018）。

传统的新闻报道受其表征惯例的限制，可以报道关于阿博特的任命，评论其意图，发表关于原住民和托雷斯海峡岛民领导人的不同意见；媒体也可以提出让移居者担任原住民特使存在争议。而贝图塔倡导者这样的媒体不受传统媒体表征规范的约束，因此可以更加直接地就该事件讽刺移居者政府与原住民之间的权力关系。

贝图塔倡导者在一系列讽刺新闻当中报道了“托尼叔叔”作为原住民特使所开展的一些活动。“叔叔”一词是原住民和托雷斯海峡岛民对长者的尊称；“叔叔”或“阿姨”代表了智慧、知识，还有对原住民文化的深刻理解。把阿博特称为
66 “叔叔”具有嘲讽的意味，因为这是在暗示他挪用了原住民和托雷斯海峡岛民的文化。贝图塔倡导者把托尼叔叔塑造成一名积极分子，对原住民和托雷斯海峡岛民的事业高度忠诚，甚至采用了他们的身份认同。这个角色是对权力和身份的批判性反思，不仅凸显了阿博特的白人特质，也暗示他一点都不了解原住民的文化、传统和价值观。这类报道是在强调，把阿博特任命为原住民特使的做法，与原住民提出的“没有我们的参与，就不要为我们做决定”的要求是完全背离的；这个要求指的是在制定任何影响原住民生活、家园和文化的决定时，他们需要有自己的代表。

图2-5　贝图塔倡导者中的阿博特

在整个系列报道中，阿博特的角色挪用了越来越多原住民身份认同当中的要素。最早的一篇报道称，托尼·阿博特在昆士兰瑟堡（Cherbourg）的原住民社区演唱了原住民的摇滚歌曲《坚硬的石头》（*Solid Rock*）（见图2-5）。在新闻标题的旁边有一张用P图软件粗略处理过的图片：阿博特手里拿着吉他，头戴一顶带有原住民艺术图案的水桶帽。文章结尾写道，当地的一个孩子向阿博特递了一把

The BETOOTA ADVOCATE

Uncle Tony X Mobilises Armed Patrols To Protect His Community Against Police Brutality

CLANCY OVERELL | *Editor* | CONTACT

图 2-6　贝图塔倡导者中的托尼叔叔X

吉他并请求道:“给我们弹一首歌,叔叔。”之后的文章都把阿博特称为“托尼叔叔”,与其他的原住民长老一样受人尊重。这个角色在报道后期变成了“托尼叔叔X”,其中的X取自麦尔坎·X(Malcolm X),而且报道本身也更加激进了(见图2-6)。

例如,贝图塔倡导者发表了一则标题为《托尼X叔叔动员武装巡逻队,保护社区免受警察暴行》的文章(见图2-6),“报道”了阿博特将会在原住民社区巡逻,以防止警察暴力。标题旁边附有一张阿博特走过国会大厦的照片,他头戴黑色贝雷帽,肩上挂着的步枪是用Photoshop软件P上去的,这两个要素明确指向黑豹党。黑豹党是 67
一个非裔美国革命政党,宗旨是保护非裔美国人免受警察暴行。而在这个故事中,阿博特是作为政府的一员,在2007年向原住民社区派遣军队进行“干预”,这种形象讽刺了阿博特作为原住民特使的合法性。

克兰西·欧弗瑞“报道”托尼叔叔要求“媒体称他为托尼X”,从而“(远离)其暴虐的欧洲祖先传给他的姓氏”。这引用了非裔美国穆斯林的做法,其中最著名的就是麦尔坎·X,他们用“X”来替代奴隶主赋予他们或他们的先辈的家族姓氏。贝图塔倡导者把一系列符号组合起来,例如标题中“托尼叔叔X”这个名字,以及图片中P上去的具有标志性的黑豹党步枪和黑色贝雷帽,这些都强化了讽刺意味。

报道对托尼叔叔的呈现是对澳大利亚移居者政客的尖锐批判,这些政客通过掩盖白人身份、不断推进白人既有的主导地位收编了原住民的身份和事务。它还讽刺了保守派移居者担任原住民特使的荒谬性,因为他们对原住民的民族文化没有任何亲身经验或知识。

要理解讽刺新闻评论更深层次的意义,就需要解码文本。读者必须先了解每 68
个文本的互文关系,然后才能解码隐含的意义。否则,反而会正面肯定潜在的不良含义,而不是挑战它。要确认讽刺新闻对主导思想究竟是批评还是肯定,取决于文本解码的方式,人们可以在统治—霸权框架内进行解码,也可以用对立立场解码。

贝图塔倡导者也会引发误解,就像*Wild Black Women*广播节目的两位主持人切尔西·邦德和安吉丽娜·赫尔利(Chelsea Bond and Angelina Hurley)对该网站所做的采访中所体现的(*The Betoota Advocate*, 2020b)。邦德问克兰西："托尼·阿博特在原住民社区服务还为此获得了澳大利亚勋章，他们完胜了，这本应该是**你的**头条新闻，你感到失落吗？"尽管邦德在开玩笑，但这其实是在暗示，真实的新闻有时太令人难以置信，以至于它很容易成为讽刺新闻。贝图塔倡导者的一部分讽刺策略是模仿主流新闻媒体，从而"找出"笑料、批评政治。读者需要阅读贝图塔倡导者发表的一系列故事，才能理解这种讽刺新闻媒体的意涵。

在FM98.9早间节目中，有一个名为《贝图塔支持国家新闻》(*Betoota's Back Country Bulletin*)的节目，艾玛·麦克内尔(Emma MacNiell)就阿博特所获的荣誉向欧弗瑞问了一个问题，他回答说："荣誉没有就此止步，我们后来了解到，他也有可能因为保护难民和环境而获得诺贝尔奖。"他的评论让听众产生了质疑：阿博特是否应该因其对原住民社区的贡献而获得澳大利亚勋章。在这种情况下，贝图塔倡导者提供了被主流新闻媒体排除在外的批判观点，起到了菲尔德曼(Feldman, 2013)所说的"喜剧新闻"的作用。

像贝图塔倡导者这样的讽刺媒体用喜剧新闻的手法，鼓励受众更深入地反思、批判真实的新闻报道。需要注意的是，这种新闻可能会阻碍民主辩论。下面的问题可以帮助大家思考这些情况。

思考题

1. 找出讽刺新闻故事，并指出其中的能指和所指。这些故事有哪些编码和解码的方式？

2. 如果要理解统治—霸权、协商或对立的文本解码方式，你需要知道关于互文性文本的哪些知识？

3. 讽刺性政治评论强化还是挑战了主流媒体当中的一些不良表征和刻板印象？

三 小 结

69 在过去的一个世纪里，媒介一直是我们了解自己和世界的核心。传媒和文化产业塑造了大众的想象力、世界观、情感、政治和实践。本章特别关注了表征这一社会过程。表征是社会中的一个关键过程，因为我们理解世界的方式会影响我们的行为以及我们彼此之间的关系。正因为如此，对于权力运行而言，控制那些制造和扩散意义的机构、专业人员和技术至关重要。

强势群体试图创造并控制媒介技术、机构和实践，这是他们形塑社会的部分工作。

这显然是一个复杂的过程，因为意义是社会性的，而不是固定的。传播者可以把他们喜欢的任何意义都“编码”到文本中，但“解码”者可以通过多种方式来进行理解。我们认为，表征是一个社会过程，涉及意义生产者和接收者以及编码者和解码者之间的相互作用。其中，既包括把首选的意义“编码”到文本中，也需要围绕这些意义来达成共识。那些拥有权力或寻求权力的人的任务是创造并维护一种文化氛围，让常识性的意义能够得以建立并得到管理。但这绝不会一劳永逸，因为人类的历史充满了对人类关系组织方式的斗争。

作为未来的传媒从业者和公民，我们需要思考当今时代有哪些对媒介和权力的批判观点。如果要创造性地使用媒介、改变或抵抗媒介，都需要充分了解那些当权者和谋取权力的人是如何通过媒介塑造世界的。具有批判性意识的实践者和公民有着双重任务：一是揭示、解释媒体如何塑造现实，二是思考如何让媒体变得更好（Andrejevic, 2009）。

延伸阅读

延伸阅读所列文献更深入地分析了表征的概念。例如，霍尔（1973）、霍尔等人（2013）、特怀特等人（T. Thwaites et al., 2006）以及特纳（G. Turner, 2003）的论著为表征、符号学和编码—解码理论提供了基础性的解释。拜尔与斯托诺夫（P. S. Bayerl and L. Stoynov, 2016）、亨廷顿（H. E. Huntington, 2016）、马多克斯（2019）、曼恩（J. L. Mann, 2018）、米尔纳（2016）和佩克（A. M. Peck, 2014）的研究分析了模因，模因是批判和挑战权力关系的一种当代的表征形式。

Bayerl, P.S., & Stoynov, L.（2016）.Revenge by photoshop: Memefying police acts in the public dialogue about injustice. *New Media & Society, 18*（6）, 1006–1026. 70

Hall, S.（1973）.*Encoding and decoding in television discourse*（Vol.7）.Centre for Cultural Studies, University of Birmingham or Hall, S.（1991）.*Culture, media, language: Working papers in cultural studies, 1972–79*. London: Routledge.

Hall, S., Evans, J., & Nixon, S.（Eds.）.（2013）.*Representation: Cultural representations and signifying practices*.London: Sage.

Huntington, H.E.（2016）.Pepper Spray Cop and the American Dream: Using synecdoche and metaphor to unlock internet memes.*Visual Political Rhetoric: Communication Studies, 67*（1）, 77–93.

Maddox, J.（2019）.Calling out racism for what it is: Internet memes, the oppositional gaze, and BBQ Becky.In L.Coleman & C.Campbell(Eds.), *Media, myth and millenials: Critical perspectives on race and culture*. Lexington, MA: Lexington Books.

Mann, J.L.(2018).What' s your emergency? White women and the policing of public space. *Feminist Studies, 44*(3), 766–775.

Milner, R.(2016).*The world made meme: Public conversations and participatory media*. Cambridge, MA, and London: MIT Press.

Peck, A.M.(2014).A laugh riot: Photoshopping as vernacular discursive practice. *International Journal of Communication, 8*(25), 1638–1662.

Thwaites, T., Davis, L., & Mules, W.(2006).*Introducing cultural and media studies: A semiotic approach*. London: Palgrave.

Turner, G.(2003).*British cultural studies: An introduction*. London: Routledge.

第三章　意义的工业化生产

意义的生产在20世纪被工业化。

★ 20世纪，意义的组织和生产发生了怎样的变化？ 71

★ 如何理解意义的工业化生产与权力之间的关系？

★ 数字技术如何改变文化的生产？

★ 不同的媒介和文化机构之间有什么区别？

本章内容

- 考察20世纪传播的工业化过程；
- 介绍与20世纪意义生产工业化过程相关的重要的权力理论；
- 文化工业是在社会中控制意义生产和扩散的核心，对我们所在的社会、生活方式和人与人之间的关系具有实质性影响；
- 探索传播专业化和工业化在权力关系的形成与维系方面的作用；
- 考察在大众时代向网络时代和平台时代转变的过程中，文化的工业生产如何被维系、如何发生变化。

一、媒介与大众社会

72 媒体机构和媒介技术在大众社会形成的过程中，作为其中的一部分而得以出现（Thompson, 1995）；这一点今天已经众所周知。大众社会伴随着工业革命而诞生，当时的大型工厂和机器极大地促进了物质产品的生产。工业革命自17世纪后期开始推进，在这个历史过程中，农业社会为工业化和城市化所主导。工业革命首次把大量劳动力吸引到城市。这些城市巨大、肮脏、混乱而危险。过去从未有过什么机构和基础设施可以让这么多人挤在一起。为了管理稠密的人口，城市必须建立相应的机构和系统，例如学校、医院、医疗、邮政、福利和媒体。机构指的是像工厂、学校、医院、监狱、政府部门或传媒公司这样的实体，它们催生了新的生活方式和新的人群类型。机构的特点是组织优化、关系结构化，通过规则和程序来管理人的行为，从而确保产出可靠的产品，甚至按计划培养出不同类型的人群。例如学校教授课程，培养出共享一套标准观念且行为相似的学生。

城市的关键机构是工厂。人们过去生活在小型的村庄社会，围绕农业自给自足地组织生活。后来，他们搬到城市并在工厂工作。工业化工厂产生了一种新的生产方式，并在工厂主、机器和工人之间形成了新的关系。在工业化工厂发展的过程中，一个起到关键作用的人是弗雷德里克·泰勒（Frederick Taylor），他“痴迷于控制……不懈地测量并组织其生活细节，包括自己走路的步幅、他和他的朋友打棒球的场地的尺寸”（Lears, 2009: 258）。他曾在机械师那里做学徒，而且认为别的工人总是在偷懒。

泰勒在工厂工作时观察到，工人拥有一定的权力：他们掌握着如何制造物件的知识，例如怎么制造轮子，但老板并不知道。由于老板不知道做一件东西需要多少时间，因此很容易受到工人的欺骗。为了解决这个问题，泰勒试图建立一个工厂，把知识保存在机构和工作流程当中，然后用这些知识来指导工人。这样一来，权力就转给了工厂主。他设计了一种打破工人权力、同时显著提高工厂效率的方法。在他开展的一系列实验中，媒介技术是其中的一个重要组成部分。他是利用胶片来监视工人的先驱。无论工人在生产汽车、转动车轮还是在打字，泰勒都会把这些拍摄下来，然后放慢胶片速度，仔细观察
73 他们的每一个动作，这样就可以把制造过程分解成几个步骤。其目的不仅是为了提高效率、扩大生产，也是为了控制生产方式。过去，一名工人需要负责整个过程，但现在整个工作流程被分解成一个个单独的任务，每个工人只负责其中一部分，也只了解他们负责的那一部分。这样工厂就可以监测每个工人在每个步骤上的生产，从而控制整个过程，而不是让工人掌握控制产量的权力。工厂通过确保没有工人能了解整个过程的方法来

行使权力。泰勒这么做的下一步是用流水生产线实现流程自动化，也就是把工人排成一条线，零部件以指定的速度从他们身边经过，跟不上的工人只能被解雇。

另一个关键人物是亨利·福特（Henry Ford），他采用并发展了泰勒的理念，形成了后来为人熟知的科学管理法。福特因其创造的汽车流水生产线而知名，流水生产线工厂也成为20世纪工业的支柱。这个时代以及这种生产方式被叫作“福特主义”，而泰勒的“科学管理”则被称为“泰勒主义”。这些制度的重点是权力的动态性，它改变了工匠与工厂老板之间的关系：工匠原来对自己的工作有一定的掌控权，如今基本上丧失了权力。这样一来，工厂拿走了工人的权力，也就可以在肉体上压榨他们，因为工人或多或少都是可以被替代的。在这种情况下，为了应对工厂主的权力，工会在这个时代应运而生，这样工人就能够团结起来争取更好的工作条件。

有些工厂主意识到，虐待工人会带来冲突，效果可能会适得其反。福特是最早反应过来的工厂主之一，但他并没有给出更好的工作条件，而是向工人允诺多劳多得。当时许多工作都涉及监控、评价和奖励制度，例如员工的月度计划、年度奖金、工作积分（兑换购物券）等，但工人几乎无法控制机构的运作方式。机构制定规则，然后监督人们遵从规则，奖励那些遵守得好的人，这是权力运行的一种方式。那些在机构里如鱼得水的人就是因为遵守规则才得到了奖励，因此越遵守规则，就越快乐。在工业化工厂之类的机构里，控制或权力是由一组机制共同运转起来的，包括机器（做着曾经由人工完成的任务）、指导规则、工作流程和奖励。大众社会中的大多数机构都熟谙这一套由机器、规则和奖励组合起来的管理工具。福特式的生产方式一直持续到20世纪70年代，后来因为种种原因而趋于没落。

上面讲的这个关于物质商品大规模生产、生产线和工厂的故事，至少在三个方面
对媒介研究很重要。第一，媒介技术被用来观察工人，以提高工厂效率。泰勒在工厂摄 74
像和拍照，就是为了让工人更有效率。由此可见，在大众社会早期，媒介技术的作用是监测和收集关于人的信息。第二，媒体机构效仿工厂，20世纪出现的主要报纸的新闻编辑部就像工厂流水生产线一样，采编人员遵循标准流程，在限期内产出新闻。这些组织有自己的规则和程序，例如，报社记者不能畅所欲言，而必须遵守编辑规定的新闻价值和新闻风格，遵守报社的规则和程序。报纸的商业利益和政治利益设定了这些规则。因此，媒体机构是制造意义的工厂。到了20世纪中叶，这些机构被叫作“文化产业”，在这种组织里工作的专业传播者无非是更大的生产过程中的一颗螺丝钉而已。

第三，媒体在产品推广方面具有重要作用。工厂主是第一批认真投资媒体的人，主要是购买媒体的内容或广告位。为了向大家介绍产品，他们需要做广告，这也为媒体

带来了资金，刺激了类似大规模流通的日报的商业媒体的发展。报纸的商业模式之所以可行，就是因为广告商想把付费广告和新闻放在一起。商业广播电视也是如此，只不过在这些媒体上，广告商可以长期购买或“赞助”整个节目。“肥皂剧”之所以叫“肥皂剧”，是因为一开始它完全是由肥皂公司资助的。媒体的大规模扩张与工业化生产齐头并进：如果没有工厂生产那些必需品，没有工厂向那些购买商品的工人支付工资，就不需要做广告，也不需要支持商业媒体发展。正因为如此，媒介技术和媒体机构对大众社会中的日常生活、市场和政治机构的组织至关重要。

二、控制意义的生产者及其生产场所

当代文化工业的根基是西欧资产阶级在17至19世纪期间建立起来的制度。欧洲自由城市中新兴的中产阶级交易者、商人和早期工业资本家联合构成了资产阶级。第一阶段，媒介化传播（mediatized communication）局限于小型组织当中。即便在19世纪，资产
75 阶级媒体也都是由小公司经营的。部分原因是，在蒸汽动力印刷机出现之前，媒介技术还无法满足信息大规模生产的要求。因此，早期媒介化传播的规模相对较小，从业人员大多是拥有多项技能的个体。例如，报社老板负责撰写、编辑和印刷报纸，以及经营业务。这不同于具有等级结构的“意义工厂”，后者是为大范围的受众开展传播业务。早期资产阶级的媒介化传播普遍针对较小的识字群体，其出版物主要出现在中产阶级的活动家之中，鼓吹结束封建制度和消除贵族特权，因为这些制度限制了资产阶级权力的扩大。在贸易商人之间流通的出版物则服务于商业目的。

19世纪出现的大量技术创新，一经整合即能为新型传播方式的诞生提供条件，例如廉价纸张、墨水、轮转印刷机和排版机是批量生产报纸的必要技术。工业革命还带来了大型城市的创建、识字率的提高以及公路铁路运输条件的改善，这些都为大众报纸带来了更广阔的市场。技术发展使得相同产品的成本大幅下降、产量大幅提高；工业化生产开始向规模经济发展：提高产量、降低成本成为工厂发展的基础。与此同时，工业城市的发展带动消费社会兴起。商人力求向居住在快速发展的城市中的新兴识字群体做广告，报纸则依靠广告收入来降低售价，大众报刊随之诞生。

19世纪末，美国人发明的公司是一种用来组织生产大型基础设施的机构，例如铁路和交通系统。公司的这种组织形式也成为文化生产的基础。这些变量相互交织、聚集，大众传媒由此发展壮大，带来了意义生产分配的工业化。此时出现的一系列关于意义生产的

实践和话语，支撑了报纸、杂志、电影及广播电视在整个20世纪的发展。所有这些技术的发展应用都是意义工业化生产的一部分。在此期间，其他如教育类的文化生产方式也以类似的方式被制度化。直到20世纪90年代数字网络的到来，上述实践才出现重大转变。

20世纪出现了许多不同的方式来促进文化生产的工业化。不同的强势群体尝试建立能够树立并维持意识形态和话语的机构，这些机构旨在通过意义的控制来帮助社会往理想的方向发展。每种文化生产模式都是在特定的地点和语境下产生的。本章主要关注自由民主制度下的文化工业，其中涵盖了从报纸到数字平台的各种媒介类型。 76

自20世纪初以来，文化产业已经形成多种组织形式：

- **私有媒体**：需要通过向受众售卖内容或向广告商出售受众注意力来获利。
- **国家许可媒体**：在某些社会，政府对媒体的运营进行规制。
- **公共服务媒体**：由政府资助并依据“章程”运营的公共服务媒体，具有一定程度的独立性。
- **国有媒体**：直接由政府资助并受其管理的媒体。

三、工业化意义生产的权力

20世纪，意义生产已经实现工业化。要让意义生产达到工业规模，就需要成立机构雇用专业传播者；这些专业传播者在等级管理结构下被组织起来，并遵循机械性的工作流程。这种机构反映了当时主导的生产方式。一如工厂运用标准化的流水线来生产汽车等产品，媒体机构也遵循这些原理，发展出生产意义的惯例和流程。这个制度化过程把意义的生产方式结构化了，也把机构能够生产的意义类型结构化了。

到了20世纪末，大众传媒的影响已经遍及全球。如今已经很难找出媒介无法触及的社会、文化或人类交往。在大众传媒崛起的同时，专业传播者的影响范围也在扩大，而信息接收者的作用则被大幅削弱。受众越来越成为意义的被动接受者和扩散者。对于那些文化工业的从业者来说，受众成了抽象的对象：公众、目标市场、细分群体等。传播者还发明出一系列技术来有针对性地处理这些抽象的对象，从而达到增长受众份额、影响公共舆论或散播促销讯息的目的，意义生产的过程也随之去个性化。

传播的工业化带来了**大众**传播。这个过程始于报纸，并在电视媒介上达到巅峰。大众传播在本质上是自上而下的，这指的是，那些被挑选出来的专业人士在媒体管理者、所有者或其他政治精英设定的框架下开展工作，只有他们才能大范围地制造并扩散

意义。工业化压缩了非专业传播者创造意义的行动空间，使之只能成为接收意义的受
77 众。这种传播是单向的：一些人说话，另一些人听。这个传播工业倾听公众或观众的声音，是利用市场研究、舆论研究或其他监控方式来实现战略性目的。业界听取公众的意见，是为了更有效且合理地管理受众，受众向业界表达或监督业界的能力，则几乎完全是由业界设定的。

专业传播者根据其供职机构的规范、规则和权力关系来制造意义。个体创造性的空间受到组织需求、惯例和等级制度的制约。此外，制度化的传播把信息接收者视为受众，讯息的流动因此是单向的。在工业化的传播过程中，几乎没有给信息输入、信息适应和信息反馈留下余地。与此同时，大众传媒传递讯息的能力大大增强。可见，工业化并没有促进对话交流，而是在大幅提升一个群体表达能力的同时，削弱另一群体的回应能力。同样，随着媒介技术的发展，组织机构在向受众传播的同时，提升了观察和监控受众的能力。组织机构提升了对受众传播并监测他们的能力；受众则降格为组织机构的倾听者，或充其量只是在由组织机构管理的网络中参与内容的扩散。

本章接下来的四个小节陈述了20世纪的思想家如何理解媒体大规模生产和分配意义的权力。他们都观察到了大众传媒的兴起及其在文化、消费和民主中的作用，试图理解大众传媒如何创造意义、如何塑造我们理解和行动的方式，以及有权力的人如何利用媒体来组织社会。

四、脑海中的图景

美国的政治评论家和记者沃尔特·李普曼（Walter Lippmann）在其著作《公共舆论》（1922）的开篇写道：

> 海上有个岛屿，1914年时那里住着几个英国人、法国人和德国人。岛上不通电缆，英国邮轮每60天来一次。到了九月船还没来，岛民谈论的话题仍是最近报纸报道的一则消息，即卡约夫人（Madame Caillaux）枪杀加斯顿·卡尔梅特（Gaston Calmette）一案即将审判。因此，九月中旬的一天，他们抱着非同寻常的急切心情涌向码头，想听那位船长说说裁决的结果。

78 在游轮上次到访后的两个月中，欧洲爆发了第一次世界大战。英法与德国交战了6个星期，但岛上的人不知道这个情况。李普曼继续写道：

> 在这不可思议的6个星期中，这些岛民仍像朋友一样相处，而实际上他们已经成了敌人。但他们的处境与绝大多数欧洲人的处境并无太大不同。他们弄错了6个星期，大陆上的人可能只间隔了6天或6小时。但确实有一段间隔。在欧洲的那个时刻，人们照常各行其是，与即将打乱他们生活的那个欧洲无论如何也对不上号。在那个时刻，每个人仍在适应一种已经不复存在的环境。

虽然各国已经交战，但岛上的英国人、法国人和德国人继续像朋友那样相处，这是因为媒介基础设施（也就是载有报纸的轮船）还没有把“新”的景象和意义传到他们的“脑海”里。“我们脑海中的图景”支配着我们如何看待彼此之间的关系，而且在大众社会里，这些图景由工业化的媒介系统制作并进行分发。

这个故事把“意义”与“媒介”之间的关系表现为一种制造和分配意义的工业系统。人们“相信自己脑海中的世界图景”并据此展开行动。随着报纸、广播、电视等大众传媒的到来，人们开始明白自己从属于一个无从触摸、感觉或倾听的世界——人们虽然没有直接体验这个世界，但还是感觉自己是它的一部分。

李普曼写道：“人们不是依据直接而确定的知识来展开行动，而是基于他自己的或别人给他的图景来行事。如果地图说世界是平的，他就不会因为害怕坠落而跑到他所认为的地球边缘。”这本书是李普曼在20世纪20年代写的，他认为报纸是一种相对较新但越来越重要的机制，因为“图景”正是通过这种机制传到大众的“脑海”中的。世界太复杂，我们无法完全理解，因此需要借助画面和故事来简化认知。我们只关注某些事情而非其他事情。我们依赖别人观察、选择和组织现实。在李普曼所描绘的工业社会中，这项工作越来越被交给了“新闻界”，尤其是报纸记者。

李普曼指出，报纸记者为了生产一种简化的认知图式来描述现实，采用了一种标准化程序。“新闻”是对世上要被报道的事件的“一系列选择结果”。根据李普曼的观点，报纸“注定无法完成”“翻译整个人类公共生活”的任务，无法让每个公民对每个话题都知情。但在大众社会，人们指望大众传媒来评估现实、把现实转变为一系列图景。这些图景塑造了人们理解世界的方式。

李普曼指出，我们需要一个更好的机构来完成这项任务。他曾供职于美国公共信 79
息委员会，这是美国政府在第一次世界大战期间，为了促进国家凝聚力而设立的“宣传”部门（Funk，1994，2011）。李普曼在工作中发现，大众传媒的权力在于大规模生产、分配标准化的意义，这种模式高度受控且高效。广大民众在经过教导之后，无须亲身经历就会相信他们所看到的世界“图景”。

在《公共舆论》(1922/1965)这本著作中，李普曼提出的一项建议一直备受争议：他主张在大众社会里建立一个“专家局”(bureau of experts)，将之作为信息和事实的清算中心。这个想法复制了战时宣传工作中对信息的严格控制，某种程度上是反民主的。但自20世纪以来，大众社会建立了多个管理信息流的部门或专家组。诸如英国广播公司、德国之声、澳大利亚广播公司等公共广播电视机构都是例证，这些独立组织存在已久，通过政府资助来生产独立的事实信息。此外，政府和智库的公共关系部门一直在为公共辩论和政策制定提供高质量信息。大学除了发表学术著作和科学发现以外，越来越多地为公共论坛和决策制定提供专业知识。所有这些机构的存在都表明，在一个越来越“技术官僚”的社会里，经验事实和专业知识理所当然地被当作信息流管理和决策制定的基础。

新闻业不能独自影响公共舆论，但是，许多群体和机构都企图成为公共生活里的“专家”。李普曼确有先见之明，因为许多人发现，新闻界在形成舆论方面存在缺陷。从20世纪初开始，政府、公司、非营利组织和大学都用越来越复杂的制度化方式来与公众交流。与此同时，学科及专业相应出现，开始培养和雇用善于通过传播来影响公共舆论的专家。

五、制造共识

大众社会的技术打破了时空限制，实现了对广大民众的管理。诸如铁路、电报、报
80 纸、电影和电视这样的技术，在全球范围存储和传输关于人、商品和观念的信息。在这些技术出现之前，我们生活圈之外的新闻、人物或物体的传播速度非常缓慢，其他人和他们的生活方式也离我们很远。那时候，我们每天遇到的大部分人都是熟人，看到的大部分东西也是由熟人生产的。运输和媒介技术加速了货物、人员及观念的扩散。无论是在城镇间运送报纸或胶卷的火车，还是跨洲传输的电报和无线电网络，再到在全球范围内传送信息的互联网，这些基础设施越来越快地向远距离传送货物、人员和观念，分散于各地的人们也开始能够彼此交流。

全球化社会的构想随之成为可能：在广袤的区域中，人们将彼此看作生活方式共享的一部分。在民族国家内部，政治经济精英可以通过媒体来管理广大民众的日常生活。现代公共关系学的奠基人爱德华·伯纳斯(Edward Bernays)在1947年写道：

> 美国的传播事务快速扩张，这个国家拥有世上最具穿透力且最有效的思想传播工具。无论身处何地，无论是否与世隔绝，美国庞大的传播网络覆盖全境，每个人都不断地受其影响。字字句句不断敲打着美国人的眼睛和耳朵。偌大的美国变成了一个小房间，一声耳语就能被放大至数千倍。如何利用这个巨大的扩音系统的知识，成为那些关心社会建设的人最关切的事。(Bernays, 1947: 113)

伯纳斯和李普曼有着一些相似之处：两人都对舆论管理感兴趣。与李普曼一样，伯纳斯也是第一次世界大战期间公共信息委员会的成员（Funk, 2011）。而且他们都认为，当时已经出现一个庞大的工业机器，它把“图景”传送到大众的“脑海”中，而且这个过程需要管理。

李普曼希望建立一个“独立”且有民主意识的“专家局”来管理公共舆论，这在某种程度上是理想主义的；而伯纳斯则采取了更现实主义的实用立场，他主张以“工程路径”（engineering approach）来创造和管理公共舆论。他指出，民主社会中有些群体依赖“公众同意”，因此需要设计“公众对计划或目标的同意”（Bernays, 1947: 114）。为此，专业传播者与组织合作，从而“基于对情况的全盘了解，运用科学原理和经验实践来让人们支持观念和计划”（Bernays, 1947: 114）。那些塑造公众同意的工程师通过监督公众来了解他们的想法及思想的来源，同时分析“权威、事实、精确性、理性、传统和情 81
感”对公共舆论的影响程度（Bernays, 1947: 117）。

公关人士的工作是干预公共舆论的形成过程。在伯纳斯看来，这种方法在本质上是民主的，是“劝服和建议的自由”的一部分。因为他认为，普通人在很大程度上无法形成自己的观点，而精英群体的工作是“引导”他们看到问题并让他们支持行动。由此来看，如果李普曼主张的是建立一种独立的舆论仲裁机构，那么伯纳斯主张的就是各个群体在追求自身利益时可以自由地交换公众意见。

伯纳斯是在二战的阴影下提出这个建议的。他见证了纳粹德国及其宣传机器的兴衰以及后来的美苏冷战。当时，美国和苏联都通过大型媒体和文化机器来对人们的日常生活施加控制。他指出，无论是谁领导复杂的大众社会，都需要“掌握传播技术”。这不仅是指领导人要具备引人入胜的表达技巧，更基本的是能够建立和维护那些“设计同意”的媒体和文化机构。一旦能够制造同意，强制力就不再必要。伯纳斯和李普曼一样，认为那些管理意义生产的专业人士或专家对大众民主制度的正常运转至关重要。然而，有的观点认为，民主制度的根本是公众的意志，但也有观点认为，需要“专家”和

“专业传播者”来塑造公众意志，使之朝着“正确”的方向发展，这两种认识之间便产生了矛盾。

六、文化工业

20世纪中叶，意义的工业化生产（如报纸、电影和广播）已经在大众社会建立起来。虽然不同社会围绕着极为不同的政治意识形态组织起来（如德国的法西斯主义、苏联的共产主义和美国的资本主义制度），但都是利用文化的大规模工业化生产来组织和管理庞大的人口。电影、电视和广播在每个社会都得到了迅速发展和广泛应用。德国法兰克福学派的学者西奥多·阿多诺（Theodore Adorno）和马克斯·霍克海默（Max Horkheimer）把这种意义的工业化生产系统称为“文化工业”。

阿多诺和霍克海默在希特勒上台后移居美国。他们发现，美国的文化工业要比希
82 特勒和斯大林统治下的法西斯主义和专制主义的文化生产形式更为复杂，适应性也更强。在美国，他们观察到了一种无须专门审查反对意见的文化生产过程。在这个过程中，要么忽略反对意见，要么将它们收编进自己的世界观里。他们担忧文化工业助长了自上而下的叙事、操纵和控制。然而，那些像李普曼和伯纳斯这样的人不仅参与发展，而且利用着工业化意义生产，他们认为，大众传播系统能促进大众民主顺利运转，而且都关注精英群体和传播专家在组织社会意义流动方面的作用。

但在法兰克福学派看来，工业化的意义生产不仅让传播活动的操纵和控制更加便利，同时也减少了对话交流的空间。在这种情况下，生活在大众社会中的大多数人都在被动消费批量生产的意义，同时这些意义也在有效地操纵他们。大众传媒带来了人的被动性，这种被动性创造出了一个“单向度社会”。他们认为，这种意义生产过程显著缩小了大众传媒传播声音和意见的范围，不可避免地催生出了一个单向度的社会。在他们看来，工业化传播倾向于压制或忽略那些不适合大众传媒传播的声音。虽然在某种层面上，精英建立这种系统的意义可能在于制约那些对立意义的生产；但对法兰克福学派来说，单向度社会会产生严重的错误，因为更好的、新的观点是在辩论和冲突中产生的。如果精英不企图关闭和控制意义的生产，那么人类社会会变得更好。对法兰克福学派的学者来说，文化工业扼杀了这个过程。

法兰克福学派认为，社会是围绕赢家和输家之间的斗争组织起来的。权力关系是动态的，没有人能一直掌控权力，每个胜利者都要面对一个不断尝试反击的失败者。二

者之间的斗争是历史和进步的引擎。他们采用的是“辩证”哲学的分析方法，这种方法的前提是，一个系统或观念总是包含矛盾和对立。根据这种思考方式，任何社会都存在强势群体和主导观念，但他们总是处于对立、焦虑和竞争的紧张状态中，不断遭遇其他群体的破坏和颠覆。辩证法有助于理解权力关系的动态本质。

法兰克福学派提出了一个有力的论点：辩证法并不是一个需要克服的问题，而是人性的核心，也是值得鼓励的东西。对他们而言，辩证法是一种驱动社会的引擎。如果没有它，人类就会停滞不前。法兰克福学派认为辩证法不会停止，而且如果认为它可能停止就采取行动的话是危险的。对他们而言，如果表达反对意见、不同想法和对立论点能受到鼓励，社会就是最健康、最活跃的（参见Jay, 1973）。这不仅需要承认，处于不同 83
位置的人不可避免地存在冲突，而且更进一步来看，这种冲突应被视为一种社会善行，因为从中会产生新的观点和社会关系。社会关系的现状并不总是一种观点抹杀另一种观点的产物，而是过去的冲突和对立的产物。因此，永恒的绝对赢家不可能存在。当权者一直受到冲突、妥协和挑战的形塑，其权力受到他人观点和资源的引导和制约。创造性的观念由斗争而来。

尽管有些人标榜自己的观念是绝对真理，但这些观念也要与其他观念放在一起才能看出其中的好坏。辩证思维让我们认识到，一种观念依赖其对立观念而存在；承认一个观念在独立于其他观念的同时又相互依存，这才是观念生产的核心。要理解这一点，一个简单的思考方式是从我们的身份出发。我们认为自己在性别、种族、文化兴趣或政治观点方面都独具一格，然而，其存在仍然有赖于他人可能会有的其他观念。这些只有在我们相对于别人来定位自己时才有意义。只有当我们把一个政治观点与其他不同的观点放在一起比较时，这个政治观点才有意义。如果每个人都拥有**完全相同的**政治观点，那么政治必然会消失，因为这时就无须再争论观点和争夺权力了。但这种情况不太可能出现。无论如何，如果我们排除了不同的观点而与别人建立社会关系，就有可能削弱我们自己的观点和身份。我们的观点与其他观点之间存在相互依赖的关系，错误地认识这一点是有风险的。

法兰克福学派的第二代学者赫伯特·马尔库塞（Herbert Marcuse, 1964）发现，美国的文化工业可以把“反文化”（counter-cultural）思想进行收编，将之商品化再售卖给持反文化观点的人。20世纪60年代，美国的年轻人用另类的生活方式、音乐和时尚来反抗体制。文化工业就开始迅速地生产那些观念：音乐产业把反建制的民谣和摇滚乐商业化，时尚产业批量生产过去工人阶级的服饰，例如李维斯牛仔裤这种代表年轻人自由理念的服装，还有印有马克思游击主义者切·格瓦拉头像的T恤等。许多反文化思想事实上产生于文化工业内部，包括广告、大型唱片和好莱坞电影等（Frank，1997）。

从表面上看，美国的流行文化似乎充满活力与自由，实则能让另类思想丧失影响力，因此是一种精明的手段。如果希特勒和斯大林控制文化生产的方式是无情镇压另类观念，那么美国则是通过对另类观念的颂扬和商品化来进行驯服。让阿多诺和霍克海默特别感兴趣的是，美国文化工业限制、收编另类观念的手段极为灵活，这种文化工
84 业有赖于人们的热心参与，不过这种参与却以几乎放弃自己权力的方式而受到限制。例如，我们可以在10个品牌的肥皂粉之中选择，可以在两个政党之间选择，每周都会有一部新的好莱坞大片，还能对真人秀节目里的明星投票，可以因为一个新的模因而开怀大笑。这些东西表面上看起来不一样，实质却是一样的。霍克海默和阿多诺指出，文化工业的自由无非是选择本质上相同的东西的自由。当下数字媒体中的伪参与行为也能体现上述批评：我们固然可以点击、点赞、评论、发帖，但这些参与有多大意义？在法兰克福学派眼中，传媒并没有促进人们思考并争论有实质意义的替代方案，而是提供了没有本质差别的选项。他们观察到，工业化的文化以“单向度”扼杀并取代了社会辩证法，使得传统的主导思想不断地传承繁衍，从来没有受到真正的挑战。

法兰克福学派还担心文化工业关注的是琐碎之事而非实质性问题，因为用琐事来回避问题，就有可能让真正的辩论和冲突流产。在名人文化、真人秀和生活服务媒体的连番炒作中，随处可见微不足道的家长里短。媒体连番炒作戴安娜王妃之死、莱温斯基政治丑闻、帕丽斯·希尔顿酒驾入狱、布兰妮剃光头、赛勒斯在MTV音乐颁奖礼上的表演以及霍夫曼女儿入学作弊等事件，这些都是文化工业巧妙分散公众注意力的例证。虽然所有这些事件对你来说可能毫无意义，但它们都曾一度主导媒体，恐怕在你读这本书时，应该也有什么事情正让媒体津津乐道。固然，文化工业的确可以引起人们对重大政治议题的关注，但也可能只是不加批评地让主导话语循环播放，就像它们用简单的方式呈现波斯尼亚、科索沃、伊拉克、阿富汗、南非或叙利亚等地的复杂冲突那样。虽然也有人认为，阿多诺和霍克海默的观点过于悲观，但无论在哪里，我们都能找到他们在1947年描述的那种文化工业的实例，有些甚至远远超出了他们最悲观的预期。法兰克福学派的观点通常被称为媒介与传播研究的“批判理论”或“批判”方法，但这并不意味着这些学者“消极”或“不喜欢”大众文化。虽然他们明显不喜欢，但更重要的是，他们的大众文化理论让我们在分析意义、文化和媒体时关注权力、支配和控制的问题。

七、议程设置

不管我们是否认同法兰克福学派对文化工业的“批判”观点，在20世纪，媒介与传播研究领域形成了一个广泛的共识，认为媒体在塑造大众“脑海”中的“图景”方面发 85
挥了强大作用。正如伯纳德·科恩（Bernard Cohen）指出，大众传媒已经成为“议程设置者”。他有句名言：媒体“在告诉人们怎么想时并不成功，但在告诉读者该想什么方面却惊人地成功”（Cohen, 1963: 13）。

大众传播学者麦克斯韦尔·麦库姆斯与唐纳德·肖（Maxwell McCombs and Donald Shaw, 1972）的“教会山研究”进一步发展了这个论点。这篇论文围绕1968年的美国总统大选，仔细研究了美国基层选民使用的媒体，以及选民认为重要的政治议题。研究发现，人们认为的那些重要议题（如经济或医疗保健），恰恰也是其所消费的媒体突出报道的议题。大众传媒在工业社会已经开始为大多数人设定议程，大部分人也都倾向于考虑媒体设定的议程。议程设置理论让我们注意到，人们脑海中的“图景”与工业化大众传媒所传播的图景是相互匹配的。我们需要思考的是这种利用媒体来塑造现实并设定议程的做法是如何受到控制的，由哪些群体控制，对我们的文化和身份有何影响，给人类共同建设世界的努力会带来何种影响。

八、意义的工业化生产：从大众时代到平台时代

本章介绍了20世纪的大众社会如何大规模地组织传播实践。当时的精英群体认识到，控制信息是组织大众意见、动员大众行动的关键。如果19世纪的工业革命创造了生产汽车等物质产品的工厂，那么，在20世纪，民族国家和企业则创造了生产意义流和观念等文化产品的工厂。新兴的大规模工业传播手段包括报纸、广播、电影和电视，人们每天醒来就“接入”专业化大规模生产的意义流之中，而人们生活在这样的社会才不过百余年的时间。政府和企业意识到他们可以塑造众人的世界观，形塑他们在社会中过上“好生活”的含义。

媒体和文化产业通过控制传播过程中的每个时刻来塑造社会中观念的流动。这里最大的问题是：文化工业如何控制传播者、讯息、媒介和接收者？

20世纪的大众媒体机构（如报纸、广播、电影和电视）把传播者和媒介制度化，从 86
而控制了传播过程。媒体机构把传播者与媒介合并在一起。在图3-1中，C代表传播者，

M代表媒介，R代表接收者。传播者和媒介外围的方框代表控制意义创造与扩散的机构。这些机构，例如报纸、电影制片厂、广播电视、大型音乐公司和广告公司，在工业规模上制造意义。这些机构创造了一种新的工人阶级——专业传播者，这个群体的快速成长不过是近百年来的事情。这些专业传播者指的是记者、广告创意人和文案撰写人、公共关系和媒体经理、流行音乐家、主播、编剧、电影摄影师、编辑、演员和明星，他们每天的工作就是生产意义，而且都是根据其所供职机构的政治和商业目标来制造意义。他们可能很有创造力，但他们将创造力用到了实现特定的目的上，例如吸引注意力、劝服并产生共识，并受到机构的控制。

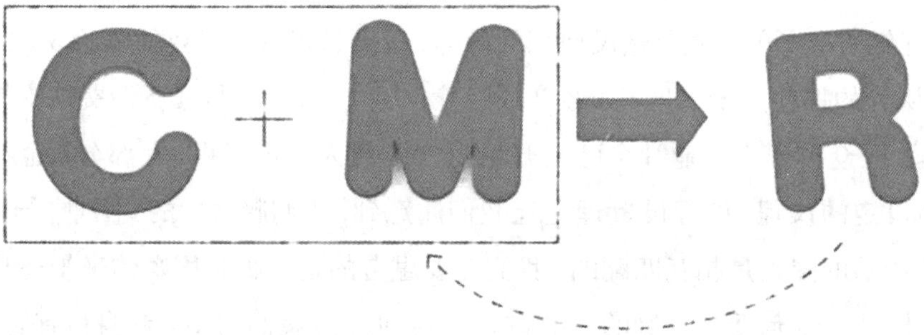

图3–1　大众时代的传播工业化

机构还控制媒介，也就是那些制造、存储和扩散意义所需的工具和基础设施。以报纸为例，其媒介包括能够批量印刷报纸的工业印刷机，每天报纸发行配送需要的火车、货车和司机。再如电影和电视，其媒介包括摄影机、灯光、工作室和剪辑设施。又如广播电视等机构，其媒介包括频谱（即“无线电波”），只有得到政府许可分配的频谱，它们才可以广播内容。

在大规模的意义工业化生产当中，传播者与媒介之间的区别越来越不重要。例如看电视，出现在屏幕上的人、电视这种技术媒介与电视媒体机构相互依存，如果没有这三者，我们就无法看电视。专业传播者和技术是组织性实体——媒体——的一部分。从某
87 种意义上说，专业传播者及其生产的意义已经越来越去个人化。传播者个体的观念已经不如第一种传播模型那样重要；第一种传播模型的基本理念是个体之间的交换。而今，接收者消费的意义是在组织当中工作的专业人士集体劳动的产物。虽然我们在电视上看到的是主播播报新闻，但那其实是在读别人写的脚本，展示他人收集和编辑的画面，并由他人管理的技术进行内容的分配。因此，最终的传播产品是组织内部众多员工集体工作的结果，我们很难分辨哪些意见或工作出自何人的手笔。因此，这里意义交换

的中介并不是作为个体的作者，而是机构，这种机构是由许多在工作的人之间所展开的互动构成的。

意义的大规模制造需要大量资源。只有政府或者富有的企业家和公司才可以调动资源雇用专业传播者，获取并维护那些用于大规模生产和扩散意义的基础设施。这种对意义大规模生产和扩散的控制，急剧改变了传播者与接收者之间的权力平衡。假如你有资源来运营一个传播工业系统，就有权力在社会中扩散你喜欢的意义。图3–1中的粗箭头表示这些机构有权力向接收者分配意义，但接收者向专业传播者反馈的权力相对较小。试想一下听广播的情境：电台的所有者和经营者不仅可以创造、还可以向广大民众分配意义，但接收者只能倾听，与家人、朋友或同事分享他们的观点，而不能让其他人都听到他们“回应”的观点。虽然你可以自由地表达或思考，但除非你能进入像报纸、广播或电视这样的大众媒体，否则就不太可能让人知道你的想法。当然，专业传播者需要让自己传播的内容对接收者来说是“有意义”的。正如前一章讨论的那样，他们不能随心所欲地想说什么就说什么，而要精心地管理，让“编码”和“解码”同步，在他们与受众之间创造一种主导—霸权关系。

媒体和文化工业在20世纪成为一种控制机制，有效地控制着什么样的观念能在社会中被创造出来并传播出去。如果你想成为一名专业传播者，例如报纸记者、广告创意人员或电视剧编剧，就需要学习“正确”的思想。如果你偏离得太远，就会丢掉工作，甚至找不到工作。在工业化的媒介系统中，一小群政治经济精英制定和控制那些供人们用来理解其生活世界的意义。接收者固然可以通过有限的方式向大众媒体机构反馈，例 88
如，报纸读者可以给编辑写信，但由编辑决定是否出版这些信；电台听众可以打电话或发短信，但由制作人决定是否广播他们的消息。因此，机构掌握着把关的权力，决定哪些意义可以向大众扩散。在图3–1中，从接收者那里返回方框的虚线小箭头表示，在大众社会中，接收者的权力相对有限，很难影响那些由专业传播者生产的意义。

随着20世纪向前推进，大众广播媒介演变为网络化的数字媒介，这种机制促进了接收者的制度化。我们可以在图中的接收者或受众周围画一个框来表现这一点。受众的制度化始于受众监测工具，例如收视率调查、市场研究和舆情研究。受众研究具有工具性目的，例如为专业传播者提供信息，帮助他们创造出吸引受众注意力的意义。这里的重点是：行使权力不仅仅需要控制意义的创造和扩散，还需要关注意义的接收。媒体和文化产业意识到，要管理公共舆论或消费者行为，需要关注传播过程的每个要素。

这种对传媒自上而下传播的描述，听起来可能有些刺耳。自20世纪90年代以来，交互式数字媒介技术预示大众传媒的工业化意义生产模式可能会被打破。数字媒介为新的受众参与和表达形式带来了更多可能性。新的行动者可以借助这些技术，以低成本来创造并向广大受众传播他们的观点和故事。数字媒介降低了制作和发行成本，还让传播者以较小的代价接触利基受众。这意味着商业媒体不再需要恪守大规模生产的逻辑才能盈利。数字媒介平台固然创造了参与意义生产的新机遇，但也形成了高度复杂的新的控制模式。我们正在进入这样一个时代，是“自上而下”的操纵性传播和“自下而上”的参与式或对话式传播这两者重新调整的时代，它们不再是截然不同的对立面。相反，参与式传播现在是文化工业的一种关键的传播控制模式。受众“表达”的能力在平台时代得到了前所未有的放大，同时也逐渐被整合进文化生产的过程中。

数字媒介平台和智能手机无处不在，变化翻天覆地。接收者或受众已经被完全整合进意义的工业化生产过程中。在图3-2中，接收者周围的方框及其之间的箭头代表了一个重要的变化。在数字媒介系统中，受众也成了积极的内容生产者，他们不仅消费专业人士生产的意义，也消费接收者生产的内容。图3-2中有两个方框，我们可以将之视
89 为社会意义生产扩散制度化过程中的两个关键时刻。20世纪初期出现了批量创造意义的机构，而21世纪初期则见证了一系列新的媒介和文化机构开始大范围地管理意义扩散和数据处理。当然，仍有一些大型机构聘请专业传播者来生产意义，例如新闻媒体、电影工作室、大型唱片公司等；但现在也有一些机构创建了平台，以供受众观看、创造并分享意义，由此生成的数据则用于定制用户体验，正如Facebook、Instagram、Snapchat和TikTok等社交媒体平台。过去，接收者在与朋友、家人和同事的交流过程中创造意义，但只有在平台时代这种意义创造才能越来越制度化，才能被文化工业注意并被整合到意义的工业化生产当中。有一些机构打造的平台能让专业生产者分享内容，例如Spotify，或者类似YouTube的平台，把专业传播者的内容和业余用户生成并传播的内容结合起来。还有一些机构把意义生产和意义扩散结合起来，例如，Netflix不仅制作原创影视内容，也打造和管理互动平台供受众消费内容，同时还持续地监测受众，把他们生成的数据用于意义生产的决策，例如生产新的影视节目。

受众在数字平台这种媒介系统中是持续可见的。回想20世纪，我们虽然总在看电视，但电视从未观察过我们。而在智能手机和社交媒体时代，我们一直是可见的。我们
90 的行为和表达所产生的数据被用来优化意义的创造和扩散。接收者通过创作、分享、点赞和评论来产生持续的数据流，然后反馈到其他的媒体和文化产业那里。图3-2中绘有一条从接收者返回传播者那里的管道，此处的管道代表从受众回流到其他媒体和文化产业的所有数据，有助于后者了解该如何创造和扩散意义。数据不仅塑造了我们在Instagram上看到的图像、决定了Netflix选择制作和向我们推荐的影视节目，还能帮助营

销人员跟踪流行文化趋势，以便向我们投放广告。

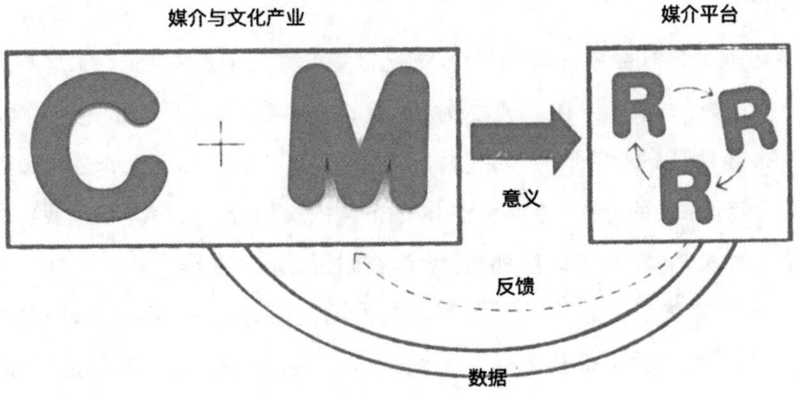

图3-2　平台时代的传播工业化

案例：浏览我们的媒体经验

19世纪出现的大众社会给人类经验带来了深刻变革。消费文化一方面产生了大量工业产品，另一方面则出现了塑造消费者欲望的画面和景观。19世纪的文化评论记录了那时的城市生活：精心装点的橱窗、广告牌和海报渗透进城市的视觉体验，我们沉浸其中，被促销信息轰炸。

商店和百货公司的橱窗可以被视为早期的“屏幕”，是影院、电视甚至智能手机的先驱。弗里德伯格（Friedberg，1993：66）写道：“自19世纪中叶开始就出现了类似于历史轮替的情景：橱窗取代镜子，成为身份建构的场所，然后商店橱窗逐渐被电影屏幕取代。”从当代视角来看，路过一个又一个商店橱窗，好比看类似Instagram的平台缓慢推送时尚、家居用品、玩具等令人眼花缭乱的消费品。在当代社会，从商店橱窗到影院屏幕，再到智能手机，无一不让我们沉浸在塑造消费者认同和欲望的画面里。

要在大众社会、网络社会以及平台社会生活，有赖于通过媒介传播的画面、声音和叙事来组织我们的体验，包括商店橱窗、广告牌、报纸、电影院、电视和智能手机。

你最近一次一整天（不要说一周或一个月了）都没有参与这种工业化文化生产是什么时候？

在一天中的任何一个时间点，你的手机离你最远的距离是多少？ 91

你可以花一天时间记录你接触媒介的情况。如果把在城市或在商场行走时花在手机、电视、广播或音乐、广告牌或广告上的时间加在一起，你每天花多少时间消费媒体？

要考察我们社会中的媒介权力，首先需要观察它与公共空间、家庭和卧室之间的交叉关系，与我们身体之间的连接程度，以及我们为之投入了多少注意力。这并不意味着我们是被媒介机器控制的“老实人”或“僵尸”，相反，这是观察我们在世界上定位自己的方式、在工业媒体的节奏中想象自己的方式，以及我们掌控自己注意力的方式。媒介永远**在那里**，永远**在附近**，永远**在线**。

一些研究表明，我们平均每天花在手机上的时间约为3.5小时（Molla，2020）。你可以查看手机屏幕时间报告，看看是超过还是低于平均值。如果把电视、广播、网络和大众媒体添加到手机使用的时长里，那么我们平均的屏幕时间会上升到6个多小时（Molla，2020）。假设你每天花8个小时睡觉，8个小时工作，这意味着我们把醒着的大部分时间都花在了媒介上。

回顾你今天的活动，在你开始使用媒介设备之前大概经过了多长时间？

你每天醒来就会看手机，或从门口草坪或台阶上拿起一份报纸，一边吃早餐一边打开收音机或电视。你在乘坐公共汽车或火车时，会读报纸、杂志或用平板电脑观看节目。你在开车时会收听广播、流媒体服务或CD。你会从公交车车身或广告牌上看广告。

今天，从房前草坪上捡报纸的行为已经显得有些奇怪，但在不久以前的大众社会，人人几乎都是以这个仪式来开启新的一天。今天，你可能不会再听CD，甚至可能不怎么看电视，但几乎所有人都很熟悉伸手拿手机、浏览算法生成的社交媒体和流媒体应用信息推送的动作。这些都是工业文化下人们习惯的例行媒介接触。要理解媒介与社会之间的关系，就需要思考我们的生活体验与那些制造和管理意义及数据的大型产业之间的联系。

下面是研究人员的记录，其中摘录了不同人的媒介使用经验。每段摘录都描述了日常经验、工业媒介和消费文化相互交汇的那些时刻。第一段文字讲的
92 是算法似乎对你和你的生活有着不可思议的了解。第二段描述了在咖啡馆和酒吧里，拍摄菜肴与吃饭一样重要。第三段描写了卧室自拍并把照片或视频发布到社交媒体上的行为。反思这些平凡的时刻与促销和消费之间的联系。你也有类似的行为吗？

泰纳·布赫尔（Taina Bucher，2017：30）在其关于算法想象的研究开篇写道：

> 这是杰莎。她和她的男朋友都是20多岁，最近刚搬到纽约工作。他们已经在转租公寓里生活一个半月，睡在一个充气床垫上，只是这个床垫放气的速度越来越快。他们经常提到多么希望睡在真正的床垫上。当杰莎在Craigslist上搜索新公寓时，她的男友在亚马逊上搜索床垫。有一天早上，杰莎在浏览Facebook的信息提要时看到一则充气床垫广告。杰莎很困惑地在Twitter上说："Facebook算法怎么知道我睡在充气床垫上？"虽然这可能是巧合，但并非偶然。杰莎当然知道点击和浏览行为会被跟踪，还会被用来优化网络定制广告，但这些广告的运作方式令人"毛骨悚然"(Chun, 2016)，因此需要明确公开信息和隐私信息之间的界限。

里维尔等人(T. Leaver et al., 2020: 164)描述了在几家亚洲餐馆用餐的体验，这些餐馆的食物、装饰和服务很适合拍照上传到Instagram。这是其中的一段经历：

> ……XX餐厅是位于东京新宿区的著名甜点咖啡馆，这里的物件很适合发布在Instagram上，因此非常知名：比如棉花糖在倒入热巧克力时会开花，还有完全由巧克力面团制成的小玻璃杯，里面盛着白牛奶。来这家甜品咖啡馆的顾客会看着服务员把这些东西从厨房带到餐桌上"解构"，展示给顾客。服务员把食物放在桌上，等待顾客拿稳相机，或者问他们是否准备好了，接着就开始把棉花糖放在热巧克力上让它开花，或把牛奶倒入巧克力玻璃杯中，期待即将出现的戏剧性景观。笔者在这家咖啡馆待了一个小时，期间观察到一些顾客"重复"下单，因为他们不能在服务员第一次把食物端上来时就捕捉到那些富有戏剧性的效果。有一次，服务员向顾客提示如何选取最佳的Instagram照片拍摄 93
> 角度；还有一次，顾客在选择白色或紫色棉花糖时犹豫不决，服务员建议，白色棉花糖与热巧克力能够产生更好的色彩对比，在Instagram上会显得"更卡哇伊"。

莎拉·巴内特-怀瑟(Sarah Banet-Weiser, 2012)描述了一个YouTube视频：

2008年7月25日，用户@kpa1527在YouTube上发布了一个名为《我吻了一个女孩》的视频。在这个两分半钟的视频里，两个十二三岁的年轻白人女孩跟着青少年偶像凯蒂·佩里（Katy Perry）的流行歌曲《我吻了一个女孩》唱歌跳舞。视频可能是用网络摄像头拍摄的，图像质量相当低，也没有特写镜头或机位移动。两个女孩穿着带有流行商标的短裤和T恤，在镜头前玩得很开心，虽然她们的舞蹈动作很笨拙，但一直在咯咯笑，有时还停止唱歌，对着镜头做鬼脸。视频里颗粒状的背景中，呈现了一个典型的中产阶层家庭的少女卧室：一张不起眼的床和梳妆台、玩具、书籍，还有掉在地上的粉红色毯子。在撰写本文时，视频提要下方有42条对舞蹈表演的评论。来自@sophieluvzu的评论说："笑死我了！我没法批评她们，我记得自己这么年轻的时候，虽然不知道YouTube是什么，但也会为了好玩去这么跳舞。"

思考题

1. 上述资料如何展现媒介与人类日常生活之间的紧密联系？

2. 回顾本书介绍过的传播—讯息—媒介—接收者这一传播模型。请用这些概念描述上述案例或你自己的某个经历。

3. 回顾本章介绍的大众时代和平台时代的工业化传播模型。请用这些模型来解释上述案例或其他案例。

4. 上述案例展现了什么样的权力关系？

5. 案例中描述的那些时刻是如何嵌入制造同意的工程或文化的工业化生产中的？

三 小结

94 本章梳理了20世纪文化工业的发展，分析了关于文化工业在组织社会关系方面所具有的权力的一些基本观点。在过去的一个世纪，工业社会的一个重大变化是人类的日常交往已经与那些试图控制、塑造和追求商业利益的产业深深交织在一起。在过去的几十年间，20世纪的大众文化工业已经演变成为数字网络平台媒体。

早期的观点赞扬数字媒介平台的参与文化。较之大众文化工业让强势群体控制意义流，数字平台让所有人都可以表达自己的观点。然而，这些看法是一种二元论的逻辑，即"旧"的文化工业自上而下地把内容分配给受众（受众唯一的选择就是消费这些内容），而如果"新"的文化工业让受众参与意义的创造和扩散，就意味着受众掌握了更多权力。随着平台媒体日趋成熟，它把参与和控制很好地结合在了一起。因此二者并非二元对立，而是相互依存的关系。意义的工业化进程自20世纪初以来不断推进；不难看出，针对传播过程中每个时刻的控制机制是一点点建立起来的，其中涵盖了传播、讯息、媒介和接收的每个要素。

三 延伸阅读

延伸阅读所列文献针对大众社会中意义工业化生产的权力提出了基本的解释。阿多诺和霍克海默［2008（1944）］解释了文化工业的概念，伯纳斯（1947）解释了制造同意的概念，李普曼［1965（1922）］提出了公共舆论概念以及我们脑海中的图景，麦库姆斯和肖（1972）阐释了议程设置的概念。

Adorno, T.and Horkheimer, M.（2008 ［1944］）.The culture industry: Enlightenment as mass deception In *Dialectic of enlightenment*（pp.120–167）.London: Verso.

Bernays, E.L.（1947）.The engineering of consent.*The Annals of the American Academy of Political and Social Science, 250*（1）, 113–120.

Lippmann, W.（1965 ［1922］）.*Public opinion*.New York: Free Press.

McCombs, M., & Shaw, D.（1972）.Agenda-setting function of mass media.*Public Opinion Quarterly, 36*（2）, 176–187.

第四章　权力与媒介生产

强势群体通过专业传播者和媒体机构来生产和管理意义。

95 ★ 群体如何实现霸权？

★ 什么机构被用来维持霸权？

★ 专业传播者在建立和维持霸权方面有何作用？

本章内容

- 群体和意义如何实现霸权；
- 网络时代的霸权形式灵活且具有回应性，这种霸权通过数字传播技术和渠道来生产和管理受众、公众和市场；
- 利用传播场所、传播专家和意义来管理霸权；
- 任何霸权都具有动态性，它不断遭受抵抗、持续变化。

一、媒介生产什么？

人类作为一个物种的独特之处在于能够在体外存储现实信息。在悠久的媒介生产 96
历史长河中，我们见证了从岩石壁画，到能够复制书面文字的机器的发明，再到能在全球范围内存储、传输和处理数据的互联网的变化……20世纪是一个关键时期。20世纪初，人类开始设立机构进行批量的文化生产与管理。媒介和文化产业塑造了广大人口的想象力、世界观、情感、政治和实践。控制这些生产和扩散意义的机构、专业人员和技术是权力运行的关键。但这是一个复杂的过程，因为意义是社会性的，并不固定。正如前几章所讨论的那样，传播者虽然可以把他们喜欢的任何意义都“编码”进文本中，但“解码”文本的人却可以通过多种方式进行解读（Hall, 1980）。管理意义与权力之间的关系不仅意味着控制意义的生产和分配过程，还需要开发出一系列技术来控制传播的整个社会过程。那些拥有权力或寻求权力的人着力于持续创造并维护文化环境，从中打造和管理一套常识性的意义。但这永远无法确保安全无虞，因为人类历史就是围绕如何组织人类关系而展开的斗争。本章的目标是解释那些拥有权力或寻求权力的人如何塑造我们的世界。

假如你是一位在媒体和文化机构工作的专业传播者，你会生产什么？

其中一种答案是，专业传播者生产的是**共享的生活方式**。在20世纪的大部分时间里，文化工业形成了一套关于“美好生活”意味着什么的叙事。不仅如此，文化工业还生产出一群人——他们是一群大众、一个国家的人口、一个社会；人人身处其中，渴望并实践这种“美好生活”。“美好生活”是指把一系列观念和图景作为一种本能的认知图式，我们用它来设想自己想要的生活或让自己感到快乐的事物。美好生活可能是多种事物的组合，例如郊区的房子、新车、时髦的衣服、与朋友一起去餐厅或酒吧以及坠入爱河。试想十年后你的生活是什么样子，你是如何学会渴望这种生活的呢？这并不是说你对“美好生活”的梦想不切实际，而是说这种梦想是一种社会建构，是通过人的学习和再生产形成的。

在大众社会，文化工业生产的“美好生活”叙事产生了一种至关重要的权力动力机
制。如果文化工业根据人们共享的理想生活理念来创造集体身份认同，那么精英就 97
需要建立相应的政治经济体制来兑现这些承诺。如果要让郊区的房子、新车和家用工具令人向往，让数百万人趋之若鹜，那么这些东西必然是大多数人可以得到的。如果承诺无法兑现，或只能让一小部分精英兑现，冲突就必然产生。媒介和文化产业在反映人们已经想要或已经拥有的生活方式方面发挥着重要作用。与其说媒体告诉我们该做

什么，不如说媒体向我们反映了我们自己的生活，让我们意识到自己是更大集体的一部分。正因如此，20世纪，文化工业在制造可以实现和可以获得的人类欲望方面发挥了关键作用，同时也与更大的工业系统紧紧绑定。

电视剧《广告狂人》（*Mad Men*）的故事背景设定在20世纪60年代的纽约，讲述了一家广告公司的故事。第一季第一集构思好彩香烟（Lucky Strike）广告的那一幕很有名：烟草公司的高管们很担心，因为他们不能再宣传香烟是一种健康产品。在广告制作快结束时，广告创意唐·德雷珀（Don Draper）说："如果你不能说吸烟健康，那你的竞争对手也不能。这是谷物发明以来最大的机遇。你有6家公司，生产6种同样的产品。我们其实可以说任何我们想说的话。你是怎么做香烟的？"好彩烟草公司的执行官说，他们做的是烟草的种植、切割和烘烤。德雷珀在黑板上写道"它是烤出来的"，他指出："其他公司的烟草都是有毒的，但好彩的烟草是烤出来的。"然后他告诉高管："广告的基础是幸福。你知道什么是幸福吗？幸福是一辆新车的味道，是免于恐惧的自由，是路边的一个广告牌尖叫着安慰你，你做的一切都没问题。你没问题。"

这个场景表现了文化工业中专业传播者工作的几个重要方面。专业传播者是运用象征权力的专家，能够帮助其他精英获得或维持政治经济权力。在这个烟草广告的营销场景中，专业传播者运用制造和分配意义的权力，让烟草从一种"健康"产品变为一种"酷"的生活用品，从而扭转公众对烟草产品的认知。意义生产影响着商品扩散和消费的方式。就烟草而言，吸烟从20世纪中叶开始就被打造成一种"酷"的行为。这个虚构的广告创意强调大众文化在本质上是"肯定性"的，它向人们反映的是他们自己的生活和消遣方式。只有当许多国家都禁止烟草做广告和品牌宣传时，才会解除吸烟的这层意义。专业传播者为社会上的其他强势群体工作，他们对文化和身份变化的观察极为敏锐，而且非常了解意义生产和扩散的复杂性。他们知道不能告诉人们该想什么，而是要建构一种人们都认同的生活方式。他们就是这样来生产关于美好生活的故事的，并将其通过广告、电影、电视、音乐和流行文化的形式向人们传达。

二、意义与权力

98 行使权力的能力就是让你的利益凌驾于别人的利益之上，这种能力与控制意义创造和扩散的能力相互关联。社会"授权"一系列机构来制造、扩散和管理意义，这些机构包括学校、议会、法院和媒体等。掌控权力需要进行斗争、学习技巧、获得物质资源和符号资源，这些资源可以让你实现自己的意志。人类斗争的其中一个场所是意义的生产。哪些人的观念和社会愿景会被认为是“好的”或是“常识”？这个问题总是伴随着不同群体之间的斗争。有些群体认同现状，想要限制、缩小和关闭意义的流动，以防意义发生太多变化。他们不想让与其不同的群体或生产不同意义的群体进入生产意义的机构。但也有一些群体不同意现状，希望意义发生变化，想让意义的流动更加开放甚至颠覆它。一个群体能否防止或促使意义发生变化，取决于他们能否进入、控制批量生产意义的机构。与其把某些群体单纯地冠之以“好”或“坏”的头衔，不如将那些致力于锁定或抵制意义的人，都视为人类组织社会关系并尝试共同建设世界的无法避免的结果。例如，近年来澳大利亚就公园、城市广场等公共场所中的雕像是否合理开展了广泛的辩论，有些人希望移走甚至强拆这些雕像，因为他们不认同这些雕像所代表的人或价值观。其他人则认为，拆除雕像是对历史的改写，因为有些雕像是为了纪念帝国、殖民或邦联人物以及他们的思想。这些雕像的地位象征着一种关于如何安排意义，以及应该在公共空间和文化中突出哪些意义的斗争。如果从意义生产的“制造封闭”与“抗拒封闭”的视角来分析传播，就可以提出五个问题，这些问题有助于以一种系统的方式揭开媒体与文化生产的面纱：

1. 传播在哪里展开？这个问题涉及控制意义生产的制度性基础。

2. 谁在文化、经济和政治方面占据主导地位？这个问题关注谁能控制意义生产。

3. 他们如何成为主导并维持自己的地位？这个问题关注行使权力的技术。

4. 他们如何管理意义在社会上的创造与扩散？这个问题关注人们如何通过意义来 99
行使权力。

5. 谁在抵制主导的意义？这个问题关注主导群体与谁竞争。

三、实现霸权

在前几章中，我们把霸权描述为打造“生活方式”的过程。生活方式指的是一种文化，一套观念、实践和价值观，是一些理所当然的常识。霸权观念是共识，人人都会同意。在大众社会，专业传播者的工作是建立霸权。格温·威廉姆斯（Gwyn Williams）对此解释道：

> 葛兰西所说的“霸权”似乎是指一种社会政治情境，用他的术语来说，那是一个“时刻”，在这个时刻，社会中的哲学和实践相互交融或处于平衡状态；某种秩

> 序以一种特定的生活方式和观念为主导，在这种秩序中，一种现实观念在社会上扩散并渗透进所有的社会制度和私人表达；所有的品位、道德、习俗、宗教、政治原则以及社会关系都在传达其精神，特别是在智识和道德层面。这是一种指导和控制元素，它不一定能被意识到，通常是隐含的。(Williams，1960：587)

一个群体要实现霸权或拥有权力，需要同时满足三个前提：

1. 建立并维护行之有效的政治联盟。

2. 让公众同意其观念，使之获得合法性。

3. 通过警察、法院、监狱甚至军队来强制推行其观念并产生权威。

一个群体的合法性越高，需要采取的胁迫手段就越少。然而，即使是在最合法的社会体制下，也需要一定程度的强制力，哪怕只是**威胁**违法者**可能**使用暴力。上述三种霸权的运行都依赖意义生产的组织。要获得权力，就需要学习动员、组织胁迫的艺术和沟通谈判的艺术。谁要在社会和政治上占据主导，就要有能力管理意义生产并建立共
100 识。因此，强势群体必须建立一套意义生产的“机器”，其中囊括了专业传播者，如公共关系专员、媒体传播顾问、研究人员、社区组织者、社交媒体管理者等。在媒介化社会中，对权力的获得与维持在很大程度上取决于管理意义生产的能力。

如何实现霸权?

工业社会和后工业社会是高度复杂的实体，囊括了数百万的个体以及众多利益集团之间的互动。要在如此复杂的实体中引领大众并掌控霸权，就需要建立联盟，把各个社会领域的参与者（如商业、法律、媒体、卫生、安全、教育、劳工等）与文化团体聚集起来。一个强势群体要控制大型的工业化社会，需要付出艰苦卓绝的努力。

政治精英需要协调更广泛的经济和文化利益相关者的利益，这种政治精英必然是建构起来的，要通过协商把人团结起来。政治协商已经不断专业化和制度化，在议会、委员会、办事处以及世贸组织这样的多国组织里是一种常态。因此，政治是一种交际性很强的职业。要建立、维护霸权，就要在共识驱动和冲突驱动的传播活动之间不断交替转换。联盟建构的部分工作有赖于成功地生产和扩散内向性意义，以便把联盟凝聚起来，使之追求共同的愿景。霸权建立的成败取决于能否有效地领导和掌控沟通技巧。霸权形成之后还会不断变化，因为领导集团必须不断调整、懂得妥协才能生存。因此，霸权是与特定的地点和时刻相互关联的高度情境化的有机体。霸权联盟的实际构成很少会长期保持不变，因为成员和影响模式一直在变化。而且除了小规模的自我更新以外，

霸权集团有时也会发生重大的灾难性变化。在那些时刻，霸权的“游戏规则”（即常识性的观念）在根本上发生了转变。这种情况往往在统治集团无力充分更新其构成及其话语时发生，此时他们也失去了领导力和组织一个改变了的社会的能力。苏联1989年的崩溃就是霸权革命性转变的一个典型案例。诸如英国脱欧和特朗普上台这些最近的政治事件，也是“常识”转变的例证，意味着精英群体的“常识”观念受到了极大的挑战。在这样的时刻，组织社会的常识性意义不再被当作理所当然，因此会变得清晰可见。霸 101
权一旦崩溃，就无法让它支持的生活方式和世界观正常化。但同样，新的霸权也还无法让他们的愿景正常化，因为新秩序需要一些时间才能完全去除旧的意义与实践，然后才能巩固和锁定新霸权所偏好的话语和实践。在一套霸权观念被另一套霸权观念所取代时，人们往往会**感到**混乱，因为那些让其生活井然有序的常识性框架突然脆弱不堪、令人质疑。

四、霸权与管理话语的艺术

仅仅**实现**霸权是不够的。霸权集团必须努力才能维持主导地位，这就需要创建和管理那些让统治联盟团结在一起的意义，并让社会上的其他群体同意统治联盟的权力。对霸权集团来说，他们创建的意义越自然越好。如果霸权偏好的意义和实践看起来自然而然，那么那些在历史上偶然建构的权力关系就会显得天经地义。主导群体虽然一直追求霸权的自然化，但这不可能完全实现，他们需要与其他群体协商，努力维持其领导地位，因此，霸权必须被不断重塑。掌权者有三个目标：

1. 生产能够促进并肯定其利益的意义。

2. 尽可能地锁定意义的生产；掌权者运用手中的权力，影响或推动意义生产过程的发展，使之朝着有利于巩固他们及其盟友的观点和实践的方向发展。

3. 管控意义转变的可能性，使之有利于主导群体的利益。

强势群体必然会通过干预来影响意义的生产、扩散与接收。20世纪初，传播已经成为一种专业化和制度化的过程。精英需要接管或建立那些管理意义生产的机构，将之纳入权力运行的范围。在大型的工业化社会里，霸权的一个重要特征是专业的意义生产者本身在制造和维持权力的过程中成为强势群体，因为他们掌握了组织意义批量生产的专业知识。其他强势群体或有野心的强势群体需要找出或培养专业的意义生产者，让他们帮助自己建立共识。

管理意义生产者

102 如果意义通过人类的互动而产生，而且人类互动是由权力关系组织起来的，那么就要分析谁可以以及在哪里生产意义。作为个体，我们每天都会接收和理解许多由专业人士生产和扩散开来的意义。他们之所以能在社会上产生影响力，正是因为他们是意义生产的把关人和监管者。他们不仅控制特定的意义，还掌控那些控制着整个意义生产过程的机构。这些机构协调意义生产并为之提供框架，它们可能由强势群体所有并受其控制，但最终，专业的意义生产者才是这种机制中富有创造性的核心。

意义生产的工业化改变了智力劳动的性质。知识分子曾是精英，他们的工作主要针对的是其他的精英受众，在很大程度上是与普通公众隔绝开来的。修辞学家、神职人员、作家、哲学家、政治思想家和早期的科学家，都只在皇家宫廷、精英大学或富人的家族和企业中工作。随着文化工业的出现，来自社会各阶层的意义生产者开始为普通公众生产意义。他们是为大众生产“观念”的新工人阶级。智力劳动或知识劳动随之越来越集中在有组织的场所内部，这些地方聘用的是那些有创造力的人，由他们共同生产具有社会凝聚力的观念和社会关系，然后把这些观念传播给精英、小众群体和大众受众。

专业传播者与其他政治经济精英之间具有共生关系，因此也卷入了权力运行的过程。这种共生关系是创造观念的中心，以便把大规模的人口组织起来（Berger, 1977）。法兰克福学派把掌权者与专业传播者之间的关系称为“恩庇”（patronage）。他们认为，专业传播者是为文化工业的其中一个分支工作；为了保住工作，他们需要生产那些符合恩主利益的内容才能获得工资。虽然文化工业的知识分子可以自由思考，但只能生产那些服务于机构利益的意义。这有时表现为“自我审查”；但一般来说，这意味着他们是为大众受众生产意义。

这种恩庇关系让专业传播者产生了复杂的意识形态与身份认同。他们虽有自己的观点、渴望、创作冲动和政治观点，但往往需要平衡其供职机构的要求和目标。恩庇关系巧妙而显著地缩小了专业传播者可以采用的话语实践范围。如果你要在大城市的媒体公司里找一份记者、广告或作家的工作，就会发现大多数公司的大部分工作对你的自
103 由和创造力方面的许可程度都大同小异。很少有文化工作者能随心所欲地工作。即使是像广告创意、时装设计师或电影制片人这种创意人士，也要在其供职机构、投资者或老板设定的范围内工作。任何广告创意人都不能开展那些无法满足客户需求的活动，哪怕他们提出的想法再有创意也不行；如果时装设计师设计的服装没有引起关注、促进

销量，他们就会变得无足轻重，保不住工作；如果电影制片人无法赢得投资者所需的那些观众的认可，就无法生存。

专业传播者要学习其供职机构中已经存在的意义及其生产的实践。他们有时在“工作中”学习，有时在培训学院和大学里学习。在20世纪的大众社会里，普通高等教育成为从事媒体行业的关键性“认证”途径，但这也会带来冲突。例如，大学传授的“观念”会与毕业生工作的媒体和文化机构里的主导观念发生冲突。当实践者感到他们无法掌控传媒的培训过程，例如当媒体机构内部的新闻实习被大学课程所取代时，冲突也就出现了。实践者担心大学课程里存在过多的批评和理论，缺乏足够的实践技能培训。对一些新闻机构来说，在职培训与实习是克隆从业者的理想环境，可以确保记者在社会化过程中学会已经存在的恰当的意义和实践。

五、霸权转移

霸权从来都不是固定不变的，统治地位总是受到挑战。当霸权非常强大时，其他意义和实践最多也只是在边缘地带苟延残喘。但所有的霸权都有生命周期，会衰老变弱，这时，那些主张替代方案的人就有机会夺取霸权。霸权在产生之初，其话语和实践还没有自然化，其对社会的控制也还没有得到巩固，此时它是最脆弱的；在霸权陈旧衰弱时，也处于最脆弱的状态。当主导群体失去制定知识议程、协商新的协议和产生新的联盟的能力，以及对社会所有“空间”的监管能力时，霸权会显得脆弱不堪、岌岌可危，对立群体也会察觉到霸权在日渐衰弱。此外，成熟的霸权有时无法识别、容忍和解除那些对立观念，因为其本身的世界观对他们来说已经天经地义。我们能从过去10年逐渐复兴的右翼本土主义者和民族主义运动中观察到这一点。随着主导地位的流失，传播 104
的“空间”与“空隙”开始增大，另类思想崛起。替代性愿景越能占据传播空间，其权力就越大，而且现有霸权所面临的危机也越大。一旦衰微的霸权出现危机，就如大厦将倾。当衰弱的霸权走向崩溃，过去的抵抗团体，或由许多抵抗团体结合而成的联盟，就会成为新的霸权团体。霸权削弱、消亡和诞生，这一过程在历史上周而复始。一如大英帝国的终结与苏联解体，是近现代以来最为惊人的霸权崩溃。而今，英国脱欧也许正让我们目睹欧盟霸权的削弱。我们或许也可以思考，特朗普在美国崛起，是否也代表了全球主义者所信奉的自由市场霸权正在趋于衰微。毫不奇怪，霸权的崩溃通常与战争爆发并行，因为有野心的霸权团体会在霸权秩序撤离时抢占空间。因此，维持霸权的主导地位不仅仅要维持并促进自己的意义和实践，还需要应对来自竞争对手的持续挑战。对意义的管理因而也不仅在于时时更新意义，以使其保持主导地位，同时还要维护利益联盟的完整。

六、新的霸权秩序

20世纪的霸权秩序围绕大规模的生产消费组织起来。大众社会的一个特点是像政府和企业这类公共机构与私人机构以自上而下的、等级式的、命令控制的方式来组织生产。到了20世纪70年代，这种体制已然不堪重负、过于臃肿，变得难以掌控。管理阶层发现自己很容易受到相互竞争的政治经济观念的影响。他们要努力兑现“美好生活”，但其他群体也在不断涌现，推行替代性的愿景。在社会主义国家，新兴的替代方案是向资本主义市场和私营企业开放。在英国、美国和澳大利亚等资本主义国家，替代性方案是重新规划福利制度，政府退出经济，实现贸易自由化。社会主义社会比资本主义社会更早遭遇危机。1989年11月，苏联允许拆除柏林墙，这一事件是管理型精英命运的深刻象征。此时，一种新的霸权联盟也开始形成：西方的管理阶层把自己重新整合进全球网络建设者联盟中，开始建立国际贸易体系，促进放松管制，重新规划福利制度，强调刑
105 事司法与所谓的对等义务，并利用信息技术组织起一种新的灵活资本主义模式。随着大众社会及其管理精英让位于网络社会及网络精英，我们目睹了影响霸权建设过程的一系列变化。

（一）数字传播技术

从20世纪70年代开始，数字技术开始被用来组织全球传播网络。新的网络企业家从信息数据的快速共享中窥见了积累财富的方法。那些**有针对性地**掌握数字传播技术的人崛起为新的资本主义精英。有些企业家创立的企业带来了长久的财富，例如新闻集团、苹果、微软、Facebook、亚马逊和谷歌，而其他人只是重新调整了旧的话语和实践，而没有建立起新的商业帝国。但随着2007年全球金融危机的爆发，垃圾债券、衍生品和金融产品的投机贸易的复杂交易网络也逐渐显露。公司利用这个复杂的金融交易网络系统，发明出具有高风险和潜在高收益的产品并进行交易，但这些产品几乎没有任何潜在的物质价值。这种系统只有在全球资本主义和信息技术发展所开辟的“空间”中才有可能存在。但也有一些公司重新设计企业的结构和实践，通过学习开发新的传播技术

而获得新生。20世纪80年代，许多日本公司经过重新调整，成为动态的信息驱动企业。例如，丰田发明了“**看板**原理”（*kanban* principles），这种创新的零库存管理方式从根本上改变了制造业的管理模式，让日本公司建立起高效灵活的组织结构，从而快速开发新技术并投入不断变化的市场。这一时期，许多日本制造商的发展超过了欧美的大型制造业，这些欧美企业等级森严，缺乏灵活性。而那些推动新兴全球网络资本主义的企业家，必然会催生出新的实践和新的竞争对手来撼动旧的管理霸权。这些企业家务实地与所有能促进其利益的统治霸权或个体结盟。例如，新闻集团的鲁伯特·默多克与以布什为首的美国共和党（保守派）及以布莱尔为首的英国工党（社会民主派）合作，因为这两人的政策框架都有利于默多克的全球信息产业和利益。

自20世纪70年代以来，管理霸权向全球化霸权的转变过程一直持续至今，鲜明地体现在不同群体之间的斗争当中，如20世纪90年代反全球化政党的兴起和反自由贸易协定的大众示威。2007年的全球金融危机动摇了工人阶层和中产阶层对自由市场的 106
“普惠”信念。特朗普的崛起、英国脱欧公投以及在许多国家出现的民族主义和本土主义政治抬头，在反对由全球网络建设者促进的资本和人员自由流动的同时，重申了对民族国家的认同。虽然全球网络建设者在创造财富与促进数字技术、贸易及劳动力的灵活安排方面获得了成功，但他们要应对的危机既包括强大民族国家和身份的解体，也包括日益加剧的社会不平等。随着社交媒体和智能手机的兴起，全球网络建设者似乎“掌控”了新的数字传播模式，他们组织社会的能力就如20世纪中期出现的管理者一样“不可避免”。他们取代了曾经的管理者，并在全球范围内建立起霸权联盟。但就目前来看，似乎还没有任何集团能掌控意义工业化生产的霸权，这是全球网络精英面临的真正挑战。他们与大众社会的管理者不同，无法对人们用来理解世界的意义进行集中管控。这是否会使他们更难维持霸权联盟？或者，其创造的收集处理数据的架构是否能使之超越大众时代的管理者，掌握管理意义和人群的新的方法？全球网络建设者在20世纪下半叶迎来了好运，但2007年后的全球金融危机以及民粹主义者的民族主义理念兴起所带来的动荡，却可能预示了其好运的终结。他们所具备的是控制意义、数据的技术，在接下来的几十年里，我们将见证这种技术在行使权力、管理社会方面有多大的成效。

（二）数字传播技术破坏大规模的信息生产与传播

数字传播技术可以绕过旧的等级式的命令控制链条，旧的管理秩序随之被颠覆，因为人们现在可以与接入通信网络的任何人即时共享信息。比起流动的网络团队，依赖中层管理的等级指挥制度过于缓慢和烦琐。因此，旧的组织管理结构在20世纪90年代受到的解构压力倍增。企业和政府部门都经历了组织实践和人员配置结构的变化，这个过程与新自由主义话语的兴起相关：新自由主义倡导“撤离国家保姆”和修正管理结构，主张通过放松管制、建立灵活的组织（例如外包和缩小机构规模）来达到这个目
107 的。但这并不能保证取代了职业经理管理体制的网络化、参与式和磋商型的决策形式更好或更有效。随着这些机构学会利用新的传播渠道以及操纵数据流，组织层面的变化必然会影响霸权联盟的建构。

（三）利基受众、公众和市场的出现

全球网络资本主义和数字媒体催生出大量新的利基市场，新的生活方式及认同也随之出现。新的传播网络让大众市场的细分成为可能，它不仅可以把消费者的微观需求快速传达给生产者，而且生产过程凭借计算机集成制造，可以相对容易地进行重新配置和更新设备。支撑福特式大规模生产的规模经济转变为范围经济，范围经济反映的是后福特主义生产最广泛商品的生产方式（Crook et al., 1992: 179）。这也形成了围绕小众的生活消费方式组织起来的新的社会群组和身份认同。新的身份补充了旧的种族和宗教身份划分，这些旧的身份也因社会的去大众化和去管理化而拥有新的面貌。结果，由小众媒体推动的“身份政治”不断涌现。这种新的政治更加指向与生活方式和**消费**相关的社会文化问题，而不是社会经济的**生产**问题（Crook et al., 1992: 146），这也导致霸权建立更加困难。因为大众分裂成了无数的亚文化，这些亚文化是依据地方、种族、新的和复兴的“信仰形态”（如宗教和生态），以及基于性和其他价值观的生活方式而形成的。霸权的建设者现在需要与大量新的群体进行沟通，成为霸权的过程也变得极为困难，因为这不仅需要掌握多种话语来适应变化无常的身份，还要运用策略来建立多元的联盟关系。此外还要学习利用小众媒体和传统大众媒体；而大众媒体一般都针对非精英群体。这种传播过程比管理制度自上而下的传播实践更复杂、更缓慢，也更麻烦。

七、我们是主动的吗？

关于文化工业，尤其是对20世纪的大众媒体的一个常见的批评是它创造了被动的受众。人们原来讲述自己的故事，但在大众社会里，他们需要通过大型的工业媒介系统
108 来消费这些故事。大众媒体工厂的生产线一遍又一遍地复制出相同的文化产品。法兰

克福学派的阿多诺和霍克海默（2008）因而悲观地认为，文化工业催生出一种更为先进的分散注意力的方式，因为广播、电影和电视等大众媒体需要普通人的“热情参与”，需要人们收听、观看和学习“做大众文化带给他们的梦”。虽然我们认为自己是不同的个体，但大众媒体一遍又一遍地教导我们去渴望同样的东西，包括同样的房子、车子、身体、假期和感受。正如前一章讨论的那样，阿多诺和霍克海默提出了一个著名的论点：我们认为自己可以自由选择，但实际上我们只能选择相同的东西。这个批评大众传媒的论断非常重要，因为这也恰是早期的数字互动媒介技术之所以如此受到欢迎的一个重要的背景因素。在推翻大规模的管理霸权的同时，灵活而时髦的全球网络建设者鼓吹数字媒介可以让普通人获得更多的权力：电视之类的媒介只能让普通人消费内容，而新兴的数字媒介则能让人创造自己的内容。

1984年，苹果公司推出了一条知名的电视广告，展现了个人电脑这种设备如何“摧毁”大众社会那个自上而下的老大哥，并让有创造力的个体蓬勃发展。这个广告颇具讽刺意味，因为电脑和智能手机已经成为“老大哥”式的监控载体。但这条广告的重点在于，全球网络建设者通过把自己与大众社会区分开来，可以为他们的技术、价值观和社会组织方式建立共识。因为在大众社会，人们只能打开电视观看正在播出的内容，但在网络社会，人人可以制作视频并上传到YouTube，或登录Netflix随时随地看他们想看的东西。

“大众社会让我们变得懒惰和被动，而网络社会则促进人们的参与，让我们变得更加积极。”这是一个极富感染力的流行的观点，但我们要意识到其背后的霸权运作方式。它想要建立的共识是，网络社会比大众社会对我们“更好”。这固然有一定的道理，数字媒介平台的确比以往任何媒介都更依赖我们的参与，但那只是因为我们现在已经是意义和数据工业化生产中的部分生产力了。要理解数字媒体提供了哪些参与方式，就需要回溯和追踪大众社会下的管理式资本主义是如何转变为网络社会下的灵活资本主义的，这也是下一章要讨论的内容。数字媒体是20世纪70年代以来形成的一种新的权力运行模式的其中一部分。

虽然人类已经从大规模的管理社会进入全球网络社会，但建立霸权的方式在本质上并无太多变化，要获得并维系主导地位和权力，仍然需要通过传播来组织生活。霸权的建立与组织有赖于意义管理、制度和实践。专业传播者是设置传播规范的专家，无法避免地被纳入霸权的三种功能当中。要成为主导群体，就要让别人接受自己对现实的定义是正确的，并尽可能地为主导观点缩小甚至关闭话语空间。但值得注意的是，全球网 109
络建设者已经重组意义的工业化生产方式，这种方式更加灵活、标准化程度更低、参与性更强，而且具有更强大的监测能力和定制能力。我们正在经历一个历史性的时刻，因为我们可以观察和理解这种管理意义生产和建立共识的方法的可能性和局限性。

构建霸权在某种程度上需要把人与人之间的关系拼接到一起，包括支配群体与被支配群体，以及这些群体之间的关系。为此，建构霸权关系需要通过传播干预来规范信息的交换与权力关系，这样一来，主导群体就可以尽其所能地指挥传播什么以及传播给谁。大众社会的管理者通过命令和控制等级森严的机构来生产标准化的意义；全球网络建设者摒弃了这种管理方法，转而采用灵活的基于平台和数据驱动的意义管理模式。这固然强化了他们实时监测和响应广大民众的能力，但他们在意义标准化和限制意义扩散范围方面的能力似乎更弱了。他们的管理方式可能会给人带来干扰，能够刺激个体情绪、确定目标受众和管理高度定制化的消费形式，但他们可能不擅于组织集体身份。也许现在，全球网络建设者才刚开始应对这种意义工业化生产方式的局限性，而这恰恰是他们自己创造出来的。

案例：英国脱欧

文/丹特·阿洛尼（Dante Aloni）

21世纪的第一个十年，我们可能会将之记忆为网络社会霸权开始失衡的十年，由此产生的混乱影响深远。强势群体要获得和维持霸权，就必须建立并维护一个运转良好的政治联盟；让公众同意其观念，使之具有合法性；通过强制执行力来支持这些理念，通过警察、法院、监狱甚至军队等机构来建立权威。

1975年，英国对是否加入欧洲经济共同体（EEC，即后来的欧盟）进行了全
110 民公投。当时有2500万人投票，有2/3人同意加入欧洲共同市场。欧共体当时的核心政治主张是新自由主义、全球化和世界主义。“同意”加入欧共体的推广活动得到了英国商界的大力支持（见图4-1）。这是因为英国经济在1973年开始衰退，如果当时能与其他国家开展自由贸易，对英国企业来说是一个巨大的福音。

彼时，加入欧共体无论在社会层面还是文化层面都是一个不错的选择。选择“加入”能确保年轻人在共同市场中更有前景，这一点在年轻人当中很有市场。主要的反对者是工党政府中的偏左人士和其他的工人政党，唯一公开“反对”的媒体是持经济“左倾”立场的《晨星报》（*Morning Star*）。英国男爵及保守党政客阿利斯泰尔·麦卡尔平（Alistair McAlpine）是一位商人，也是“入欧”推广活动的财务主管。他公开指出，反对入欧的宣传是由那些不可靠的“危险”分子领导的。当时选择“入欧”的投票者被认为是进步且有远见的，“不同意”的投票者则是倒退和落后的。

图 4–1　是的！英国是在……欧洲

资料来源：Students for United Europe，1975。**通过伦敦政治经济学院图书馆端口访问**（https：//digital.library.lse.ac.uk/objects/lse：zim889bay）。

英国在20世纪70年代**加入**欧洲共同市场，意味着政治经济精英与普通英国 111
人，尤其是新兴中产阶层之间达成了广泛的共识。在当时来看，英国进一步融入欧洲市场和欧洲社会具有积极的意义，反映了英国经济日益繁荣和文化日趋世界主义的积极形象。

时隔41年，英国以微弱的一百万票之差，公投退出欧盟。这意味着先前政治经济精英与普通英国人之间的霸权关系已然破裂。虽然商业精英和中产阶层依然坚持世界主义和全球主义的共识，但城市精英以外的英国人不再相信留在欧盟能让生活更好。对他们来说，那些经济进步的故事与其现实的工作质量、工作保障以及社区生活体验之间存在明显差距。

英国脱欧公投还具有泛欧层面的本质。欧洲在过去十年中一直动荡不安。全球金融危机之后，欧元区的金融危机接踵而至，希腊是最明显的受害者。之后，叙利亚难民危机迅速发酵，暴露出欧洲大陆的分裂。在这种情况下，投脱欧票对许多怀疑欧盟的英国人来说具有正向意义，是为化解以欧洲为中心的经济和社会危机所迈出的重要一步（Ridge-Newman，2018）。在正式投票前的一个礼拜，《每日邮报》（*Daily Mail*）发表了一篇题为《我们每周给欧盟3.5亿英镑》的头条报道，事后证明这个数字并不正确，但也凸显出临近公投前，英国人无论是在金融、政治还是社会层面上，具有普遍的失落感。欧洲维持了近半个世纪的政治联盟已如强弩之末。

但欧洲怀疑论并非凭空出现的。玛格丽特·撒切尔在担任英国首相期间虽然支持加入欧洲共同市场，但在20世纪80年代后期却发出警告，指出英国过分屈从于欧洲。从那时起，无论是左翼政党还是右翼政党，都有呼吁退出欧盟的声音。从2012年开始，一个新的政治联盟开始呼吁英国脱欧，带头人是英国独立党（UKIP）和疑欧人士的"脱欧"运动（'Leave' campaign）。2013年，时任首相、保守党党首戴维·卡梅伦（David Cameron）在独立党和"脱欧"运动持续增大的政治压力下做出让步，宣布于2017年年底就英国与欧洲的关系举行全民公投。那些希望英国脱欧的人只需要等到2016年。

英国独立党领导人奈杰尔·法拉奇（Nigel Farage）是推动英国脱欧的一个主要力量，他抓住了这场辩论中的一个要点。在独立党脱欧运动的启动仪式上，他背后的海报上写道："到底谁在管理这个国家？现在我们英国75%的法律都是在布鲁塞尔制定的。"琼·西亚顿（Jean Seaton, 2016）对投脱欧票的地区与缺乏媒
112 体服务的地区进行了相关分析。西亚顿（2016）发现，自1999年以来，有3/4的英国地方新闻媒体关闭，这与脱欧辩论中极力鼓吹的权力剥夺感和地方问责制度的缺失之间存在着关联。法拉奇提出的问题——"到底谁在管理这个国家？"——在普通人的媒介环境中产生了共鸣，普通人无法看到其利益或关切的问题在政治上被代表。数字媒体也无法填补因地方媒体缺位而产生的信息空白（Seaton, 2016），这意味着在全英范围内，那些对政治感到不满的人很容易收到独立党发出的"脱欧"讯息。换言之，在一半英国人口居住的地方，似乎不再有能够获得他们同意且具有合法性的专业传播者为英国留欧说话了。

2016年，鲍里斯·约翰逊（Boris Johnson）当选伦敦市市长，他是脱欧运动中表现最突出的一个公众人物。公投后不久，他趁着脱欧浪潮一路高歌猛进，入驻唐宁街首相官邸。2016年，约翰逊曾坐着一辆鲜红色的旅游巴士走上英国街头，车上印着"我们每日送给欧盟3.5亿英镑；让我们来资助我们的全民医保吧，投票离开"。3.5亿英镑这个数字并不正确，但约翰逊一直呼吁要把这笔钱用于国内的医疗保健支出，这对许多英国人来说非常有吸引力。

社交媒体平台成为"脱欧派"与"留欧派"之间展开激烈辩论的场所。奈杰尔·法拉奇曾发布一张题为《崩溃临界点》的脱欧海报，影射英国当时需要接受叙

利亚难民。记者康纳·比顿(Connor Beaton)指出，这张图片与20世纪30年代的纳粹反移民宣传类似。比顿也发了一条推文，把法拉奇的海报与一部纳粹电影剧照放在一起，两幅图片都描绘了一群沿着乡间小路行走的难民(Beaton, 2016)。这条推文下面的评论指出，英国脱欧运动和法拉奇公关活动在制造分裂。有人谴责法拉奇及其支持者是种族主义者，而法拉奇的支持者也进行了反驳。法拉奇的海报运用的原型以身份政治为基础，很容易获得新闻媒体与网络媒体的回应。当时，谁是英国人以及谁值得成为英国人，包括与之相关的所有社会、经济和文化优势，都在英国脱欧运动中被推向前台。不管脱欧的倡导者是否采用了身份政治和反移民的元素，或者也许恰恰是因为这些元素，那些"脱欧"运动的倡导者能够利用线上数字平台进行造势。

英欧关系共识的转变体现了政治经济结构如何与文化身份相互交织，从而使之持久发挥作用。特别值得一提的是脱欧运动的策略，尤其是他们对数据和数字媒介平台的利用；而从更长远的角度来看，英国脱欧这个事件是一个关于共识构建的问题。英国脱欧的根源在于精英的管理能力，即其管理社会的政治经济结构与普通民众身份认同之间关系的能力。当时英国人同意开放市场和边境，这个共识达成的原因是人们认为这能让他们和他们的社区过上"美好生活"。我们可以就全球化是否让人"过得更好"进行辩论，可以指出脱欧运动中的不准确信息，但在此基础上，我们还应该思考脱欧运动是否洞察到并动员起了人们已有的感觉、情绪和意义。这场运动让许多人产生共鸣，他们已经感受到全球化与其生活和社 113
区之间的关系。像英国脱欧公投这样的事件看似突然发生，但其实建立共识和打破共识都往往有着更深层次的根源和漫长的发展轨迹。

思考题

1. 英国"脱欧"与"留欧"的宣传运动如何把各自立场展现为"常识"？

2. 能否把英国脱欧理解为旧霸权的瓦解和新共识的建立？如果能的话，什么是旧霸权，什么是新霸权？

3. 从20世纪70年代到21世纪10年代，英国与欧洲之间关系的意义发生了什么变化？

4. 霸权的建设如何从大众时代转向平台时代？

三 小结

本章论证了权力是社会中不同群体之间斗争的结果。群体的目标是让自己偏好的社会关系成为霸权，因此他们的斗争部分也是为了掌控意义。意义是产生合法性和同意的核心，但霸权从来都不稳固。即使一个强势群体可以获得合法的主导地位，但要维护合法性却需要持久的努力。专业传播者在生产和管理合法性方面至关重要。要理解这些过程，就必须了解关于权力和意义的斗争发生在什么样的语境里，需要分析谁占据主导地位，以及他们如何建立并维持主导地位。为此，我们需要考虑以下三个方面：

1. 主导群体生产的意义；

2. 生产这些意义的场所和机构；

3. 受到雇用的意义生产者。

如果要进行全面的分析，还要关注那些试图抵抗和破坏霸权主导地位的群体，分析他们的意义、场所和专业传播者。

在过去二三十年，新的霸权秩序已经形成。数字技术和网络破坏了大规模的生产、
114 消费和控制机制，带来了技术平台的发展。这些平台旨在建立和组织碎片化的小众受众和市场并从中获利。在全球化、网络化和平台化的生产系统中，意义和信息管理成为管理合法性和主导地位的内在要素。霸权这个概念提供了一种理解权力关系的视角，霸权总是在“建设当中”，需要利用媒介、文化等物质和符号资源。研究意义与权力需要追踪创造、维持和抵抗霸权的过程，而且要意识到在当今社会，维持霸权还需要控制意义和数据。

三 延伸阅读

延伸阅读所列文献分析了民粹政治领导人及其社会运动如何用媒体来抵抗、获得并维持权力。布洛克与奈格林（E. Block and R. Negrine, 2017）分析了民粹政治领导人和社会运动的风格。高威尔与白什亚（N. Govil and N. Baishya, 2018）分析了印度的民粹主义和数字媒体。哈梅里尔等人（M. Hameleers et al., 2017）分析了持有民粹主义立场的公民如何消费媒体。怀思伯德（S. Waisbord, 2018）认为，民粹政治文化与大众传媒向网络化和碎片化媒体的转变过程之间存在相互关联。

Block,E.,& Negrine,R.(2017).The populist communication style: Toward a critical framework. *International Journal of Communication, 11*(20), 178-197.

Govil, N., & Baishya, A.K.(2018).The bully in the pulpit: Autocracy, digital social media, and right-wing populist technoculture. *Communication, Culture & Critique, 11*(1), 67-84.

Hameleers, M., Bos, L., & de Vreese, C.H. (2017). The appeal of media populism: The media preferences of citizens with populist attitudes. *Mass Communication and Society*, *20* (4), 481-504.

Waisbord, S. (2018). The elective affinity between post-truth communication and populist politics. *Communication Research and Practice*, *4* (1), 17-34.

第五章　全球网络

在20世纪的最后十年，一种新的经济组织形式开始出现。

115 ★ 信息和传播在全球资本主义的管理体系中有何作用？

★ 灵活资本主义、信息资本主义和平台资本主义有何区别？

★ 什么是网络化灵活生产？

本章内容

- 分析过去二三十年间全球信息经济的兴起过程；
- 介绍数字技术的发明、大众社会的危机、冷战的结束以及美国成为主导世界的超级大国的过程是如何形成了一个不稳定的环境，以理解当今世界的意义和权力；
- 介绍全球信息经济组织的关键形式——网络；
- 研析以网络通信技术为基础的灵活和碎片化的生产、文化和权力模式如何形成新的权力地理格局；
- 了解全球信息经济当中的赢家与输家；
- 思考权力如何在网络中产生与维持。

一、大众社会面临的问题

当今时代，数字平台已经主导意义的工业化生产，它是随着“大规模”生产的危机 116
和“网络化”生产的崛起而出现的。要理解大众传播向数字平台媒介系统的转变，就需要理解全球资本主义的网络体系在20世纪的最后20年里是如何形成的（Harvey, 1989; Lash and Urry, 1994; Srnicek, 2016; Wark, 2019）。在此期间，经济和社会的组织方式出现了新的发展。在受到严格控制的民族国家里，大众社会时期的大型工业资本主义的基础是中央集中控制决策与生产过程。而网络资本主义在兴起时就具有灵活性、移动迅速和全球化的特点，表现为商品、人员和信息的流动。大型工业资本主义向全球网络资本主义的转变在20世纪90年代日趋完备，当时的社会环境为新一代的资本主义精英提供了投资的空间。这些新的精英通过学习，让工业资本主义产生了革命与突变。他们及时抓住了两个机遇：第一个机遇是管理式的、工业化的大众社会出现危机，第二个机遇是信息传播技术的发展。如果说大众社会中的管理精英擅长的是建立集中控制的大型官僚机构和高效的流水线作业，那么网络精英的优势就是在全球范围内协调信息流、观念、劳动、商品和服务。

伴随着世界各地在整个19世纪和20世纪的工业化进程，一种独特的周期循环出现了。资本主义市场的繁荣萧条此消彼长，循环往复。在大规模投资和增长时期，生产供大于求，但金融危机和相关的修正接踵而至、无法规避。这给政治和经济精英管理大众社会带来的问题是，经济低迷可能引发社会和政治动荡。如果人们的工作没有保障、没有前途、没有享受美好生活的机会，就可能会暴力抵抗现行的权力安排，这无疑会给政治和经济精英的合法性带来巨大威胁。因此，精英必须让城市大众在一定程度上保持身心愉悦，否则社会就会动荡不安、暴力迭起、无法管理。要“解决”经济繁荣—萧条的周期性问题，就要发展出一套高度管控的资本主义形式，这也是我们常说的凯恩斯主义。凯恩斯主义以英国经济学家和股票交易员约翰·梅纳德·凯恩斯（John Maynard Keynes）命名，他主张国家在管理经济方面要发挥更大的作用。凯恩斯主义倡导建立一种大型的“社会主义”国家或“福利”制度，并在美国20世纪30年代大萧条时期得到了重视。当时的美国政府为应对大规模失业和迫在眉睫的内乱，开始直接干预社会。罗斯
福总统的新政是一个关键的历史例证，相关举措包括政府投资大型基础设施项目（如 117
建造水坝）以及其他公共工程，这样就能直接雇用失业人口。可见，如果市场不稳定，无法提供就业，国家就会介入。当时，英国的工党政府也采取了类似的政策，即“战后共识”，不仅创造了制造业的需求，还推出了全国医保服务，直到失业率稳定时才被取消。

在2008年全球金融危机和2020年新冠肺炎疫情期间，政府的刺激计划也是凯恩斯主义在当代的回归。

直到20世纪70年代以前，工业经济体系在高度管控下尚能运作良好。大多数发达国家在20世纪40年代到70年代之间都出现了持续的经济增长。那是大众社会的黄金时代，许多发达国家就业充分，工作岗位多于就业人口；大多数人都能够过上中产阶层的“梦想”生活，能拥有郊区别墅、汽车、家用电器和休闲娱乐的时间。在这种管理式的资本主义体制下，国家的作用是积极“平衡”社会权力关系，保证社会和经济制度长期稳定，确保公民生活普遍达到基本水平。凯恩斯主义提倡国家积极地在繁荣—萧条的周期当中通过税收和投资进行平衡：在经济高速增长时期，国家课税应留出结余，以防衰退时期出现大规模的经济崩溃和失业。

在20世纪，还有另一种高度集中的经济社会管理体制——国家社会主义。凯恩斯主义经常被拿来与社会主义比较，尤其是在美国。凯恩斯主义在20世纪初兴起的同时，国家社会主义也在东欧等国家生根发芽。在苏联以及其他地方，国家社会主义与管理资本主义的经济体制在许多方面都较为类似：国家位于社会和经济生活的中心，并控制生产消费过程。国家社会主义在决策上更为集中，也推广自己的美好生活愿景，许诺公民乌托邦式的未来，以换取公民参与到国家体制中来。然而，资本主义国家和社会主义国家在这种高度管控的经济体制下都遇到了一个结构性的问题：国家过于庞大，中心对边缘鞭长莫及。

在工业化的大众社会中，为了对生产消费进行适时适度的干预，精英们在做决策时需要越来越多的信息，他们建立的官僚机构也日益庞大。但由于决策系统高度集中，要把正确的信息传递给正确的人并作出正确的决定，然后在正确的时间有效地执行这些
118 决定，也变得愈发困难。此外，这些决策者越来越想要维护官僚主义，因为这正是其权力的来源。于是，国家社会主义体制下的官僚机构庞大到无法正常运转，保障公民基本的日常所需已很艰难，更别说让他们过上好日子了。

在以上危机吞噬国家社会主义的同时，奉行自由民主的西方资本主义国家也面临着类似的问题。西方国家的经济效率非常低下，长期受到所谓“滞胀”问题的困扰，具体表现为价格上涨、需求下降，这种情况在管理时代下的经济学家看来，在理论上是不可能出现的。西方国家这场危机的最大爆发点是20世纪70年代的石油危机事件。当时的美国已经无法控制汽油在经济体中的正常流通，以至于加油站前汽车大排长龙，所有人都期盼着燃料配给。而在苏联，基本生活用品的短缺带来了社会动荡。20世纪80年代，苏联领导人戈尔巴乔夫（M. Gorbachev）进行了一系列改革，其中最重要的就是苏联的

改革开放政策，其目的是通过去除国家管控来实现经济和信息体系的开放。戈尔巴乔夫希望借助开放的市场体系，让社会主义苏联向西方国家的方向改造。但这场改革为时已晚，国家机构已经无法把改革与原有的社会主义体制有机结合。最终，苏联解体产生的“涟漪效应”席卷东欧，国家社会主义随之陷落。

国家社会主义的崩溃为新的全球秩序创造了条件，而美国则成为全球霸主。这种霸权的本质是“美治和平”（*Pax Americana*）（Louw, 2010a），一种全球协议让美国及其盟友控制了全球的政治、经济和文化议程。另外，苏联解体不仅让东欧向资本主义的殖民投资大开方便之门，也让中国融入全球经济体系，并为外国资本对非洲、亚洲和南美的“重新殖民”扫除了障碍，因为当时的资本已经不再受制于冷战时期两极割据的国际治理格局。

国家社会主义的崩溃以及由此开放的新兴市场，与数字技术的发展齐头并进。但这并非一蹴而就，而是美国几十年来投资数字技术的成果。这些技术包括计算机、卫星和互联网，其中一部分诞生于冷战时期的“军备竞赛”，最初用于军事和后勤，后来则用来促进灵活的全球网络生产方式。因此，数字技术不仅可以用来协调军事监控和后勤，还可以协调全球范围内的生产、贸易、传播和文化。数字信息传播技术为全球传播网络的建立创造了条件，这反过来又促进了数据、信息和观念的快速收集、传输和共享。

二、资本主义重组

构建全球层面的网络资本主义让资本主义制度发生了大规模的变革。在最初阶段， 119
管理式的资本主义不断“解组”（Urry, 1990）。大众社会集中管理下的意义、实践和制度逐渐瓦解，导致主要的工业经济体系动荡不安。20世纪70年代之后，新的精英阶层开始改革大众社会的机构与实践，他们创办灵活的零库存公司，对经济放松管制，并削减了政府官僚机构的规模和作用。他们削弱了民族国家的集中组织，促进了信息、商品、服务以及人员的自由流动。在新的资本主义制度下，那些最早学会利用新传播技术重组经济、社会和文化等事务的先行者获得了特权。

这些充满雄心壮志的精英刚开始推广其理念、实践和制度化的需求时，还远远没有实现霸权主导。当美国时任副总统艾伯特·戈尔（Albert Gore）论及信息高速公路时，许多精英认为那不过是遥远的镜花水月。当比尔·盖茨（Bill Gates）描述其愿景时，许多人认为让全球联网的互动大屏进入千家万户实属痴人说梦。当盖茨说技术已万事俱备，只欠市场这一东风时，当史蒂夫·乔布（Steve Jobs）斯提出“人人都应该拥有个人电脑，甚至在口袋里也要揣上一台”时，人们都以为那只是一个未来的愿景。所有愿景如今都已基本实现。但在当时，掌权精英以及那些依然在大众社会的意义和实践中组织生活的人们，很难想象要如何实现互联，这又将如何改变意义和制度，并产生新的权力网络、经济生产和文化实践。20世纪90年代，一批批新精英接连不断地取得成功。那些在20世纪80年代心怀抱负的精英，例如艾伯特·戈尔、比尔·盖茨和史蒂夫·乔布斯，已经有能力建立21世纪的全球霸权。像盖茨和乔布斯这样的业界领袖看到了巨大商机，而像戈尔这样的政治领袖则意识到了全球传播基础设施背后的政治需求。在千禧年之交，第二代数字企业家也加入进来，包括亚马逊的杰夫·贝索斯（J. Bezos）、谷歌的谢尔盖·布林（S. Brin）和拉里·佩奇（L. Page）以及Facebook的马克·扎克伯格（M. Zuckerberg）。

全球网络资本主义有一个关键特点：数字信息的快速流动能够把复杂的供应链整合起来，让生产活动在全球铺开。资本、工作、货物和服务的流动性越来越大。产品服
120 务不再偏居世界一隅，而是聚集在那些拥有成熟技能和高学历人才的地方；零件生产的选址要考虑劳动力、电力、制造基础设施和资源的成本，将之压缩到最低，在产品生产完后再运到组装工厂，然后通过全球网络和数字平台进行分销。这就是信息经济的运作体系（Castells，1996）。那些擅长迅速检索、组织和利用信息的人最能获得成功。在这种体系下，一种产品的生产往往需要跨洲的协作：美国的设计、非洲的资源、拉美或东南亚的零件、中国南部的组装，然后发往欧洲和北美，向全球各地的城市消费者推销。沃克（M. Wark，2019）把管理这种全球经济体系的精英统称为“矢量主义者”。这些人的权力来自对全球生产消费体系中的信息交换机制的掌控，他们善于协调规划大规模的数据、人员和物品的流动。为此，他们必须收集和分析关于市场、资源和劳动力的信息，对融资、生产和营销作出决策。这个过程由散落在世界各地的团队负责，他们位于全球资本主义网络的各个节点。

如果说工业经济的特点是大规模标准化，那么全球网络经济的特点则是大规模定制。智能手机上的数据流、互联网搜索和社交媒体平台无时无刻不在更新人们的偏好信息。灵活的自动化工厂及供应链不断推陈出新，产品更新迭代。产品生产根据需求的不断变化而变化，从而适应多个利基市场。只有让传播系统持续收集消费者需求，引导他们消费并把产品经由分销网络送达，消费者才可以进行选择。像亚马逊这样的公司创建了一个能够实时回应无数消费者需求的系统，运用信息技术实现图书的全球分销，从而获得市场的支配权。Netflix让影视行业从大规模标准化生产转变为按需定制。人们无须再受电视或影院的节目表和排片档期限制，而只需要在视频库中搜索他们想看的影片。亚马逊和Netflix依然是一个大众系统，但在里面买东西或看电影的选择是定制的。

三、新权力地理学

全球网络资本主义改变了生产消费体系，也让我们的城市和生活方式产生了重大变革。这些都生动地体现在那些展现废弃建筑、荒废工厂和破败的购物中心的影像当中。摄影师、博客和社交媒体博主把这些事物记录下来，象征着过去世界的坍塌，那个围 121
绕大众生产消费组织起来的社会已经一去不复返。这也让人对那些已经消失的城市产生了怀旧的情绪。以底特律为例，它曾是美国的汽车制造中心，城市里的废弃工厂不仅代表了一个行业的崩溃，也标志了一个时代生活方式的解体。空荡荡的建筑群里已经不见工薪阶层、社区和邻里，这幅阴森森的画面让人们见识到了工业经济消失后尚没有新的经济活动来替代时的苍凉景观。

全球网络经济体系创造出新的城市、经济中心和文化活动，输赢格局也已随之发生变化。文化地理学者大卫·哈维（David Harvey）发现，资本主义组织方式的变化具有“发展不平衡”的特点。具体而言，部分国家、地区甚至城市的一部分搭上了快速发展的列车，但其他地区却没有。制造业工作离开了高度发达的西方经济体，在新兴经济体里茁壮成长。例如，在中国南部，投资者不仅可以用低廉的工资来雇佣训练有素和纪律严明的劳动力，还能享受高效的交通系统和能源基础设施，以及稳定的政治环境带来的多重便利。但西方社会已经越来越向后工业社会发展。在很多城市，尽管城市中心仍然保留着工业时代的建筑旧址，但它们已经不是工厂，而是被改造成公寓、艺术画廊、时装店、酒吧、共享工作空间和健身房。同时，像纽约、洛杉矶、伦敦、法兰克福、新加坡、悉尼等城市里的网络越来越密集，这些地方汇聚了大量的互联网和电信基础设施，是协调全球生产消费的信息节点。在一个世纪以前，大多数人都在从事制造业工作，现在都开始从事非物质劳动，例如提供服务、产生创意、管理网络等。在这种经济模式下，具有良好教育或熟练技能的知识工人不断生产观念、提出创意、开展分析、运营社交网络、敲代码和做展会，并激发人们的感情。这些工作基本不需要消耗太多体力，而更多需要内在的文化资本，例如正确的观念、品位和传播技巧。在全球网络资本体系中的城市里，权力与信息联通相互关联。我们可以发现以下几个特点：

- 超级精英控制网络、平台和信息联通，为人们的连接与互动设定条件。
- 文化与知识劳工成为特权阶层。他们用数字技术来产生设计、观念、信息并吸引注意力。他们拥有文化资本，生活相对富裕，但没有实际掌控网络基础设施。
- 一些工人开始在数字平台上领取工作任务。他们的劳动受到平台的高度控制和 122
监管。其中一部分人是“零工”经济的一部分，他们开私人出租车、送餐或在亚马逊的兼职平台Mechanical Turk上做计件工作。其他人则在亚马逊等大公司的仓库或配送网络中工作，他们的每个工作都由数据驱动系统分配并跟踪。

- 与网络脱节的人无法有效地利用网络。他们虽然也在城市或世界其他地方工作、生活，但无法真正接入数字网络。

四、网络与信息

在20世纪的最后几十年里，资本主义从大众模式向网络模式转变，在技术上这是可行的，因为支撑它的许多理念都从二战开始不断得到发展。这一时期，供职于政府、大学和技术公司的工程师和计算机科学家开始开发用于信息收集、处理和分配的管理技术，包括早期的计算机、电信网络和数字技术，这些技术能够收集、存储、处理信息，从而支持远程的控制、监测、反馈和预测。在战时，德国人发明了自动化高速火箭，盟军不得不想办法把这些火箭从天上射下来（Rid, 2016）。

为了解决这个问题，军事工业中的一大批科学家和工程师开始研制能够感知、学习、计算和预测的机器。这些机器之后成为大众社会向网络信息社会转型的关键。二战之后，军工业进一步开发这些技术，它们起初是在军方、大学和高科技公司的合作下发展，之后不断超越军事领域，在电信、制造业和物流领域得到应用。全球网络资本主义中的许多核心理念，包括计算机、数字网络、机器人技术、虚拟现实、机器学习和人工智能等，都在这个阶段开始萌芽。

在人文社会科学看来，传播是制造意义的社会过程，而工程师和科学家则把传播理解为信息的收集、存储、分配和处理的过程。控制论这个新的学科在战后出现，目的
123 是建立一种能够根据反馈来实施控制的智能机器系统。控制论的关键人物之一——诺伯特·维纳（Norbert Wiener）指出，当时人类正在进入第二次工业革命［Wiener, 1989（1950）］。如果第一次工业革命中的机器拓展了人的体能，那么第二次工业革命中的机器则拓展了人类的精神能力，包括感知、收集环境信息、学习以及根据决策和预测来开展行动的能力。

维纳认为，计算机最终能实现与机械仪器的沟通并控制它们。这种机械仪器是一种“感官”，能在感知变化后向计算机反馈，以便计算机对环境作出决定或预测。当时出现的一个重要概念是神经网络（Gleick, 2011）。大脑由独立的神经元组成，它们就像密集网络中的开关一样“发射信号”，这可能就是信息处理机器的一种概念模型。20世

纪中期，计算机科学家和数学家开始设想一种新的机器，它可以突破人类能力的上限，通过学习来处理信息。但直到21世纪初的二十年里，电脑才具备了足够的信息处理能力和数据来模拟神经网络。如今，像谷歌和Facebook这样的平台已经利用庞大的数据和强大的信息处理系统，开发出更先进的神经网络系统，不仅可以分类图像、识别人脸、将声音转换成文本，甚至还可以模拟文本、图像和视频。计算机神经网络并不“思考”，而是通过大量学习来模拟人类的决策过程。这种神经网络的准确度取决于用来训练其识别和预测模式的训练数据。

神经网络这个概念为创造“处理”信息的机器提供了理论基础，而互联网则是一种“分配”信息的网络。互联网最初不是一种媒介发明，不由媒体创造，也没有考虑到媒体，而是为了解决军事政治问题而设计出来的。冷战期间，美国大举投入信息传播技术研究，这是美苏争夺超级大国权力而展开的更广泛的工业技术“军备竞赛”的一部分。通过广泛的研究和不断的发展，互联网终于诞生，成为解决军事和地缘政治问题的一个方案。美国希望建立一种全球层面的监控指挥传播网络，可以抵御所有攻击。相比较而言，过去所有的电子通信网络都需要一个中心节点才能实现传播，这种网络具有较大的风险，因为一旦敌方摧毁了中心节点，整个网络就会瘫痪。他们的解决方案是建立一种没有中心节点的网络，这样一来，就算一部分网络被摧毁，整体也能继续运作。为此，这种通信网络需要设计多个可以多层次连接的分布式节点（Seel, 2012）。

保罗·巴兰（Paul Baran）是20世纪60年代的一位计算机网络开发工程师。他在 124
一篇著名的论文中描绘了中心式网络、去中心网络和分布式网络的示意图（见图5-1）（Baran, 1964）。其中，中心式网络比较脆弱，因为所有信息都要通过中心节点处理，没有中心节点，这种网络就无法运行；而一旦中心节点遭到攻击，就会导致整体网络瘫痪。相比较而言，去中心式网络的稳定性更高，但如果几个关键节点受到攻击，整体系统的运行能力就会大大降低。分布式网络更加稳定，因为它没有中心节点，而是让信息分布于整个网络。这种网络在技术上解决了战略性的问题。巴兰（1964）的论文表明，分布式网络可以“迅速响应网络中的任何状态变化”。如果一个节点、连接或节点集合“被毁”，分布式网络可以迅速地从其余的连接和节点那里找出一条新的信息传播路径。因此，这种网络更加灵活、响应度更高，因为它不依赖脆弱的中心节点控制。

巴兰的想法是在美国的AM无线电发射塔周围建立一个分布式网络，从而解决电话系统过于中心化的问题。分布式网络中的传输塔之间可以传递信息，而且任何一个传输塔出现故障，都不会导致网络整体崩溃，因为系统会自动寻找最近的信号塔，找到新的替代路线。分布式网络的实现依赖“分组交换”技术的发展。分组交换技术指的是，讯息不

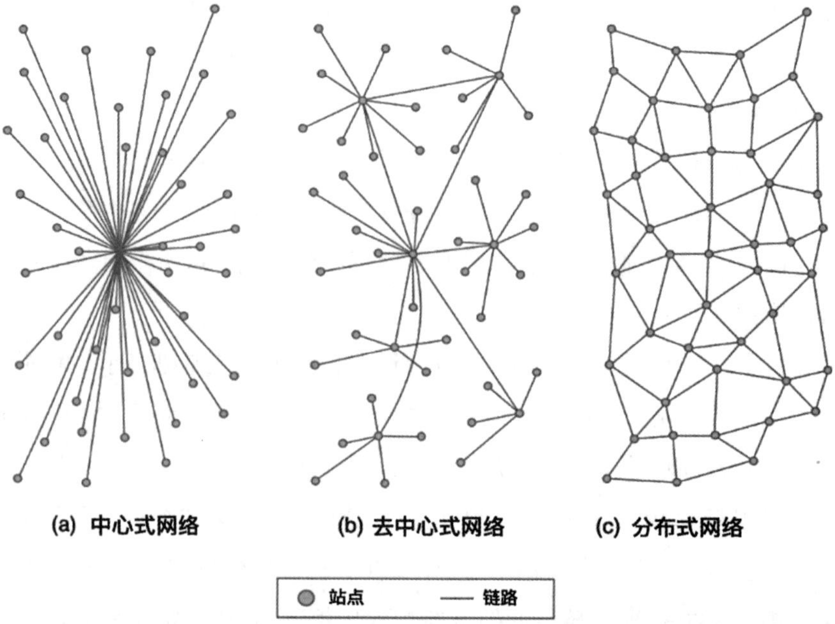

图5–1　巴兰（1964）的中心式网络、去中心式网络和分布式网络

以线性方式传播，而是搭载在一系列小的“数据包”上进行移动，每个数据包都包含讯息传播指令，数据包可以无序地沿着不同路径移动，最终在目的地重新组装起来。

互联网是一种社会建构。互联网的发展建设是多元协商的结果，参与其中的群体往往有着不同程度的权力和不同的利益。军方把互联网视为国家安全问题；政府将之视为国有资产；计算机科学家则将之作为一种纯粹的科学研究对象，或是自由主义项目下实现特定政治价值的课题；技术学者和哲学家则视之为一种公共物品，是一种赋权技术和民主技术；科技公司以及传媒公司则将之视为扩大市场的途径，或是当前商业模式的威胁。每一类群体都在相互博弈，只为打造出他们理想的互联网，或以自身的价值观、政治利益或商业利益来塑造互联网。这些博弈在特定的历史背景下展开，起初是冷战，然后成为全球网络资本主义发展的关键部分。虽然这个网络没有中心，或许也没有权力中心，但却有着复杂的权力网络在管理互联网的运作。在网络发展史中的一些关键时刻，掌握权力的人不得不展开谈判，以求在互联网技术和政治发展中达成一致意
125 见。在技术层面，他们必须确保一般的互联网协议和语言统一。政府、企业和开发者必须在互联网管理的物理架构、支持该架构的电信网络以及诸如“网络中立”的原则上达成一致。如果政府、公民社会和企业要让互联网符合他们的利益，这些斗争就不会休止。

巴兰观察到，分布式网络其实是被人“发现”的，而不是被人“发明”出来的。他和

维纳一样，意识到这项技术不仅能解决战略军事问题，还能改变经济和社会。他在《连线》（*Wired*）杂志上提道：

> 大约1966年12月，我在美国营销协会发表了一篇题为《2000年的营销》的论文，我没有谈论分组交换，而是描述了“推拉式”的传播模式，还提到如何通过电视和虚拟百货商店购物。如果你要买一个电钻，你点击“五金制品”，就能看到所有的工具，继续点击则能了解更多。如果你同时看上了两个电钻头不知道怎么决定，就可以点击消费者联盟的按钮，买家评价就会出现在屏幕上。这大概就是网络电视的运行模式。但当时很多读者很愤怒，他们说：“购物不仅仅是为了买东 126
> 西，而是去享受购物过程。你根本不懂女人。”可是我发现有些人虽然选择去商场，但是他们中的大部分人都并不满意。（Brand，2001：n.p.）

这段文字说明，一些先行者早在20世纪60年代中期就已经认识到分布式网络不仅能转变军事战略，还能改变更广泛的生产消费行为。在这段话中，巴兰已经勾勒出类似于亚马逊和Instagram等平台的运作方式：信息快速流动并由数据驱动，还有自动推荐和一键购买的功能。几十年来，这种“把网络作为一种分配处理信息的系统”的观念，不仅在技术上改变了组织生产、消费和社会生活的方式，也改变了人们对“网络化”或“平台”文化的想象。

网络、自动化、数字技术和平台既是一种技术成果，也是一种社会成果。**技术**成果是指建设电信网络、互联网和计算的能力，其中计算能力指的是跨时空收集、存储、传输和处理大量数据。**社会**成果指的是网络成为组织社会、工作和文化生活的一种理念。

二战后横空出世的一系列技术，包括网络、计算机和机器学习，实现了信息的分配处理。技术能力不仅是建立全球网络资本主义的基础，也在某种程度上改变了媒介技术、机构和文化。大众社会中的媒体大规模生产意义并将之分配给广大民众，这反映的是工业时代工厂的运作逻辑。但在网络社会，媒体具备的是计算机、机器学习和分布式网络的特征。虽然生产和管理意义的工厂依然存在，但这些信息将以灵活的方式来进行生产和分配，而且这些工厂也会成为收集和处理意义的关键机构。这些关键机构大范围收集信息，把数据传输到决策过程，为国家、安全、治安、政治和市场运作提供信息，是存储和处理数据的新的权力中心。

五、平台资本主义是什么？

全球网络资本主义催生出一种新型社会，一种更灵活、更快且连接度更高的社会。有些人成长于大众时代并经历了这场社会转型，因此他们的感受会更加深刻。而对那些被统称为“千禧一代”的年轻人来说，可能只会觉得社会生来如此，因为它在我们大
127 部分生活中一直是社会的一种上升力量。全球网络资本主义以更快的速度将观念、信息、商品、服务和人才散播到世界各地。这种资本主义面向全球、快速流动，并在过去的几十年里不断发展出成熟的制度形式。最早出现的是全球零库存公司，然后一种被我们称为“平台”的机构在过去十年间接踵而至。平台瓦解了大众社会的文化和制度，成为新的权力中心。

我们生活在历史的大断层时期，因此理解并描述周遭事件的方式也是不断变化的。在我们试图为周围发生的事件赋予意义的同时，术语也在发生变化。在大众传媒迅速让位于参与式数字媒体的那段时间，“融合文化”（Jenkins, 2006）这个术语被广泛传播，但现在几乎没什么人用了。这个词描绘的是媒体的“大众”和“网络”特征之间的融合，一旦这种现象成为常态，不再那么“新颖”，这个词也就失去了价值，成为历史。此外，我们对当今时刻认识的不稳定，也体现于我们在“资本主义”一词前面添加的一系列修饰词汇（Wark, 2019）。有些人生活在资本主义社会，有些人则生活在那些以各种方式与全球资本流动相互结合的社会。在过去的几十年里，曾经的**工业**资本主义、**大众**资本主义或**福利制度**资本主义，已被**全球网络**资本主义、**晚期**资本主义、**灵活**资本主义（Harvey, 1989; Lash and Urry, 1994）、**传播**资本主义（Dean, 2002, 2010）以及新近的**平台**资本主义（Srnicek, 2016）等词汇所取代。这些词汇到底意味着什么？

在**大众**资本主义向**网络**资本主义转变的过程中，信息处理不断成为管理生产和消费的中心。传播网络的建设以及对在这些网络中流动的意义和数据的规制，已经是全球网络资本主义生产财富的核心要素。传播与媒体网络现在是生产过程的新要素。在计算机程序分析、创新生产流程和资源、能源和空间设计的优化的过程中，观念得以具象化。

哈维（1989）认为，灵活积累是对工业生产模式的重组，而非终结。在这个过程中，工厂和廉价劳动力被转移到网络外围（Harvey, 1989: 186），由身处全球大都会的高级管理人士远程指导。在哈维眼中，这些管理专家是“劳动力中有权力的特权阶层”。他们之所以有权力，是因为“资本主义运转越来越需要智力劳动”（Harvey, 1989: 186）。全球网络资本主义有足够的灵活性来管理多样化的劳动力。哈维提出的生产转向网络外

围，是指工厂从发达国家向发展中国家转移。但他同样谈到了发达国家内部的灵活剥削形式，如临时工、外包和其他非正式劳动，这些现象在媒体、文化和时尚领域都有 128
出现。

除了整合和重组工业生产之外，全球网络时代与封建时代之间存在一定的共性。新制度下的大部分决策是私人化和个人化的，并且位于权力网络中的节点。但这种新的人类组织方式更不确定也更无序，类似于封建时代下“拼凑”交叉权力的情况。网络中不同部分的决策控制形式多样且不断增生。再者，帝国之间在地理上不再相互区隔，而是在不断变化的封建式的混合权力关系网络中彼此重叠、交叉、合作并产生冲突。表5-1描绘了不同时代中精英、组织结构和传播模式的关系变化的本质。“建立霸权”的过程也随着时间而发生变化。在封建社会、早期资本主义社会、大众社会、网络社会，甚至有可能在平台社会，我们都可以发现不同类型的强势群体、权力技术及传播应用。全球网络资本主义没有完全取代所有之前的时代，而是吸收、适应并重组了过去的时代。

表5-1　历史时期、权力精英和传播模式 129

历史时期	封建社会到早期资本主义	早期资本主义到大众社会	大众社会到网络社会	网络社会到平台社会
谁掌握权力？	贵族阶级掌权；新兴资产阶级通过贸易积累财富。	早期资本主义发展到大众社会的工业资本主义。 为了运营工厂、确保供应链，专业官僚、经理人和技术专家阶层出现。	企业家和管理者与网络建设者这一新阶层合作，或把权力让渡给网络建设者。网络建设者发展出零库存、灵活、信息驱动的生产模式。	网络建设者成为“矢量主义者”和“知识”阶层，通过平台来优化信息的收集、处理和分配。
哪类机构在行使权力？	土地所有权是建立、维持贵族与农民之间封建关系的基础。 早期的国际贸易和贸易公司开始出现。	工业资本家建设工厂和现代公司，利用铁路、电报和航运开拓国际供销网络。	公司成为全球性的、灵活的网络化企业。 工厂和供应链遍布全球、高度灵活，并转向零库存生产模式。	网络时代的企业仍然存在，与平台一起以数据驱动的方式管理生产、消费和交换，并从中产生价值。
什么是主导的媒介形式？	新兴资产阶级开始利用小型报纸和小册子来传播思想。 媒介传播因识字率过低而受限。	大规模的意义工业化生产模式出现。媒介开始影响广泛大众的日常生活。 由于电影和广播的出现，人们不再需要识字就可以消费媒体。 专业传播者管理意义的创造和扩散。	大规模的意义工业化生产模式日益全球化、网络化、碎片化。 媒介的传播对象从国内大众转向分散的小众。	平台成为一种成熟的全球网络媒介形式，以数据驱动定制为运作原理。受众成为生产内容和数据的核心。 数据驱动的预测模型塑造信息流，使之越来越自动化。 新的专业人士建设具有连通性及运算能力的平台。

全球网络资本主义把大众传播机构转变为按需传播的参与式数据驱动的机构。这被乔迪·迪安（Jodi Dean, 2010）称为传播资本主义，这是一种经济和社会再生产的模式，在这种模式下，数字网络传播技术一边让人获得参与、发言和被倾听的机会，一边把社会生活转化为数据流，用以创造价值，同时带来更具响应性的控制机制。约翰·杜汉姆-彼得斯（2015）提醒我们，媒介一直是存储、分配和处理信息的技术。20世纪的大众社会时期让我们聚焦于意义分配的象征性能力；但在全球网络资本主义时代，媒介的信息处理权力再次凸显。

> 与大众传媒相比，数字媒体似乎确实是一个巨大的历史断裂。但如果将数字设备放到传播实践广阔的历史中，新媒介看上去与旧媒介或古代媒介十分相似。与“新媒介”一样，登记册、索引、人口普查、日历和目录等古代媒介或用于文化的记录、传递和处理，或用于主题、对象和数据的管理，又或用于对时间、空间和权力的组织。正如雷蒙德·威廉斯（Raymond Williams）所言，让媒介成为大型娱乐机器、不断提供新闻和娱乐的现象是不太寻常的。20世纪的主要传播模式——视听广播电视——是历史上的一个例外。数字媒介让我们回归到数据处理设备的常态，这些设备尺寸不同、形态各异，许多人参与其中，但优质的“内容”很少。媒介提供各种各样的工具，大众叙事只是其中之一。（Durham-Peters, 2015: 19）

130 要理解当代媒介，就需要理解其意义生产和数据处理的功能。而且需要认识到，媒介参与的权力运作并不仅仅在于意识形态层面。掌握权力的人也不只是把媒介视为塑造大众观念的机构，还将它视为组织生产消费的技术。

这也让文化工业的边界变得更加模糊。Netflix因其生产分销影视内容而可以被视为一种新的文化工业形态。但亚马逊却不尽然，因为它虽然也生产和分发文化产品（例如提供流媒体影视内容、售卖图书和电子书），但它更多的是一种新型的物流基础设施，负责分派货物、服务、内容和劳动力。媒介是流动的，是说它们开始在**组织**生产—消费关系的协调上发挥作用，是更大范围的交换过程的中介。这意味着媒介机构开始在政治和经济进程中扮演不同的角色，它们不再只是制造和分配意义，帮助人们认识世界，而是参与日常生活的安排：从私人谈话到商品派送，再到提供数据，这些功能确保了市场和供应链以高度灵活的零仓储方式运作。

这些新的媒介机构通常被称为“平台”（接下来的章节将更详细地讨论这一点）。

"平台"的理念能够很好地描述这个过程：全球网络如何使其灵活的、信息驱动的生产和消费形式"升级"为一种独特的组织形式和基础设施。如果说大众社会时代的精英建成了大型的工业化工厂，那么全球网络时代的精英则建立了平台。当然，平台依然需要工厂和仓库，但这些都被连接到网络化、灵活、数据驱动的平台基础设施上。就媒介和文化机构而言，平台灵活地把大规模生产的专业内容、参与文化与数据收集和处理过程结合在一起。平台与大众传媒的共同点是意义和内容的工业化生产，但平台还有其他的功能，包括让受众成为内容和数据的生产者并将之制度化，以及基于数据处理权力来打造那些协调市场的基础设施（Helmond, 2015; Rossiter, 2016; Van Dijck et al., 2018; Helmond et al., 2019; Nieborg and Helmond, 2019）。平台是一种流动性的媒介形式，通过"协调、捕获和控制人、金融和各种事物的移动"来管理我们的世界（Rossiter, 2016: 5）。我们通过平台的物流功能，就可以理解数字媒介如何强化工业时代下的福特主义和泰勒式的科学管理，这些模式都在理性地监测人们的每个行动与注意力，无论是对亚马逊配送中心"分拣员"在收取货物时所依循的路径，还是对Netflix用户看到的影视 131
内容推荐，都是如此操作。平台的目的是把生产消费的每一个时刻都转化为数据，以此来预测并优化用户的注意力和交换行为。平台因此算是全球网络资本主义体系中迭代最快的全球企业。

以亚马逊的仓库为例，消费者在网站或App上下单，信息网络随即触发机器人去取产品，或对仓库的人类"拣货员"发出指令，完成拣货、扫描、包装、贴标签、送货等一系列任务。这是一种新型工厂，可以同时自动处理多个消费订单。产品在仓库移动时会自动发送信息，让更大的生产网络预测和校准特定的产品需求。亚马逊还鼓励员工用"及时反馈工具"互相监督并产生数据，为年度考核提供参考依据，排名靠后的员工则被淘汰。在亚马逊这样网络化数据驱动的组织中，员工无须上级指令，而是本能地用数据证明自己的能力从而打败同事。如果没有网络信息技术，这种公司不可能存在，因为只有网络信息技术才可以让他们持续监测每个运营细节，产生运营数据，确认哪些地方运转正常，哪些地方反应不及时。这种组织以网络化信息驱动的方式运行，结合了管理模式和网络模式中最好的也是最坏的面向，个中价值判断取决于个人立场。与一个世纪以前亨利·福特的工厂一样，亚马逊也用复杂的电子系统监测仓库员工，确保他们每小时都打包了足够的订单件数（Kantor and Streitfield, 2015）。

掌握权力的人（包括投资人和有资方支持的技术专家）借助平台机构，把早期的开放互联网变成商业化机构，同时沿用并拓展了大众社会的许多控制机制，包括控制意义和信息的流动、收集数据以及协调商品服务的流动。早期的网络建设者创造的多对多的去中心化传播方式似乎已经对大众社会带来了冲击。例如，他们开设了大量聊天室、讨论区、博客和网站，冲击了自上而下单向传播的广播电视。又如，他们创建的点对点文件共享服务冲击了音乐和电影的消费市场。在扰乱“大众”产业及其商业模式和文化之后，网络建设者开始建立自己的控制架构。这种架构可能更不依赖自上而下的意识形态服从与消费，但似乎更依赖灵活的数据驱动响应机制。

大众社会的机构作茧自缚，但我们还无法确认平台的权力运作模式会为之带来何
132 种危机。平台在哪些方面稳定有效，在哪些方面混乱无效？平台的权力看似来自大规模的监测和数据驱动响应机制，预测着人口流动、商品服务需求以及人的意见、情感与感受。他们敢基于监控和预测来运作零仓储的商品服务、定制化的文化体验、有针对性的信息传播，甚至实时调节我们的情绪和行动。平台权力在某些方面可能高度有效，但在其他方面却无能为力。作为一种新的文化工业模式，平台的组织重心不再围绕意义生产，而在于收集和处理数据，以及管理人们注意力和交换行为的基础设施和软件工程。它们提供了组织、控制人们连接和参与的协议。

大众资本主义危机孕育了新的生产模式，新的模式将网络的创建、数据的收集处理以及观念的非物质生产置于首要地位（Srnicek，2016）。正如大众社会的文化工业创造了专业传播人士，网络和平台资本主义则创造了从事非物质劳动的知识劳工。平台把创建数据处理架构的工作与刺激、协调注意力、情感和行动的创造性工作融合在了一起（Wark，2019）。

平台为工程师和文化劳工设定了新的规则。他们的竞争优势在于能够把收集和存储数据的物质架构与分析数据并促使连通的技术过程和创造过程结合起来，能够用数据和网络连接来生产文化、管理注意力并协调交换过程。沃克把拥有这种权力的人称为“矢量阶层”（vectoralist class），他们掌控了平台的数据处理和配送功能，从而“工具化地利用信息”（Wark，2019）。这些新的精英阶层掌控着信息流动的矢量。他们雇用的知识劳工则是“黑客阶层”，包括工程师、软件开发人员、设计师、发明家、创意策划人、作家、制作人、广告商和名人，他们的工作就是搭建、管理和使用平台。Facebook的创始人兼CEO马克·扎克伯格就是一位矢量主义者，他雇用的工程师、开发人员和创意人员则是构建和管理Facebook的黑客。矢量主义者和知识劳工是大众资本主义向网络资本主义转变过程中出现的两个相互依存的新的强势群体。知识劳工依靠矢量主义者谋生，矢量主义者不仅需要知识阶层来创造价值，还让他们把网络资本主义打造成一种“酷”的文化共识。但正如大众工业一样，平台的发展成熟也会出现各种危机。

案例1：零库存生产

文/丹特·阿洛尼

福特的工厂对应于大规模生产模式（Harvey，1989：125），亚马逊和沃尔玛 133
的配送中心则对应着零库存生产模式（LeCavalier，2016：153）。平台向消费者承诺，无论他们需要什么产品都能快速供货；它们向生产者承诺，无论其产品多么小众都能找到客源。配送中心是零存库生产网络中的一个关键的数据驱动节点。

这种配送中心沿用了工业工厂的许多控制模式，例如监督工人、优化效率，但
它们抛弃了线性的流水生产线，改用模块布局和数据驱动来分配任务。为了尽快把 134
货物运出，人工仅仅是自动化分拣和检索系统之间的中转站（LeCavalier，2016：154）。分拣货物对人而言是一项物质性的工作，而对亚马逊和沃尔玛的分拣算法而言，货物就是一种信息，需要尽可能有效地进行分配（LeCavalier，2016：157）。

算法组织并控制着配送中心里面的工作。图5-2是亚马逊申请的一个员工监控腕带专利图样（Cohn，2016）。这个腕带用超声波来跟踪员工取物品时手的位置，如果员工来回拨弄、抓破货物或仅仅是动作迟缓，腕带里的“触觉反馈系统”就会振动，提醒员工把货物放到正确的位置。里凯瓦里尔（LeCavalier，2016：157）指出：“配送中心就像一台巨大的计算机，跨越了物的具体领域和信息的抽

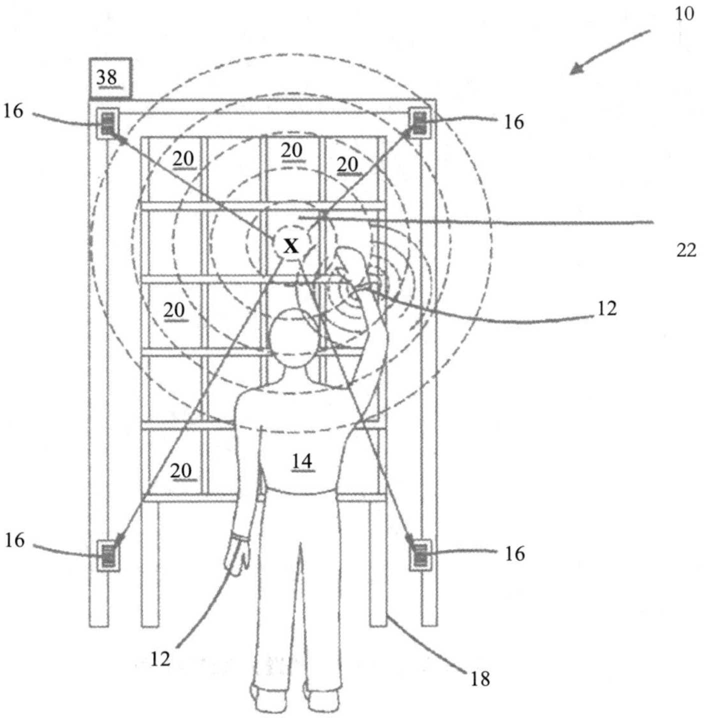

图5-2　亚马逊专利申请中的腕带图

象领域。”员工们被整合到一个巨大的信息网络之中，如果没有扫描监控技术，配送中心的员工就无法理解其工作环境。这种中心布局由计算机组织起来，也只有计算机能够理解（LeCavalier，2016：162）。

亚马逊的这项专利意味着零库存生产逻辑已经扩展到仓库以外。实体仓库受到地理位置的限制；为了实现利润最大化，零库存分配中心需要灵活应对位于不同地理位置的供货需求。亚马逊和沃尔玛的算法把旗下的送货车辆优化为一种移动仓库，有效实现了货物的及时流动。这种逻辑也延伸到了飞艇与无人机配送领域。

2019年，日本艺术家@zozi009发布了一则亚马逊“飞艇”的视频。这个动画部分体现了亚马逊“飞艇”与“无人机”的配送系统专利（见图5-3）。在视频中，无人机从飞艇里进进出出，把挑选好的货物送给居民。飞艇的母舰停靠在亚马逊的装货中心，装好货物后就会去附近的城市；送货无人机从飞艇里呼啸而出，速度比堵在路上的货车快得多，而且会直接飞到消费者的房屋上空，缩短了从配送中心到消费者之间的距离。这也体现出亚马逊零库存生产模式的预测力在不断提升。算法模型会预测在任意一天的任何一个区域里的人可能会订购什么产品，并提前把货物放在飞艇上，无人机时刻准备配送订单。无论客户要预定什么产品，飞艇
135 早已预测到他的需求。而且更不可思议的是，推动零库存生产配送的逻辑就是提早一步预测。

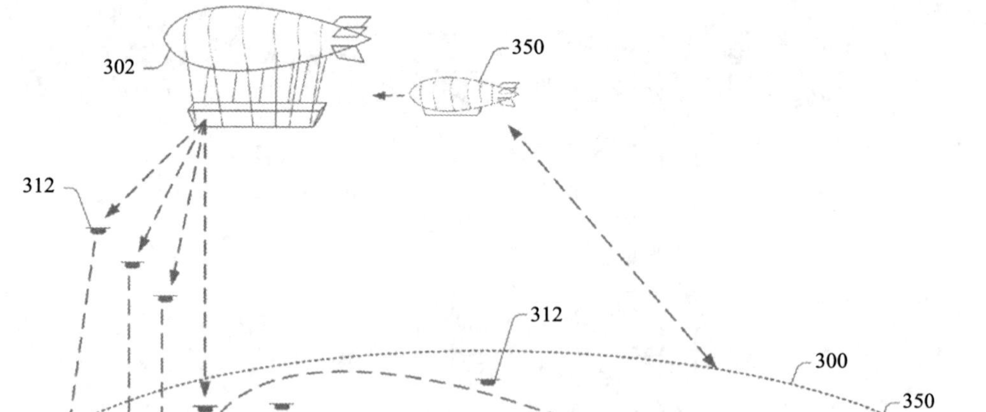

图5-3　亚马逊飞艇—无人机送货系统专利图

亚马逊的飞艇现阶段还没有实际投入使用，但它直观地表现了物流媒介如何从配送中心向文化与生活的其他领域转移，能够反映出在大规模生产向越来越灵活且反应迅速的可预测生产模式转变的过程中，级联逻辑（cascading logic）在发挥作用。正如亚马逊的Alexa设备，这个探测器连接着亚马逊的配送中心，是该公司零库存网络中的一个关键节点。Alexa接到订单信息后，会把数据导入亚马逊的及时装货系统，帮助系统预测人们的未来需求，从而协调采购、制造和分销的过程。

如果说僵化但高效的流水生产线是大众社会的象征，那么配送中心则体现了网络和平台时代下的零库存逻辑。在这个时代，配送中心工人的劳动还是会被分解成多个单独任务，而这些任务会在算法中得到优化。这种信息流不仅包括传统的供应链，还包括消费者的网络搜索记录和“智能”家居设备的互动信息，因此贯穿了全球供应链上 136
的原料、部件和产品采购生产的全过程。

思考题

1. 大规模生产和零库存生产之间的主要区别是什么？

（1）这两种生产模式如何控制供需关系？

（2）它们如何控制工人？

2. 大规模生产和零库存生产有何局限？

3. 零库存生产技术已经走出工厂；我们的生活、工作和城市中有哪些方面体现了零库存生产技术的作用？

案例2：Ghostery追踪器

文/切尔西·克拉克

平台运行需要可以实现数据收集和跨网分享的大范围网络。“Cookie”最初是为了解决早期网络商城的“购物车”问题而被发明出来的（Turow，2011）。“Cookie”是一段装载在浏览器中的代码，网站可以借此来跟踪用户浏览网络时查看的产品，把所有商品都放在购物车里，从而方便买家结账。虽然“Cookie”最初是为了解决特定的技术问题，但也在人类的网络体验中建立了一种基本的关系。

无论我们点击哪里，网站和平台都会识别并跟踪我们。新闻网站、购物网站和社交媒体平台内置有跟踪器，可以收集浏览器上的历史记录，然后把这些信息打包出售给第三方机构。它们跟踪我们的点击行为，对我们从哪里来、到哪里去了如指掌。它们记录我们在哪里点击、在哪里停留；记录我们在网络商店浏览的商品，并将这些信息反馈给其他平台的广告模型。这些不可见的跟踪器在我们使用的网站和应用程序的代码中运行。

有些网络应用可以识别并阻止这些跟踪器。例如，广告拦截工具根据开发者和用户提供的广告黑名单来自动过滤广告内容（Redondo and Aznar, 2018）。但
137 是，拦截工具也会带来严重的问题和冲突。它们可以阻止网站追踪用户，抵御投放给目标受众的广告干扰，在这个意义上，它有助于保护个人网络隐私。而且，广告拦截工具让用户自己决定是否播放广告，有点类似于把电视广告静音的行为。但是，阻止广告会影响网站的收入（Streitz and Tynan, 2016）。一些新闻网站如果检测到广告拦截器，就会降低用户的访问权限。还有些网站会向用户弹窗说明，广告拦截器会减少网站的广告收入。

Ghostery是一个浏览器扩展程序，可以检测和阻止成千上万的第三方数据跟踪技术（Ghostery, 2020）。你可以在谷歌或火狐浏览器上安装Ghostery，用它来查看跟踪器的信息，例如谁在收集信息、收集了哪些信息等。图5-4展示了Ghostery在我的浏览器一周内的拦截结果，包括跟踪器如何收集和分配我的个人数据。我记录下自己每天访问过什么网站、有多少个跟踪器，以及每个跟踪器的作用。截至调查结束，我一共访问了10个网站，每个网站平均每页有15个跟踪器，图5-4是我的部分调查结果。

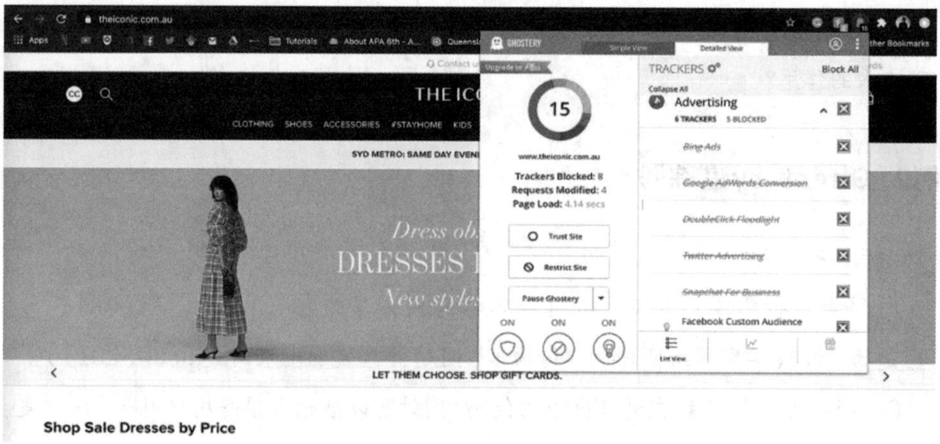

图5-4 Ghostery扩展程序的页面图

我们浏览的许多网站都装有谷歌的跟踪器，在大约85%的网站上运行代码（Cyphers, 2020），其中包括30多种不同的网络跟踪器和营销工具，例如谷歌Adwords、谷歌AdSense和DoubleClick AdExchange。你访问的所有网站的字体
138 都由谷歌字体授权，网络流量由谷歌分析监测，广告则通过谷歌AdSense显示。

例如在访问YouTube时，Ghostery检测出谷歌内置了DoubleClick AdExchange和谷歌AdSense这两个跟踪器。

DoubleClick AdExchange是管理浏览器上数字广告的交易市场（Ghostery，2020），也是主要的广告自动交易程序之一。广告商希望在目标消费者那里优先呈现广告，信息发布者则希望获得更多的广告收入，该程序负责协调信息发布者和广告商之间的交易价格，自动把信息发布者网站上的版面“拍卖”给竞标者。谷歌的DoubleClick协调YouTube上的广告显示。如果你在YouTube上登录谷歌账号，你使用的谷歌服务信息（包括搜索、电子邮件、地图等）就会被传递给广告商。

谷歌AdSense跟踪器根据网站展示的内容和其吸引的用户来匹配广告。根据谷歌公司的介绍，这个过程涉及三个步骤（Google n.d.）：

1. 网站提供广告版面；

2. 出价最高的广告出现在网站上；

3. 网站收到打款。

以The Iconic这家时装零售商店为例。Ghostery在我访问这家商店的网站时识别到22个跟踪器。其中，有些是广告交易程序，有些是管理网站和社交媒体广告模型的整合，有些追踪转化情况并管理营销佣金。“转化”指的是广告商根据“点击量”而不是根据其口碑向信息发布者付费，因为广告商需要知道信息发布者的引流情况，看它能否把目标消费者引导到广告商的页面。追踪器各有用途，例如，Facebook的Connect工具能让用户从Facebook账号登录The Iconic商店。

我查看了The Iconic网站上的打折商品，把喜欢的衣服添加到购物车里，在结账时把那些不需要的东西删除，然后直接结账并关闭了购物网站，接着用手机浏览Instagram的推送。几乎在同一时间，屏幕上就出现了The Iconic的广告，内容就是我刚才从购物车中删除的商品图片。

The Iconic通过数据分析来跟踪客户的浏览路径，分析其浏览页面与购买
商品之间的相关性，还分析用户在The Iconic上的浏览情况与其在Facebook、 139
Instagram、Snapchat和谷歌等平台上的信息偏好之间的关系（Lo，2020）。The Iconic上推送的产品以及客户在社交媒体中看到的广告都是量身定制的。2018年，The Iconic采用了一项新的功能——“Facebook用户定制”功能可以跟踪访问过网站的人，以期提高广告回报（Coard，2020）。这项功能会在用户浏览The Iconic网页或购买时收集个人信息，将之输入Facebook的广告算法。它会根据用户“标识”来连接The Iconic和Facebook的广告，包括电子邮件地址、电话号码和家庭住

址，并与对应的Facebook账户匹配（Facebook for Business，2020）。

然后，这项功能又使用“优化动态广告来接触买过东西的老客户，根据他们之前在网上查看过但没有购买的商品记录来向他们推荐商品”（Facebook for Business，2018）。Facebook的“动态创意”组件是一种数据驱动的广告创建工具，可以获取每个消费者的数据（例如在网络商店浏览过什么产品），然后从一系列广告选项中自动创建广告，例如向潜在的消费者展示该组件认为他们最喜欢的服装款式。

“Facebook用户定制”功能与“Facebook用户网络”功能一起运行。企业可以通过“用户网络”这种跟踪器把广告扩展到Facebook平台以外，植入其他的移动应用程序（Facebook for Business，2020）。例如，一个服装品牌可以把设计统一的广告植入手机游戏、Facebook新闻推送等App。

除了这些在大型广告交易数字平台里运行的跟踪器以外，还有其他不太知名的追踪器，例如Rakuten LinkShare之类的营销追踪器会与网上零售商和信息发布者（如博主和网红）合作。例如，一个网红会发布流行时装促销信息并附上商品购买链接，把用户引流到零售商的网站，然后可能会获得报酬。如果他们有合作营销关系，追踪器就会记录用户点击链接、浏览商品和购买的情况。用户每次点击链接跳转，博主就会得到一份小额佣金。因此，追踪器促进了零售商和信息发布者之间佣金的流动。根据Ghostery的分析，LinkShare为The Iconic提供“购买路径的鸟瞰图”，实时呈现广告转化情况（Ghostery，2020）。

网站分析在测量用户参与度和扩大受众接触方面也发挥了重要作用。浏览器加载的网站如果含有“评分卡标识”追踪器（Scorecard Beacon），就会触发一
140 段代码及时记录用户在“浏览器上的行为”（Beleaga and Geary，2012），包括用户访问网站的频率、浏览的其他网站、每天访问网站的时间和在其上停留的时长、花费的金钱以及其他用过的网站组件。

在使用Ghostery的一周时间里，我发现这个多边市场把消费者、广告和在线商城的数据结构化了。虽然数据收集由谷歌和Facebook等大型平台主导，但也有各种公司在提供定制服务，例如管理合作营销或跟踪用户体验。

思考题

1. 请在浏览器上安装Ghostery，打开一些你最常用的网站，查看这些网站内置了哪些跟踪器。查看Ghostery对这些跟踪器的描述，或在网上搜索开发运营这些跟踪器的公司。

都有哪些公司？这些追踪器的用途是什么？

2. 你是否认为网站和平台应该向用户披露其追踪方式？用户是否有权拒绝被网站跟踪？

3. 你喜欢在网站上看到定制的广告、内容和服务吗？

4. 信息发布者有盈利需求，但他们用我们的个人信息来跟踪、定位和定制我们的网络体验，如何在两者之间取得平衡？

小 结

从大规模资本主义到网络资本主义，再到如今的平台资本主义，我们经历了如下变化：迎合同质文化身份的大规模消费系统如今被多重定制的消费模式所取代，包括身份、受众和市场的定制；大规模的集中化生产模式被反馈迅速的网络化零库存生产模式所取代；及时反馈和具有自反性的控制模式借助数字媒介的参与性权力和数据处理权力，进一步增强了曾经纪律严明的压迫性控制模式。在这种体制下，建构和维系霸权联盟变得更加复杂；而且，与日益碎片化的受众进行沟通，既涉及掌控参与式的数据驱动媒介系统，也涉及这些媒介中多元的意义流动、注意力切换和数据的收集过程。

延伸阅读

延伸阅读所列文献更深入地分析了20世纪中期以来资本主义组织方式的变化。哈 141
维（1989）探讨了大规模资本主义向灵活资本主义、全球资本主义和网络资本主义的转变。赫尔蒙德（A. Helmond, 2015）和斯尔尼塞克（N. Srnicek, 2016）论证了平台与资本主义之间的关系。沃克（2019）则问道：“如今，基于信息矢量控制的新的社会关系是否正在出现？”

Harvey, D.(1989) *The condition of postmodernity*.Oxford: Blackwell.

Helmond, A.(2015).The platformization of the web: Making web data platform ready. *Social Media+Society, 1*(2).

Srnicek, N.(2016).*Platform capitalism*.Oxford: Polity Press.

Wark, M.(2019).*Capital is dead: Is this something worse?* New York: Verso.

第六章　平台媒体

媒介管理权力的方式是组织人们参与意义的创造与扩散。

143 ★ 什么是平台媒体?

★ 平台媒体如何组织社会生活?

★ 平台媒体与大众媒体有何异同?

★ 什么是平台化?

★ 平台媒体如何行使权力?

本章内容

- 介绍媒介平台的概念;
- 探索网络到平台的转变;
- 介绍媒介平台的主要类型和特征。

一、从网络时代到平台时代

看手机是否是你睡前干的最后一件事和睡醒后干的第一件事？我们似乎是在近十 144
年才开始这么做的，但事实并非如此。早在20世纪，越来越多的家庭开始根据大众传媒来组织生活。人们在厨房听收音机，在客厅里看电视，早上起来后到门口取报纸，当时的媒介已经转移到社会现实的中心（Couldry，2003）。由媒介衍生出来的技术、机构和实践不仅帮助人类理解世界，也组织着生产、消费和政治进程之间的社会关系。随着大众社会向网络社会转型，媒介技术和媒体机构及其在权力行使过程中所扮演的角色都出现了新的特点。媒介依然是日常生活的中心，但已经变得更具互动性、参与性和移动性，它们越来越多地由数据驱动，与物流相关，与我们身体的连接也越来越密切。如果说"大众"媒体主宰了20世纪，那么"平台"媒体正在主宰当下。那些收听或收看过广播电视这类大众媒体的人，现在也更有可能在浏览社交媒体或流媒体平台。

过去十年来，为了与大众媒体区分开来，那些新的网络化、数字化和数据驱动的媒介机构开始自称"平台"。这样做符合这些机构的利益。这个狡猾且带有欺骗性的名称掩盖了数字网络媒体产业的权力运作。这就好比历史上任何一个时间点，在突如其来的历史断裂之后立刻迎来了一个崭新的时代；对于"大众"媒体和"平台"媒体而言，二者之间其实存在更深层次的历史连续性。不仅平台媒体融合了大众媒体在20世纪发展起来的诸多生产和控制技术，而且大众媒体本身在许多方面已经成为"平台"，只是过去没有人这么称呼它而已。

媒介平台是互联网持续发展及商业化过程中的一部分。诸如Facebook、YouTube、Instagram和Twitter这类平台的参与文化，其根源可以追溯到电子邮件、讨论版和博客这些早期的网络文化。这些平台当时还没有商业模式，离不开投资者的支持，但它们承诺，一旦有了用户，就会通过广告、订阅或出售有价值的用户数据来实现盈利。

谷歌、Facebook和亚马逊等平台的商业模式是精准广告和网络零售，这些商业模式
脱胎于20世纪90年代网络上出现的定向广告和网上购物。例如，这个时期出现了一个 145
非常重要的创新工具——"Cookie"，就是浏览器上的一段代码，作用是追踪用户的网页浏览记录（Turow，2011；Cohen，2017）。Cookie最早是为了解决购物车商品支付的问题而被创造出来的，是为了方便用户在不同页面上选择商品，把想要的东西全部放入购物车后一起结账。但Cookie也可以帮助网站追踪用户的点击行为，"记住"他们在不同页面选了什么产品，实际上是把监视纳入互联网的商业模式。我们在网上的所有行为和表达都开始变成数据；平台则利用网络的参与文化，将之整合进数据收集处理、广告、订阅

服务和零售这一新的商业模式当中。

那些在20世纪90年代末到21世纪初成立的重要公司大力推动了网络商业化进程，例如1995年成立的亚马逊、1997年成立的Netflix、1999年成立的谷歌和2004年成立的Facebook。这些公司在成立之初就围绕一个特定服务来制定网络商业化战略。例如，亚马逊起初是一个网络书店，Netflix从事家庭DVD租赁业务，Facebook是一个社交网站。它们在发展壮大后就把早期的业务转变为提供一系列“前台”和“后台”服务及基础设施的平台。亚马逊再也不只是一个网络书店了，它提供的商品种类繁多，而且线下还运营着一个高度自动化的仓库和分销网络，经营着影视流媒体和图书业务，制造了像Kindle这样的电子书设备；它现在不仅是世上最大的云存储和网络服务供应商之一，其Mechanical Turk平台还是一个“零工”中介。亚马逊凭借网络平台设计、数据收集处理以及自动化等专业知识，成为一种集合零售、文化技术产业和供应链的基础设施。

与亚马逊的发展轨迹类似，谷歌、Facebook、Netflix这些主要平台也是从最早的业务出发，不断发展出多层次的商业模式。除此以外，它们还收购了已经崭露头角的竞争对手。例如，谷歌在2006年以16亿美元收购YouTube，形成了“搜索引擎与内容、社交网络及广告一体化”的战略规划（van Dijck，2009：42）。2012年，Facebook以10亿美元收购Instagram，从而控制了社交网络上的图片信息流，并开始大规模建立本地数据驱动和参与式的广告模型。平台是多边基础设施，协调着大型市场所需的注意力、数据、商品和服务（Helmond，2015；Helmond et al.，2019；Nieborg and Helmond，2019）。“平台”这个称呼恰如其分地表现了这些公司的工程式运作方式，它们持续构建平台，不断重新
146 定义、扩大产品种类，在网络社会中形成了自己的基础设施战略定位。如果大众媒体主要投资内容，那么平台则投资平台基础设施本身的建设。如果大众媒体生产的是内容，那么平台制造的就是基础设施。

Facebook早期的非正式口号——“快速行动、打破常规”——牢牢把握住了硅谷平台的“颠覆”精神。过去十年，四大科技巨头——Facebook、亚马逊、Netflix和谷歌对公共文化和媒介系统造成了严重破坏。那些因四巨头的出现而出现的不可逆转的改变，甚至在某些情况下被颠覆的社会机构和实践比比皆是，包括新闻、电视、广告、音乐、电影、购物、政治、选举、约会、健身、外卖、住宿、交通以及城市导航等。除此以外，还有一系列类似的平台都以各自的方式带来了重大的文化颠覆和创新，例如Twitter重塑了公共言论的传播速度和质量；Instagram重建了摄影和视频以及人们记录生活、身体和私密空间的方式；Snapchat瓦解了公共空间与私密空间之间的界限，它打造的沉浸式增强现实技术让人背负巨量的数字模拟信息；TikTok通过视频、唇语同步、音乐和深度学习

算法，形成了一种让普通人展现创意和相互连通的新形式；Tinder改变了性、爱和约会仪式；Fitbit重塑了我们对自己身体的理解。

这些公司制造的产品包括软件（如应用程序、界面、算法）和硬件（如可穿戴设备、智能手表、智能手机）。如果说20世纪的媒体机构是高效生产内容的工厂，那么四巨头则是通过打造平台来建立连通性、收集和处理数据，以及组织注意力。当然，如亚马逊和Netflix等部分公司也生产内容，但其制作的节目并没有什么新颖之处，其颠覆性仍然在于它们打造的平台基础设施，这些平台收集用户数据，并将之用于优化内容的生产和分配。从网络时代到平台时代的转变，标志着这些企业接管了早期非商业的参与式网络并将之不断商业化（van Dijck，2013）。

二、何谓平台？

“平台”是科技公司创造的一种隐喻，现在使用此词更多的是记者、政策制定者、政客和学者。在吉勒思普（T. Gillespie，2010）看来，科技公司用的这个词兼具构造、比喻、计算和政治层面的内涵，是精心选择出来且有利于它们的一个词。

“平台”最早的定义来自**建筑**领域，指的是一种“提升物体基座水平面”的东西 147
（Gillespie，2010：349），意指平台是一种潜在的中立“舞台”。“平台”也具有**比喻**意义，可以用来描述一种通往其他地方的基地或中转站，亦即通向其他更大事物的跳板。平台在建筑和比喻层面的用法指它有参与、民主和表达的价值。

“平台”一词的技术用法更加晚近，指它具有**计算**的属性，是由硬件和软件构成的程序基础设施（Andreessen，2007；Helmond，2015），是数据库、网络、计算机、传感器、软件等计算组件的集合。平台的计算基础协议规定哪些应用程序可以运行及其运行方式。平台把这些意义结合在一起，把自己打造为持续创新、不断发展基础设施和特性的事物。最后，“平台”一词还有**政治**含义，可以用来描述政党、团体或候选人的“议程”或“观点”，人们在公共生活中表达见解时往往站在自己的观念平台上。

科技产业在技术意义上用“平台”一词来描述一种计算程序系统（Montfort and Bogost，2009）。但这个词出现了更多的用法，可以描述Web 2.0的连通文化，也可以指那种通过数据化和商品化来改变互联网参与文化的商业模式。对普通人来说，网络是一种平台。对开发者来说，这具有特定的技术意义，因为互联网基于可编程的计算基础设施而被组织起来，这种基础设施设定自己的基础协议。对记者、广告商、政客和公民来说，平台意味着收集处理数据的架构，是组织生产消费和吸引注意力的规划系统，是公众表达和参与政治的新舞台。

在过去二十年里，“平台”一词被赋予了新的内涵和意义，这实际上是一个政治过程。正如吉勒思普（2010：359）所表达的观点：

> “平台”这个词并非从天而降，也绝非自然出现。它是由一些利益相关者带着特定目的从已有的文化语汇中提取出来的。这个词在被仔细打磨之后，更容易在特定受众和特定话语中形成某种特定的共鸣。

回顾前几章对权力、意义和霸权的探讨，“平台”这个词形成于大众社会向网络社
148 会过渡的时期，正值新兴精英阶层要建立一种新“常识”的处事方式。虽然这个词可能也指技术意义上的程序基础设施，但更重要的是这是刻意地把平台与大众媒体和工业生产进行对比，因为这有利于平台。相比大众媒体僵化的自上而下的传播以及操纵性的被动消费模式，平台则具备参与性、主动性和灵活性的特点。平台不仅仅是一种新技术，而还带来了新的生产模式、新的文化实践和新的意义，让平台的技术、商业和文化成就合法化。

尽管“平台”是一种“新”的修辞，但它与大众媒体有许多共同点。平台延续了工业化的意义生产，与大众媒体有着相同的商业动机，都要销售内容、商品和服务，要吸引受众的注意力并将之售卖给广告商。另外，平台延续了用数据来管理生产消费的营销逻辑，开发出一系列分析和售卖受众注意力的技术。平台在邀请受众参与内容创作的同时，创造了一套把关技巧和编辑实践，以管控什么可以说或不可以说、谁可以或不可以被看到或听到。虽然平台和大众媒体采用的技术可能有所不同，但都是为了控制公众的表达、思想的流动和欲望。

平台技术已经日趋成熟，近乎垄断了搜索引擎、社交媒体、视频点播和零售业，但它面临着越来越多的审查。2016年美国大选、剑桥分析公司丑闻以及美国、欧洲、澳大利亚等国对平台开展大型调查之后，“平台”一词在新闻报道、政策辩论和公共对话中被赋予了新的含义。平台不再是简单酷炫、具有进步意义、鼓励参与文化的存在，而是一种侵犯我们隐私的、可怕的、摆布人的、强大的垄断寡头，利用数据来做不可告人的勾当，对政治进程、生活生计、社区文化生活造成巨大破坏。意义就是这样发生变化的。平台曾经毫无阻碍地为其称号添加各种意义，但这个“蜜月期”已经结束。

平台对自己的描述符合其商业利益和政治利益。平台标榜自己是中立的载体，而不是内容发布者，实则利用了长久以来传播政策对内容与载体相分离的规则。在历史上，

这是为了区分电信公司和广播电视公司，因为电话供应商不能对人们打电话时所说的内
容负责，但广播电台需要对广播内容负责。诸如Facebook和YouTube这样的平台曾经力
求让人们以为自己是一种载体，因而无须对用户发布的内容负有直接责任。正如纳波利 149
与卡普兰（P. M. Napoli and R. Caplan，2017）总结的平台为了规避承担内容“发布者”
的责任而采取的三种修辞策略：

1. 平台不生产内容，只是促进别人生产的内容的扩散。

2. 平台不雇用生产内容的专业传播人士，只雇用计算机科学家和工程师。

3. 平台不雇用任何人工编辑来干预内容，而是建立算法来自动预测并推荐流行内容。

这三种修辞都试图把平台打造为一种为别人提供行动空间的中立舞台。但纳波利和卡普兰（2017）认为，这些主张根本站不住脚。平台实际上就像出版商一样，是为自身的商业利益而行动。例如，平台之所以能高效而迅速地删除色情内容，是因为这些内容会让广告商反感。另外，如果版权所有者投诉侵权行为，平台也会建立有效机制来查找和删除受版权保护的内容。可见，平台虽然自称为中立的“载体”，但却会因为商业和法律的原因而建立大规模的内容编辑审查机制（Gillespie，2018）。此外，自2016年以来，平台面临的审查不断升级，恰恰是因为它在新闻传播和政治表达当中具有发布和审查的作用。政府、广告商和用户对Facebook、YouTube和Twitter等平台施压，要求它们在审核内容时发挥更积极的作用。因此，平台自称为中立载体的时代即将结束。纳波利与卡普兰（2017：n.p.）指出：“Facebook、谷歌和Twitter等平台无论采用何种把关机制，都不得不像报纸、广播电视等传统媒体一样处理内容编辑层面的问题。”

在21世纪10年代初期，平台在商业、文化和政治领域都是先行者，但在21世纪10年代末期他们遭受的压力倍增。虽然平台的盈利仍在增长，但公众对其感到担忧，担忧其对数据的利用、平台内容及广告算法推荐系统，及其在“假新闻”或虚假信息扩散当中起到的扩音器作用，这种担忧使其成为调查和政策辩论的焦点。20世纪，人们寄望媒介和文化机构能够同时实现两个相互矛盾的目标：作为商业企业，股东必然要求它们盈利；但作为公共基础设施，它们应当促进民主公共生活、维护社会文化规范。

平台也陷入了两难。在过去十年里，平台推动了史上最大规模的公共文化和公民 150
表达的私有化。虽然平台不希望人们把它当成媒体产业，但它确实具有媒体企业的特
征：第一，平台是公共表达的基础设施；第二，平台或许没有和大众媒体一样的把关或
编辑机制，但它建立了人工及算法机制用于执行编辑判断，即便它把这种编辑功能称为
“审核”（Gillespie，2018）；第三，它们“向受众提供内容服务，把受众售卖给广告商”
（Napoli and Caplan，2017）。正是因为这些原因，平台处于涉及传统的传媒产业的公共

辩论和监管的中心。

平台固然是追求私利的公司，但也为公共生活、日常沟通和不断扩大的交换关系（如新闻、外卖、交通和住宿等公共物品）提供保障，因此发挥着基础设施的作用。虽然这些公共物品在某种意义上属于商业服务，但其分配与可用性会影响公共生活的质量。于是，人们也像期待大众媒体一样，希望平台这种私营企业能为公共利益行动。但平台的急速发展让文化、法律和政治机构都没能跟上平台侵入公共辩论、民主进程和市场运作的步伐。如今，平台已经具有类似水、电、交通和电信等公共设施的功能，但相应的监管仍旧缺位。现如今，平台在各方面都已经具备公共空间和公共基础设施的功能，而对其践行公共服务的期待仍然没有在文化、法律和政策中被确立下来。正如普兰廷等人（Plantin et al., 2018）指出，平台和基础设施之间存在着一个关键的区别：对基础设施的监管是“为了公共利益”，但平台的目的是追求私利。这里的教训就是不能一边接受平台对自己的定义，一边又承认平台对传媒产业所带来的深刻改变；而是要把平台视为一种新的内容生产分配架构，这种架构表现为网络化及数据驱动的连通性、参与文化和算法推荐。

三、工程连通性

平台结合了两种控制权力，一是大众媒体控制意义的意识形态权力，二是控制数据和信息流的计算权力。正如范·迪克（J. van Dijck, 2013）指出，Facebook等平台强调
151 它们在促进“人类连通性”方面的作用，而淡化了平台的工程设计实则旨在生产“自动化连通”的本质。他指出：

> 扎克伯格所谓“技术只是为了促进社会活动”的宣称其实模棱两可。“网络社会化”意味着“社会技术化”。人的社会性经过技术编码，会使人类活动正式化、可管理、可操纵。这样一来，平台就能设计人类日常生活的社会性。平台对人类欲望和喜好的了解细致入微，开发出创造和引导特定需求的工具。你只需要按一个按钮，就可以看到你的朋友在看什么、听什么、读什么和买什么；这既是在了解人的偏好，同时也是在影响他们。(van Dijck, 2013: 12)

平台邀请我们表达自我，与朋友联系，搜索喜欢的节目、产品和服务，其修辞着眼于参与式社交，但却掩盖了其野心。

如果大众媒体实现了意义生产的工业化，那么平台媒体则把数据的收集、储存和处理过程工业化。如果大众媒体投入内容生产以吸引受众关注，那么平台媒体则致力于实现连通。连通性指的是把社会关系转化为数据，并通过数据来管理和调节社会关系。范·迪克（2013）认为，平台媒体把“连接性”（connectedness）转变为“连通性”（connectivity）。连通性是一种宝贵的资源，是通过数字媒介处理数据的权力表现注意力、感觉和行为的社会关系。平台媒体主要关心的仍然是意义的创造和扩散，但其商业模式围绕连通性组织起来。正如YouTube与广播电视在许多方面都很相似，它把视频“广播”给观众看，人们在看视频时也看广告。但与广播电视不同的是，YouTube把创作者与观众连接起来，其盈利能力在于把关系转化为数据，用数据来完善界面和算法，从而越来越精细地管理受众的注意力。

平台媒体通过数据来预测用户在不同情境下的使用情况，设计出能够吸引、引导受众注意力和行动的界面，同时完善内容、商品和服务供给的基础设施。与大众媒体相比，平台媒体更具有数据驱动、参与性和流动性的特点：

- 平台媒体具有数据驱动性，通过数据的收集、存储和处理来形成商业模式。相比大众媒体开展的受众市场调查，平台媒体每时每刻都在收集数据。
- 平台鼓励用户生产内容和数据，因此具有参与性。大众传媒的参与性表现在受 152
众对意义的积极“解码”上，即受众浏览新闻或观看电视并从中解读意义，并把意义纳入其身份认同、社会关系和政治观点之中。与之相比，平台媒体的参与性表现为让受众成为内容的生产者，让普通人成为媒介文化中更可见的一部分（Turner, 2010）。
- 平台具有流动性，其商业模式基于对内容、注意力、商品、服务和人的流动的管理。大众媒体因其促进消费主体的形成而在组织消费社会当中发挥重要作用，即消费主体想要通过购买商品和服务来表现自己的身份、品位和社会地位。与之相比，平台媒体把消费与意识形态的形成联系在一起，以便更直接地组织消费。

媒介平台的参与文化对社会关系的数据化至关重要。我们越是把智能手机拴在身边，用它来表达、搜索、娱乐、聊天、购物、乘车和搭讪，我们的偏好、兴趣、习惯、运动、情绪和社会关系也就暴露得越彻底。正如20世纪在家庭和公共场所“一直开着”的电视一样，如今的传感器也一直在家庭和城市中“运行”。因此，这些媒介机构首先是“信息处理器”，围绕那些收集、处理、协调和运用数据的基础设施来运作。

平台打造的基础设施必须把我们的生活经验“编码”为数据，才能实现连通性（Alaimo and Kallinikos, 2017）。这是一项巨大的社会技术工程。如今，人类与平台牢牢捆绑在一起，智能手机、智能手表、智能语音助理和家庭助理无所不在，散落在汽车和家庭里面。这些设备集成的无数感官触点把人的日常生活转化为数据，包括我们打字的内容、说话内容、目的地、睡眠状况、接近的人、心跳频率以及声音等等（Andrejevic, 2013; Gerlitz and Helmond, 2013; Ekbia and Nardi, 2014; Zuboff, 2015; Alaimo and Kallinikos, 2017）。媒介如今融入了人类居住的建筑和环境，永久地被束缚在人的身上。平台正是借助这种持续的连通性，时刻捕捉着我们身体、家庭和城市的节奏，把生活转化为数据，并将之输入其基础设施，用来组织社会和经济关系。这种系统的运行不仅需要传感设备来收集信息，也需要我们热情地使用这些设备并认同这种信息收集方式。

153 随着平台的感官基础设施不断发展，它们已经把“世界上许多以前从未被量化过的事情转化为数据”（Cukier and Mayer-Schönberger, 2013: n.p.）。正如谷歌地图，在平台媒体发酵之前，“量化”城市布局的做法就已经出现，但大量人口在城市中的运动路径没有被量化过，直到智能手机和谷歌地图程序让这些数据之间产生“连通”。谷歌地图做的就是这个工作。当我们用应用程序寻找商业服务，或查看最快的路线或交通拥堵时长时，就能体会数据“连通”的好处。在平台层面，谷歌还拥有一个仍在不断发展的大型信息数据库，其中不仅包括城市布局，也包括人的移动路径与城市布局之间的关系。“连通性”把城市生活之间的“连接关系”（如通勤、购物和旅行方面的信息）转化成有价值的数据库。

平台媒体凭借其创建的程序基础设施和数据处理能力而获得权力，成了信息、服务、商品和注意力交换的关键中介（Montfort and Bogost, 2009; Gillespie, 2010; van Dijck et al., 2018; McQuire, 2019; Nieborg and Helmond, 2019; West, 2019）。互联网是一个开放的、可交叉操作的基础设施，平台根据互联网条款来控制编程，建立连接协议并成为收集和处理数据的枢纽，从而在受众和广告商、消费者和生产商、买家和卖家之间建立关系（McQuire, 2019; West, 2019）。平台具有垄断的倾向，它们不仅仅要控制市场份额（例如广告、图书销售或外卖服务），还要控制市场的基础设施，从而让市场参与者和商品交换产生路径依赖。

平台形成于大众时代和网络时代持续演进的漫长历史中，通过组织市场中的数据和信息流动攫取了权力（Cohen, 2017）。营销和媒介技术，如邮购目录、收视率、市场研究、会员卡、网络浏览器中的cookies等，都是前平台史的一部分。每种工具都是通过创建和控制信息数据库来协调生产和消费（Turow, 2011; Cohen, 2017; Lauer, 2017）。平台通过自动化、控制数据收集以及组织决策来产生价值，在这个意义上，平台把社会性技术化了。它们把媒体从意义的单向传播者转变为双向的传感器或探测器（Andrejevic and Burdon, 2015; Cohen, 2017）。如果说大众媒体构建了我们的注意力，让我们沉浸于它们生产的意义当中并以此来理解世界，平台则是把我们的生活转化为结构化的数据，从而持续改变我们的生活。平台因此更容易识别我们或者侵犯我们的隐私，更重要的是，它更容易操作、调节、控制和塑造我们的日常生活、家庭和城市。

四、分析媒介平台

平台是把社会性技术化的工程公司（van Dijck, 2013），它们构建的计算基础设施 154
把社会生活转译为数据，因此数据生成是平台的“主要目标而不是副产品”（van Dijck, 2013: 12）。范·迪克（2013, 2018）以此为出发点，提出了一个分析媒介平台的理论模型，这个模型有助于反驳平台的修辞，揭示平台开发计算基础设施的目的是组织、塑造社会关系和社会交换。范·迪克（2013: 29）解释道：

> 平台具有计算性和架构性的理念，但也可以在社会、文化和政治意义上被形象地理解为政治舞台或政治展演的基础设施。平台是协调者而非中介：它不仅促进社会行动，也影响社会行动的展演。从技术上来看，平台是软件、（有时是）硬件和服务的提供者，这是为了把社会活动编码为数据并将之纳入其计算架构；它们通过算法和格式化的协议来处理（元）数据，以用户友好的界面呈现其解释逻辑，而这种逻辑默认的是平台所有者的战略利益。

平台把这些元素结合在一起，它“由**数据**驱动，通过**算法**和**界面**把数据自动化并组织起来，其**所有权**关系由**商业模式**驱动，并通过**用户协议**进行管理”（van Dijck et al., 2018: 9）。根据范·迪克等人（2013, 2018）的定义，平台有八个重要元素，可以用来分析平台如何运作、如何协调人类与计算过程之间的相互作用，以及如何行使权力。这八个要素是：

1. 数据；
2. 元数据；
3. 算法；
4. 界面；
5. 协议；
6. 默认选项；
7. 所有权和商业模式；
8. 用户协议。

（一）数据

155 数据是指所有转化为可由计算机处理的数字形式的信息。数据的形态包括数字、文本、图像、声音、视频等。数据存储在数据库中，例如，在YouTube、TikTok或Instagram等上传的视频形成了一个庞大的视频数据库。这种数据库是所有平台的基础组件，是平台组织连通、进行预测、提供服务的基础。

（二）元数据

元数据是关于数据的数据。元数据“把信息结构化”，从而描述、解释和定位其他数据。例如，你在Instagram上点赞或标记某个图像时，就添加了元数据。当你上传图像时，平台会为这个图像添加元数据，包括时间戳、位置坐标，同时还对图像中所有可识别的面部或对象贴标签。

（三）算法

算法是程序化的决策序列，包括执行程序的“明确指令”或“分步指令”。Facebook的信息推送算法或Instagram的主页推送算法就是一种决策序列。算法利用数千个数据点来决定把哪些内容在用户提要中置顶。算法并不一定是稳定或静态的指令，也可以根据人们对其之前预测和决策的成效的反馈来不断调整。算法可以是离散的指令集，但平台算法更多的是多层决策模型。

（四）界面

界面是用户与计算基础设施之间的交界点。用手指触摸智能手机屏幕以点赞某条内容、滚动浏览或在屏幕上滑过一个潜在约会对象的照片时，都是你在与平台交互。界面包含按钮、滚动条和图标，界面由算法进行定制。界面也是分层的，有些在表层，有些需要多次点触才会出现。

（五）协议

156 协议是平台的规则。用户必须遵守协议才能使用平台。Facebook、Instagram、Snapchat和Twitter的第一个用户协议就是必须创建一个资料页面。Netflix的第一个协议是必须订阅。

（六）默认选项

默认选项是媒介平台预加载的设置，用来引导特定的用户行为。例如，Instagram的用户页面默认公开，除非用户将之设为私密账号。默认选项可以减少用户需要做出的决定，让平台显得更加友好，但首选的默认选项与平台所有者和投资者的商业战略相一致。

（七）所有权和商业模式

平台不仅是技术，也是机构。平台需要资源来创建和提供服务。这些资源来自各种投资者，动机各异。在大部分情况下，投资者的主要目的是盈利，但有时也受非商业因素的驱动。例如，像维基百科这样的非营利平台为了维持自己免费公共资源的定位而直接从用户那里筹资。在某些国家或地区还有公共资助平台，例如提供流媒体服务的公共广播电视公司。如果一个平台为商业投资者所有，就需要一个能够产生利润的商业模式。商业模式组织生产、交换和消费关系并从中获得利润。这里需要思考的问题是，这种平台生产什么？销售什么？平台基本的商业模式沿用了大众传媒的商业模式，也出售广告、提供订阅，对商品、服务和内容直接收取费用；还有的平台具备多种收入来源，例如：

- **广告资助平台：**谷歌、Facebook和Instagram这类平台创建了一种数据驱动的参与式广告模型，以吸引用户的注意力并将之出售给广告商。
- **订阅模式或直接支付平台：**Netflix这种平台要求用户注册并按月支付内容费用。这种平台的盈利模式是通过出售制作或购买的内容来获利。
- **佣金平台：**Uber或Airbnb等平台在买卖双方之间充当"经纪人"，从每笔交易中收取费用。

亚马逊这种平台拥有**多种商业模式**并结合了多个要素；不仅提供流媒体服务和订阅服务，用户也可以直接为商品和服务付费；亚马逊还在Mechanical Turk平台上收取佣金，向企业出售广告位。

（八）用户协议

用户协议是平台与用户之间有法律效力的协议，其中包括注册服务的普通用户和包括广告商、内容生产者以及第三方数据收集者和提供者在内的其他用户。用户协议反映在平台协议中，其中不仅规定了参与者可以做什么、不可以做什么，也规定了平台如何收集、共享和使用信息。

上述要素可以作为分析平台功能的基础。表6-1对每个功能都提供了案例。这个功能列表并不详尽，有待进一步发展。

表6-1 媒介平台分析（基于范·迪克的理论）

平台	数据	元数据	算法	界面	协议	默认选项	商业模式	用户协议
Facebook	用户发布的帖子、图片、视频和评论。	用户的点赞、反应、分享和朋友。用户点击的帖子、访问应用程序的时间、访问内容、地理位置以及分配给每个用户唯一的面部标识符的生物ID。	新闻提要推荐算法对用户看到的内容进行排序。算法通过学习，把认为有吸引力的内容放入用户提要中，包括来自朋友的帖子、流行文化、新闻和用户点赞或互动的品牌信息。	用户打开应用程序后出现信息提要。每个帖子都有供用户点赞、评论或分享的选项。在应用程序的底部和提要顶部设有内容发布框。	用户必须创建个人资料才能开始使用。	Facebook账号可作为许多其他平台的默认登录账号。隐私设置默认为共享用户数据；数据默认用于定向广告投放。	广告。	创建账号时需要同意用户协议，允许平台收集内容和数据、允许平台审核内容。
Instagram	用户发布的图片和视频。	用户的点赞、评论、主题标签、标签、朋友。用户访问应用程序的时间及其位置。用户查看的图像，在查看某个账号上花费的时间，哪些用户通过相互评论、点赞和标记发生了互动。	主页和信息探索提要由一种算法生成，该算法对用户看到的内容进行排序，类似于Facebook的新闻提要。算法按照用户最感兴趣的朋友或人的顺序来对信息进行排序。推广帖是为用户量身定制的，尽管用户可能不关注此类账号。	用户打开应用程序后首先看到主页推送。页面上最大的按钮方便用户创建分享内容。用户可以为图像和视频添加滤镜。只需要右滑就可以创建故事。双击可点赞。主页和探索栏中提供“无限”的滚动信息，当用户“跳回”页面顶部时，将出现新的照片和视频。	用户必须创建一个账号才能使用。 平台会删除裸体图像；不过这一点男女有别：可以发布男性不穿上装的照片，不可以发布女性不穿上装的照片。 图像大小是固定的。用户需要关注其他账号才能查看其主页图像。	用户账号默认为公开，除非用户将之设为私密账号。位置跟踪自动开启，除非将之关闭。故事默认与所有关注者分享。	广告。	创建账号时需要同意用户协议，允许平台收集内容和数据、允许平台审核内容。

续表

平台	数据	元数据	算法	界面	协议	默认选项	商业模式	用户协议
Snapchat	用户创建并与他人分享的图像和视频。	查看图像和视频的朋友在程序上花费的时间及其位置。	算法管理用户看到哪些故事，并将最好的朋友放在首位。算法根据用户的偏好、社交网络、位置和时间来有选择地向用户推荐镜头和滤镜。	用户打开应用程序后，首先看到自己的脸。应用程序以自拍模式打开，同时邀请用户创建图像或视频。程序设计的主要目的是促进用户创建内容。 提供镜头和滤镜来增强视觉效果。	用户查看快照之后就会消失。如果用户截屏某个快照就会收到通知。 快照设有最长时间限制。用户只能向其朋友发送快照。	用户位置通过SnapMap功能向朋友显示。快照在3秒后过期，但可以更改时长。	广告。	创建账号时需要同意用户协议，允许平台收集内容和数据、允许平台审核内容。
YouTube	用户在频道中上传的视频。	评论、点赞、订阅、点击的广告、查看的历史记录。 观看模式，例如观看时长、观看地点以及在一定时间内用户从哪个视频跳转到另一个视频。	推荐算法向用户推荐视频并显示热门视频。 在每个视频旁边建议下一个相关视频。	搜索栏是用户打开应用程序时首先看到的内容。 （大多数）视频下方有“点赞”和“评论”按键。每个视频播完后，另一个视频开始自动播放。	平台规定可以上传的内容类型。 违反平台规则的内容将被删除。用户需要登录才能评论或点赞。	用户账号默认为公开，除非自行设为私密账号。	广告。	用户无须签署用户协议即可访问并观看视频。但建立频道或观看特定视频时，需要创建一个谷歌账户，并同意谷歌的用户协议。协议允许平台收集内容和数据，允许平台审核内容。
Netflix	Netflix制作或购买的影视节目。	一天、一周中的某一天、一个月或一年中的某个时间段中的观看历史记录。 用户是否看完了节目。	推荐算法根据用户和类似用户过去看过的内容为用户推荐节目。	当用户点击个人资料时，会看到“捆绑”的节目。其中包括用户已经列入的节目、热门节目或最近发布的节目，以及Netflix认为关于用户喜欢的主题、流派或演员的影片。其中一些“流派”是由Netflix创建的，例如“大女主影片”。	用户必须订阅并创建个人资料才能使用。只能观看Netflix在其所在地区提供的内容。	平台默认推荐所有内容，除非用户设置年龄限制。	订阅。	用户订阅时需要同意用户协议，协议允许平台收集收视数据。

续表

平台	数据	元数据	算法	界面	协议	默认选项	商业模式	用户协议
Tinder	用户资料、照片和个人简介。	地点、年龄、性取向、“感兴趣”的人。 用户向左或向右滑动的人群类型信息，包括外表、年龄和社交网络。	算法根据用户的喜好、位置、兴趣和滑屏习惯推荐其他用户。	用户首先看到其他用户的资料；通过向左或向右滑动进行导航。 如果用户对某人感兴趣，则向右滑动屏幕。	用户必须年满18岁才能使用。 用户向右滑动屏幕表示对另一用户感兴趣，但必须两个用户都向右滑动才能彼此联系。	平台默认采用Facebook账号注册。 潜在匹配用户的默认距离是50英里，但用户可以设置更短或更长的距离。	广告。	用户建立账号时需要同意用户协议，协议允许平台收集内容和数据并允许审核。用Facebook账号登录时，用户协议允许Tinder使用Facebook中的数据。
Spotify	Spotify有权播放的音乐和播客。	用户收听的歌曲、艺术家和流派。 用户收听音乐时的位置、速度（步行、慢跑、开车）、一天中和一周中的收听时间。 如果用户通过Facebook账号注册，平台也会利用这些数据。	算法根据用户最近收听的内容、所在位置以及收听时段习惯（如一天、一个月或一年中的某个时间）为用户创建自定义播放列表。	根据用户收听习惯或基于特定主题（例如心情或一天或一周中的某个时间）在界面推荐播放列表。用户可以搜索特定的艺术家或歌曲；将歌曲添加到单个播放列表或播放队列。	用户可以选择免费收听音乐，但必须收听广告；或订阅无广告版本。	用户注册时默认采用有广告的“免费收听”模式，除非用户开始订阅。 用户可以用Facebook账号进行注册。	混合的“免费增值”模式。用户可自行选择有广告的内容或订阅。	创建账号时需要同意用户协议，协议允许平台收集收听数据。通过Facebook账号登录的用户协议允许Spotify使用Facebook中的数据。

案例：谷歌的智能家居系统

文/莉莉安·朗吉亚

2018年年末，谷歌向美国专利局提交了一项智能家居自动化系统的专利，这 160
个系统将“自动”“基于传感装置执行家规”（Fadell et al., 2018）。专利是保护专利持有者知识产权的法律文件。像谷歌这类平台公司每年都申请许多专利，从而保障未来开发创新并从中盈利的权利。专利文件展现了谷歌这种技术工程公司的运作方式，因此可以被用来批判性地分析数字媒介。谷歌这项“智能家居”专利是一种控制家庭环境的“智能”技术，用来“改善”居住者的生活方式。

专利通常具有决断性和前瞻性，是一种抢占先机和保障专利所有者开发技术权利的做法，但无法确保发明会被投入市场。不过，专利仍然清楚地展现了谷歌这种平台公司对未来的畅想，是很有启发性、值得研究的文件。谷歌“智能家 161
居”系统的愿景是用“智能、多传感、联网”的“智能”设备来取代日常的家庭设备（Fadell et al., 2018: 8）。该系统能够把手机、“智能”恒温器、危险探测器、门铃、开关、插头以及家用电器等智能设备相互连通，从而监测居住者的行为并自动调整。

谷歌是这样解释这项专利的：

> 智能恒温器和其他智能设备通过观察居住者的行为并进行“学习”。例如，智能恒温器学习居住者在晨昏时的温度偏好、睡眠时间、清醒时间、离家时间和居家时间等。（Fadell et al., 2018: 10）

“家庭管理”系统把这种智能设备检测到的数据与其他智能家居设备的数据相关联，自动给出建议并实施新的方案。专利文件中提道，这个系统可以为家庭成员提出改善生活方式的建议，例如：

> ……系统可能会注意到，家庭成员在一起吃饭的时间比另一个有相同人数的家庭时间短。基于这一观察，该系统可能建议第一个家庭花更多的时间与家人在一起。如果获得同意，系统就会设定一个明确的目标。（Fadell et al., 2018: 37）

如果家庭成员改变习惯并达成目标，系统就会给予奖励。奖励包括“优惠券、虚拟货币或提升身份”，惩罚措施包括“限制‘屏幕时间’或限制上网时间，并在房主违规时进行告知”（Fadell et al., 2018: 38, 14）。

这项专利能帮助我们意识到媒介在社会和家庭生活中的作用在不断发生变化。谷歌的目标不仅在于把媒介嵌入家庭生活，也在于让媒介主动地塑造人的生活习惯。

用新兴媒介技术重组社会和家庭生活的想法并不新鲜。例如，受众研究已
162 经指出，电视从20世纪50年代以来就在塑造家庭生活（Silverstone, 1994; Morley, 2005; Ang, 2006）。当时，买了电视的家庭会把客厅里的家具朝向电视机摆放，人们也会因为要和家人一起看晚间新闻而调整日程。电视内容成了人们经常谈论的话题。另外，家庭还制定了看电视的规则，例如谁决定看什么节目、时长以及谁可以控制遥控器（Silverstone, 1994; Morley, 2005）。电视也间接塑造了家庭的意识形态规范，因为电视台是向企业出售广告时段来赚钱，这些企业都希望让有购买力的（白人）中产阶层观众看到广告，因此，电视节目会呈现中产阶层的价值观，从而吸引富裕的白人观众。

媒介组织家庭生活的历史由来已久，智能家居系统无疑是后来者，但谷歌的专利表现出一个明显的差异，因为它的目的就是干预家庭生活。谷歌的系统可以自主识别一个家庭需要改进的行为并进行引导，而其旨在规范化的那些家庭惯例与态度则来自谷歌的数据库，其中集成了所有使用智能家居技术的家庭的行为且数据体量仍在扩大。控制的逻辑因而发生了转变。电视的控制机制是打造“正常”的家庭生活，让人们通过规律性的电视消费来熟悉电视刻画的“美好生活”；电视叙事也成为人们塑造自身主体性的符号资源。但当我们看电视时，智能家居系统也在看我们，并不断地将我们的家庭生活与其他用户进行比较，用提示、奖励甚至惩罚来优化我们的行为。

谷歌的专利文件解释了中央监控在智能家居系统中的作用，这个系统收集以下数据（Fadell et al., 2018: 5）：

- 声音
- 物体移动轨迹
- GPS信号
- 光照
- 指纹
- 温度
- 上网行为
- 供电
- 水
- 设备移动轨迹
- 接近点
- 加速

- 湿度
- 火、烟、一氧化碳或其他气体/蒸汽
- 短信及通话数据
- 射频信号
- 超声波信号
- 电磁波信号/电磁波场

谷歌的专利文件提道，该系统会根据这些数据形成一系列关于家庭生活的推 163
断（Fadell et al.，2018：40），包括身份信息、宠物饲养、设备使用行为、谈话次数及语气、房间使用情况、客人来访频率、情绪状态和饮食模式。这些推论是智能家居系统进行行为干预的基础。

从批判性的角度来看，我们可以对此专利提出一个问题：谷歌从这种监控技术中能得到什么好处？专利文件给出了两种可能的答案：第一，数据驱动的行为干预能够明显提升用户的幸福感，谷歌可以借此向顾客售卖相关的软硬件。第二点或许更重要：谷歌可以把监测到的用户数据出售给第三方。专利文件提道，这些数据可以在家庭、社区或地区层面的程序性控制当中得到应用，例如提供社区或区域层面的能源使用数据。谷歌还认为把这些数据出售给公共服务公司、政府或其他组织也是合适的。此外，谷歌还建议把广告纳入智能家居系统，为业主提供定制产品服务。

谷歌的这种广告盈利模式是通过智能家居系统向用户投放广告，然后把受众"售卖"给广告公司。可见，谷歌和其他媒介平台（如Facebook和Instagram）的盈利模式依然是以广告为基础，它们监测用户与平台之间的交互数据，这些数据向平台反馈如何改善用户体验，平台同时推断消费者的人口数据和偏好并对受众进行分类，以便广告商有针对性地投放广告。智能家居自动化这个专利的不同点是数据收集的水平，这个系统所要建立的档案包括人的私人生活和家庭生活的方方面面。

根据所有谷歌智能家居系统积累的数据，这个系统就可以确定拥有不同人口的家庭应该有何种行为规范，并自动地或在家庭管理员的允许下，通过奖励机制来规范居住者的行为。这些规范可能涉及上面列出的任何一种行为，例如，家庭管理员可以设定"减少家庭能耗，减少家庭成员或整个家庭的热量摄入，减少上网时间，增加户外时间，减少'大声对话'，减少粗话等"规则（Fadell et al.，2018：40）。

人们很容易以为，谷歌的这个自动化系统不同于电视对社会规范的再生产， 164
并不受意识形态的影响。但正如潘涛（Thao Phan，2017）的观点，许多与算法产品有关的营销活动和流行话语都认为算法公开透明、值得信赖、判断中立而且公正客观。但智能家居其实正如表演中产阶层美好生活的电视一样，也充当着家庭的协调者，其中也夹带了意识形态。

自动化家居系统可以被看作一种“智能保姆”，它旨在主动了解居住者的最佳利益，并在居住者违背这些“最佳利益”时进行保护和约束。智能保姆具有家庭协调者和消费品的双重属性，它不仅训练人类如何“改善”生活，还把家庭视为一种自我提升的场所，甚至把家庭的自我提升当成一种可以从外部设备购买的商品。这种消费主义的意识形态也让那些在系统里推广产品的广告商找到了买家。

谷歌的智能家居系统体现了平台的级联逻辑——把人类生活经验进行自动化处理。但是，这也让我们开始思考什么是媒介，以及媒介如何施展权力。

思考题

1. 谷歌的自动化智能家居系统可以作出哪些推论？需要收集哪些数据才能得出这些推论？它如何收集数据？

2. 回顾谷歌计划收集的数据，除了贩卖智能家居系统外，收集这些数据还能带来哪些潜在的收益？

3. 智能家居系统是媒介吗？

4. 智能家居系统与其他家庭媒介（如电视）有何异同？

5. 智能家居系统行使权力的方式与其他家庭媒介（如电视）有何异同？

6. 智能家居系统为中上层阶级提供便利、改善生活。如果你或你的家庭并非中上层阶级，你如何体验这项技术？具有不同种族、性别或性别身份的人如何体验这项技术？

7. 如果你租房，但房子的自动系统由房东控制，你会有何体验？

三 小结

165 本章介绍了媒介平台主导媒介和文化产业的过程。平台出现于大规模工业资本主义向全球网络平台资本主义转型这一时期。平台打造连通性，把社会生活转化为数据流并以此来训练算法模型和完善界面，用以组织内容的生产扩散、人的注意力及行动之间的关系。要对平台进行批判性的分析，就需要把媒介同时看作创造和扩散意义的机构以及收集和处理数据的技术，可以分析平台收集的数据和元数据的类型、组织干预社会生活的算法模型、影响参与行为的界面、协议和默认选项，以及塑造所有者、用户和利益相关者（如广告商和内容生产者）之间权力关系的用户协议和商业模式。

延伸阅读

延伸阅读所列文献介绍了平台的一系列关键特征。科恩（J. E. Cohen，2017）把平台看作一种新的商业基础设施，分析了它带来的法律挑战和政治挑战。吉勒思普（2010）解释了技术公司如何策略性地把自己定义为平台。范·迪克等人（2018）为分析媒介平台提供了基本的概念模型。

Cohen, J.E.（2017）.Law for the platform economy.*UCDL Review*, *51*, 133.

Gillespie, T.（2010）.The politics of ‘platforms’. *New Media & Society*, *12*（3），347–364.

Van Dijck, J., Poell, T., & De Waal, M.（2018）.*The platform society*：*Public values in a connective world*. Oxford：Oxford University Press.

第七章　社交媒体、流媒体和物流平台

媒介平台形式不同且仍在演进。

167 ★ 什么是社交媒体、流媒体和物流平台？

★ 什么是平台化？

★ 媒介平台如何行使权力？

本章内容

- 介绍三种重要的媒介平台：社交媒体平台、流媒体平台和物流平台；
- 考察在平台化过程中，平台的界面、文化和基础设施如何发展扩张。

一、平台的类型

媒介平台有三种形式。社交媒体平台着眼于建立生产共享内容的社交网络，例如 168
Facebook、Instagram和Snapchat等平台。流媒体平台发布音视频，例如Netflix和Spotify。物流平台提供商品和服务，例如谷歌和亚马逊。

二、社交媒体平台

社交媒体平台脱胎于参与文化——包括邮件列表、讨论板、聊天室和社交网站等，这是早期互联网中普通网民的交流方式，同时也让“虚拟”身份或“网络”身份及社交性形成了惯例。21世纪10年代中期，博伊德与埃里森（D. Boyd and N. B. Ellison, 2007: 211）把社交网站定义为“一种网络服务，能够让个体（1）在一个系统内部建立公开或半公开的简介；（2）说明关联用户的联络人列表；（3）查看系统中其他人的联系人列表”。这个定义以用户为中心，强调点对点之间的连接。当然，也可以认为社交媒体整合了历史更悠久的业余的媒介实践，例如写日记、制作兴趣杂志、拍摄家庭影片、做相册等（Humphreys, 2018）。人们用媒介记录生活并分享给亲友的所有行为，都是社交媒体中各种自我呈现方式的前身。随着社交网站发展成为社交媒体平台，无论是对用户信息的收集，还是用户作为内容生产者的角色都愈发重要，利用数据并通过算法来塑造用户体验成为社交媒体商业模式的核心。大型的社交媒体平台包括Facebook、Instagram、Snapchat、Twitter和TikTok。

随着社交网站发展成平台，其早期的参与文化形式也成为以广告为盈利手段的数字媒介的更大的政治经济的一部分。参与不再只是单纯的表达，而是产生关注度和数据的宝贵资源，支撑着新的媒体商业模式。在博伊德与埃里森（2007）发表论文的一年以后，科恩（N. S. Cohen, 2008: 7）的文章分析了Facebook的政治经济运作模式：

> 通过上传照片、发布链接和输入社会文化品位的详细信息，产消者
> （producer-consumers）提供了用来产生流量的内容，而流量又成了广告销售的 169
> 手段。Facebook就是借助不断提供人们在自己社交网络中的在线活动和思想的内容流及其监控来开发用户的生产性。

Facebook把社会生活转化成有价值的商品（Cohen，2008；Fuchs，2012）。我们的朋友关系、聊天内容以及我们的偏好都成为数据，用来微调平台的用户黏性和广告推送的精准程度。早期互联网非商业的社交性迅速转化为有价值的数据。社交媒体因而具备互联网的两个特征：一是开放且富有创造性的参与文化，二是将监视扩展到日常生活中。矛盾的是，参与本是一种“自下而上”的网络赋权，而监视却是对数字世界中“自上而下”的操纵。二者实则相互依存，没有参与文化，就不存在监视经济。社交媒体平台把参与和监视这两种要素融为一体：参与不仅为监视性的商业模式提供合理依据，也为之提供数据。这并不意味着参与没有意义或没有赋权，但它更多的是一种劳动形式（后面的章节将重新讨论这个问题）。

社交媒体平台具有以下特点：

- 用户“注册”创建个人主页，通过这种方式“结交”或“关注”其他用户，包括朋友、名人、品牌和企业。
- 参与文化基于内容的生产，因此需要用户发布内容，包括文字、图像、视频并创建个人主页。人们发布的内容通常保留在个人主页上，其他用户也可以看到。但人们在Snapchat和Instagram等平台上发布的内容很快就会从个人主页消失，这些平台的参与文化更为动态、短暂。我们在社交媒体上讲述自己的生活故事（Livingstone，2008）。朋友、公司、媒体、政党和政府为我们提供内容和文化资源，我们把这些资源融入自己的身份认同。我们评论帖子、点赞品牌、拿政客或名人开玩笑或表达信仰，这些都是表达自我的方式。这些关于我们自己的故事来自移动的、实时的日常生活。
- 收集用户数据并将之用于算法推荐和精准内容推送。社交媒体平台需要频繁发布内容的活跃用户，这些用户是平台社交、内容和数据的供应者（van Dijck，
170 2009：47）。社交媒体平台的商业模式基于用户关注和数据的商品化，根据一系列不同的变量实时地进行定位、组织并向用户推送信息，这些变量包括人的位置、查看的内容、同伴、谁来过这个位置、下一个目的地、谈话内容、心情状态、品位以及去过的地方或喜欢的东西，还有与其类似的人在过去做了什么、想了什么或者说了什么。社交媒体平台是数字经济时代下收集日常生活数据的关键渠道。在数字经济当中，平台就是一种打包交易数据的中介。
- 社交媒体的广告模型把商品宣传融入参与文化，广告和其他内容之间的区别正在瓦解。这种平台的“本地”“数据驱动”的广告形式既实现了基于语境的超精准传播，亦让用户参与了营销讯息的创建与流通。

三、流媒体平台

流媒体平台是从多种早期媒介的组合当中形成的，这个过程贯穿于大众传媒向定制媒体演变的全过程。电视的发展可以追溯到有线或付费电视、家庭录像、遥控器、视频和DVD租赁。每一次技术变化都让电视更加定制化和个性化，使之从一种现场直播的、严格遵守时刻表的大众广播媒介，发展成按需供应、异步传送的非线性定制媒介。观众的行为也发生了变化。过去，他们需要阅读电视指南才能了解播出内容；之后，人们开始去音像店翻找想看的影片；再到从数据库搜索或观看推荐内容。流媒体平台把早期的视频游戏文化也纳入兼具观赏性和互动性的参与文化，包括街机游戏和大型多人在线游戏。再如音乐流媒体平台的发展，从最早的随身听、唱片机、混音带到iPod播放器。流媒体平台具有与社交媒体类似的功能，包括创建个人主页、结交其他用户、关注用户、点赞评论等（Lobato, 2019）。二者的区别在于，流媒体平台的使用方式和商业模式是内容点播或直播分发，提供的内容包括电视、电影、音乐、视频游戏、体育直播、电子竞技、音乐会等。虽然像YouTube和Twitch这样的流媒体平台的内容主要是用户生成的，但典型的用户体验还是对“流”的消费。“流”在技术上是指实时的视听内容分 171
配，数据从流媒体平台不断传到用户设备，“用户在观看过程中，平台只会提前几秒钟发送视频”（Sandvig, 2015: 233）。主要的流媒体平台包括Netflix、Spotify、YouTube和Twitch。相比互联网曾被视为一种自下而上的参与性网络，流媒体平台则是通过调整技术架构和社交性，重拾了“广播”媒介大规模分发内容的逻辑（Sandvig, 2015）。

流媒体平台集中了直播、内容点播库、用户生成视频、网络摄像、社交媒体以及视频游戏的实时性和社交性等特点，把这些元素以不同方式组合在一起。例如，Netflix平台的功能较少，只具有订阅点播的内容（Lotz, 2018; Lobato, 2019）。Spotify相比之下更加开放，加入了一些参与元素，例如用户创建分享播放列表等（Wikström, 2020）。YouTube不仅提供直播和点播功能，还把专业内容和用户生成的业余内容混在一起（Burgess and Green, 2018）。Twitch则主要为专业的电竞比赛或半职业和业余游戏玩家提供直播服务，让“各种游戏玩家把私人的游戏体验转变为公共娱乐”（Taylor, 2018: 6）。无论流媒体怎么组合功能，它们都利用了平台的连通性这一具有竞争力的优势；其中，把用户行为转换为数据的能力无论对委托创作、内容推荐还是定向广告而言都至关重要。

与其他广播传输类竞争对手相比，Netflix、YouTube和Spotify的区别在于可以把人的视听习惯转化为数据流。这些数据改变了大众传媒的信息“流”、内容推荐，以及我们对影视内容和音乐艺术家流派类型的认知。具体而言，平台根据“高度精确的小众流派”来塑造人们的视听行为，例如向用户推荐“反建制纪录片”（Lobato，2019：41）；也会根据人们的情绪、观看时段、每周收看日期、所在位置或运动方式来推荐内容。

YouTube和Twitch等流媒体平台是一种典型的参与文化。它们由用户社区构成并维持运转；由业余用户和专业用户创作内容，在平台中形成了在线社交。平台逐步把这些日常的创意行为规范化（Burgess and Green，2018）。参与文化是其探索可能性、拓展社交性以及提高参与度的关键。平台必须依据其商业模式来管理用户的创作行为。YouTube等平台引入了“让平台内容发布专业化、秩序化和规范化”的实践（Burgess and
172 Green，2018：19）。引导参与固然是一种宝贵的资源，但规训用户参与亦符合平台的利益，即平台管理用户参与度及其与广告商和其他生产者之间的关系。平台规范参与文化的手段包括：开发复杂的人工审核与自动审核系统，与内容创作者签订版权协议，与那些拥有大量粉丝的创作者分红（因其有与平台谈判的筹码）。流媒体既是一种实践，也是一种平台。平台可以把那些有创造力的用户发明的新的“网络广播”方式（Taylor，2018）组织起来，将之与界面设计、数据处理和算法相互连通，从而引导人们的参与行为，将之商品化并纳入其商业模式。

流媒体平台的特点有：

- 受众消费内容“流”。平台以直播或点播方式传输内容流。用户可能是专业人士或业余用户，观看流媒体的用户可能彼此不可见，或可以实时交互。无论用户在流媒体上有何种体验，这些平台都基于信息流进行组织。YouTube和Twitch等平台有许多与社交媒体类似的功能，例如内容创作的参与文化、用户相互关注、点赞和评论，但大多数用户都需要登录账号才能观看内容，有时可能还需要订阅或创建主页才能使用平台。
- 把用户行为转化为数据。流媒体的大规模内容定制消费，有赖于把用户的视听行为持续转化为数据。其中，推荐算法塑造并组织流媒体的消费行为。例如，YouTube根据用户的观看习惯推荐视频，Netflix根据用户的偏好推荐影片，Spotify根据用户的收听习惯创建播放列表，还能根据特定地点、时间和活动场景（例如学习或健身）来量身定制内容。
- 流媒体的商业模式是订阅、广告或两者相结合。这些平台可能与内容产业以及平台上有创造力的普通创作者正式结成关系。其商业模式的基础是建立内容库，或为直播提供基础设施来吸引用户的注意。例如，Netflix购买内容版权并生产影视内容；YouTube向版权所有者支付版税，与创作者分红，也通过广告盈利；Spotify向创作者支付版税；Twitch与电竞联盟建立合作关系。

四、物流平台

物流平台组织信息、货物、服务和人员的流动，以数据的形式将这个世界组织起来 173
（McQuire, 2019），其商业模式的基础是数据的收集、存储和处理，而不是生产内容或社交。如果说社交媒体和流媒体平台借鉴并将参与文化与大众传媒大规模的内容生产和分销相结合，物流平台则深耕诸如目录、索引、库存和地图的媒介技术。在搜索引擎出现之前，我们在图书馆里用卡片目录、索引或百科全书进行信息检索；在谷歌地图诞生之前，我们开车出行需要街道目录和便携地图才能找到目的地；在网上购物出现之前，我们会查阅邮购目录。因此，物流平台远远超出了对媒介的传统理解，挑战了对媒介本质及其功能的认知。像Uber或Airbnb这样的分享型平台并不属于任何传统意义上的传媒业，但它们却是数字经济和平台经济的典范。一些社交媒体平台也体现出物流的特性。例如，Tinder的社交媒体特性体现在用户的个人主页以及用户之间的交流上；但它也是一个物流平台，因为它的数据库能帮助用户查看并组织与其他用户之间的亲密关系。物流媒介平台包括谷歌、亚马逊、Airbnb和Uber。

谷歌地图和亚马逊的Alexa是典型的物流媒介。虽然媒体和传播学者特别关注生产和分配内容的大型“娱乐机器”（Durham-Peters, 2015: 19），但我们不能忽视媒介最具深远意义的作用是分配物流。物流媒介不仅象征性地“呈现”世界，也“组织”世界。地图不仅仅是对空间的象征描述，还是对空间的组织，是一套表现人类如何在世界上移动、利用空间并与他人建立关联的符码。无论是哪种物流平台，都表现出对空间、关系、家庭和信息流的组织作用。如果说社交媒体专注于组织参与文化，那么物流媒介平台则围绕着那些协调行动流的传感器和设备组织起来（Durham-Peters, 2015; Rossiter, 2016; Srnicek, 2016）。

谷歌已经把地图从一种可搜索的数据库转变为一种导航系统和推荐驱动的定制化媒介产品。过去的城市地图只是一种二维的平面图，但谷歌地图在此基础上添加了卫星图像、街景和街道信息，包括建筑入口等（McQuire, 2019）。根据麦奎尔（S. McQuire, 2019: 156）的解释，“这种地图绘制出了整个城市的建筑物入口，再次证明**细节非常重要**：数字图像可以提取出越来越详细的信息，这已经成为解锁网络化城市中各项服务的万能钥匙”。地图不再是对人们“看到”的城市的符号呈现，而是一种管理 174
城市信息流动的动态信息处理系统，是一种人与空间、消费者与企业之间的界面。

社交媒体平台和流媒体平台让用户参与生产内容和数据的劳动；物流平台同样依赖用户充当其数据库的“策展人”。例如，当我们打开谷歌地图的定位服务、开车四处旅行时，我们就正在做“协议”（protocol）构建工作，创建信息以帮助谷歌地图了解车辆通过特定路线的速度。当我们搜索咖啡馆、查看或添加位置标签时，就是在“地图上”添加信息。我们帮助谷歌地图提升规划能力，能在人们查找城市中的目的地或地点时组织好未来的行动路线。我们分辨人机验证图片中的图像并点击汽车、人行道或红绿灯的图片，这也是一种“协议劳动”（Plantin et al., 2018），是在标记谷歌地图中的街景数据并训练其机器视觉系统自动标记。物流平台雇用了大量劳动力来收集、清洗、标记和整理数据并将之输入其预测、推荐和决策的算法；这种平台以数据的收集处理为主，主要通过传感器和硬件来收集和存储数据，并不断提升处理数据的方法，从而更有效地协调行动、信息流和市场交易。

如果谷歌地图是一种组织人员行动的物流平台，那么亚马逊的Alexa就是一种以数据方式组织家庭生活的物流平台。它在家庭生活与平台基础设施上的内容、服务和送货服务之间建立了一种数据驱动的交界点。亚马逊是一种物流平台，因为其商业模式围绕送货车、仓库和数据库组织起来，这些设施使其商品服务的营销与消费系统化。虽然它最初是一家书店，但其价值主张的根基是把人的浏览习惯转化为数据，然后用算法向我们推荐图书、预测购书行为并管理图书购买与送货服务。我们可以把亚马逊理解为持续扩大数据处理范围的平台。Kindle把私人阅读习惯转化为数据，记录人们读什么书、阅读速度、不同时间段阅读的图书类型、多年来读书的轨迹以及什么时候“放弃”读某本书等信息；其Prime服务试图将家庭消费的方方面面都照顾到（West, 2019），这不仅增加了在亚马逊上消费的家庭的数量，而且更重要的是，该公司打造了一种无处不在的消费环境。亚马逊是一个多边平台，凭借其数据收集及在中产阶层消费中的主导地位，
175 得以通过数据来塑造更大的生产和供应网络。

Alexa这种技术让人不得不重新思考什么才“算是”媒介内容。“她”（Alexa）把意义的生产与消费联系起来，因此可以被理解为意义工业化生产中的一部分。虽然Alexa在严格意义上主要是一种收集数据的家庭传感器，但她也可以被视为一种中介。我们很熟悉家里电视和收音机传出的声音，它们指导我们如何生活、购买哪些产品并向我们推荐影视节目。与之相比，Alexa的中介性更具备数据驱动、响应度和定制化的特性。“她”在家庭中的存在表现出工业社会一个为人熟知的特点：用定向媒介影响主体性并组织人们的消费行为。例如，Alexa记录家庭谈话从而提升家庭生活、带来便利并促进消费。不仅如此，她也是家庭的陪衬，因为我们已经习惯把她当成家人一样地和她说话，哪怕她只是一个收集兴趣、情绪、需求和家庭生活节奏信息的感应装置。Alexa试图把家庭日常生活节奏转化为数据，这不仅是为了给人提供建议，也是为了向亚马逊庞大的采购和分销网络提供信息。亚马逊通过家庭谈话数据来了解采购订单和库存水平，

同时规划员工和送货服务。

物流平台把自己定位于消费端和生产端“之间”，从而为市场结构设定了协议。亚马逊收集的数据越多，其协调供需关系的效率就越高，就越能预测人的需求，也就越能把这些需求同步给送货车、仓库和供应商网络。韦斯特（E. West, 2019: 29）把亚马逊描述为一家销售“监视服务”的公司。在她看来，亚马逊“不仅希望，也能够监视消费者。而它的这种欲望和能力越来越被视为一种功能，而不是一种缺陷，甚至消费者自己也这么认为”。如果消费者想购买特定的产品、服务或内容，只需要遵守条款、访问平台；如果生产商想要销售特定的产品或服务，在平台上就能最有效地找到消费者并完成送货服务。但消费者和生产者都需要通过平台协议和接口进行“连接”和“交互”。进一步来看，诸如亚马逊和谷歌这样的物流平台设定了交换的条件。

总而言之，物流媒介平台的特点是：

- 内容、商品和服务的中介流动。用户提出问题并搜寻产品信息。平台提供了一种媒介形式，类似于其他物流设施，例如地图、索引和目录。这种平台把数据处理 176
集成到创建定制内容的流程当中。亚马逊的Alexa能回答问题、提出建议并组织消费，其中介作用来自平台的数据处理权力。
- 通过收集和处理数据来获得竞争优势。物流平台不断创造传感器和数据收集“装置”，在日常生活与平台之间建立新的基础设施和硬件来存储、处理数据，从而掌握跨领域的数据集合；通过专业的数据处理机制来塑造市场，成为多边市场的垄断中介，一方面控制对消费者的接触，另一方面控制对商品、服务和内容的接触。平台还把基础设施和数据处理出租给企业和政府部门。
- 物流平台是一种混合的商业模式，包括直销、订阅和劳务。例如，亚马逊是商品和内容的零售商，不仅提供内容订阅服务和送货服务，把基础设施出租给公司，还在Mechanical Turk平台上收取佣金。再如，谷歌的大部分收入来自广告，它在搜索和地图功能中嵌入广告，并为企业和政府提供数据处理服务或租赁云端服务软件。像Uber和Airbnb这样的平台则在消费者和服务供应商之间搭建桥梁，并从每笔交易中收取一定的费用。总之，物流平台的商业模式旨在掌控市场，垄断快递、搜索、地图、乘车和短期租赁等服务。

五、平台化与平台发展史

平台在不断发展变化。它们开发数据编码、存储和处理的新方法；不断训练算法，从而对人及其生活作出更精细的判断。除此之外，平台还改进了界面功能和基础协议。试想你常用的一个平台，自你开始使用以来，它发生了多少变化？如果你有Instagram账号，刚开始注册时可能还没有主页上的算法推送内容，也没有故事帖子、滤镜、购买按钮、多账户或私人消息；而且最明显的是，可能那时还没有广告。因此，要理解平台媒体，就要关注其“发展史”（Burgess and Baym，2020）。平台的发展史是关于平台如何
177 发展的历史，不仅事关平台的用户体验如何随其参与文化发明的新实践而改变，而且也是有关平台商业模型和特征的发展史。平台发展史可以是关于平台商业模式的宏观叙事，也可以是关于特定功能发展及其影响的微观叙事，例如话题标签、点赞按钮、标记、举报工具等（Crawford and Gillespie，2016；Burgess and Baym，2020）。平台文化和商业模式的发展史可以被视为平台化的过程。

单一平台是平台整体更大发展进程中的一个缩影。平台正是在这个进程中演变成为“社会网络的主要基础设施和经济模式”，让文化、经济和社会实践为“平台做好准备”（Helmond，2015：5）。平台化是一种政治、经济和文化过程；人类文化和经济生活的许多方面都因平台的商业模式、协议和界面而被格式化。本节主要分析平台如何发展以及为何发展，探讨什么力量塑造了这些过程。在这个关于平台化的故事中，平台越来越渗入日常生活和互联网，把更多的线下和线上体验纳入其界面、协议和数据处理当中（Helmond，2015）。

因此，平台绝非一个“静态的对象”，其商业模式、界面、基础设施和使用规则都“随时间而演进”（Burgess and Baym，2020）。平台发展史的研究路径关注平台的使用、界面、商业模式和数据处理权力如何演变，因此可以把分析重点放在特定的协议、功能及其开发的过程上。研究平台这些方面的发展，有助于我们了解更广泛的平台逻辑和平台文化，进一步而言，分析平台化是为了理解平台基础设施如何运作，如何组织更大的社会、经济和文化进程（Nieborg and Helmond，2019）。

对平台化过程的分析，需要关注平台如何演变为组织注意力、情感、意见、内容、服务和商品流动的数据处理基础设施。平台的基础设施表现为多个“具体”的平台（Nieborg and Helmond，2019）。例如，Facebook的基础设施表现为Facebook应用程序、Instagram应用程序和Messenger应用程序。另外，平台是一种调控不同互动关系的多边市场（Nieborg and Helmond，2019）。正如广告商需要通过谷歌或Facebook来接触消费者，消费者则通过平台与朋友交谈、查看内容或购物。因此，平台化不仅表现了平台性能演化的过程，也是平台不断成为市场、文化、政治和经济生活组织的中心和强大节点的过程。

以Facebook“本地”广告的平台化发展及其在数字经济中的整合过程为例。 178
Facebook公司于2012年上市后没多久，股价马上出现下跌。公司当时遇到了一个很大的问题，而且市场并不相信它可以解决这个问题。这个问题就是用户“移动化”，主要用智能手机访问Facebook。这在现在看来不足以成为一个问题，但Facebook在最初的五年都一直只是一个社交网站，人们最早几乎都是通过浏览器来访问的。当时，Facebook的主要收入是网站广告，还没有开发出能从移动用户那里盈利的工具，因此这就成了一个大问题。扎克伯格和Facebook后来组建了一个团队，主要工作就是让平台转向移动设备，把Facebook打造成“移动优先”的公司。但直到2013年左右，许多人还不确定Facebook能否完成这个转型，而且其他一些新兴的移动优先平台似乎能取代Facebook，例如Instagram有一段时间完全可以取代Facebook，但后来Facebook巩固了社交媒体广告市场的主导地位，还收购了Instagram。

这个过程展现了平台是如何作为工程项目运作起来的。实际上，平台一直在想象、发明下一代基础设施，这也是它不同于20世纪媒体机构的地方。例如，电视虽然曾经全面渗透进了大众社会的日常生活，但作为一种技术形式，它几乎没有太大的改变，始终是摆在家里的一个可以打开和关闭的盒子，让人们从几个频道里选一个想看的节目。与之相反，平台不断地开发和重设自己本身的**形式**，它们不会把利润投资于内容生产，而是投入建设和拓展平台的基础设施。

Facebook在向算法平台和移动平台转型的过程中，第一个重要的进展是它在2006年推出的信息推送功能。Facebook并不是让我们随意地游走于网络之中，而是用信息推送来预测、设计我们与平台的互动，这个功能让Facebook更好地控制了用户的参与行为，而且更重要的是解决了移动应用程序的盈利问题。此处请思考一下，算法信息推送如何影响你与社交媒体平台之间的互动，你对它们有多少关注，平台收集了你多少数据？请计算一下你在Facebook信息推送或Instagram主页推送上滑动屏幕的时长，你可以在手机的“屏幕时间”报告里查看。Facebook声称平均每天能吸引人们50分钟的注意力。我检查了我的屏幕时间报告，发现我的情况稍高于平均水平。这意味着十多年来，Facebook有超过3500小时（150多天）的时间来监视和了解每个用户的习惯、偏好、兴趣、情绪和社会联系。

信息推送虽然有助于提高Facebook的热度，但其市场价值仍然受限，因为它 179
的广告当时是在浏览器的右侧显示，点击率非常低。更糟糕的是移动端上根本没有广告。当Facebook在2012年上市时，其60%的用户是移动用户，但却无法产生任何收入（Protalinski，2012）。Facebook也受到了Instagram等新兴移动优先平台的威胁。

Facebook在2012年以10亿美元的价格收购Instagram，实际上是一种战略博弈，此前Instagram从Facebook那里吸走了大量用户，现在Facebook要Instagram把用户还回来。但Instagram的移动端仍然存在一个问题：它没有广告模式，因此无法赚钱。

Facebook必须在“本地”把广告植入信息推送功能，为此，它开发了赞助贴或推广帖的模式，这成为Facebook和Instagram默认的广告格式，而且打破了平台广告与其他内容之间的“传统”划分。Facebook的信息推送和Instagram的主页推送成为一种平衡参与度（让用户留在平台上）与广告创收的工具。本地广告模式一经证明可以解决移动端的收入问题之后，Facebook的股价就开始大涨，如今其所有的广告收入几乎都来自移动应用程序。

与信息推送的功能类似，Facebook的另一个关键举措是为其广告基础设施创建了一个开发者平台（Helmond et al., 2019）。开发者平台向第三方开放平台数据和界面访问，以支持他们从中学习、发展创新，这实际上是平台采取的一种常见策略。随着平台发展壮大，这些伙伴关系就会正规化，其访问权限会受到更严格的控制。此外，Facebook收购了新兴的数字广告“初创企业”，并将之纳入其商业模式；还创建了合作伙伴计划，将之与营销数据分析行业进行整合（Helmond et al., 2019）。Facebook“集中精力于扩大移动广告”，为此于2014年推出“Facebook受众网络”功能，允许广告商在Facebook之外的其他网站“寻找并锁定受众”（Helmond et al., 2019: 131）。

Facebook的发展史展现出平台成为基础设施并成长为更大的市场基础的过程。它最初只是一个社交网站，在此基础上开发出广告资助模式，如今则是一个开发营销技术的平台。平台必须成长为基础设施才能存活，必须成为市场路径依赖的一部分。要理解平台，必须了解平台的发展历程、技术特征、商业模式和使用文化之间的相互演化关系。

案例：平台发展史

文/玛利亚–杰玛·布朗（Maria–Gemma Brown）、莎拉·希克曼（Sarah Hickman）、莉莉安·朗吉亚

180 Instagram于2010年上线，一开始没有商业模式。它在2012年被Facebook收购时还没有盈利。但在2014年Instagram正式推出广告服务之前，广告商已经开始尝试如何在这个平台上创造品牌价值。Facebook最初收购Instagram是为了获得这家公司的图像分享技术，同时也想将之与Facebook新推出的“本地”广告模型相结合。建构平台的发展史需要把各种线索拼凑起来，这是因为平台公司对于其业务模式非

常保守，不向研究人员和学生提供准确的信息（Burgess and Baym，2020）。但用户和利益相关者的讨论内容中还是留下了许多关于平台早期情况的线索，行业记者也记录了Instagram平台的变化，有助于理解该平台及其广告模型的变迁与应用情况。根据行业出版物的记录，广告商当时要求Instagram添加新的广告功能，并分别记录不同应用和功能的开发情况，最后这些功能都被整合进平台中去了。

1. Instagram开发广告功能的时间表

基于里维尔等人（2020）的研究，下面这个时间表展示了Instagram的功能开发过程。本文特别关注了广告在Instagram上的发展，这部分的分析资料来自行业新闻报道。Instagram广告模式的发展可以分为三个阶段：第一，投入阶段，品牌商在没有正式广告服务的情况下使用Instagram；第二，本地阶段，Instagram开发广告模式；第三，付费使用阶段，广告商为曝光率和参与度付费。

投入阶段	2010—2011	**Instagram推出程序。**没有付费广告，品牌商开始在平台上与消费者互动。
	2012	**Facebook收购Instagram。**早期的网红广告模式初具规模。一些专门协调Instagram网红和广告商之间关系的中介机构开始涌现。第三方公司开始提供Instagram品牌广告和分析工具。
本地阶段	2013	**Instagram推出正式付费广告。**最初只允许10个品牌做广告。 181
	2014	**Instagram继续扩展广告功能，与Facebook的广告模式整合并提供分析工具。**
	2015	**Instagram向所有广告商推出付费广告。**添加购物功能和合作伙伴计划。合作伙伴计划授权专门进行分析、受众研究和内容营销的企业开展品牌营销活动。
付费使用阶段	2016	**Instagram关闭应用程序编程接口（API），限制第三方功能开发。**推出一套新工具替代第三方功能，包括分析功能、把帖子直接转换为广告和业务简介。复制Snapchat模式，添加“故事”功能（24小时后自动删除）。
	2017	**Instagram添加付费“故事”帖子功能。**添加付费合作伙伴标签，网红用标签表明推广帖与品牌之间的关系。
	2018	**Instagram将购物功能整合进“故事”功能。**
	2019	**Instagram删除点赞功能。**这使其更严格地控制平台上的分析服务。进一步发展合作伙伴关系和购物功能。

2. 投入阶段

（1）品牌提高有机触达率

在Instagram还没有正式的广告模型时，品牌商已经开始推广。有些公司用品牌标签展开照相比赛，从而提高用户参与度和品牌知名度；也有公司利用慈善事业提高用户参与度；还有的则利用已有的受众来变现。这个阶段的所有广告触达都是“有机的”，因为还没有一种机制可以主动地把广告推送给受众。

182 网红营销早期的成功案例屡见不鲜。例如，澳大利亚昆士兰州汉密尔顿岛于2012年推出“Instameet”活动，邀请在Instagram上拥有大量粉丝的名人和网红在岛上见面并拍照。活动非常成功（Burrowes，2013），并于次年与名人大使斯科特·多利（Scott Dooley）和迈克尔·克里姆（Michael Klim）进行合作。

这种活动可帮助名人、网红和品牌商吸引更多的粉丝，且能更直接地接触目标受众。品牌商开始把Instagram当作一种“口耳相传”的营销工具和视觉整合工具。用户在当时也会看到类似杂志广告和电视广告的图片，但他们并不觉得其中有太重的营销意味。在这个阶段，营销人员和广告商小心谨慎，不会创建“感觉上”像广告的内容，他们的目的是尽可能地开发平台本地的创意内容。当网红开始出现在Instagram上时，这种逻辑变得更加明确。网红是品牌商与用户之间的中介群体，虽然他们制作的内容与传统广告类似，但其传播方式更加真实。

（2）开发第三方市场

Instagram在最初的几年内，已经具备突出的品牌营销能力，但还缺乏相应的数据分析工具，无法有效助力品牌实现销售转化、了解受众、获得关注并建立有机影响力。为此，一些营销技术公司在Instagram上开发了一系列工具供品牌商使用。

3. 本地阶段

（1）Instagram逐步推出广告模式

Instagram于2013年年底首次投入测试本地广告模式。当时出现在用户订阅中的广告都带有明显的“赞助”标签。Instagram面临的第一个重大挑战是平台上出现大量广告，对其用户参与度构成了威胁。

Instagram和广告商都承认，为了保证较高的社交参与度，要谨慎推出正式的广告模式。因此，最初只有10个品牌商能做广告。在这个阶段，每场广告活动都需要通过审核，确保帖子符合Instagram的审美。2014年，Instagram发布了针对营销人员在平台上使用广告模式的“最佳实践”指南（O' Reilly，2014）。

早期的成功让Instagram决定继续推出广告业务。到了2015年，行业媒体已经清楚地看出，Instagram广告不仅对品牌商和广告商有利，而且其母公司Facebook也有利可图（Millington，2015）。

183 2015年9月8日，Instagram向全球所有广告商推出正式的广告模式。由于维持用户的参与度仍然是Instagram和品牌商的首要任务，因此二者都希望平台上的广告应该是“本地的、有机的、高质量的”（Swant，2015）。

新推出的广告功能大获成功，广告商在看到活动效果后提出了更多的要求，希望Instagram尽可能地优化并扩展广告功能。在这个阶段，品牌商需要的两个主要功能是分析和提升购买力，前者是为了更好地了解受众，后者是为了把受众参与转化为销售。

4. 付费阶段

（1）Instagram对第三方应用、代理商和竞争对手日趋强硬

2016年6月1日，Instagram取消了推送应用程序的编程接口（FeedAPI）（Lunden and Perez，2016），导致许多第三方程序无法为客户提供Instagram集成应用。美国网络报刊*TechCrunch*记者伦登和佩雷茨（Lunden and Perez，2016）写道，此举暗示Instagram内部正在发生更大的转变，这是为了强化其商业模式，并尽可能地让用户长时间地留在平台上。同一天，Instagram添加了平台内部广告分析和业务介绍功能，前者可以让广告商直接把帖子转化为广告，从而取代了第三方应用程序的功能。

此后，提高平台内部的购买力成为Instagram的首要任务。它于2016年添加了一系列购买功能，包括购物标签、“探索”功能中的个性化购物选项、企业资料页上的购物键、结账和@shop功能。消费者可以在不关闭应用程序的情况下进行购买，而品牌则可以在一个平台上管理一切活动，包括用户的购买行为（Shu，2017）。第三方购物应用程序因此失去了意义，Instagram夺回了属于自己的广告市场。

同样，Instagram取消点赞的做法也是为了争取更大的广告市场份额，但它并没有主动承认这一意图。据其CEO称，取消点赞的主要目的是“给Instagram减压”，让用户有更多的空间关注朋友、对话和社区。但媒体行业的评论员却认为，此举是为了让更多的小企业在平台上做广告。因为如果不需要社会背书，Instagram这个平台反而对小企业来说更有吸引力，这样他们打广告就不需要害怕参与度低了（Levett，2019）。

Instagram对竞争对手也越发强硬。2016年8月推出的“故事”功能克隆了Snapchat的功能，这几乎是对Snapchat宣战。广告商可以用该功能提供临时内容，这样他们就不需要再在Snapchat和Instagram两个平台之间进行协调。“故事”功能推出一年后，日常使用量已经超过Snapchat，Instagram显然赢得了战争（Costine，2017）。

(2)网红与广告商的信息披露策略

184 随着美国、英国和澳大利亚等国的监管机构对社交媒体和网红营销的审查力度加大，Instagram面临了更多的挑战。如今，Instagram一方面仍需培养消费者的参与度以保证广告投入，另一方面则要避免让用户产生被剥削感。为了解决这个问题，该平台为网红和品牌商添加了商业关系披露工具，包括“付费合作伙伴关系”标签、“关于此账号”和“设置”中的第三方数据访问选项。在网红营销公司Later看来，这些新选项转移了平台披露信息的义务（Chacon，2017）。另外，增加隐私工具能让网红与品牌之间的关系正规化，让广告商更好地控制内容分享。

5. Instagram 广告平台化

平台发展史（Burgess and Baym，2020）和平台化（Helmond et al.，2019）这两种研究路径能用来分析平台与各种用户之间的动态关系，其中不仅包括消费者，还包括广告商、网红和营销公司、零售商和媒体公司。回顾Instagram广告功能的发展历程，起初该平台鼓励第三方投入创新，等到时机合适再夺回控制权，把新的功能加入平台设计，使之成为品牌与平台之间的关键中介。这个故事讲的是Instagram在早期如何小心培养用户，在发展起来以后才会更积极地向竞争对手采取进攻策略。平台发展史这种研究路径有助于揭示Instagram广告模式是如何被“发明”出来的，其中的参与者不仅包括工程师和设计师，也离不开广告商、网红和用户的作用，因为正是这些人在不断试验平台的可供性。其广告模式的整体架构并非一蹴而就，而是平台、广告商、网红和用户之间反复试验的产物。

但紧张关系依然存在。Instagram必须对新的竞争对手、用户行为和广告商利益做出回应。目前，它正在研究如何应对TikTok的挑战。平台发展史这一视角可以帮助我们更好地理解平台，它并非一个固定的成品，而是一个动态的架构和一组随着社会互动而不断演变的社会实践。我们的任务是批判地观察这些发展，将之理解为平台商业模式和文化实践持续发展的一部分。

思考题

1. 未来几年，你预测Instagram会在广告功能中添加哪些拓展程序？
185 2. 选取你使用的一个平台，自你开始使用以来，它推出了哪些功能？
3. 回想你在平台上建立的个人主页，平台的变化如何影响你的使用方式？
4. 撰写一个体现特定平台特点的迷你平台发展史。以下是可以写下来的内容：
   - Facebook的回复按钮

- YouTube的广告模型
- Twitter的“趋势”或主题标签
- Reddit的子版块
- Instagram的主页动态、故事或链接账号算法

5. 这些平台功能如何发展、为何发展?

6. 打开你的Instagram推送。在前10个帖子中有多少是广告?你如何知道它是广告?在你的信息推送中,“付费”和“有机”混合促销帖子的比例是多少?

小　结

在本章,我们探讨了平台媒体的重要表现形式。社交媒体平台的组织是围绕用户为和他人分享内容而形成的联系展开的。它们收集数据,用数据来组织平台的参与文化并从中获利。流媒体平台的基础是由内容生产者创建并传输的内容流。有些流媒体平台类似电视,例如,Netflix等平台会大规模地生产定制化的专业影视内容。其他流媒体平台具有活跃的参与文化,例如,Twitch这种平台的主要内容是电子游戏和其他文化实践,创造了新的社交和观看形式;而像YouTube这样的平台则把专业性和参与性结合了起来。物流平台挑战了对媒体公司、内容和文化的一般认知,在某些方面回归到了早期媒介的特性。在20世纪的大部分时间里,人们一直专注于电影、电视和广播这样的大众娱乐机器,但谷歌地图让我们意识到,像地图这样的媒介不仅在组织日常生活方面发挥着核心作用,而且也是意义生产和行使权力的场所(Durham-Peters, 2015)。像亚马逊Alexa这样的语音助手也让我们开始思考这种由媒体公司生产出来并被整合进人类家庭生活的“角色”,还有媒体内容对人类主体性和消费模式的组织方式和影响方式。理解平台离不开对其演化历程的考察。本章介绍了平台发展史,以及如何从平台化视角解释平台的技术特征、商业模式和使用文化的产生及演化。平台研究不仅要关注平台上 186
传播的意义,也要研究它们如何演变为组织日常生活的基础设施。

延伸阅读

延伸阅读所列文献分析了不同的平台及其功能,为批判性地分析平台的制度形式、社交技术设计及其使用方式提供了基本概念和方法。博格斯与贝姆(J. Burgess and N. K. Baym, 2020)的文章解释了如何用平台发展史的方法来研究Twitter。科恩(N. S. Cohen, 2008)的分析论证了Facebook基于数据收集分析而产生的商业模式。克劳福德与吉勒思普(K. Crawford and T. Gillespie, 2016)探讨了平台如何创建内容审核协议。赫

尔蒙德等人（2019）概述了Facebook发展成为管理多边市场基础设施的过程。里维尔等人（2020）介绍了Instagram刚上线的十年里发展成为平台的历程。洛巴托（R. Lobato, 2019）则记录了Netflix如何改变影视制作、发行和消费的方式。麦奎尔（2019）讲解了谷歌地图的发展，解析了平台作为定位媒介的运作方式。尼伯格与赫尔蒙德（D. B. Nieborg and A. Helmond, 2019）揭示了Facebook旗下Messenger平台的兴起过程。韦斯特（2019）对亚马逊“监视即服务”的商业模式进行了批判分析，重点关注Alexa集成到亚马逊平台的方式。

Burgess, J., & Baym, N.K.(2020).*Twitter: A biography*. New York: New York University Press.

Cohen, N.S.(2008).The valorization of surveillance: Towards a political economy of Facebook.*Democratic Communiqué, 22*(1), 5–22.

Crawford, K., & Gillespie, T.(2016).What is a flag for? Social media reporting tools and the vocabulary of complaint.*New Media & Society, 18*(3), 410–428.

Helmond, A., Nieborg, D.B., & van der Vlist, F.N.(2019).Facebook's evolution: Development of a platform-as-infrastructure.*Internet Histories, 3*(2), 123–146.

Leaver, T., Highfield, T., & Abidin, C.(2020).*Instagram: Visual social media cultures*. London: Polity Press.

Lobato, R.(2019). *Netflix nations: The geography of digital distribution*. New York: New York University Press.

McQuire, S.(2019).One map to rule them all? Google Maps as digital technical object. *Communication and the Public, 4*(2), 150–165.

Nieborg, D.B., & Helmond, A.(2019).The political economy of Facebook's platformization in the mobile ecosystem: Facebook Messenger as a platform instance. *Media, Culture & Society, 41*(2), 196–218.

West, E.(2019).Amazon: Surveillance as a service. *Surveillance & Society, 17*(1/2), 27–33.

第八章　参与文化和算法文化

媒介平台的特点是参与式表达和算法数据处理之间的相互作用。

★ 什么是参与文化？ 187

★ 什么是算法文化？

★ 什么是监视？

★ 算法是否透明和公平？

★ 如何理解算法在文化生活中的运作方式？

本章内容

- 定义参与文化和算法文化；
- 分析数字媒体中参与式表达与监视之间的关系；
- 介绍关于算法决策的争论；
- 思考并理解算法在文化世界中的存在。

一、参与、数据与权力

188 我们通常认为，数字媒介平台的赋权让普通人从大众传媒的被动消费者转变为主动的内容生产者和发布者，从只能倾听转变为积极回应。平台媒体的参与文化因此“与旧的被动媒体之间形成了鲜明的对比”（Jenkins，2006：3）。尽管“并非所有参与者都是平等的”，但现在人人都能制作、发布和混编媒体内容，并对之进行点赞、分享或评论。解码媒介的活动也超越了人的思维与私人谈话，融入了意义的工业化生产和扩散过程。对此，有些人称颂参与式的数字媒介文化让新的公共表达形式成为可能（Benkler，2006；Jenkins，2006；Hartley，2010；Jarvis，2011；Jenkins et al.，2018）；而另一些人则提出批评：虽然数字媒介带来了新的表达方式，但也形成了新的控制方式，例如收集数据，监视公众，用界面和协议来控制谁能表达、谁被听到（Andrejevic，2007；Dean，2010；Lanier，2010，2013；Morozov，2011）。虽然人人都能发布信息和创建博客，上传视频和照片，进行评论、点赞并与他人分享内容，但所有这些活动都是在一个系统内部发生的，而且这个系统能够监视、响应和管理这些活动并从中盈利。批评者因此建议，需要从媒介权力的角度来解释媒介对意义生产的控制及其收集处理数据的能力。

受众无疑是积极的意义生产者和解码者，我们所处的媒介文化每天都在呼吁我们参与其中，但问题的关键是要区分什么是“积极的”参与，什么是“有权力的”参与（Morley，1993：16）：

- 人们参与的质量如何？
- 谁从这些参与行为中获益？
- 数字媒介文化中的参与行为产生了何种政治文化形态？
- 平台媒体如何改变意义的生产扩散方式？
- 普通人在意义生产扩散中扮演何种角色？
- 平台媒体如何被嵌入权力运行的过程？

我们不能简单地以“谁对谁说了什么，产生了什么效果”这种思维方式来理解平台媒体。平台媒体的权力不仅在于控制表达，还在于收集、分析信息以及创建、管理互动网络，包括监视并回应人们的言论与行为，对之进行引导、增强或约束。人们在数字平
189 台上生产的内容与元数据被存储在庞大的服务器和商业媒体的数据库中，也被存储在政府为实现智能管理而建立的大型数据库里。Facebook在全球有15个数据中心，分别位于美国、瑞典、爱尔兰和新加坡，占地1500万平方英尺。这些数据中心是数字媒介的物流基础（Rossiter，2016；Mezzadra and Neilson，2019）。平台媒体不仅**组织**着我们的

社会世界，同样也**再现**了这个世界。

本章将讨论平台媒体文化的参与和算法。需要注意的是，虽然“参与”指的是自下而上的表达和创新，“监视”指的是自上而下的监测与控制，但这并不是说“参与”就是好的，“监视”就是坏的。相较于价值判断，更重要的是分析参与和算法如何共存，因为二者对平台媒体而言缺一不可。平台媒体的算法依赖用户的参与，需要用户把自己的日常生活及表达转化为内容和数据；平台媒体中的参与方式是算法、界面和协议预先设定好的。数字媒介平台上普通人的创造力和参与文化既需要人类用户，也需要支撑平台的非人工要素，例如分类、排序、推荐等。我们首先探讨参与文化、算法文化及其各自的起源，然后讨论二者在平台媒体中相互交织的面向。

二、参与文化

整个20世纪，人们对媒介文本的解读和解码大部分都局限于私人生活。正如我们读报或看电视，虽然可以针对其中的表征形成自己的解释和观点，但几乎很难在更大的公开场合进行表达；大多数人的观点表达基本上只局限于亲友和工作场所，或其参加的其他团体或场合（例如工会、教堂、体育俱乐部或当地酒吧）。平台媒体提高了人们向更多人传播自我、日常生活和观点的能力。在詹金斯等人（H. Jenkins et al., 2018: 2）看来，这“标志着文化向更具参与性的模式发展；公众不仅仅是讯息的消费者，而是以前所未有的方式来塑造、分享、重构、混编媒介内容”。媒介消费者如今更有可能看到来自其他“普通人”的图像和叙事（Turner, 2010）。

媒介和受众一直“相互依存……是意义的共同建构者”（Livingstone, 1993: 7）。大 190
众传媒有赖于人们接受其生产的意义并将之纳入日常生活与身份的建构中。虽然霸权话语总在持续建构并受其他因素的制约，但并不需要一种媒介系统来限制人们畅所欲言。因为在霸权社会，受众越是活跃，就越会推广主流媒体及其商业盟友和政治盟友的讯息与内容。在莫利（D. Morley, 1993: 14）看来，虽然霸权话语不稳定且不完整，但这并不意味着它能够轻易被解构。我们需要理解受众积极的意义生产行为（及其对意义的对抗式解码与创造性修正）是如何与霸权结构彼此交织并形成共谋的。人们的创造力和抵抗反而是在帮助霸权发挥作用，让霸权显得合法、通融且开放。如果说电视就是如此运作的，那么考察互动媒介也就更加重要，因为其运转更需要我们的参与。

在平台时代，我们不仅要理解受众与文本之间的互动，还要探究互动媒介如何管理受众的参与，如何将其编码到文本和意义的持续生产过程当中。数字媒介不断地把受众整合到文本的生产与扩散过程当中，受众也小心翼翼地参与其中，因此文本不再是随意生产出来以供受众解码的意义集合。需要注意文本如何建立和管理这种参与的规范，这之所以重要，是因为受众参与和公民参与是并行的（Livingstone，1998：197）。人们作为受众所开展的日常实践也是对更广泛的社会结构和传播过程的再生产（Morley，1993：17）。

在平台媒体上，参与者虽然有更多的权力来表达和扩散他们青睐的内容，但其行动也更容易受到监视，更容易被压制或放大，这些都取决于平台的架构及其商业意图和政治动机。平台媒体模式已经取代"广播"媒体模式，以至于内容创作者、营销人员和政客都不得不调整其**传播战略**。为了在平台媒体上获得成功，他们不得不放松管控，研究如何在平台媒体的社交网络上使其内容、观点得到更开放的扩散并从中获取价值。

当粉丝把视频片段、艺术家的现场表演或影视节目中喜欢的场景上传到YouTube之类的平台上时，这种紧张关系就显现出来了。他们这么做可能只是出于对某个艺术家或文本的个人兴趣，但他们并不拥有分发此类内容的权利，这么做实际上侵犯了版权。但从另一个角度来看，这样做能够形成艺术家或文本的粉丝文化，为版权所有者创造价
191 值。YouTube已经向版权所有者提供版税，并推出通知—删除的机制来平衡这些利益。这既能让版权所有者从平台获取一定的利益，同时又能让参与文化继续发展，而不至于受到版权所有者的阻挠。TikTok和Instagram等平台也采取了类似的措施：艺术家和唱片公司通过授权，允许用户在上传的视频中使用他们的音乐。模因是参与文化实践的另一个例子，用户从影视节目和其他流行文化中提取图像，然后创作出模因和动图，其实就是把这些文本整合进平台的参与文化中，从而提高某些角色、人物和节目在文化世界中的曝光度。不过，这些做法虽有创意，但都没有获得许可。此外，品牌方还邀请消费者评论、分享或使用品牌话题标签，这么做相当于部分放弃了对其讯息的掌控，但却能通过消费者的自我呈现与对话，让人们对品牌产生更加真切的忠诚度。这些案例表明，平台媒体已经开始优化和控制人们的参与行为，并把这些行为纳入商业模式。

平台的参与文化也深深影响着它的算法文化。因为没有参与，就没有数据。以Giphy这个平台为例，它是参与文化的一个典范，其中有成千上万个用户和创作者把流行文化中的各种细小片段转化为动图进行分享。但Giphy生成的动图也是收集数据的装置。人们在评论区或聊天群里发送的每个Giphy动图都是一个小型的"信号坐标"，能够被追踪到这个动图的使用路径；拥有Giphy的Facebook就能在人们使用应用程序和查

看网页时追踪其互动行为和情绪(Oremus, 2020)。

平台媒体大力促进着“普通人的创造力”(Burgess and Green, 2018)。用户每天发布、分享的帖子、图片与视频,都是“集体文化参与、社会关联、日常审美实验以及自我表达的方式,但我们一开始并非因为渴望别人关注才做这些事情”(Burgess and Green, 2018: 37)。普通人的创造力是在平台媒体的商业模式下实现的。现在,既然人们已经可以“参与”内容的创造和扩散,那么接下来要思考的问题就是谁在发言、谁能被倾听(Couldry, 2010; Burgess and Green, 2018),谁得到报酬(Duffy and Hund, 2015; Duffy, 2017; Burgess and Green, 2018),以及参与文化如何成为“符号斗争、赋权或自我表达”的场所(Burgess and Green, 2018: 24)。平台参与文化的重要性体现于其为当今社会人们表达身份、确定位置及其社会关系的关键场所之一。正如博格斯与格林(J. Burgess and J. Green, 2018)的观点,参与文化与所有的流行文化一样,是人 *192*
们形成价值观、展示生活世界以及表达对世界的期待的方式(Hall, 1981; Burgess and Green, 2018)。正是借助平台媒体的参与文化,流行文化不再只被当作娱乐来消费,而是积极地融入人们的日常社交(Burgess and Green, 2018)。参与文化既是普通人自我表达的方式,又与流行音乐、广告、真人秀等大众娱乐形式相互关联。

三、什么是监视?

人们的“言说”行为——亦即表达自我——是平台媒体的其中一面,而监视则是另一面。数字媒介对人们日常生活的监视无处不在,智能手机就是监视网络中的一个节点。手机摄像头、GPS功能、互联网搜索、地图和应用程序所产生的信息都会被记录在各种数据库中。监视技术有着长远的发展历史,到如今,数据收集处理已经变得越来越自动化。监视是有目的的观测,是“集中、系统、常规化地关注私人细节,其目的是施加影响、方便管理以及指导生产”(Lyon, 2011: 14-16)。在工业社会和网络社会,监视技术是日常生活治理的一个常规性构成。例如,观察技术是为了确保个体遵守机构的规则和规范,包括工作场所、学校、监狱、购物中心、交通网络和道路。监视具有规训的特点。当个体把“受到监视”的感觉内化之后,就会开始自我监督、自我规训。正如那些在某些国家随处可见的测速摄像头,它们监测着车速和路况并对超速者罚款。因此,经过那里的司机慢慢就会改变驾驶行为,自觉控制车速,无论他们行驶的路段是否存在“隐藏”的摄像头,他们表现得就像一直被监视一样。

监视也存在权力关系，“监视者更有权力”（Lyon，2011：14）。一个群体监视另一个群体，是为了将之当作市场、公众或人口来管理。但不容忽视的是，监视通常需要被监视者的参与和同意。正如上网、在公共场所行走、开设银行账号、参投保险、用信用卡购物或填写社交媒体资料，这些做法意味着被监视者同意监视者收集、分析其信息，而且这些信息还被用来管理其他的社会关系以及相应的人群。监视文化也体现在人们日常的媒介实践中，人与人之间的相互监视（Trottier，2011）和分层监视
193 （Andrejevic，2002b）一直存在，例如在Facebook或Instagram上看熟人的照片，或在谷歌上搜索同事的姓名，这已是人们社会生活的一部分。因此，监视不是由“某处”的老大哥强加给我们的，而是日常文化中普遍且可见的部分。

监视一般具有规训的意涵，亦即监视系统是为了识别和监督越轨的个体，但其实，监视更多是为生产目的服务的。它不仅能识别风险，还能识别机会（Lyon，2011）。正如数据库能够形成多种人口数据，他们可以是潜在的消费者、选民或参与者。通过观察人口，就有可能找出新的模式、实践和创新（Zwick and Knott，2009）。数据库有助于找出“消费者创新的、不合常规的以及超出预期的生活方式”，这往往是“在不受控制和约束的消费文化空间中产生的社会创新和文化创新”（Zwick and Knott，2009：225）。因此，数据库可以实时根据个体所处的地理位置、网络位置、情绪、活动或需求作出反馈，能够组织人群、识别风险、协调社会关系、预测兴趣和行动并捕捉机会（Zwick and Knott，2009；Lyon，2011）。

随着数据库容量的扩大，有些数据虽然是为某个特定目的而收集起来的，但也能产生其他用途。而网络化的组织也越来越多地把数据集中起来，以便形成新的、有用的数据集合。例如，Facebook收集用户的日常生活数据，企业则收集消费数据。Facebook的“定制受众”工具可以把这些数据整合到一起，以体现消费习惯与社交网络之间的关系。数据库除了收集关于我们是谁、在哪儿、与谁互动等方面的信息以外，也越来越多地收集与利用情感数据，以了解我们对特定事物、地点、时间和人的感觉。这些模型更具有预测性，而非解释性（Andrejevic，2013）。因为平台不需要了解原因，只要清楚哪些东西有用就行。例如，Facebook可能会注意到某人经常在一周里的某个特定时间和地点登录，其他类似的人也会这么做。它不一定需要知道人们为什么这么做，或这么做意味着什么（例如,有些人喜欢某种音乐，因此会在每周五晚上去一个固定的酒吧），但Facebook能从中预测用户的行为模式，而且有可能会把这些数据与其他内容或信息联系起来以从中谋利（精准推送内容或广告，或了解在某个地点或社会实践当中的社交图谱）。

（一）算法和机器学习

既然监视是有目的地收集数据，那么它也能被用来训练决策算法和预测算法。算法是一组逻辑决策序列或一组确定的指令。对计算机科学家和工程师而言，“算法特指一系列有逻辑的步骤，用来组织、操作某个数据集并快速达成预期目的”（Gillespie, 194
2016：19）。塔尔顿·吉勒思普（2016：25）提出，从社会和文化的角度出发，人们对“算法”的担忧来自对“程序植入人类知识和社会经验”的批判。“算法”这个术语通常用于指称复杂的机器学习过程或模型，而不是某个特定或单一的公式。谷歌或Netflix的算法实际上指的是一个复杂的机器学习模型，其中包含多个层次的算法决策。

数字平台有三种算法模型：分类、推荐与审核。**分类算法**标记数据特征，主要用于识别图像特征，例如用户的脸或地标；也用于识别、标记关键词，例如禁用语或冒犯的词汇。**推荐算法**对内容进行排序，预测内容与用户之间的关系（Hallinan and Striphas, 2016），用于预测最有可能吸引用户的歌曲、电影、图片或帖子，并为用户推送定制内容。**审核算法**是“基于内容匹配或内容预测，对用户生成内容进行分类的系统”，用于确定要删除与屏蔽哪些内容，或降低哪些内容的影响（Gorwa et al., 2020）。审核系统一般需要结合自动化决策和人工决策（Roberts, 2019）。

分类算法、推荐算法和审核算法是多层次的决策模型，需要对其进行开发和训练。机器学习就是开发算法模型的过程，包括处理数据、学习反馈、进行预测。这些模型内置于数字媒介平台，用来分类量大、多维度且人工编码员很难有效处理的社会数据或文化数据。

要建立一个“监督式的”（supervised）机器学习分类算法，首先要创建一组已标记的训练数据并将之导入机器，然后调整算法参数，让模型能够将数据中的模式与标签可靠关联，例如准确地标记一张图像中的“瓶子”或“人”。这些图像会被压缩成像素矢量，亦即一长串代表像素的数字。接着，模型会学习图像像素与标签之间的关联。训练完成后，就可以让算法来分类没有标记过的数据。工程师会调适参数和阈值，每次调适都会有细微的差别。这种机器学习方法需要一组已标记的训练数据。

以ImageNet为例，它是一种最基础的数据库（Crawford and Paglen, 2019），由计算机科学家李飞飞于2009年创建，迄今已有1400万个标记过的图像（Gershgorn, 2017）。许多类似ImageNet图像数据库的标记工作都是在任务平台上完成的，例如亚马逊的Mechanical Turk或者谷歌的人机验证CAPTCHA，人们需要在图像上点击包含特定符 195
号的那部分，比如一辆汽车。程序员用ImageNet来训练图像分类模型，让它“学会”像人一样正确地标记图像。在使用“训练数据”完成开发以后，这种模型就会被用来分类之前没有训练过的“测试数据”，以检测其准确度。工程师可能会导入一组模型之前没有见过且没有标签的ImageNet图像，然后把模型生成的标签与ImageNet数据库中已有的标签进行对比，目标是建立比已有的“黄金标准”更加精确的分类模型。

监督式算法模型的局限性在于只能学习那些一开始就由人类分配好的标签。这就会带来两个问题：第一个问题是给图像贴标签的逻辑挑战。如果数字文化生产了成千上万的图像，就不可能存在一种与之对应、有代表性且已标记的训练数据；第二个问题是，对于像歌曲、电影和图像这种具有高度文化意义的数据集而言，许多特征是不容易被标记出来的。例如，在一组表现日落的图像上，人类很容易给“太阳”或“天空”贴标签，但很难对天空的色调或图像拍摄的角度贴标签。人类可能会下意识地识别这些特征或模式，但很难描述、标记它们。

与之相比，“无监督的”（unsupervised）机器学习模型可以找出聚类的模式。在没有已标记训练数据或是要探索新模式的情况下，这种方法非常管用。像Spotify这样的平台会采用协同过滤的方法来预测用户与电影或歌曲之间的关联。协同过滤在典型的“监督式”算法模型上开展，即已存在一组表现用户与歌曲之间关系的数据。如果用户A和用户B喜欢的歌曲有很多是相同的，那么用户A也可能会喜欢用户B喜欢但自己还没有听过的歌曲。用户在Spotify上听歌就是在给数据“贴标签”，这些数据可以被用来进一步“训练”和“优化”推荐引擎。但这种方法具有“冷启动”的问题，即如何分类那些没有人听过的歌曲。这个问题在一定程度上由元数据来解决。元数据是艺术家和唱片公司把歌曲上传到Spotify时生成的，包括歌曲名称、艺术家名字，或许还有流派。所有这些信息都能让算法找到潜在的听众。但协同过滤模型的运作首先需要许多用户去听某首歌，然后才能确定他们听歌的模式，预测谁可能喜欢这种歌。Spotify已经尝试用无监督的深度学习方法来补充协同过滤算法（Popper, 2015）。工程师用深度学习方法来识别歌曲的声音结构（Dieleman, 2014），他们开发的深层神经网络技术能够把具有相似声音特质（如和弦、旋律和节奏）的歌曲聚集起来，将歌曲对应到某个文化流派或子流派中。
196 这种无监督的算法模型可以在人类没有标记过的歌曲上识别出相似的声音特征。

平台收集并控制了大量已标记和未标记的社会和文化数据，这使其成为开发机器学习方法的关键场所。出于商业动机，它们投入大量资金来开发处理数据的新技术，因为数据是其实现内容与产品自动化创建和扩散的一部分。

（二）算法文化

从根本来看，文化是评价和决策系统。文化价值、偏好和品位都是对观念、对象、实践和表演的评判体系，涉及好或坏、酷或不酷、令人愉快或厌恶等方面的价值判断。人类学习说话就是在学习如何在其文化中正确地贴标签。正如斯特理法斯（T. Striphas, 2015: 396）指出："在过去30年左右的时间里，人类越来越多地把文化相关的工作外包给计算过程，包括对人、地点、事物、观念等的排序、分类和分级。"这虽然令人惊讶，但部分是因为人类长久以来对文化及其评价体系的理解都局限于人类的经验。如今，人类仍在创造能够模拟这些判断的计算机器。算法文化的定义也正是"用计算方法来对人、地点、事物、观念等进行分拣、分类和分级，也涵盖与这些过程相关的思维、行为和表达习惯"（Hallinan and Striphas, 2016: 119）。这个定义有两个重要的组成部分：算法文化既包括让机器学习作出文化决定，也包括人类学习如何处理机器。正如亚历山大·盖洛韦（Alexander Galloway, 2006: 90–91）在一篇关于电子游戏的论文中解释道：游戏是一种文化文本，我们与其说是"读者"，不如说是"操作者"。他指出："玩游戏其实是在玩游戏的代码，获胜意味着了解系统。而解释一个游戏就意味着解释其算法。"在这层意义上，媒介文化可以被视为一种操作算法的体验，而不仅仅是对文本的创造、扩散和解释。

平台媒体公司把自己的算法系统标榜为大众意志的民主表达。算法在这个神话中是一个中立的观察者，只是挑选那些已经流行的歌曲、电影或帖子；它让乌合之众表达他们的智慧，让所有人都通过自己的观看、点赞和浏览行为来组织文化生活。平台采用的是这样一种修辞：相比由精英生产者来挑选流行的内容的大众文化，算法文化汇聚了普遍的公众意志。但斯特理法斯（2015）认为这只是平台的说辞，算法文化实际上"重拾"了精英的文化组织原则。他指出，平台即便有一套关于民主和流行的说辞， 197
但它们已经成为一种新的文化精英。他借鉴了19世纪英国文化批评家马修·阿尔诺德（Matthew Arnold）的论点。阿尔诺德认为，19世纪，民主日益强大，普通人获得更多权力，统治精英因此必须想办法来维持文化主导地位。他们加大了对学校等机构的投入，让普通人通过"培训"或"教育"而接受文化现状。后来的英国广播公司（BBC）等公营广播电视公司也发挥了这种作用。阿尔诺德把文化定义为一种"对抗那些有威胁的无政府主义倾向的权威原则"[Arnold, 1957（1869），引自Striphas, 2015: 406]。他所谓的"权威原则"指的是选择特定规范、价值、观念、品位和生活方式传统来塑造社会。精英要承担宣传作用，正如阿尔诺德所说，把"最好的思想和言论"宣传出去（Striphas, 2015: 407）。

斯特理法斯（2015: 406）认为，这种把文化当作权威原则来使用的观点是一种"主要存在于并围绕算法文化运行"的观点。算法现在被用来"安排"文化。Facebook、谷歌、Netflix和亚马逊这些媒介平台把算法的内容推荐鼓吹成大众意志的直接表达。但实际上，它们在决定“最好的思想和言论”方面发挥着强大的作用。算法文化造就了“新的精英”，强大的平台规划公共文化，但从不披露“幕后”的决策过程，因此公众永远不知道这些决定是如何作出的。可想而知，这些决定最终服务的是平台的商业利益，而非公共利益。斯特理法斯还认为：“像亚马逊、谷歌和Facebook这样的公司有着一套民粹主义的修辞，但却迅速崛起为新的文化传道者”（Striphas，2015）。这些平台的定制推荐还形成了一种“封闭的商业循环，其文化更多的是在迎合而非对抗用户”（Hallinan and Striphas，2016）。

四、自动化媒介与算法的责任

大众传媒的权力源自其控制意义流动的能力，它们控制着谁可以发言，人群、地点和事件如何呈现。而平台不仅拥有这种权力，还能把社会生活转化为数据进行处理，并在此基础上进行数据的分类、推荐、审核与区分。平台通过其数据处理架构塑造人类
198 对世界的体验以及人类沉浸其中的意义流动，并影响人们获得符号资源和物质资源的机会。

算法模型的潜在危害在于，即便它们可能会错误地识别和再现我们，错误地分配资源，甚至还会剥夺我们的机会，我们还是将决策的重担压到了它们的肩头。例如，有些算法系统只对白人面部图像进行训练，因此会错误地识别有色人种。还有些算法系统根据年龄、性别或种族对人进行分类并作出决策，这种决策可能会造成歧视，也有可能让我们从中获益。例如，广告商已经能通过Facebook的广告算法选择不向老年用户投放招聘广告，或不向来自特定社区或种族的人投放金融或房地产信息。自动化决策的创建和实施需要人类发展出相应的社会政治制度，让算法对公众负责，对人类的价值观、道德和文化规范负责（Crawford，2017）。算法问责既包括检查算法的判断方式，也需要建立关于算法开发使用的制度、商业和政治框架。这是一项双重挑战：我们既要检查算法决策是否公平，还要考虑使用算法的是谁，其目的是什么。为了解决这两个问题，需要让算法及其使用公开透明并受到公众监督，或许这才是我们思考算法对公共生活有何影响的基础。

安德热耶维奇（M. Andrejevic，2019a：26）提出，既要关注自动化媒介**内部**的偏见，也要关注自动化媒介**本身**的偏见。自动化媒介**内部**的偏见指的是算法决策的公平性。

要考察自动化媒介**本身**的偏见，则需要分析更大的政治、社会和经济语境，然后才能理解如何创建、使用自动化系统，回答这些系统作用于何种社会关系，采用了什么政治技术。强势的政经群体把自动化作为一种超越人类决策局限性的方法推荐给我们。借助对自动化媒介**本身**的偏见的考察，我们强调选择实施自动化决策是社会组织方式的特定愿景的一部分。

算法偏见是一种社会过程的产物，这个过程涵盖了数据集的收集、组织、标记、训练、优化以及最后的决策（Pasquinelli, 2020）。收集数据集的大部分工作已经渗透到人们的日常实践中，无论是行走、拍照，还是发送文本与进行搜索，人人都在生成数据。那些用来训练算法的数据集，其收集工作往往就是在人们平时使用社交媒体时开始的。帕斯科涅利（M. Pasquinelli, 2020）提出算法系统中存在三种不同的偏见：

- 历史偏见：算法系统再生产现有的结构性歧视或不平等（Noble, 2018; Benjamin, 2019; Pasquinelli, 2020）。
- 数据集偏见：以特定立场来选择、组织和标记数据。例如，根据人的种族、性 199
别或性取向，用相应的诋毁性词汇来标记图像数据集（Crawford and Paglen, 2019）。
- 算法偏见：自动决策过程经过优化和加权之后形成特定的结果。例如，推荐算法侧重参与度，更有可能选择特定的内容类型而非其他类型，导致内容高度同质化，丧失多样性。

算法可以被用来有目的地区分人群，例如，广告商会选择不向特定性别或种族的人展示广告。算法系统创建人的类别就是为了区别对待人，这在某种意义上是对广告和战略传播更深层逻辑的再生产：传播者试图将受众分类，从而精准发送特定讯息；广告信息也总是针对某些人群而非其他人群。

算法决策系统会产生歧视。它再现了植根于我们社会关系中的不平等，并把这些不平等整合到支持算法模型的数据集中。真实世界社会关系中的偏见也嵌入了数据集，并内化成算法模型的标签和权重。这种收集数据、优化算法的工作兼具社会性和历史性，以制度性的历史和战略为基础。正如强势群体控制了社会文化生产的其他模式一样，算法决策的架构也被强大的机构用于战略目的。偏见、歧视、评判和特权的历史结构被编码到机器学习当中；机器对数据进行学习、训练的过程反映的是那些拥有、构建、运营和训练这些系统的人的视角。

自动化系统**内部**的偏见，是争夺算法媒介权力的一个重要理由。社会关系、数据集和算法中的偏见可能因为对人、内容和资源错误地进行分类、描述和分配而造成危害

（Crawford，2017）。在克劳福德（2017）看来，这种“分配”的危害是直接的、分离的，而且可以被量化。例如，如果因为年龄而没有机会申请工作，就可以将之量化为一种歧视形式。

然而，表征的危害具有文化性和扩散性。如果算法推荐系统总是强化歧视模式，就会再生产不平等。研究种族和技术批判的学者关注的就是歧视如何“融进”平台算法。
200 例如，萨菲亚·诺布尔（Safiya Noble，2013，2018）指出了谷歌搜索重新生产表征性伤害的一系列例证。当她搜索“黑人女孩”时，发现“前十个结果中有一半（50%）带有性意味或色情内容”，而且“十个搜索结果中只有三个（30%）关注黑人女性的社会文化生活”（Noble，2013）。当她搜索“三个黑人青少年”时，第一个结果是枪击抢劫，而搜索“三个白人青少年”时，出现的则是一群朋友。当她搜索“非职场发型”时，大部分结果呈现的是“非洲式发型”的非裔美国女性（Noble，2018：82）。这些错误的表征、分类、识别以及歧视兼具社会性和技术性的意涵。从技术层面上看，谷歌在含有社会关联的信息数据集上训练算法，但这些用于训练的数据和算法是在社会、历史和商业语境下组装起来的。从社会角度来看，搜索引擎算法是由用户的搜索、点击而“训练”出来的，是用户顺着谷歌的商业目的进行优化的。用户搜索“黑人女孩”就会出现色情网站，恰恰是因为这些网站是通过“搜索引擎优化”技术来操纵算法和提高排名的。

鲁哈·本杰明（Ruha Benjamin，2019：3）提道：“普林斯顿大学的一个计算机科学团队进行了一项算法检验研究。这种算法是根据用户在网上发布的内容训练出来的，研究人员想要知道其中是否存在心理学意义上的人类偏见。结果发现，这种算法会把听起来像白人的名字与‘令人愉快’的词汇相关联，而把听起来像黑人的名字与‘不愉快’联系起来。”另一个案例是乔伊·布奥兰威尼（Joy Buolamwini，2016a，2016b，2017）的研究，她为一个面部识别系统进行编程，但这个系统却无法识别有色人种：她需要戴上一个白色的面具，机器才能识别她的脸。从技术层面来看，这是因为训练数据主要包含的是同质的白人面孔。但这在根本上是一个社会问题，因为这个数据库是由白人工程师创建的，这意味着其供职机构无法从不同用户的角度来看待这个世界。

算法系统能够再生产主导的社会关系。诺布尔（2018）把这种技术歧视称为“技术红线”，本杰明（2019）则称之为“新吉姆代码”（new Jim Code）。这两个概念有助于解释算法偏见如何嵌入历史权力关系和结构性的权力关系当中。诺布尔（2018：1）解释道，“技术红线”是指一种“强化压制性的社会关系并实施新的种族定性模式”的数字决策。“红线”这个词原来指的是美国银行为了不向贫困社区或非裔美国人社区提供贷款或金融产品而在这些社区周围划线的做法。类似的情况通常还体现于服务设施，这些地方对公共基础设施、卫生服务、教育和住房的投资更少，获得新鲜食品和杂货等生活服务的机会也更少。红线政策在歧视性的决策下实施，在“传统”的红线决策中，政府部门选择不为贫困社区的基础设施投资，或者银行选择不向贫困社区的居民提供资 201
金；而在数字时代，红线决策在算法上“自动”运行。

算法强化了种族、性别和阶级的历史性和结构性的不平等。数字平台如今已经成为一种默认的公共基础设施，是人们获取信息、自我表达、学习、消费以及获得就业和教育机会的渠道；但平台也开始再生产各种压迫形式，让红线破坏非主导群体的生存机会。正如传统的红线让非裔美国人社区周围的杂货店服务收缩，亚马逊算法则在数据驱动的商业模式下，选择不向这些社区提供货物配送优先服务；可见，红线和算法的效果如出一辙（Ingold and Soper, 2016）。虽然亚马逊声称其并没有故意根据种族或阶层来歧视这些社区，但它用来决定哪些社区可以接受服务的算法模型却反映了结构性的不平等。诺布尔（2018）还指出要重视搜索引擎中的偏见，因为平台是社会信息分配的公共设施，是组织社会文化和回答人们问题的默认基础设施，就像影响人们生活机会的其他公共产品和服务一样，例如金融、就业和住房等。谷歌是为人们组织文化资源和信息的滤镜，其搜索结果塑造并强化了人们对这个世界的感知及其行动。

本杰明（2019：3）提出的“新吉姆代码”向我们展示了技术红线如何“比过去的歧视系统更客观和进步”。正如人们在利用搜索引擎查找信息时，算法系统会简单罗列“最流行的”结果，但这却掩盖了对历史性歧视的再生产。与诺布尔（2018）提到的历史当中的红线一样，本杰明的“吉姆代码”概念是“吉姆·克劳”（Jim Crow）在互动时代下的重新设定。“吉姆·克劳”是对“19世纪90年代至20世纪50年代美国南部种族隔离、压迫和不公正制度的一种合法化的描述。这是一个具有弹性的术语，用来描述支持白人至上的时代、地理区域、法律、制度、习俗以及行为准则”（Benjamin, 2019：5）。如果说“旧”的“吉姆·克劳”是一种“公然的种族歧视”，那么“新”的“吉姆·克劳”则是公共决策和私人决策中限制有色人种生活机会的“色盲意识形态”。显然，无论是司法、教育领域，还是就业层面，搜索引擎给出的结果明显是针对特定种族和阶层的歧视。

偏见和歧视不是“技术性”问题，无法单纯被“修复”。乔伊·布奥兰威尼（2016b）指出：

> 机器以一种编码过的视角来看待这个世界，以指定方式来吸收相机的像素。
> 我们用机器学习创建训练数据集，帮助机器检测新面孔。但这些训练数据缺 202

> 乏多样性，导致这个有局限性的机器无法识别像我这样的面孔。（Buolamwini, 2016b）

这个问题的根源在于“编码反映的是创建系统的人的观点”。布奥兰威尼指出，要让训练数据更加多样化，就需要在设计这些系统的技术公司内部提高多样性，因为技术修复首先需要人能从不同的立场来理解世界。她认为，“当你的团队里囊括所有人种，人人都有不同的生命体验，那么检测那些被忽视的人就会更加容易”（Buolamwini, 2016b）。

本杰明（2019：82）在回应布奥兰威尼（2016）的同时指出：

> 虽然包容性和准确性在抽象层面都是有价值的目标，但考虑到歧视性设计中长期存在的种族主义编码，在不公正的社会关系设定中，受到主流群体的接纳从而能更准确地被识别出来意味着什么呢？无辜和犯罪不是算法可以检测到的客观状态，而是在种族不平等的深刻历史背景下，由机构和个体的互动创造出来的，而黑人则被编码为罪犯。

布奥兰威尼对算法偏见的批评促使她开始分析算法设计过程，以期建立更“准确”的决策；本杰明则指向设计和部署这些决策的政治、社会和经济语境。偏见和歧视也是社会技术问题和政治问题。其社会技术性体现于技术是由人在特定的社会语境中设计出来的，其政治性在于这种歧视是由人设计并得到应用的，它是权力运行的一部分。

要让算法模型“更公平”或“无偏见”，不仅仅是确保那些被用来调整模型本身的数据、标签或权重“无偏见”那么简单。虽然这对于算法内部逻辑而言很重要，但它没有根除这些系统产生危害的社会性和历史性原因。如果说“技术性”维度是确保数据、标签和权重是“正确的”，那么“社会性”维度则更加困难，它涉及探究数据被收集和标记的社会性决定因素：

- 谁在数据集里的代表性过多或不足？
- 谁的世界观会影响数据的标记？

此外，我们还要分析在决策过程中收集、处理和使用数据的制度语境：

203
- 谁管理这些机构？
- 他们的目的是什么？

- 他们为谁服务?

在政治层面上，这个问题的解决有赖于慎重思考是否应该在制作机器学习系统上合作，因为这种系统会让权力更精准或更有效地集中在不负责任的技术公司手里。相关的政治抗争压力已经显现，例如，微软和亚马逊等公司已经取消或暂停使用警方采用的面部识别技术，因为这些技术经常会错误地分类有色人种。然而，政治抗争不在于要去确保机器视觉系统的准确度，而在于拷问这种系统是否应该存在。

“有偏见”的自动化决策系统不仅是资源和权力在历史上分配不平等的产物，而且还偏向于特定的政治和社会逻辑。马克·安德热耶维奇（2019b）指出，自动化媒介的歧视通过预测来进行干预并开展行动，而不是用再现现实的方式来创造意义和叙事。这些媒介系统的目的不是生产表征来述说社会现实，不是生产关于世界的共享经验。相反，其目的是用技术来无孔不入地捕获数据，是为了及时分析、预测和干预。媒介形式从象征意义的流动转变为永恒的环境探测，媒介的操作性质取代了其表征性质。表征是为了让人理解、判断，展现的是人类需要理解的世界图景、叙事以及行为方式。而操作性的媒介系统并不讲述关于世界的故事，而更多的是为了收集信息，以便形成预测和决策。自动化媒介把媒介转变为生活中无处不在的传感器、探测器和屏幕。自动化的“级联逻辑”让政治、经济和文化决策在不断扩张的同时去除人类的判断（Andrejevic，2019b）。这种逻辑取代了决策的社会性和政治性，有利于自动化的分析预测。还有许多其他方面反映了这将如何影响人类的生活质量、政治行为及文化体验。因此，此处的关键问题不仅在于如何让自动化更加“公平”，而且在于拷问自动化本身的历史进程：

- 自动化服务于谁的利益?
- 它如何改变了通过媒介来行使权力的方式?
- 它产生了什么样的社会关系和政治关系?

对算法决策模型的评估旨在揭露并改变其中的结构性权力关系（D' Ignazio and 204
Klein，2020）。与其仅仅了解算法的工作原理，或如何在技术上进行“修复”或“改进”，不如关注算法作为控制工具被创造及部署的历史和文化语境。用马克·安德热耶维奇的话来说，数字平台对数据驱动分类技术和模拟技术的投入具有“无框架性”（framelessness）的技术意识形态特征，是幻想通过数据挖掘来创建一个“镜像世界”，一个完美的现实的数字副本。然而，在安德热耶维奇看来，这个项目是有缺陷的，因为人对现实的体验必然是片面的。只不过，我们人类坚持认为一个“小到让人足以了解”的世界是存在的，可以对之进行描述并从中创造意义，甚至想象那是与现在人类所处之世界完全不同的一个世界。

五、算法想象

我们正处于算法文化时代，因此我们也开始注意算法如何关注我们。我们上网购物之后，可能很快就会在Facebook的信息推送里看到自己浏览过的衣服、夹克、书等商品，或在正在阅读的新闻旁边的广告中看到这些东西。我们可能会注意到，如果我们发布了小狗或刚出生的婴儿的图片，就会收到很多点赞和评论，有时还会持续好几天，这张图片好像会重复出现在我们朋友的信息提要里。我们还会发现，在Netflix观看一部浪漫喜剧后，它就会不断推荐类似的电影。即便我们无法确定算法是如何安排这些日常文化的，但依然可以深切地理解算法对我们体验的影响。泰纳·布赫尔（2017, 2018）指出，我们生活在一种算法想象当中，这么说并不意味着算法是有错的，或那是幻想出来的，而是说我们生活在一种数字文化里，用平台媒体来引导自己的生活；我们“想象，感知并体验算法”（Bucher, 2017: 31）。而且当我们注意到算法，就会解释它们如何运转，并开始“应对”它们（Striphas, 2015）。我们根据自认为的算法关注我们的方式，来调整自己的行动和表达。例如，我们可能会让自己更容易被识别，或调整被识别的方式；也可能会让自己隐身。算法与用户之间的关系是动态的，二者相互预测对方的行为。人们使用平台越多，生成的训练数据就越多。进一步来看，算法塑造我们环境中的内容流，我们则根据自己认为的算法运作方式来调整行为，这反过来又塑造了算法（Bucher, 2017）。

虽然并不确知算法文化中的计算面向，但我们对如何生活、社交并引导算法组织
205 我们的信息和文化环境都有一种理解。作为平台媒体用户，我们发明了一系列引导算法推荐、审核与识别我们的策略，这些策略或许是一种学习玩“游戏”的策略（Galloway, 2006）。理解算法的运作方式并不是在“操纵”系统，而是学习它的规则，学习如何与之打交道，让系统懂得如何关注我们，并让我们以自己想要的方式被别人看到。

Instagram上的网红和YouTube上的创作者需要了解算法的运作才能与粉丝更好地互动（Abidin, 2016; Carah and Dobson, 2016; Bishop, 2019; Cotter, 2019），例如学习如何在平台上优化参与度和可见度，避免“无人问津的风险”（Bucher, 2012）。因此，检查、判断和实验算法的运作就是其工作的一部分。他们对算法的想象浓缩成了一系列策略或理论，包括算法如何分配可见度、用何种策略来提升可见度等。但他们并没有偷偷摸摸地“操弄系统”，而是学习玩这种“可见度游戏”（Cotter, 2019）。网红和创作者有一整套策略来推断算法的运作方式，例如实验、监测自己账户的数据分析报告，还包括“阅读第三方公司和营销大师的博客，通过讨论、收集、评估经验性的证据来相互学

习”（Cotter, 2019：902）。在比舍普（S. Bishop, 2019）看来，他们总结和交流这些策略的做法是一种“算法八卦”，亦即网红和创作者相互交流自己对Instagram或YouTube算法运作的“八卦”，从而形成了一种集体的或共享的理解，这是一种自下而上的练习“策略”，目的是探索如何利用算法来生成可见度的最佳策略。

科特（K. Cotter, 2019）分析了网络小组中网红对算法可见度的“理论”、实验和策略的讨论，并发现了两种“玩可见度游戏”的方法。第一种是“关系型”网红，他们认为平台算法会奖励那些展现有意义的关系的行为，亦即要让算法推荐系统关注并提升可见度，就需要“真实”，创作引人关注的内容，热度自然会来。这种“算法想象”假设算法可以检测“真实”和“有意义”的表达形式。第二种是“模拟型”网红，他们认为平台算法由一系列可以理解和操纵的规则组成。模拟型网红会用互捧、机器人或关注/取关等策略来人为地提高内容热度。“互捧”指的是一群网红相互点赞，让内容在发布几分钟后就提升热度。“机器人”指的是购买虚假账号来点赞内容；关注/取关指的是先关注某个账号，如果这个账号没有回粉，就取消关注，这是为了提高粉丝量。无论网红和创 206
作者对算法有着何种想象，他们都在试图“学习”可见度游戏的规则，通过各种策略尝试在游戏里“获胜”。因此，网红的工作不仅仅是创作内容、保持酷的姿态和品位，还包括“想象”算法的运作方式从而促进参与，包括了解推荐算法、分析如何让算法提升可见度、设计策略并进行测试。

平台为网红和创作者提供分析工具来监测其账号的可见度。他们需要学习和理解这些指标，才能知道如何让算法提高可见度。这种分析、反思数据指标并进行调整的做法就是“算法自我优化”的一种方式（Bishop, 2018）。比舍普（2018）发现，YouTube的分析面板数据虽然只展现了平台算法的部分运作方式，但已足以构建创作者对算法的想象。例如，YouTube的推荐算法权重包括开始观看（用户是否从你的视频开始观看）、持续时间（视频有多少观看时间）和观看结束（用户是否在你的视频结束观看）。用户开始观看一个创作者的视频是一个正指标；视频获得大量观看时长也是正指标；但如果用户在某个视频那里结束观看，就是一个负指标（Bishop, 2018）。创作者除了参与“可见度游戏”之外别无选择。如果要玩这个游戏，就要调整内容；如果选择不玩，被观众发现的可能性和热度就会降低，收入也会减少。因此，YouTube算法不仅仅反映了流行趋势，也为之设定了条件，并以此来衡量创作者的表现。在比舍普（2018）看来，这种文化设定决定了什么样的视频能够扩散开来并得到观看，但这不利于一部分创作者。例如，一位女性在观看游戏视频时，可能会因为看到仇视女性的言论而“结束观看”。再如，YouTube的隐藏字幕可以创建关键词，但有些创作者的口音较重，很容易被误译，这样一来，就无法用正确的关键词进行有效的推荐，这也使得YouTube中“很少见带有地方口音的美妆博主”（Bishop，2018）。比舍普解释道：

> 为了证明存在这种差异，我找到了一位位于巴恩斯利的视频博主PollyanneB，用她的视频《用Urban Decay品牌的Naked 2眼影盘画烟熏妆》作为案例（PollyanneB，2016）。这个视频的翻译完全错了。Pollyanne说的是：“我们先来画一个不错的底妆。我有点想用眼线笔画一个渐变的眼线，我会从内眼角画一个
> 207 比较浅的阴影，然后在外眼角用较深的色调。”这句话的机器自动翻译非常荒谬：“这是非常美好的一天，我有点想做一个渐变，我认为要用团队，所以我要停在一个圆锥形的地方，我应该进入更暗的地方。”这部分的关键词识别完全错误，视频的其他部分也有很多错误。这些错误的地方含有许多用户会在YouTube上搜索的关键词，例如“渐变眼妆”“较浅的阴影”和“底妆”。（Bishop，2018：79）

可见度游戏的规则往往契合主流文化的“规则”，会强化和放大主流文化。算法想象反映的也是更广泛的文化想象。例如，女性必须用符合异性恋审美的方式来展现女性特质和美貌，这样才能出现在订阅异性恋博主的推荐列表里（购买他们的视频并模仿其表演）。算法模型反映了平台及广告商的商业要求，其中高价值的用户关注往往契合相应的文化动态。创作者和网红对算法的想象反映的也是这些规范。

网红和创作者在**寻求**可见度的同时，其他用户也会参与这种“可见度游戏”，而他们的目的是避免被看到。艾米丽·范德纳戈尔（Emily van der Nagel，2018）研究了用户如何用“伏地魔化”（Voldemorting[①]）和“截屏”这两种策略来避免被算法找到。“伏地魔化”指的是不提名字、关键词、主题标签以及其他谈话策略，这是因为人们不想让别人知道自己在谈论别人。这种策略能够有效地应对平台中的“钓鱼”和辱骂行为。例如，女性或非二元性别认同者在谈论男权活动家或玩家门[②]时，可能会避免使用特定术语，这样就可以避免遭受骚扰。截屏策略与之类似，这样的话平台就无法识别关键词；人们也无法看到自己在帖子中被“标记”。

---

① 取自《哈利·波特》中的一个反面人物，影片中的伏地魔（Voldemort）是一个让人不敢提及的大恶魔，“伏地魔化”指的是刻意不提到某个话题。——译者注

② “玩家门”是2014年因游戏制作人Zoe Quinn的一系列争议行为被曝光后引发的一场互联网论战，讨论涉及游戏媒体、游戏产业、性别歧视、女权主义等问题。——译者注

某些用户可能还需要规避平台的人工审核和自动审核。例如，伊萨贝尔·格拉德（Ysabel Gerrard, 2018）发现，当Instagram和Pinterest等平台开始审核饮食失调的主题标签时，有些用户就开始制定相应的传播策略来降低这种内容的“可见度”。但这里有一个悖论：用户这么做是为了规避平台关于可见度的规则，希望自己不要被审核主题标签的算法发现，但要被内容推荐算法找到。格拉德（2018）指出，这些用户哪怕不用“支持”饮食失调的标签，其内容和兴趣也会与其他类似用户产生关联，而且平台会向他们推荐彼此的内容，把他们“聚”在一起。这些用户通过学习规则来引导平台。如果平台审核是找出饮食失调的明显标签的话，这些用户就会采用一些模糊的词汇来规避审核。格拉德（2018：4504）发现，用户不仅会规避标签审核，还学会了让平台推荐这 208
些内容的方法，“一旦某个人在平台上属于支持饮食失调的类型（可能只是因为其粉丝类型，或是该用户分享、喜欢、保存并评论了特定内容，包括其点击历史或其他隐藏的社交媒体数据），就不需要通过主题标签来查找内容，因为平台会向他们推荐相关内容”。格拉德甚至证明，虽然平台审核明确禁止提到厌食症，但推荐算法会向用户推荐有共同兴趣的人。

算法想象可以被理解为创作者、网红和普通用户运用的创造性策略，这些策略的目的是理解算法如何分配可见度，以及如何利用游戏规则从而以自己想要的方式来行动。但这些活动是在用户无法控制的系统中开展的，而且在文化决策和组织形式方面并不透明。总体而言，算法想象是一种自下而上的政治，是人们创造的关于算法模型的集体知识，是学习如何在平台规则下产生可见度和社会性的最好的方法。

案例1：规避被禁标签

文/莉莉安·朗吉亚

在媒体机构向参与式媒介平台转变的过程中，一个主要的变化是编辑控制的缺位。参与式平台并不控制叙事内容及其讲述方式，而是让用户自己决定。因此，我们今天可以在平台上看到那些从来不会出现在报纸或电视上的内容。但这也意味着用户可以创建和分享有害的、带有冒犯性和歧视性的内容。在公众监督和媒体监督下，许多平台媒体公司都在尝试审核用户生成的内容。本文将探索媒介平台在用户参与方面设置的条款和规则及其对内容的规范，以Instagram为例，分析该平台如何规制、审查那些支持饮食失调的内容。

在人际交往中，谈论有害的、带有冒犯性或歧视性的内容，对于我们谈论的对象和我们交谈的对象而言都是有风险的。伊萨贝尔·格拉德（2018）分析了

Instagram的内容监管方法。她发现，那些在网上支持饮食失调的用户群体非常重视保密工作，其中大部分都会极尽所能地不让算法发现他们。格拉德认为，在道德层面需要尊重这些用户匿名的要求，避免对这些用户定性。她还指出，在讨论
209 边缘性社区时，不应该进行绝对的道德评判（Gerrard，2018）。

Instagram为了应对平台中出现的与其商业利益和文化价值相悖的内容，尝试通过算法和自动化技术来阻止人们看到此类内容。如果平台“禁止”部分话题标签，用户在搜索和点击这些标签时就不会显示任何图片。有些账号还被“隐身”，这意味着内容推荐算法不会把此类账号发布的任何标签内容推送给其他用户的主页或探索页面。另外，有问题的内容要么“自动”传到审核系统，要么被其他用户举报，然后由内容审核员决定是否删除。

Instagram对用户分享内容的规范犹如一场猫捉老鼠的游戏。平台通过自动算法来过滤那些有问题的内容，而用户则试图避开审查。Instagram的算法在定位灰色内容方面的效果越来越好，而用户的应对策略也变得更加复杂。这反过来又促进了Instagram的审核方法不断发展。

禁用标签曾是Instagram内容审核的主要方法。2015年，Instagram上有超过200个被禁的主题标签，其中大部分都是为了预防用户分享有害内容，阻止他们形成社区；有的则是为了防止用户“操纵”应用程序中的热度；还有的是用来禁止和限制色情内容或不宜在工作场合观看的内容的扩散。Instagram这么做也是为了留住广告商，维护其商业利益。此外，该平台也禁止那些它认为可能对用户有害的主题标签，例如“饮食失调”“自残”，以及其他带有攻击性的标签（包括脏话、仇恨言论等）。

“支持饮食失调”是被禁标签类别中的一种，其中有些明确提及了饮食失调的相关内容，如#anorexia（神经性厌食症）和#bulimia（贪食症）。如果搜索这些标签，Instagram就会提出警告，但还是会让人找到这些内容（见图8-1）。如果用户接受过这个警告，那么再搜索相同标签时就不会再出现警告，但只能看到严格审核后的内容，例如鼓励康复的帖子。这些标签没有被“禁”，但受到了严格的审核。

有些标签与饮食失调的联系不太明确，例如#thinspiration（瘦身妙计）和#proana（支持厌食症），但这些主题标签是被“禁”的，Instagram根本不会让你搜索它们（见图8-2）。

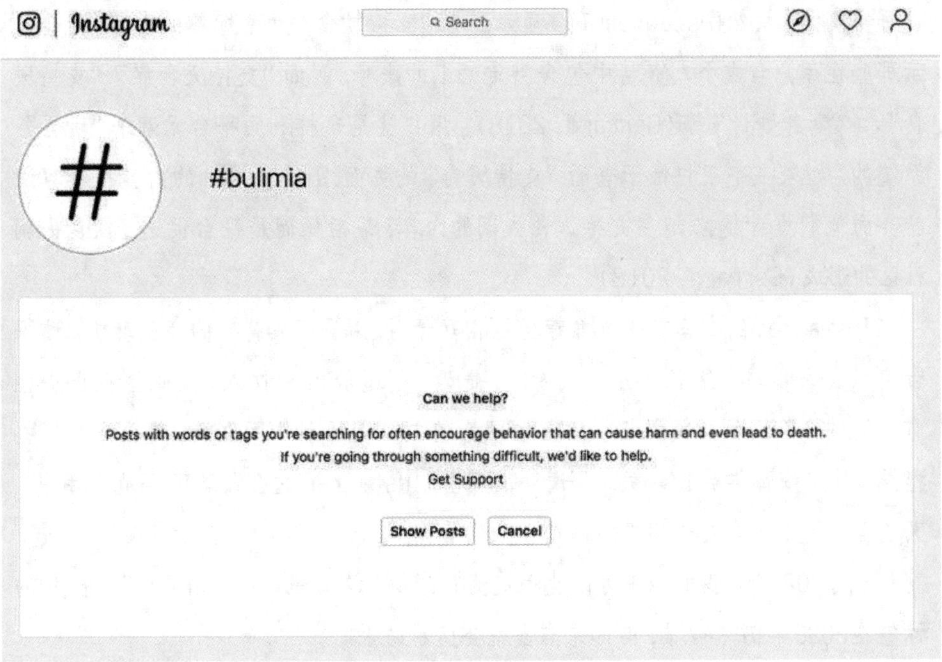

图8-1　Instagram的警告

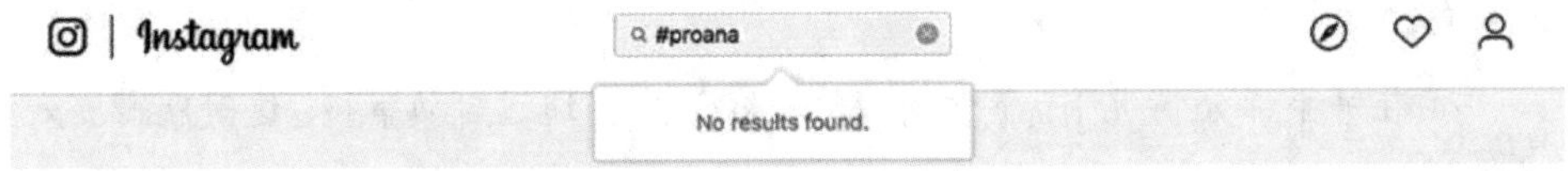

图8-2　Instagram警告禁止的标签或“影子”标签

科布（G. Cobb，2017）调查了那些支持饮食失调的用户在发现标签被禁时 210
的做法。当用户发现#proanorexia（支持厌食症）和#thinspo（瘦身妙计）等标签被禁时，就会用新的方式作为替代，例如#thynspoo等词（Cobb，2017）。当这些标签也被禁后，用户就会更加巧妙地把支持饮食失调的账号伪装成让人更容易接受的健身账号，还会采用一些监管不足的相近标签，如#fitspo（健身妙计）（Cobb，2017）。那些不明确支持饮食失调的标签更难监管，因为“这些否认和伪装的话语模糊了厌食症与支持厌食、激励瘦身与激励健身之间的界限，使得这类内容反而更加普遍”（Cobb，2017：201）。可见，参与文化和平台算法之间存在着持续的相互作用。图片制作和共享实践既受平台参数的影响，也受用户实践的影响。换言之，人类实践与机器之间一直存在动态的博弈。

伊萨贝尔·格拉德（2018）就标签对Instagram上形成支持饮食失调社区的 211
必要性做了研究。她发现，一些用户已经不再使用主题标签，而是用其他元素来构建社交网络。虽然Instagram不会显示带有“支持饮食失调”标签的内容，但会显示那些在用户名或个人资料中包含特定语汇的账号，例如“支持厌食症”“支持厌食”和“瘦身妙计”等（Gerrard，2018）。用户就是这样利用平台元素来“玩弄”系统的。如果一个用户忙于查看“支持厌食”的页面，Instagram的内容推荐算法就会向他们推荐越来越多支持饮食失调的内容，最后反而是平台促进了饮食失调社区的形成（Gerrard，2018）。

Instagram的内容审核与推荐功能相互矛盾，暴露了其背后的商业动机。该平台组织大家参与网络社区并生成内容，是为了创造价值和收入，因此会阻止那些有可能破坏公司利益的社区。禁止主题标签其实是一种中间立场，是公司对那些指控“社交媒体导致饮食失调”说法的反击，Instagram这么做既不会流失用户，又不至于降低平台对于用户的价值。

212 到了2020年，我们似乎可以使用更为宽泛的标签。虽然一些在2015年被禁的标签在2020年仍然被禁，但如果点击就会显示结果。

这是否意味着在2020年就可以看到那些在2015年被隐藏的内容了呢？并非如此。这说明Instagram已经修正了自动审核算法，在许多情况下不再需要直接禁止标签。

但在一小部分情况下，不受欢迎的内容仍然会通过自动审核，这时就需要人工审核的介入。用户可以举报那些违反Instagram社区准则的图片和账号，由人工审核员判断是否删除。但由于举报数量庞大，人工审核可能只有几秒钟的时间来进行判断，因此可能会遗漏那些比较微妙的差异。

思考题

1. 请在Instagram上搜索一些被禁的标签。该平台还禁止哪些做法或身份？为什么？
2. 哪些主题标签属于“灰色领域”，是否应该被禁止？
213 3. 社交媒体平台在控制内容流动方面有哪些责任？
4. 用户有哪些“玩弄”平台的策略？
5. 用户允许社交媒体平台收集哪些信息？平台用这些信息做什么？

案例2：YouTube的算法文化

文/艾拉·唐纳德（Ella Donald）

在刚开始运营的那几年里，YouTube看起来已经是互联网时代《美国家庭滑稽录像》的完美替代品，早期的热门内容包括“查理咬我的手指”（Charlie bit my finger）（HDCYT, 2007）和“舞蹈的演变”（Evolution of Dance）（Laipply, 2006）。YouTube上最受欢迎的视频不仅有21世纪头十年中期的热门视频，也有机器人创作的儿童内容，还有视频博主创作的有关政治和生活方式的视频。这反映了一个重要的趋势。现在如果查看YouTube的音乐视频排行榜，会发现许多视频都是面向儿童的简单动画，例如“学习颜色——农场上的彩蛋”（Learning Colours—Colourful Eggs on a Farm）、“洗澡歌”（Bath Song）和“蔬菜歌”（Yes Yes Vegetables Song）。这些视频中的大部分都是半自动或机器创建的，它们之所以点击量高，是因为博主利用了YouTube的内容推荐算法（Bridle, 2017）。如果儿童开始观看一首动画童谣，推荐算法就会源源不断地找出类似的简单动画和歌曲，播主就会据此创建一些会被纳入推荐列表的内容。内容创作者、观众和平台之间的这种关系是由平台的内容推荐算法组织起来的。这个复杂的动态模型会根据用户的观看偏好实时调整并推荐内容，其主要的目的是让用户尽可能长时间地停留在平台上。因为用户停留在平台上的时间越长，YouTube就越能向他们播放广告、实现创收。

YouTube与其内容创作者之间是一种共生关系——创作者希望最大限度地提高视频的观看次数，而YouTube则希望最大限度地提高平台整体的参与度。YouTube在2012年宣布计划实现每天10亿小时的观看时间，并为此重新调整了推荐算法，而且在2016年实现了这个目标。根据鲁斯（K. Roose, 2019）的梳理， 214
2015年YouTube进一步引入人工智能技术，并于2017年进行改进，以期通过推荐相关度低的视频来维持更长的观看时间。

YouTube在达成这一目标的过程中，调整了内容推荐算法来推荐那些能让用户观看更长时间的视频，但这些视频更多的是有争议的内容或有害内容。YouTube聘请了人工审核员对这些视频设置年龄限制，将它们从推荐播放列表中删除，甚至彻底删除了部分视频（Bergen, 2019）。但由于种种原因，例如内容量大，难以在全球平台上协调言论自由的原则以及YouTube自身的商业和法律利益等，这些审核工作既不充分也没有效果。

有些疯传的视频不仅有争议，还比较极端。如果创作者知道做一些无耻的勾当能够获得更高的观看次数和收入，就会“玩弄”算法逻辑。当YouTube调整内容推荐算法，以便支持那些能够留住用户的创作者时，有害内容激增，其中包括饮食失调、疫苗、政治阴谋论、仇恨言论等内容，甚至出现了一些令人震惊的热潮，例如“吃洗衣胶囊挑战”[①]和“安全套挑战”，这些播主都在滥用平台的直播功能。自2016年美国总统大选以来，YouTube受到了大量批评，不仅因为它上传有害内容，还因为它公开推广此类内容。据称，YouTube上的大V亚历克斯·琼斯（Alex Jones）对唐纳德·特朗普的当选起到了至关重要的作用（Goldmacher, 2016）。

在《纽约时报》对YouTube首席产品官尼尔·莫汉（Neal Mohan）的采访中，记者凯文·鲁斯（2019）指出YouTube的内容推荐算法产生了“兔子洞效应”，这种算法可以帮助用户选择接下来看哪些视频，因此只要看一个视频，就会被“极端程度一点点不断提高的推荐视频淹没，最后才突然发现自己在看一些非常极端的东西”。正如鲁斯所说，观看一段唐纳德·特朗普的视频之后，用户“看到的推荐内容里的偏见也越来越多”（Roose, 2019）。莫汉对此的回应是，最近平台的推荐功能开始用点赞来代替观看数量，并否认“兔子洞效应”的存在：

> 莫汉说：“我的意思是，当人们看完一个视频后，会看到许多推荐视频，其中一些视频可能会有偏向，或者也可以说那是更极端的内容。但还有其他的视频是相反的方向。再说一次，我们的系统没有那么做，推荐算法里没有这种逻辑。那只是你从表面观察到的结果。”（Roose, 2019）

但鲁斯调查过迦勒·卡因（Caleb Cain）的案例并检验了自己的理论。卡因
215 在大学辍学后就“掉进了极右翼的兔子洞”。他一开始看的是自己挑的视频，然后接收到越来越多的极右翼内容推荐。其他人也调查了Buzzfeed等媒体的情况（O’Donovan et al., 2019）。有5名记者从2019年1月开始在Buzzfeed上搜索新闻中的流行语（他们在调查时没有历史记录，每次查看都没有登录账号），然后播放第一个搜索结果并点击最顶部的推荐视频。他们得出的结论是：

> 结果几乎没有明显的意识形态偏见。但我们发现，YouTube的用户如果要在这个平台上获取新闻，那么根据皮尤研究中心（Smith et al., 2018）的数据，超过半数的用户没有从这种随意的推荐算法服

① “吃洗衣胶囊挑战”指的是2016年在美国青年当中风靡的视频热潮，挑战者会把洗衣胶囊放在口中，还有的会把洗衣胶囊煮熟吃掉。不少视频的点击率奇高，拍摄者大多为年轻人。但此类胶囊中带有高浓缩的有毒物质，不可食用。——译者注

> 务中获得良好的体验，因为这种算法似乎是由“参与度高于一切”这种标准驱动的。(O’Donovan et al., 2019)

再如，在YouTube上搜索“弹劾母亲”这个关键词，它与美国国会女议员拉希达·特莱布(Rashida Tlaib)“弹劾混蛋”的言论有关，也就是弹劾特朗普(Villa, 2019)。这个视频从CNN生成，素材是特朗普的新闻发布会录像。在点击观看这个视频之后，就会“突然进入右派的天下，包括一个来自保守派网站Newsmax的视频，名为‘比尔·奥莱里(Bill O’Reilly)解释为什么南希·佩洛西(Nancy Pelosi)是个失败的众议院领袖’。由此，YouTube开始推荐越来越多的右翼频道，例如YAFTV[①]、亲特朗普的媒体专家迪内希·迪索萨(Dinesh D’Souza)的频道，最后是‘真正的自由’(True Liberty)和‘真正的美国保守派’(TRUE AMERICAN CONSERVATIVES)等频道”(O’Donovan et al., 2019)。

YouTube开始承认其推荐模式的确存在问题。根据一项来自彭博社的调查(Bergen, 2019)，在2016年美国总统大选之后的几天里，一名员工提出了担忧，因为观看次数最多的选举视频来自布莱巴特新闻网(Breitbart News)和亚历克斯·琼斯(Alex Jones)的信息战(Info wars)这种组织，而不是公正的主流新闻媒体。YouTube曾经打算把创作者报酬的标准改为观看次数和观看时间，而不是广告，但这可能会让亚历克斯·琼斯成为YouTube收入最高的一位播主。在这项计划流产后，YouTube开始打击错误信息。2020年2月正值美国总统大选初选，YouTube宣布将禁止“深度造假”视频(篡改视频)，以及任何包含可能影响政治进程的虚假信息和误导信息的视频(Bensinger, 2020)。但专家认为这些措施的影响微乎其微，难以实施。正如纽约州立大学奥尔巴尼分校计算机视觉实验室主任吕思伟(Siwei Lyu)对《华盛顿邮报》提道：“检测这种视频在技术上是一个巨大的挑战。我们没有非常有效的算法来在这种规模的视频当中找出篡改视频”(Bensinger, 2020)。而YouTube曾在2019年12月的博客中宣称，其算法有利于
“权威内容”的传播，并且把“边缘”内容(例如阴谋论)的平均观看时间减少了 216
70%(YouTube, 2019)，但博文中没有报告当时的收看数据。

专家依然认为，YouTube需要进一步阻止错误信息的传播。记者卡西·纽顿(Casey Newton, 2019)为美国科技媒体Verge撰稿，她批评了《纽约时报》对

---

① Young America’s Foundation，美国青年基金会，是美国保守运动的外围组织，主张个体自由、强大国防、自由企业和传统价值观。——译者注

YouTube首席执行官苏珊·沃西基（Susan Wojcicki）的报道，称其没有“承认‘灰色内容’之所以大行其道，是因为YouTube鼓励用户这么创作。因为平台上的视频资源无限，只有最引人注目的原创内容才会脱颖而出；但YouTube上最引人关注的视频，一直是那些让人感到震撼、愤怒和被冒犯的内容”。Vox媒体记者大卫·罗伯茨（David Roberts，2020）指出，YouTube的情况要更加复杂，因为该平台需要在不卷入“政治意识形态争议”的前提下打击错误信息，既要留住为平台带来利润的广告商和创作者，又要回应人们对有关内容的批评，以“捍卫自己的声誉”，他说，“我认为他们做不到”（Roberts，2020）。

思考题

1. 登录YouTube，搜索一个主题，点击一个视频并查看下面的推荐内容。你能看出推荐的模式吗？能找出推荐播放列表中存在争议或不可信的视频吗？

2. 思考你在YouTube上的体验，该平台推荐的视频能否让你留在平台上继续观看？该推荐系统为什么有效？

3. 你是否看到过YouTube推荐的奇怪视频？这些视频是什么，从哪个账号发出，为什么向你推荐？

4. 社交媒体平台有其推广内容的方式，请列举在这种推广模式下出现的流行观念或政治观念的案例。

5. 你认为YouTube等平台应该如何推荐和审核视频？这些平台可以在不采取政治立场的情况下做到这一点吗？

三 小 结

本章探讨了一个悖论：一方面，平台媒体支持参与、赋权和民主的传播方式，但另一方面，它们采用了更密集的监视手段和控制措施。算法文化和参与文化环环相扣，恰恰是社交性产生的地方：社交被编码成有意义的文本、视频和图像流，同时也形成了数
217 据。数据生成与平台处理数据的能力相伴相随，协同发展。平台的分类算法和推荐算法有其工具性的目的，亦即增加人们的参与度（Carah and Angus，2018）。今天，文化参与的一种重要方式就是成为数据库的编码员。我们是调整机器的重要组成部分；训练平台算法是一种历史过程，是让算法感知、处理和优化我们的注意力，让我们的人性、情感和感觉可以被机器读取。Facebook和Instagram等平台的基本任务是优化人类的感情和注意力，通过对软硬件工程的战略性投资，让机器对人类生活作出更及时、情境化

和可操作的判断。算法文化的特点是开放性、实验性和持续的机器训练。其重点在于，我们要向媒介平台的信息处理开放自己的生活经验和身体。参与文化和算法文化中的权力来自那些组织、控制意义及数据流动的平台。

三 延伸阅读

延伸阅读所列文献探索了数字媒介平台算法文化中的政治参与。博格斯与格林（2018）介绍了YouTube的参与文化。本杰明（2019）和诺布尔（2018）批判了数字平台再生产、强化种族主义和不平等结构的方式。比舍普（2019）、科特（2019）和格拉德（2019）阐述了社交媒体用户如何学习想象、谈论平台算法，并总结了理论基础和操作方法。斯特理法斯（2016）对算法文化概念进行了基础的历史分析。

Benjamin, R.(2019).*Race after technology: Abolitionist tools for the new Jim Code*.Cambridge: Polity Press.

Bishop, S.(2019).Managing visibility on YouTube through algorithmic gossip. *New Media & Society, 21*(11–12), 2589–2606.

Burgess, J., & Green, J.(2018).*YouTube: Online video and participatory culture.* Cambridge: Polity Press.

Cotter, K.(2019).Playing the visibility game: How digital influencers and algorithms negotiate influence on Instagram.*New Media & Society, 21*(4), 895–913.

Gerrard, Y.(2018).Beyond the hashtag: Circumventing content moderation on social 218
media.*New Media & Society, 20*(12), 4492–4511.

Noble, S.U.(2018).*Algorithms of oppression: How search engines reinforce racism*.New York: New York University Press.

Striphas, T.(2015).Algorithmic culture.*European Journal of Cultural Studies, 18*(4/5), 395–412.

第九章　受众的生产与管理

媒体组织生产并管理受众。

219 ★ 受众如何被生产出来?

★ 受众的工作是什么?

★ 平台媒体生产和管理受众的方式发生了何种变化?

本章内容

- 考查生产受众的方式;
- 解析受众的工作形式;
- 探索在媒体聚集、监视和实时回应受众的过程中,受众如何变得更加碎片化和灵活化。

一、生产受众

媒体机构围绕战略性的受众生产来进行组织。专业传播者培养、引导、管理、细分并跟踪受众的注意力，这是媒体占据市场和塑造公共舆论的一个构成部分。其任务是让受众关注媒体、消费讯息并将媒介讯息整合进自己的身份认同和生活方式中去，管理受众参与观念创造和扩散。关于受众，可以提出四个基本问题： 220

1. 媒体对受众做了什么？
2. 媒体对受众意味着什么？
3. 受众如何使用媒体？
4. 媒体如何生产受众？

"媒体对受众做了什么"这个问题，涉及媒体如何影响、塑造和培养受众的态度、行为、信念、行动等。"媒体对受众意味着什么"或"受众用媒体做什么"这两个问题关注的是受众如何通过媒体的符号和文本来理解世界，如何组织日常生活和构建身份认同。运用媒体来形塑意义生产的活动是在受众的理性生产过程中展开的。

受众并非简单地存在于"那里"，而是由媒体制造出来并受其管理。生产受众需要大量资源，但正因为受众有用且有价值，媒体和专业传播者才去生产，把大量资源和创造力投入创造特定的受众类型。依靠广告盈利的媒体机构生产的是内容和连通性，但这并非最终产品，而是吸引人的注意力的筹码，借此才能把人打包成受众。商业媒体生产受众是为了将之出售给广告商。公营媒体、私营媒体、国有媒体和社区媒体生产受众是为了塑造文化和政治生活。

（一）媒体组织有哪些资金来源？

媒介系统是由许多群体的需求组装起来的。那些投入资源的人能够影响被生产出来的内容、形式和平台。媒体组织有以下几种资金来源：

- **公共资助**。政府资助媒体生产往往是为了构建国家身份认同，让观念和生活方式合法化，促进社会凝聚力。
- **私人资助**。富有的赞助者资助媒体生产，是为了更广泛的公共利益或特定的政治立场和抱负。 221
- **受众直接资助**。受众直接支付内容生产的全部费用（例如书籍和音乐录制品）。
- **受众间接资助**。有些媒体通过广告盈利。这种模式的关键在于让广告商确信投资有回报，即受众会购买广告产品和服务。因此，媒体和广告商要证明受众正在看广告并会购买产品。而开展受众研究则是为了让受众的注意力和生产力产生有形的价值。

- **混合资助**。许多媒体企业会把上述模式里的要素混合起来，形成混合资助模式。例如，报刊通过受众直接付款和广告来获得收入。许多私营媒体则通过赞助商和广告盈利。

这些资助模式的共性是有目的地生产某种专注的受众，这种受众的价值在于能够服务于某些群体的商业利益或政治利益。

（二）测量受众与包装受众

通过广告盈利的媒体面对着两个产品市场：内容被出售（或提供）给受众，受众则被出售给广告商；受众在一个市场中是消费者，在另一个市场中是产品（Napoli, 2016: 261）。其商业模式有四个基本组成部分：内容、受众、测量和广告商（Webster, 2014; Andrew, 2019）。媒体生产内容是为了吸引受众的注意力，因此需要测量受众，以便形成受众画像并出售给广告商。测量技术把无形的受众注意力转变为有形的特征，以便出售给广告商（Napoli, 2016）。

媒体的竞争优势在于高效的内容生产、吸引有价值的受众以及打包受众的复杂测量技术。例如，体育直播和真人秀是成本相对较低但会吸引大量有价值受众的内容。大众传媒的测量技术由独立的收视调查公司和受众研究机构负责。社交媒体平台则是自
222 己开发测量受众的技术，这种技术既能更加细致地打包受众，也能确保自己对测量过程的掌控。韦伯斯特（J. G. Webster, 2014: 76）解释道：

> 媒体测量技术从20世纪初开始发展，是广告商评估媒体价值的一种手段。报刊可以简单地通过印刷量来确定受众规模。但广播听众较为分散，隐藏在私人场所，就像传送广播信号的电波一样无法捉摸。因此，广播媒体要想打广告，就要知道听众是谁。一直到20世纪30年代，广播业在专门从事受众测量服务的新型公司那里找到了解决方案。正如我们后来所知道的那样，这些“评级”服务开发出抽样和统计工具来估计听众规模。有了这些信息，广播业蓬勃发展起来。电视出现后照搬了广播的测量方法。

受众测量和评级是一种“市场信息体制”。这些技术把观看和收听的社会实践转

变为可以描述、估值和交易的产品。在平台时代，受众除了是内容的消费者和被销售给广告商的产品之外，还是内容和数据的生产者（Andrejevic, 2002a; Napoli, 2016）。受众本身开始在受众的生产过程中发挥作用。受众个体创作内容以供其他受众观看、生成注意力并将之打包售卖。受众生成数据，让媒体公司实时地测量、描述并销售其注意力。与之相比，在大众传媒的系统中，收视率根据历史数据进行预测，受众是用来描述和销售的标准化产品；广告商无法根据特定特征去定制受众，只能在不同媒体（电视频道、广播电台、杂志、报纸）所覆盖的受众范围里进行选择。广告商购买最适合目标市场的受众，但不可避免地要为许多“浪费的关注”买单。

随着媒体组织的发展及其制度化和商业化程度的提高，它们专门为广告商开发出了量化、描述和定位受众的方法。受众市场研究的技术和产业在与媒体合作中得以发展。收视率把受众打造为可以被出售给广告商的可靠的量化产品。受众的规模、位置和人口特征是量化的指标，方便广告商了解他们购买的广告时段或空间能获得多少特定类型受众的注意力。关于受众的质性信息和文化信息也很重要（Hackley, 2002; Holt, 2002）。媒体组织和广告商力求把受众的生活方式、文化兴趣、价值观和实践变成质性资料，同时为广告和媒体的内容制作提供信息。内容生产者想方设法地了解受众如何在 223
日常生活中消费媒体内容，想知道诸如电视之类的媒体如何融入日常生活节奏。例如，早间电视节目满足了中产阶层家庭的晨间生活习惯，这些节目轻松简单，有较多的对话而且重复较多，适合观众早上准备上班或上学时收看电视的环境。虽然媒体制造受众往往是因为他们有商业价值，但这个过程也与更广泛的政治和社会进程相互交织。在更广泛的层面，广告是媒体表征及媒体发挥社会作用的核心。广告和新闻、电影、书籍、电视节目一样，在塑造公共身份认同和社会形态方面发挥作用（Turow, 1997: 26）。把受众变为有价值的社会形态与创造公众以维持特定的政治形态和权力结构，这两者之间存在交叠（Livingstone, 2005, 2019）。

整个20世纪，媒体都在开发此类技术。比如，电视依赖家庭测量仪、日志和调查的组合技术（Balnaves et al., 2011: 100）。但每种技术都有局限。只要人们打开电视，测量仪就会开始监测他们正在收看的节目，但无法确定家里的哪些人在看。有些研究公司设计出按钮测量仪，需要家庭成员在观看时按下按钮，这样就可以测出是谁在看电视。但如果人们不想透露他们在看什么，就不会按下按钮。日志提供了更多关于观众及其观看内容的详细信息，但人们一般很难准确记录这些内容，通常会低估花在媒体上的时间。此外，人们有时很难回忆起看了什么内容，也不愿承认看了哪种类型的内容，这也让调查受到了阻碍（Balnaves et al., 2011）。

测量技术的发展是在特定的社会背景下产生的。例如，一些研究公司研发的屏幕能够识别观众，甚至可以辨识他们主动观看的程度及其生物反应（Balnaves et al., 2011: 107）。但很少有人愿意参加这种测量研究。所有这些都表明，把受众打包出售是一种社会过程，因为这依赖受众的参与以及可用的资源、工具和方法。然而，受众研究方法对受众的商品化至关重要，传媒业正是运用这些方法来打包出售受众的。营销人员、广告商和媒体组织务实地创建关于受众的信息，采用包括人类学、统计学和神经科学在内的一系列方法，这些方法也能找出受众数据与其他人口数据之间的关联。

224 平台媒体在这些方法的基础上加入了一些可以持续且不让人察觉的监测技术，把人的观看习惯、社交网络和情感转变为数据。过去，我们一直站在受众的立场表达自己。如今，数字环境下的人类表达被收集起来，而且还能得到回应（Andrejevic, 2013: 42）。这些表达不仅是人类有意识的判断及意义生产，还包括他们使用媒体的模式和影响因素。例如，敲击键盘的速度、搜索模式、眼球运动等，都可能产生关于人的信息，甚至都不会让人察觉（Andrejevic, 2013: 96）。“情感经济的数据驱动控制”意味着“表达和传播的情感越多，就有越多的行为受到跟踪并得以累积，营销人员就越能引导、修复情感并将之转化为消费”（Andrejevic, 2013: 58）。构建越来越有价值、合理化和可定制的受众群体，有赖于让受众更加努力地工作，比如花费更多的注意力、生产更多的内容与更为频繁地互动，也需要建立一个全面的基础设施来捕捉受众越来越多的注意力、表达、观点和位置移动。

数字媒介系统把受众定制程序化，以便实时组装和销售（Andrew, 2019）。当你访问网站或登录社交媒体时，你看广告的时间就已经被网站或社交媒体拍卖出去了。这种自动化序列要么是在平台广告模型中运行，要么是和广告程序交换机制一起运行。用户的个体信息会与特定用户的购买价格相互匹配。有一点可能特别明显：当你在一个网络商店浏览商品之后跳转到另一个网站或社交媒体，就会看到相同产品的推荐。广告交易程序会实时对你进行“匹配”，要么通过社交媒体平台上的广告模式，要么通过一种广告交易程序实现。在广告交易程序中，广告商自动出价购买那些看过、搜索过其产品或其他竞争产品的人的注意力。这种程序模型起源于大众时代用来优化媒体购买的计算模型；正如麦格根（L. McGuigan, 2019: 2367）的解释，“管理和利用数据早已是大众传播时代的紧要问题，当时对未来的设想是让计算机技术来协调信息和商业活动”。

虽然用户的“暴露”（exposure）依然重要，但有观点认为，平台只能向消费者提供更多精准的定制广告（即精细暴露，refined exposure）。如今，这种观点已经过时。因为数字平台营销是一个动态的过程，既需要训练模型来聚合受众，也需要配置广告并优化受众与广告之间的关系。博格斯特与马德里加尔（I. Bogost and A. Madrigal, 2020）指出：“‘Facebook广告服务’与其说是广告，不如说是制作广告的机器……Facebook的广告系统在获得起始信息之后，就会学习调整广告投放，并将之与其他所有广告商关联 225
起来。简而言之，Facebook能够选择以什么价格向谁展示哪些广告。”

营销人员一般“了解”其目标对象，能够把精确的受众特征输入广告投放模型。这种高度规范的定位方式可能在早期的数字媒体中还有操作性，但现在这个过程变得更加动态化。例如，Facebook通常是先让广告商提供“客户受众”（Custom Audience）的特征，这是一种表现现有受众的数据集，能用来生成大量“相似受众”，亦即从“客户受众”向外延伸，把“相似受众”聚集起来形成“潜在受众”。平台会对这些“相似受众”进行实时测试，例如向他们展示不同的广告组合，监测其参与度和购买行为。品牌商则用分析面板、信号标和像素来跟踪消费者在接触广告后的行为。这些数据用于调整受众和广告，促成受众购买、推荐、点击、搜索、点赞或分享。在这个过程中，受众与广告之间的关系不断“精细化”。博格斯特与马德里加尔（2020：n.p.）指出：“Facebook上的‘广告’不仅仅是单独的图片或链接，而是把内容与潜在用户结合起来，从而引导潜在用户开展某种行动。”广告与受众之间的关联是由Facebook的广告模型自动生成、测试和完善的。这个过程开始时没有设定“目标”或“广告”，结束时也没有受众接触或受众测量；而是通过“客户受众”和一些资源来合成广告，不断优化受众与广告之间的关系。正如在Facebook的“广告库”里，许多品牌都有数百种几乎相同的广告，这些广告由“动态创意”广告工具（一种数据驱动的广告创作工具）合成，每个广告都针对特定的“相似受众”，是Facebook不断完善参与度的一部分。广告商上传资源（包括不同的视频、图像和文本），Facebook的广告模型测试各种元素的组合，通过不断迭代来找出最适合的投放目标。广告商在“市场”上调整广告类别和创意的时间越长，其参与度会变得越优化。

（三）受众为何有价值?

广告商和媒体组织协作无间，让受众的生产力最大化。而让受众更有生产力的最简单的方法，就是让他们看更多的广告。对媒体来说，受众看的广告越多，广告商可获得的收入就越多。但受众只会看有限的广告，只放广告的电视台最终只会门庭冷落。因此，媒体要优化受众规模、质量与广告量之间的关系。受众数量和质量的上升意味着他 226
们更有价值；而广告增加则有可能让受众的数量和质量下降。因此，媒体在提高受众生产力方面存在局限性，这也是他们要不断创新管理受众的方式的原因。媒体发展的驱动力就是提高受众的生产力。

如果受众观看广告的数量是有限的，那么广告商和媒体就会提高总体观看时间的效率，从受众的注意力中榨取更多价值。他们有多种方式来达到这个目的：

- **精细化受众**。集中那些广告商想要接触的受众，吸引具有一定收入和特定生活方式的人群的注意力。
- **过滤掉广告商不想要的人**。广告商不想为那些无用的受众付费，而且他们也希望可以区分目标对象，因为他们不想吸引那些用过其产品之后会降低其目标市场估值的受众。
- **将广告整合到媒体内容中**。从20世纪80年代的MTV到今天的真人秀和社交媒体，广告和内容相嵌的方式多种多样。这不仅增加了广告时间，也创造出了更多有质量保证的广告，让品牌不断融入人们的生活和身份。
- **扩大广告形式和渠道范围**。让媒体和广告更持续地融入日常生活。现在，无论在公共场合还是私人生活中，人们都会发现媒体内容。无论何时，我们的注意力都在被打包成商品售卖。

上面提到的每种策略无不扩展和深化了媒体内容的覆盖范围，创造了规模更大、参与度更高、更加细化且更有价值的受众。

（四）从控制表征到控制响应

在大众传媒系统中，控制受众建构的主要工具是内容和渠道，其中最重要的是表征控制。表征在身份和品位的结构中发挥作用，它们吸引一些人的注意力，并把其他人
227 边缘化。表征是大众传媒吸引特定人群注意力，从而建构受众的主要工具。如果广告商想要接触年轻的中产阶层，媒体就会生产能够吸引这类人注意力的内容。除了内容之外，媒体还会通过形式和渠道在一定程度上控制内容的分配地点及分配方式。例如，一些期刊只会被投递给中产阶层社区或在优质商店出售（Turow, 1997）。

正如表征传播着特定的意义，它也一直是一种关键的分类机制；表征在吸引一部分人关注的同时，也排斥了其他人。随着交互媒介的出现，响应性的控制机制开始被用来补充表征控制机制。这种媒介对受众的监控程度高度密集，能够根据许多变量来塑造内容（Andrejevic, 2011; Turow, 2011）。媒体组织可以用受众信息来塑造表征，并用日益复杂的方式来区分信息的接收者和内容类型，这进一步促进了受众的细分与定制化。

广告商不仅生产内容，也促进媒介系统的生产和文化生产（Turow, 1997: 186）。广

告的媒体策划和财力影响着媒介渠道和媒介形式的发展。他们渴望把自己的讯息传递出去并将之嵌入特定的生活方式，这也影响了更广泛的媒介系统的整体形态（Jhally, 1990），使得媒介的技术、内容和形式与广告共存（Hackley, 2002; Bratich, 2005; Turow, 2011）。广告除了影响特定内容的制作以外（如真人秀），还会影响技术的发展以及那些实时管理和回应受众的媒体组织（如Facebook）。

媒体组织和广告商为了提高受众的生产力，开始创造出越来越细分的受众。如今，我们已熟知定制的社交媒体信息推送服务，但细分受众的过程在这种服务出现以前就开始了。图罗（J. Turow, 1997: 3）认为，技术力量和社会力量之间的结合给“社会整合媒体和细分媒体之间的平衡带来了重大转变。细分媒体指的是那些触及社会一小部分人的媒体，而社会整合媒体则是那些能够让所有细分群体相互对话的媒体”。20世纪的“广播”媒介系统，无论其产生是否只是出于偶然，都“将更大的民族共同体中人与人之间的相互分享作为其关心的内容”（Turow, 1997: 3）。这部分是因为历史的偶然：当时的媒介技术（如报纸、广播和电视）只能生产有限的内容，且媒体组织的资源有限，缺乏技术和资源来为大量利基受众提供服务，而且即便广告商能够资助媒体，也无济于事，因为工业经济只能生产大量“一刀切”的产品。再者，媒体局限于追求社会凝聚力的政治形式。新兴中产阶层想要舒适的同质生活，政治阶层倡导的正是这些观念和 228
价值。

但自20世纪70年代以来，技术能力、工业经济和政治利益的安排一直在发生变化（Turow, 1997; Napoli, 2010, 2016; Webster, 2014）：

- 媒介技术的发展使得内容的生产传递可以触达多个利基受众市场。从有线电视到媒介平台，媒介渠道、设备和形式激增，越来越精细地为受众提供内容。
- 宏观经济已经适应更多定制化的商品、服务和体验。即时而灵活的计算制造、全球零售经济的出现以及在线零售的增长，都极大地拓展了消费者的选择范围。
- 消费者具有多重利基市场的生活身份认同，而非大众阶层、文化身份或族裔身份。政治越来越围绕松散的身份组织起来，而非更广泛的阶层结构。

技术是产生利基受众的基础，已经成为更广泛的社会经济变化的一部分，创造出更灵活的经济以及更分散的身份、生活方式和政治。

商品生产和服务创新让市场对新的利基受众的需求大大增长。与此同时，新的受众及其生活方式和兴趣推动了商品服务增长，以满足其需求。于是，社会和市场同时碎片化（Turow, 1997）。广告商的细分策略与西方社会更广泛的经济、种族、地区和生活方式的分裂相互关联。广告业和生活品牌不仅助推这些变化，也从中获利并对之进行回应。人们的收入差距不断拉大：新的郊区是为特定阶层及其生活方式而打造的；中产阶层不断吸收新的血液，成为强大的消费群基础。营销人员则视之为新的商业机会，同时也尝试利用媒介技术来创造更细分的受众。他们不仅在应对变化，也在进一步刺激和巩固这些变化。

（五）生产受众

在商业媒介系统中，受众是消费者："消费社会的兴起有赖于激活媒介主体"，让消费者产生欲望（Bratich，2005：254）。对受众的生产管理需要各种行动者持续合作
229 （Balnaves et al.，2011）。在媒体内容、产品和受众的生产过程中，营销人员、广告商、媒体组织和其他有影响力的社会机构相互促进、相互制衡。营销人员和媒体不断刺激和适应社会、经济和技术的变化；广告商则试图理解和塑造社会、生活方式、身份及对媒体的使用，并对其作出回应。他们对信息的利用有着务实的目的（Turow，1997：185），他们追求有商业价值的用户并据此来调整方法，但对其打造的社会并没有长远的积极的打算或规划。然而，他们需要与其他强大的社会机构和精英交流，因此其所在的媒介系统可能会务实地反映某些生活方式和价值观，而且他们也会务实地了解那些能创造更多有价值受众的特定生活方式和价值观。

广告商和媒体组织需要了解社会的运作才能开展业务（Turow，1997：186）。他们打造特定的受众，同时越来越多地观察和回应社会生活，以便不断组建最有效的受众类型。他们跟踪社会变化，对不断变化的技术、经济、社会制度和生活方式作出反应。广告商和媒体组织会观看、拍摄、记录、提问和跟踪受众，努力回应受众的文化身份和实践（Hackley，2002；Holt，2002）。他们"沉浸在消费者的生活中，在文化语境下更深入地认识、分析和理解消费者及其消费行为"（Hackley，2002：219）。广告反映并塑造了文化身份和实践。受众的发展也被嵌入更广泛的社会、文化和政治变革（Napoli，2010）。虽然公司可能会与其他强大的参与者一起回应和塑造受众，但他们无法控制这个过程，因为他们并不能完全支配那些创造新生活方式、导致新文化群体出现和改变经济政治权力配置的因素。不过，他们可以努力应对这些变化，让变化符合自己的利益。即便受众由媒体组织和广告商创造而来，但永远不会完全受其摆布，只不过受众生产具有不对称的特征，因为市场和媒体研究者一直在观察消费者，而不是反过来（Hackley，2002：220）。营销人员和媒体组织共同致力于定位和引导受众的生产能力。受众则是富有生产力的主体，他们形成欲望、传达欲望、相互影响并采取行动（Bratich，2005：254）。

二、受众与工作

2018年，Facebook在其“难题”（Hard Questions）系列下发布了一则帖子，解释了平台如何收集使用数据（Facebook，2018）。Facebook自问自答地提出了一系列问题：

> 问：如果我不为Facebook付费，那么我是产品吗？ 230
>
> 答：不是。我们的产品是社交媒体，它能让你和你在乎的人联系起来，无论他们身处何地。这与免费的搜索引擎、网站或报纸一样。我们的核心产品是阅读新闻、查找信息，广告的存在是为这种体验提供资金。
>
> 问：如果Facebook不向广告商出售我的数据，Facebook会给他们什么？
>
> 答：我们出售Facebook上的广告空间，就像电视、广播或报纸一样。我们不会出售你的信息。如果广告商在Facebook上投放广告，我们会分享广告活动效果的报告。我们可能会告诉广告商的信息包括回应广告的男人多于女人、大多数人都在手机上点击广告。

这个帖子接着提出了Facebook经常提到的一个论点：数据能让平台“向你展示更好、更相关的广告”，这巧妙地掩盖了平台的“双重产品”本质。虽然“与人联系”可能是Facebook为吸引用户参与而提供的产品，但Facebook销售的真正产品是用户的注意力。此外，数据收集分析在创造、打包受众注意力方面具有至关重要的作用。

受众是一种社会建构。传媒业从受众当中提取的养分就是人的注意力。受众的社会行为具有生产性，他们是一种有价值的商品（Smythe，1981；Jhally，1990）。要理解受众价值，就要分析他们的行为。受众做的是两种工作：观看和被观看。一方面，我们可以说，受众观看广告可以被视为一种生产性的工作，免费消费内容是给他们的回报，而且受众个体可以自由选择消费媒体的哪些内容和广告；另一方面，我们也可以说，受众支付了两次，第一次是支付广告注意力，第二次是购买产品，其中包含了制作那些让他们“免费”消费媒体内容的成本。

（一）受众观看的工作

受众的观看活动涉及对表征的关注（Smythe，1981；Jhally and Livant，1986；Jhally，1990）。其中不仅包括观看广告，也包括更广泛的、建构身份的媒体表征。受众从广告中获得关于品牌、产品和服务的知识，对此形成欲求，并学会对其进行分类。
231 此外，受众还学习如何把这些内容融入自己的身份和生活方式。最重要的是，他们会去购买这些产品。此外，观看也具有更广泛的社会价值。看广告以及其他的商业媒体内容——如生活节目、戏剧或新闻——教会人们渴望特定的生活方式并形成特定的品位。当一个受众看到珠宝之类的奢侈品广告，或看到名人穿时装，或在好莱坞电影中看到昂贵的跑车时，他们可能永远都买不起这些商品，但他们知道这些东西很有品位且令人向往。受众对赋予这些商品社会价值和意义也有一定的作用。一定程度上，购买奢侈品的人想要获得别人的关注和渴望。正如一个有钱人买一辆昂贵的汽车，不仅是因为开车有趣，还因为这辆车让他与众不同。广告是一种社会系统，在根本上依赖我们的参与和交流。受众在观看广告时对此产生意义，从而令这种机制发挥作用。但毋庸置疑，广告无法保证受众能从中创造意义。例如，很多人都会观看奢侈品广告，但会与之保持距离。我们自以为能看穿广告的伎俩，会从自己的价值观、品位和社会地位进行判断，不理会广告的主张。然而，即便我们看透了广告的伎俩，但仍会关注、识别和理解它。就算我们看透了广告如何运作，它依然有效（Carah et al., 2012）。我们通过观看媒体和广告，根据其中的文化资源和观念来形成自己的身份、生活方式和消费习惯。大众传媒创造了有生产力的受众，受众运用这些文化资源而非固定的意识形态来创造意义。

（二）观看受众的工作

观看受众对灵活的互动经济至关重要（Andrejevic, 2002a, 2004）。媒介技术可以对受众进行排序和分类，而且能灵活地生产受众，因此其中的差异（例如定制商品和服务）是技术的必然结果。观看受众的工作包括两个关键要素：

1. **用户生成内容**，指受众把自己及生活作为媒体内容供他人消费。受众参与真人秀和生活电视节目拍摄、在社交媒体上上传照片、评论新闻等，都是在生产和扩散媒体内容。受众的生活和社会世界也成为他们观看内容中不可或缺的一部分。

232 2. **用户生成数据**，指向受众受到的监测和监视。人只要使用互动媒介技术，系统就无时无刻不在收集信息。受众在观看和生产内容的同时还产生数据，这些数据被用来合理规划受众的生产力。

受众既观看内容，也在生产内容时被观看，还在生产数据时被观看，这三者之间相互关联。当受众观看媒体、与媒体互动并生产媒体内容时，他们也生成了数据，并把自己的身份和社交网络与媒体生产者和文化生产者提供的资源联系在一起，平台在数据库中记录这些关系并进行跟踪和回应（Andrejevic, 2011: 287）。

受众参与和被监视这两种实践在媒介系统中早已存在。正如市场研究和收视率对受众的监测，答题节目、脱口秀和谈话广播节目的内容也主要是普通人的生活。然而，当代的媒介系统越来越以“观看受众”为前提。受众不仅接受监测，也把内容生产内化为其日常使用媒体的一部分，这也让他们更有生产力且更高效：

- **提高效率**。通过回应和调整内容以优化针对特定消费者的讯息和广告。掌握观看者的观看时间、身份及其位置，如果掌握谁在何时、在何种情况下在观看，就可以确保他们看到正确的内容。
- **提高生产力**。通过扩大受众注意力的功效，从而提高生产力。受众不再只是观看针对他们的广告时才有生产力；如今他们只要能观看就有生产力，至少可以生成关于习惯、品位和偏好的数据。

观看受众与更广泛的流行文化密切相关。正是流行文化把参与和监视表现得美好、具有赋权的功能且妙趣横生（Andrejevic, 2004）。正如脱口秀把自我披露和自我提升作为身份建构的核心，诸如“安全娱乐”、边界和家庭安全，以及名人文化等流行文化类型，都在呼吁我们参与其中，让我们把监控技术当作娱乐工具。这些文化形态把“被观看”变成娱乐和日常生活中无法避免的一种普遍的面向。我们心甘情愿地参与对自我及自己生活的监视，与此同时，要在没有“被观看”的社会中生活也变得愈发困难。

观看的合理化嵌入了更广泛的灵活经济的发展扩张。在这种经济模式下，越来越定制化的产品被卖给越来越精细的利基市场。受众参与处于“观看与被观看”的状态下，意
味着媒介不仅仅在单纯地生产那些限定社会生活的意识形态表征。观看受众的媒介系 233
统也回应着受众的创新和开放式的传播活动，他们的这些活动是需要引导的生产资源，不必受到约束和控制。在这个系统中，受众越活跃、参与度越高，创造的价值就越大。正如前一章讨论的那样，媒介系统对我们的观看需要我们的参与。监视通过观察社会生活的中介方式（mediation）来推断模式、行为或质量。这种监视手段能够进行分析，而且在很大程度上需要受众不断上传关于其生活和社会世界的个人信息和背景信息。

受众是当今市场研究中不可或缺的一部分。人们主动收集和上传信息的行为已是日常生活中司空见惯的一部分；与此同时，他们还不断刺激信息在社交网络中的扩散。当其他人查看、点赞、标记或评论用户上传的内容时，也会让网络世界更加丰富多彩。内

容是受众判断的产物，也是其建立社交联系的产物。这些内容产生的数据被存储在社交媒体数据库中，也被用于其他的监视目的。例如，一个受众拍摄并上传到Facebook的照片不仅是有意义的文本，还是创建有关这个人及其社交网络的数据装置。只有受众才能完成这项工作，因为他们在社交网络中占据着特定位置，并且有能力把社会生活中介化（Carah，2014a）。平台不仅仅在表征层面向受众分配特定的意义，从而达到创建和管理受众的目的；它也掌握着某种传播循环以调控受众，让他们持续扩散意义。媒介环境是环境的“探测器”（Andrejevic，2013：58），持续地监测受众，回应他们不断变化的身份认同、社会关系和文化实践。

三、受众对“被观看”工作的参与

被观看的工作包括受众对内容、产品、服务和体验的评价和推广。受众产生的个人偏好数据可以被用来优化营销活动，因此受众也受到招募，投入向他人传播其判断和品位的工作。这种推广工作包括以下要素：

- 对产品、地点和体验进行评级和排名；
- 分析产品、表达品位和偏好、展示日常生活中对商品服务的消费过程；
- 234 创建和扩散图像，把身份与社交空间和品牌联系在一起。

我们的身份与产品、品牌和消费者体验相互结合，被整合到“一个推广包”里（Hearn，2008：209）。我们在品牌活动中扩散自己的图片，例如在品牌的Facebook主页上或通过社交媒体的社交广告打包推广，由此塑造了消费文化语境。

我们在网上生成和传播的大部分内容都携带着情绪、感受和偏好，而媒介平台则捕捉和利用这些表达。通过这种活动生成的信息会把我们对产品、地点或体验的偏好与人口数据、行为数据和位置数据相关联。另外，我们的排名和评级也会生成媒体内容，例如，我们的朋友也会看到我们在社交媒体中分享的商品或地点。受众或消费者评论的价值取决于其可信度。排名、评级和表达品位之所以是一种生产力，是因为品牌只有获得认可才能产生有价值的声望（Hearn，2010：423）。如果排名和情绪表达来自与我们相似的人或我们相信的人，那就会特别有价值。社交媒体网站假设你的朋友信任你的判断力和品位，因此会在广告中利用你的身份向你的朋友宣传产品。你对一个酒店或一本书的评价内容会被这些网站打包给其他消费者，用来吸引他们的关注（Hearn，2010）。我们的购买历史甚至也会变成促销内容。例如，当我们登录亚马逊，会看到“像我们一样的其他人”购买的图书；Netflix和Spotify也可以根据与我们有相似观看或收听习惯的人的偏好，来预测我们可能会喜欢哪些电影和歌曲。

排名和评级的工作还扩展到我们对流行文化的批判、反思以及定位方式。这项工作是一种促销劳动，受众参与塑造商品，然后再把这些商品卖给受众（Martens，2011）。对那些有附加价值或能促进消费的商品，受众和消费者还会为之支付额外的费用（Zwick et al.，2008）。总而言之，人们在使用商品服务的同时也会添加内容，提供反馈并生成数据，为商品的持续发展作出贡献。因此，人是创新商品功能及其用途这一社会过程的组成部分。

消费者、粉丝和用户的反馈和创新往往是消费和流行文化本身的组成部分。如果媒体生产内容时考虑了粉丝的想法，粉丝就会感到拥有了权力。安德热耶维奇（2008：27）指出，粉丝批评和评论电视节目时，也会开始认同生产者的指令。他们会讨论如何推广一场秀，这场秀吸引哪种观众，以及未来要如何发展、如何满足粉丝的要求。安德 235
热耶维奇（2008：27）指出：“让观众实质地参与制作，亦即邀请观众接受生产者的立场，有利于把观众的反馈转化为潜在有效的营销信息和人口信息。”受众表达品位和评头论足的行为都是有生产性和有价值的活动，能帮助生产者创造更有价值的商品。粉丝也被纳入持续的反馈循环，使文化产品的生产合理化。

受众具有传播能力，创造了意义扩散的社交网络（Terranova，2000）。他们开展活动不收取酬劳，既在享受又受到剥削。对那些依赖用户持续传播的网络文化生产而言，这种免费劳动必不可少（Terranova，2000）。受众的创造力是网络价值生产及控制机制的核心。受众利用其身份和情感来吸引彼此的关注，对品位、风格、情绪和性格作出判断，告诉别人他们对某事或某人的感受。受众参与的越多，产生的信息就越多，就越能提升网络刺激、回应和预测其兴趣的能力。当受众对彼此的身体、外表、消遣、产品、品牌、服务、文化产品等进行评论、点赞或评分时，也在为那些由互动媒体收集和利用的数据添加重要的情绪维度和影响力。受众对意义的贡献源自其日常生活，这种工作只有他们才能胜任，因为只有他们才能站在自己的社会位置上来接触和调节社会联系、观念和感受。

受众自己也认同这种被观看的工作，他们把品牌推广和推销逻辑融入了自己的生活和身份（Hearn，2008）。正如我们会评估品牌和产品一样，我们也会相互比较，竞相展现自我，这也使得品牌推广和促销传播正常化。我们不仅用商业流行文化中的资源来塑造自我，还向别人推销、展现自己的身份。巴内特-怀瑟（2012：65-66）在分析年轻女孩创作分享的YouTube视频时发现，她们用商业流行歌曲、流行文化图像和品牌产品的元素，做出和名人一样的动作。可见，年轻受众制作内容时采用了商业流行文化的资源，他们不仅在自我身份的生产中整合、推广品牌、名人和产品，还把自己的身份当作一种品牌。他们把品牌、促销逻辑和文化工业的商业产品融入身份的生产，也让被观看的工作合法化，让品牌化成为日常生活中的一种普遍的传播模式。

236 受众有时选择与那些“被观看的工作”保持距离，以一种精明的或冷漠的态度看待品牌、广告和商业媒体的表征。那些有创造力的受众可能会“精明地拒绝为那些显而易见的操纵手段买单”（Andrejevic, 2008: 37）。但我们需要警惕这种精明的、讽刺的、犬儒主义式的参与形式。这种方式固然是在批评商业媒体，但也可能仍是在为广告商的利益服务（Carah, 2014b）。有创造力的受众通过淡化自己在媒介系统中参与活动的价值来模糊自己本身的价值。但进一步来看，其批评态度往往会让品牌更有价值（例如更酷、更时髦或更值得追求），他们也把品牌元素植入自己的身份，无论表现出来的是毫无兴趣还是真心实意，其中的批判意涵仿佛已经与身份浑然一体。

四、为何数字广告如此强大？

平台大大扩展了创建内容、社交、注意力和数据的劳动。虽然我们可以自由生成内容和数据，但也越来越身不由己地在这些传播系统中进行这些劳动。安德热耶维奇（2011: 286）指出，数字媒体的监视具有剥削性，是用我们生成的信息来“预测和影响”我们的行为，而且这是为了别人的利益服务。我们固然可以从中获得乐趣，但却失去了对自己创意的掌控，把自己以及我们的社会世界置于一个我们无法控制的网络中，这个网络会用我们生成的信息来对我们以及与我们相似的人作出决定，并以此来影响我们的生活。

关于信息收集和受众打包的讨论经常涉及隐私。换言之，我们应该确保或者担心平台对我们信息的利用是否会给自己带来影响。但有关个人隐私的论点可能存在误导，因为它把我们的注意力导向远离监视可能带来的更大的社会后果。实际上，媒介系统的价值创造并不依赖监测个体的私生活，而是通过监测大量人口的生活与互动行为，把人分门别类。分类决定了意义如何在网络中流动。因此更需要思考的是，大范围的信息收集、受众分类，包括其中存在的社会控制和社会歧视，会对个体及其所在的社会带来何种潜在的后果。

237 要应对这些发展，其中一种方法是赋权消费者，使之更好地控制其所在的信息环境。这就需要提高信息收集和使用的透明度。其次，消费者需要有相应的工具来拒绝数据收集和广告定位，或者能在数据库中纠正错误数据以及那些与自己有关的错误决策。例如，图罗（2011）指出，网络广告上应该设置一个按钮，用户点击后就会显示有关广告定位的所有信息及其来源。消费者可以选择关闭不希望广告商使用的数据，或修改不正确的信息。但这种技术并不能解决更广泛的社会歧视问题，而只是让消费者控制自己的信息。目前已有一些平台引入一些低阶版的工具。例如，Facebook用户能够查看并删除平台为其匹配的偏好，而且能阻止某些产品的广告，例如酒类广告和赌博广告等。

然而，更重大的问题是，对有价值的受众的建构是如何与更广泛的公共话语和公共生活的碎片化过程联系起来或嵌入其中的。随着情况日趋恶化，人们是否失去了通过媒体来协商社会、文化和政治领域的重大问题的能力？且不论这些系统可能对我们这样的消费者个体产生何种影响，我们需要了解的是系统对社会整体有何影响。很明显，这些具有预测和响应功能的数据驱动传播，把控制权交给了那些以预测我们兴趣和生活机会为主要目的的群体。虽然他们这么做主要是为了商业目的，但也对公共生活的运作产生了影响。

在营销人员看来，定向广告向消费者提供他们感兴趣的“相关”信息，从而提升了消费者的权力。但这种观点混淆了事实，因为信息定制依赖无处不在的监视系统。在他们看来，营销不是操纵性的，而只是给了我们想要的东西，但问题是要做到这一点，就需要“永远在线、在场、调节、推动，并以此来制造现实”（Darmody and Zwick，2020：9）。数字营销之所以能让人心满意足，是因为它广泛而持久地存在于我们的生活里。而在营销修辞中，定制之所以是好的，是因为它满足了消费者“已经存在”的需求而不需要说服他们；这是迎合，不是劝服。但这种修辞敏锐地察觉到了文化上的一个敏感点——营销之所以“坏”，是因为那是一种象征的操纵。但在数字时代，广告商并没有开发出具有诱惑性或操纵性的新技术，相反，他们的权力在于无处不在的监测能力。我们不仅要关注广告商与我们接触的方式，还要知道他们如何监视我们。因为在他们的世界里，营销“无处不在，因此不再存在”（Darmody and Zwick，2020：10）。

案例：Facebook的广告偏好设置

文/莉莉安·朗吉亚

Facebook提供的透明度工具可以查看平台如何在广告模型中匹配用户偏好并 238

从中变现。本文将分析这些透明度工具的工作原理，并解析这些工具在多大程度上揭示了Facebook收集和利用的数据。

在浏览器上登录Facebook，请看右上角并单击下拉箭头，点击“设置和隐私”，然后转到“设置”（在移动应用程序上，可以单击程序右下角的三条线，然后在主菜单中找到它）。Facebook会显示如何分配偏好、兴趣以及定位广告商的信息，但会不断变化提供信息的范围，因此需要探索所有可能出现的内容。在撰写本文时，Facebook的设置共有三个选项：“广告商”“广告主题”和“广告设置”。点击“广告主题”，就会看到Facebook认为的你喜欢的内容列表，还会显示广告商知道的你喜欢的内容列表，这是根据你在平台上的互动行为产生的。如果把鼠标停在某个偏好或兴趣上，就会显示一系列内容，例如，“由于你在Facebook上有与某个主页相关的活动，例如喜欢他们的主页或帖子，因此你具有某种偏好”。

这些偏好是由Facebook的算法自动生成的，匹配依据是关联性和推测。你可能很清楚哪些操作会让Facebook为你匹配偏好，但也有很大的可能会出现与你的Facebook活动不符的关联偏好。但如果你把鼠标停在这些偏好上，也会显示和上面一样的解释，但不会让你进一步了解为什么Facebook会把这种偏好匹配给你。

由此来看，Facebook提供的偏好信息非常模糊，在某种意义上显然存在误导。首先，有些特定页面或点击行为会让Facebook匹配偏好，这些偏好可能会“直接”关联，例如用户自己与相关页面产生的交互，包括点赞、评论和分享。但它们也可能是被“推断”出来的，即从你与网上其他人的互动中得出的。那么，为什么不直接告诉我们这些判断是如何作出的呢？其次，我们可以假设Facebook为每个偏好匹配了一个强度值，例如根据你的帖子和讯息中显示的点赞、点击或提及数量来匹配偏好。

但最重要的是，根据2016年Pro Publica的一项调查，Facebook不会披露额外的背景偏好，这些信息通常是从其他合作伙伴公司那里获得的（Angwin et al., 2016）。

239 你可以单击偏好旁边的“删除”按钮来删除这些偏好或兴趣，这样就能告诉Facebook它错了，这不是你的偏好。Facebook声称，这个选项是让用户“控制”其看到的广告。广告商和其他平台与Facebook一样，都公开宣称定向广告对消费者更好，因为这能让用户看到想看的、有用的广告。但大部分用户并不会真的花时间去确认那是否是最有用的广告。Facebook还警告用户，就算他们删除所有偏好，也不会降低看到广告的频率，而只会让他们看到更加无用的广告。也就是说，如果你手动删除所有偏好，就会发现Facebook只是重新组合了那些广告的呈现方式。只要继续使用Facebook，它就会不断了解你。

Facebook还有另一个功能，可以让你了解为什么你的信息推送中的某些广告是专门针对你的。你可以单击广告右上角的三个点，然后点击“为什么我会看到这则广告”。在图9-1和图9-2的示例中，你可以看到酒类配送服务Jimmy Brings定位的用户是来自布里斯班的年满18岁的人，因为Facebook已经为这些用户添加了与夜生活和酒精相关的偏好。

同样，这只提供了最基本的信息，无法让你了解真实的全貌。当Facebook告 240
诉你为什么会看到一则广告时，还包含一则免责声明：“可能还有更多因素未提及。”例如，我们可以先打开Jimmy Brings的网站，从头滚动到尾，然后再打开Facebook，测试Jimmy Brings广告是否会进入你的信息推送。很快，Facebook的信息推送中出现了大量酒类广告。为什么Facebook不简单地承认这两件事是相关的呢？

图9-1　Facebook“为什么你会看到这则广告”

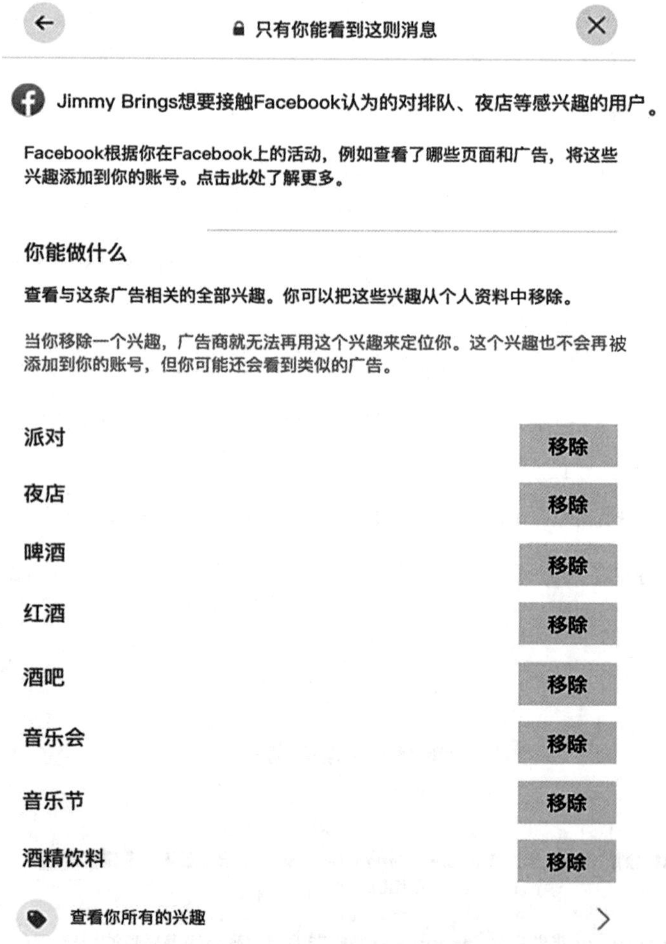

图9-2　编辑Facebook的广告偏好选项

如果点击“了解更多”就会出现一个页面，里面提到广告商可以在Facebook上对其广告投放进行各种不同的操作，但不会透露为何你会看到一则广告的任何其
241 他信息。我们虽然知道这个平台保留了我们的活动数据，但它不会告诉我们这些数据究竟是什么。虽然Facebook可能每天都能给我们带来乐趣，但那同样也是工作，因为我们会创造有价值的数据，让Facebook的广告模型发挥作用。如果不想参与这种“被观看的工作”，就不要使用Facebook。

为了了解更多关于Facebook如何使用数据的信息，可以假装自己是广告商，进入Facebook的“广告管理器”，自己动手设置虚假广告。

打开Facebook的企业网页，滚动到页面底部，点击“创建广告”按钮，然后进入Facebook的广告管理器。选择一个目标，例如“品牌知名度”或“吸引更多的网站访客”。与上面探讨的广告兴趣和偏好一样，这个界面也会定期变化。如果你现在打开的话，可能会看到不同的信息。你可能需要向下滚动到页面底部，然后点击“设置广告账号”，添加一些基本信息，设置好时区、位置和当地货币。你可以用默认选项然后点击“继续”。

现在，我们已经到了让Facebook通过数据来帮你匹配广告用户这一步。但这还不能让我们更加了解大型企业和强大的政治营销是如何利用Facebook广告的。一个大牌的Facebook广告与一个小咖啡馆的广告之间必然存在差异。我们这里看到的是一则咖啡馆的广告。如果想用更复杂的功能或获得专业的营销方案，就要看你的业务规模大小、你与Facebook数据整合程度的高低以及有多少预算。这里展示的Facebook广告管理器已经足够让我们了解受众如何在Facebook上观看和被观看。

找到“受众”部分，你会看到一个按钮或选项让你“创建”受众。这里的“受众”通常默认你所选国家或地区的所有用户。如果你选择澳大利亚，则大约有1700万用户。屏幕上的小仪表盘显示这是一个非常宽泛的受众定义。

你可以输入关于你的“受众”的详细信息来完善它。受众数量越多，意味着越多的人可能会看到你的广告，但这些受众的细分程度很低，与你的产品产生实际交互的受众比例可能更低。广告商总是试图缩小受众的范围，令其达到一个最佳规模。请先查看Facebook可以触及多少像你这样的人。对我来说，需要把地点缩小到布里斯班，这时受众会减少到210万，此时每天估计能接触5300~15,000名用户。

接下来，我把年龄范围更改为与我年龄相仿的人，受众规模下降到430,000人，每天可以接触4900~14,000人。

当你进入“详细定位”这个部分时，就会发现更有趣的东西。你可以根据受众的偏好来进行细化。你会发现，如果你和其他有相同兴趣的人组合在一起，这种 242
兴趣对Facebook就会更有价值。我们可以将之与电视广告进行类比：你的广告价格将根据特定“广告位”的需求情况而变化（McGuigan, 2019），正如黄金时段的电视广告成本更高一样，某些受众偏好以及一天中的特定时段要比其他因素更有价值，竞争也更加激烈。

当我把我的大学添加进偏好后，受众人数下降到30,000人。现在，我可以选择进一步“缩小”偏好，或“排除”那些同时具有昆士兰大学和其他特定偏好的人。假设你想创办一个校内新闻出版物，目标是吸引学生中《纽约时报》的粉丝，就可以专门向这个群体投放广告（见图9-3）。

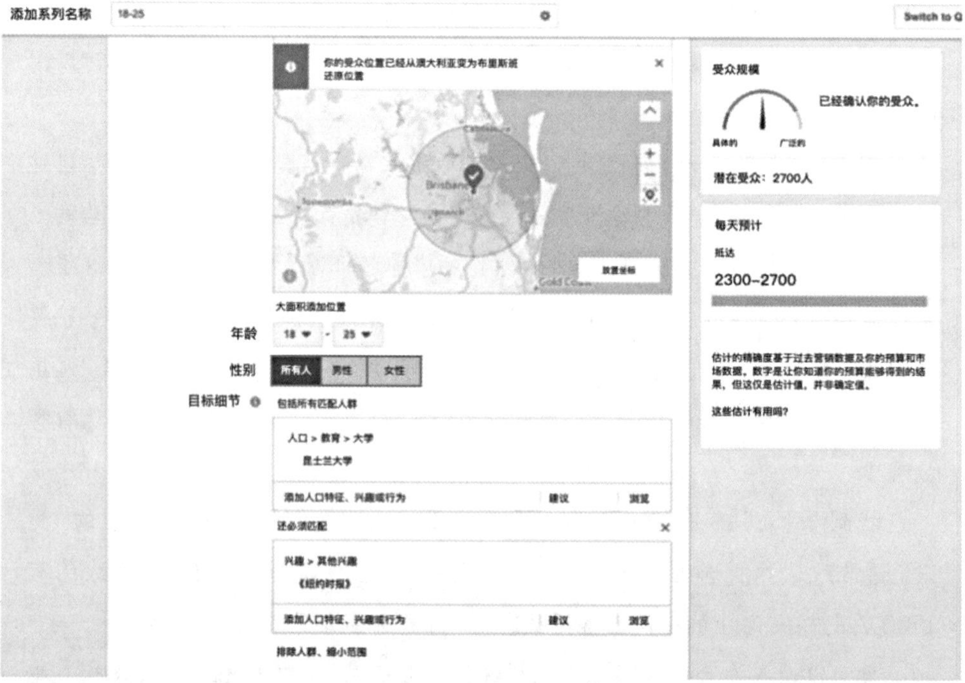

图9-3　在Facebook上制作广告

有些广告类别在伦理方面更为微妙，广告商定向推送这种广告时也更难以把握。例如，虽然你不能添加“酗酒”等偏好，但广告商可以针对酒类产品或相关消遣的细分偏好，把这些广告与自己的客户数据库结合起来，由此可以定位大量的
243 酒精依赖者。这种掠夺性的广告虽然在技术上是不被允许的，而且有一个24小时的审核流程来确保广告不会违反平台的广告政策，但审核过程既不独立，也不透明。

到目前为止，上面讨论的广告定位技术都是根据用户的人口特征和兴趣产生的Facebook所谓的“核心受众”。你可能在自己的推送中也发现过这种定位广告。但核心受众只是Facebook广告模型的皮毛，是Facebook用我们的数据向特定用户展示广告的四种方式之一。

广告管理器还有更复杂的构建受众的工具，例如“客户受众”和“相似受众”。“客户受众”是企业告诉Facebook的投放人群列表，他们可以上传邮件列表或网站访客列表，或那些与其Facebook主页互动过的访客列表。你可以看到“在你页面上观看了一则特定视频3秒钟或更长时间的受众”的详细信息。但企业无法查看自己账号里详细的视频观看数据。

“相似受众”也是从特定用户列表中提取出来的，定位的用户与和你有过业务互动的用户相似。Facebook会自动找出现有用户的趋势特点，然后把你的广告定向到那些符合趋势的人群。Facebook表示，这些趋势可能包括常见的人口信息或兴趣，但只供内部分析，不会告诉你有哪些具体的信息会被用到。等到看你广告的人越来越多，Facebook就会把相似受众的范围缩小到你想要的那些实际与广告有过互动的用户。

我们还可以分析Facebook的广告库。搜索Facebook广告库，选择几个你在Facebook信息推送上看到过的广告，然后输入广告商的页面名称，结果会显示每个页面当前的广告以及广告说明。点击其中一个广告，查看更多的情况。

你可能会发现，某些广告商有多个非常相似的广告版本。这些广告通常是用Facebook的动态格式和广告创意工具创建的，但不会全部播出。这些动态广告的说明部分会显示“此广告有多个版本”。这是因为广告商会向Facebook提供不同的广告模块（例如图像、文本和按钮），这些元素经由动态广告工具生成广告系列，Facebook则“根据受众最有可能的回应”自动向他们展示这些元素的不同组合。Facebook虽然禁止掠夺性广告，但它的动态广告和一般广告在本质上仍然具有操纵性。这些广告根据我们的行为来塑造我们的行为，可能会带来实质性的后果，例 244
如像酒精这样的商品很可能会造成伤害。不过，Facebook确实有一项功能，可以让用户隐藏某些具有敏感性或潜在危害的广告，例如酒精，但保护自己免受伤害却成了用户个人而不是平台的责任。

广告库不会告诉我们广告针对的具体偏好是什么，但即使从创意美学的层面来看，也可以知道这些广告针对的是特定女性：她们可能有小孩，没有太多空闲时间，下午会做瑜伽、喝葡萄酒，在高压生活中放松身心。像这样通过精细调整以诱导点击的广告，会给在管理酒类消费方面能力较弱的消费者带来什么样的影 245
响呢？

我们还可以把定向广告与更广泛的歧视与伤害联系起来。根据Pro Publica 2016年的一项调查，Facebook允许广告商基于“族裔”来排除用户，这种偏好是Facebook根据用户与平台的互动情况分配给用户的，但这违反了美国1968年的《公平住房法》和1964年的《民权法案》（Angwin and Parris，2016）。另一项2017年的调查发现，广告商可以定向“犹太人的憎恨者”和其他具有极端反犹主义倾向的人（Angwin et al.，2017）。2019年，Facebook与5个民权组织达成协议并更新了广告系统，以防广告商不让少数族裔看到住房和就业广告，但问题并没有就此解决。

2019年的一项调查进一步发现，Facebook更新系统后继续使用有代表性的人口统计特征进行种族和性别歧视（Kofman and Tobin，2019）。调查发现，这种功能会让女性或老年人无法看到招聘广告（Kofman and Tobin，2019）。根据广告商业务的不同，现有的客户基础上，有些被过分代表或被代表不足。因此，如果现有的受众群体已经体现出某种歧视，而你要Facebook向类似用户展示你的广告，那么Facebook新创建的受众群体中也会反映出这种歧视及其带来的伤害。这种历时性和结构性的歧视并不显眼，但可能隐患更大，因为它们都会进入Facebook广告管理器的运作方式。

Facebook的广告系统反映了平台组织受众劳动的方式。用户在查看自己的偏好数据、广告创建工具和Facebook的广告库之后，就会发现受众是如何被商品化的。我们平时使用Facebook时向它表达了我们的偏好并为之创造了价值；而当广告商抢夺我们的注意力时，我们再次创造了价值。

思考题

1. 查看你的Facebook偏好数据，选择其中三个偏好。你能说出哪些互动可能会让
246 Facebook把这种偏好匹配给你吗？其中哪些是直接偏好，哪些是推断出来的偏好？

2. Facebook和Instagram的用户如何进行观看和被观看的工作？

3. Facebook的客户受众、相似受众、动态广告等工具为何依赖受众观看和被观看的工作？

4. 打开Facebook的广告库，查看你最喜欢的品牌页面。它们在投放什么广告？

5. 那些停止投放的政治广告会在Facebook的广告库中存储5年。在广告库中查找与你所在地域的政客相关的页面。他们投放了哪些广告？投放了多少？你在自己的信息推送中看过这些广告吗？

6. Facebook的广告模型是否公平透明？

7. 用户在Facebook上生成的数据是否“划算”？他们得到了什么好处？在个体和社会层面，它有什么不利之处？

8. 广告问责制通常侧重广告的内容和分配。Facebook的广告模型会带来哪些问责方面的新问题？

三 小　结

本章较少关注广告对受众的作用，更多关注受众如何卷入观看和被观看的工作。

这是为了让读者思考平台媒体系统，该系统不仅通过观念和意识形态施加控制，还通过组织传播空间中的参与和数据处理来进行控制。在数字媒介平台的疆域里，只要平台可以监视和回应受众，受众就可以畅所欲言。这些传播空间把我们所有的时间都变成了具有生产性的观看时间。曾经的受众只有坐下来读报纸或看电视时才有生产性；如今只要他们拿起智能手机，就会频繁地进行观看或被观看的生产活动。

延伸阅读

延伸阅读所列文献分析了数字媒介平台时代下的受众形式。安德热耶维奇（2002）介绍了受众的基本工作，包括生成关于自己的数据，以及让别人观看的内容。达莫迪与茨维克（A. Darmody and D. Zwick，2020）批评了营销人员提出的一个矛盾的观点，即数字媒介同时赋权受众和操纵消费者。利文斯通（S. Livingstone，2019）对数字时代下的受众研究方法进行了概述。韦伯斯特（2014）为理解数字时代的注意力市场提供了一个概念框架。 247

Andrejevic, M.(2002a).The work of being watched: Interactive media and the exploitation of self-disclosure.*Critical Studies in Media Communication*, *19*(2), 230–248.

Darmody, A., & Zwick, D.(2020).Manipulate to empower: Hyper-relevance and the contradictions of marketing in the age of surveillance capitalism.*Big Data & Society*, *7*(1), 1–12.

Livingstone, S.(2019).Audiences in an age of datafication: Critical questions for media research.*Television & New Media*, *20*(2), 170–183.

Webster, J.G.(2014).*The marketplace of attention: How audiences take shape in a digital age*.MIT Press: Cambridge.

第十章　身份的生产与协商

媒体既能赋权身份，也能剥夺身份。

249 ★ 什么是身份？

★ 媒体如何赋权身份，如何剥夺身份？

★ 如何通过媒体来制造集体身份认同？

★ 非主导性身份如何利用媒体来争夺权力？

本章内容

- 媒体如何成为建构和协商身份这一持续过程的核心；
- 媒体为群体提供资源和空间，让他们发展、抵抗和重建身份；
- 媒体为某些特定身份提供符号资源来表达他们的故事及生活方式；
- 媒体产生集体身份认同，并与更广泛的政治经济进程发生关联。

一、什么是身份？

身份是活跃的社会关系，由人们根据自己与象征世界和物质世界之间的关联创造 250
而来。身份建构总是在政治、经济和文化的权力循环中进行组织并得到维护。媒体机构、技术与文化是身份展演和竞争的关键场所。本章将解析不同群体建构身份的斗争及其对社会、文化和政治生活的影响。首先要了解身份的三个关键特征：

1. 身份被嵌入表征与意义；
2. 身份是社会性的，也是建构性的；
3. 身份之间相互关联。

（一）身份被嵌入表征

身份是我们在社会世界及权力关系中定位自己的过程。我们需要能为己所用的表征与话语来构建身份。身份是一种持续的过程，标记着我们是谁以及我们可能成为谁；身份与表征方式以及人们的自我呈现能力相关（Hall, 1996: 4）。

（二）身份是社会性的建构

身份表现了我们所处的社会位置，是我们用来呈现自己并赋予意义的结果，是我们在与他人互动时用来确定我们是什么或不是什么的产物。我们学习通过表征来建构身份，在社会世界中定位自己，获得他人的关注以及物质资源和社会关系。无论我们创造何种身份，别人都会用自己的主张或资源来对之施压。一边是个体的能动性及创造力，另一边是社会建构的话语及可利用的主体位置，我们的身份居于二者的交界之处。虽然我们可以自由地以标新立异的方式想象自己，但也受到社会结构以及可用的物质资源和符号资源的限制。

身份始终处于建构过程中，是人类社会和历史的重要组成部分。我们通过意义的
斗争来组织社会世界和物质世界，决定谁可以获得物质资源、社会资源和符号资源。每 251
当一个群体将自己的身份确立为强大的主导身份时，其他群体就会试图创造新的身份和主体位置来抵抗他们。人们学习何时让自己的身份适应更宏观的社会结构，何时又要进行反抗。我们不断重塑自己的身份，这是我们在社会关系中凸显、保护、争取或巩固地位的一部分。

（三）身份的相互关联性

我们的身份取决于我们如何与他人及其生活方式发生关联，又如何与他人相互区分。身份是我们自己区别于他人的产物，但永远不会确定下来。身份展演就是创造性地展现与别人不同的地方，身份的确认也往往与对他人的生活方式、经历和价值观的渴望、愤怒和焦虑相关。我们的身份在某种程度上有赖于匮乏感，这是一种我们现在没有而且永远不可能成为的感觉。它既让我们苦恼，又让我们渴望。我们经常设想，如果我们在社会关系中所处的位置不是现在这样，那么所受的关注又会有何变化。然而，身份总是试图把意义和社会关系自然化，并将之作为权力关系的一部分。

二、制造集体身份

20世纪，传媒——尤其是电影、广播和电视——被用来建构大众的国家身份（Buck-Morss, 2002），成为"建构集体生活和民族文化的文化机制"（Morley and Robbins, 1995: 10）。媒体把国家打造为"想象的共同体"（Andersen, 1983）。国家层面的媒体系统把共享的生活带给广大民众。虽然这些生活在广阔地域中的数以百万计的人们可能永远不会认识彼此，甚至不会见到彼此，但却可以想象他们是一个共享某种愿景和价值观的同质化集体。民族国家试图把身份限制在政治、经济和领土的边界之内。现代媒介技术让大众社会的领导者能够随时随地地直接向民众发表讲话（Buck-Morss, 2002: 134）。无论一个社会的主导意识形态是自由民主主义、社会主义还是法西斯主义，其文化产业都会形成相应的主导集体身份。每个社会都在努力建构或呈现
252 一个"大众乌托邦"（Buck-Morss, 2002），媒体生产的表征确立的是主导的观念和生活方式。

国家层面的媒体系统建立了一种意义网络，供人们理解工业社会的物质力量及其对自然世界的改造。媒体对汽车、电器等工业产品赋予意义，建设承载城市和摩天大楼的意义环境。大众社会的物质进程以集体价值观和生活方式的形式呈现于民众眼前（Buck-Morss, 2002: viii）。在自由民主主义、社会主义与法西斯主义社会中，广泛的社会、政治和经济进程被呈现为创造"美好生活"的一部分，正如工业社会承诺普通人可以在前途无量且充满凝聚力的城市环境中获得物质幸福。

电影和电视是塑造大众社会表征的重要媒体。无论社会主义国家、法西斯国家还是自由民主制国家，所有民众都听广播、看电影，都会看到或听到关于生活方式的故事

或影像（Buck-Morss，2002：14）。大众传媒并不直接告诉人们想什么，而是反映其本身的生活，把他们作为更广大的想象共同体的一部分，与在广袤地域上的其他成千上万的人共享相同的生活。美国是一个具有不同文化背景、价值观和生活方式的移民熔炉，而好莱坞在制造同质的国家身份方面发挥了重要作用（Buck-Morss，2002：148）。电影可以让一种生活方式成为美式生活的共同标准，调动集体的力量使之文明化和工业化；它表达的是关于“美国梦”的一种共同愿望，让生活在美国领土上的人都相信这个梦想，并以此来打造自己的生活，让美国人从电影里看到自己是更强大的实体的一部分。

国家集体身份的象征建构工程与民族国家的物质发展相互关联。要让大众传媒生产的身份有意义，并对普通人的生活产生实质性的作用，就要产生实质性的购买行为。普通人必须能够辨识屏幕上呈现的现实，从中感受梦想和欲望，相信那是可能实现的。如果好莱坞电影展现的中产阶层的郊区梦想是拥有一套新房、一个现代厨房和一辆高级汽车，就需要让人在现实中也能拥有这些东西。20世纪，大多数美国人都发现，文化工业呈现的梦想与自己的现实生活或可能实现的生活之间存在某种对应关系。而那些生活不如意的人至少也要相信梦想实现是有可能的。如果人们感到被剥夺了民族身份中固有的“美好生活”的愿景，就会出现新的身份和抵抗行动。比如，美国黑人在民权 253
斗争中用政治、经济和文化手段来反抗美式生活与身份对他们的排斥。那场斗争一直持续至今，少数族裔的文化指出了自己如何被排除在主流的美国梦之外，又如何被纳入其中。纵观黑人音乐的历史，从蓝调、爵士再到嘻哈，这些音乐既是对主流生活的一种象征性的抵抗，同时又被纳入主流身份当中。大众的集体身份已然瓦解，既是因为它越来越无法向大众传达“美好生活”的愿景，也因为其不再是民族国家政治和经济制度的必需品。换言之，大众集体身份的象征权力与物质功效都已消散。本章将考察全球互联的网络化世界中出现的自反性身份（包括宏观层面和微观层面）。

从大众到个体

随着国家社会主义的崩溃以及全球资本主义和新自由主义的兴起，曾经的“大众集体梦想”（Buck-Morss，2002：x）已经让位于个体的梦想和欲望。如今，我们主要的身份想象已经不再是共同追逐美好生活的民族集体成员，而是渴望更个性化和进取性的身份。媒体也不再只着力于民族的集体身份构建，而是更多地推动我们形成新的身份，来享受生活、获得权力与满足自我。虽然我们仍然生活在民族国家中，但我们对作为集体的国家的忠诚度越来越低。事实上，我们每个人都在竞相实现自己渴望的美好生活。虽然这些梦想往往也包含物质，但并不需要更大的同质化的集体身份。

正如工业时代的大型工厂被重塑为网络经济中的灵活节点一样，20世纪的大众身份也已经让位于偶然的自反性身份。身份是全球灵活经济中的重要资源。对民族国家而言，身份是构建品牌的重要资源。民族国家将自己定义为资本投资的好地方，拥有稳定的政治体制、受过教育的劳动力和富裕的中产阶层，以及定义为有吸引力的旅游地。对个人而言，身份是一种重要的自我包装资源，可以在潜在的雇主、朋友和恋人面前展现创造力、聪明才智和价值。身份的价值来自意义流中表达自我的过程。随着社会和经济的信息化程度越来越高，用正确的信息来对个体和民族定位也至关重要。

254 随着全球网络资本主义对媒介的重塑，国家的文化产业也被纳入全球的意义流动当中。虽然地域身份和国家身份的建构依然需要媒体，但也与全球信息流动所建构的消费者、自由民主制和中产阶层这些身份并存。全球传媒通过观念、身份和资本的全球流动创造了一种虚拟领土（Morley and Robbins，1995：19）。莫利和罗宾斯（D. Morley and K. Robbins，1995：38）认为，这种虚拟领土导致那些能够接触媒体与文化全球流动的人意识到身份更具自反性。作为个体，我们在全球、国家和地方的文化之间周旋，在复杂的流动过程中组织我们对地方的感受。而全球传媒扩大了我们用来定位自我的意义流和我们自认为的社会关系，以此重置了我们的身份认同。我们不再只是国家公众集体中的一员，而是世界公民，是与全球网络连接在一起的小众生活群体。我们也通过急剧扩张的媒体内容和文化信息的流动扩散着自己的身份认同。

国家文化产业被重组为全球网络的节点，由此产生了一个颇具争议的问题：社会如何把身份既建构为有利可图的受众市场，又建构为有价值的生活方式。如果身份仅是一种生活方式而非有价值的受众，就需要社会从保护社会和文化空间的角度来为之作出决定。这里的挑战是，地方媒体、国家媒体与身份一同嵌入全球网络，而这个网络适应的是美国文化产业的商业和政治利益。

美国在这个全球体系中是一个关键节点，任何重要的意义和身份流动都与美国有关。在此背景下，国家或地方的身份可以用如下方式表述：

- 它们契合美国的价值观和生活方式。
- 特定国家或地区试图保护特定的习俗和生活方式，因而它们的身份可能与美国的价值观存在差异。
- 它们可能与美国的价值观背道而驰。当对立身份在全球网络体系中既不能构成威胁也不能获得认同时，就会受到忽视或遏制；当这些身份有可能成为全球网络中的强大节点并构成威胁时，就会被技术、文化、政治和经济的组合手段从网络中移除。

身份在大多数情况下都把全球意义流动融入日常实践。媒体的关键作用在于,它不但组织我们的家庭空间和日常实践,而且将之与更广泛的公共空间和政治社会进程联系起来。虽然这些空间和进程不再局限于国家边界,但我们依然适应着媒介系统并参 255
与媒体消费仪式,从而建构共享的身份和生活方式。问题的关键在于,我们消费了越来越多的碎片化内容。虽然我们仍然能感受到自己是想象的共同体中的一员,但我们是从自己在全球网络流动中所占据的位置来看待这些共同体的,而且在这个网络中充满了身份和意义的流动。身份总是在历史的流动中形成,并与强势群体建立的政治、经济和文化结构紧紧绑定。

三、日常生活中的个体责任

工业媒体,例如真人秀、脱口秀和社交媒体,把某些身份表现得令人向往,把另一些身份则表现得不受欢迎。根据佩克(J. Peck, 2008: 7)的观点,关于媒体建构身份的问题涉及以下几个要点:

- 权力关系在流行媒体文化中如何呈现?
- 哪些人被呈现为有权力?
- 哪些身份被呈现为受人欢迎?
- 某些身份如何获得权力,其目的为何?

这些问题有助于分析媒介文化的身份生产如何促进权力关系。为此,我们要从不同的角度来思考媒体生产的意义,即更关注这些意义如何促进社会关系,而非意义本身的内容及其真实性。

大众社会向网络社会或平台社会的转变过程,伴随着集体身份向个体选择的转变,这些个体选择涉及消费、表达和工作。奥韦莱特与海伊(L. Ouellette and J. Hay, 2008)采用福柯的“治理性”(governmentality)这一概念来描述这个过程。“治理性”指的是“一种治理观,亦即通过那些‘反思、处理和组织(我们的)生活’的技术来对别人以及对我们自己进行治理”(Ouellette and Hay, 2008: 9)。在这个框架中,权力通过“社会制度相关的知识和程序”发挥作用(Ouellette and Hay, 2008: 9)。制度与人之间的互动促进权力的形成。制度企图凭借其创造的实践、技术和过程来塑造知识,并让个体参与其中。那些生活在自由主义社会的人固然自由,但这种自由是由特定的制度组织起来的:我们能做什么、不能做什么,我们说什么、不说什么,都受到这些制度规则的限制。

这种治理观希望个体参与对自身的治理，让个体对自己负责。当代的自由主义国家的成
256 功建立在它创建制度、实践和价值观的综合能力之上，人们能够据此进行自我治理、规范和约束。它鼓励人们把生活环境视为自己选择的结果，而且可以因自己的行动而发生改变。这种“远程治理”需要发展文化机构和实践作为人们对自己负责的宏观架构。

流行媒体文化通过建立制度和实践来塑造负责任的个体，对“远程治理”具有促进作用。例如，电视脱口秀，早间新闻，真人秀以及明星、健身教练、生活专家和网红的社交媒体账号，都在为人们的日常生活提供指导。这种治理模式非常契合全球自由民主资本主义对自由市场的笃信，认为其能够激励个体的能动性。流行文化生产了这些身份和文化实践并将之合法化。批评者认为，流行文化追捧有生产力且有上进心的个体，而忽视“在个体福祉层面上构思赋权与将赋权理解为社会政治集体事业，二者之间存在的重大差异”（Peck，2008：7）。

远程治理让人们为自己负责，这对思考权力关系而言有两种后果。第一，这种权力模式是参与式而非威权式的，权力在我们对自己身份的想象和展演的层次上运行。媒体为我们理解自我及我们的生活提供资源，在数字媒体的参与文化中，这既包括符号消费，也包括符号的建构与分享。例如，当我们看到网红发布慢跑的照片，而且还在不断提升跑步距离与速度时，就会想做同样的事情。“广播”媒体和平台媒体上的流行文化因而具有规训的意义，它会向我们提出如何规范和组织生活的非强制性建议；它不会强迫我们做什么，但会建议我们做什么事情才能获得成功。因此，我们会发现某些身份的展演会吸引其他人的青睐。这就引申出了第二点：媒体试图把身份作为一套创造自我实现的个体和大众集体身份的技术。

四、身份展演

流行媒体文化越来越多地围绕普通人的参与式展演以及对普通人及其日常生活的监控组织起来。格雷姆·特纳（2010）指出，在当今的流行文化里，普通人比以往任何时
257 候都更加常见。广播访谈、小报、真人秀和社交媒体都把普通人的实践及日常生活融入其媒介仪式和表征。作为渴望参与流行文化生产的普通人，我们被要求去投票、发表评论、表达意见、表演和作出评判。今天，参与式的流行媒体文化标榜自己是20世纪那种自上而下的“糟糕的”大众文化工业的对立面。但我们也可以从当代的流行媒体文化中看出其权力运作模式，它实际上鼓励我们去监测、检查和评价我们自己以及和我们一

样的人，同时它自己也在不断提升监测、回应我们的能力。

流行媒体文化的一个重要特征是在“广播”媒体和平台媒体上公开展演和披露个人的经历和生活故事。公开我们“私密”生活的做法现在已经是社交媒体文化中司空见惯的一部分，但这首先是在脱口秀和真人秀节目中出现并得到完善的。普通人的情感表演最早大约出现在20世纪80年代的电视脱口秀节目中。奥普拉·温弗瑞（Oprah Winfrey）可能是这种节目的标志和原型，她鼓励观众把自己的生活作为个体选择的结果，而非更大的社会、文化或政治结构的产物（Peck, 2008: 44）。这些关于个体主动性的叙述是一种话语霸权，服务于自由主义政治和商业目的。奥普拉关于个体责任和自我提升的叙事生产了一种“进取的自我”。而“进取的自我”的提升离不开文化工业的资源，包括书籍、媒体产品、时尚、训练计划、饮食、营养品、信息技术等。奥普拉成功地与观众之间建立起深厚的情感联系，让他们一起参与其倡导的自我提升实践。同时，她还从中赚取了财富，并将之打造成一种强大的政治身份，与“美国梦”的自由主义话语遥相呼应。她的观众听从她的指导，努力提升自己，这些做法也塑造了他们的所思所行，使之成为自由资本主义秩序中的公民和消费者。

像《奥普拉》（*Oprah*）这种脱口秀节目主要讲述那些为自己负责的个体故事，而在21世纪的头十年里，真人秀节目彻底主导了流行媒体文化，形成了一种生活治理的框架。例如《老大哥》（*Big Brother*）告诉我们应该怎样生活，《美国偶像》（*American Idol*）告诉我们要根据音乐行业的规则进行评判，《超级保姆》（*Supernanny*）告诉家长和孩子什么是家规，《粉雄救兵》（*Queer Eye*）则告诉我们要穿什么衣服、买什么家居用品、做什么菜。在流行文化内部，这些规则不会受到挑战，正如《老大哥》的参赛选手必须遵守节目规则，《美国偶像》评委说的话就是圣旨，《超级保姆》的规则不容挑战，等等；在《粉雄救兵》的参与者接受主持人“神奇五人组”（Fab 5）[①]的建议后，生活总是得到改善。这些规则由节目专家评委制定，专家给出建议然后作出决定，或呼吁公众根据其建议作决定。电视真人秀总是鼓励我们对个体是否遵守规则而不是对规则本身 258
或其反映的社会政治结构作判断。

我们可能认为，真人秀舞台具有规训的功能，这个舞台教授我们日常规则，向我们展示那些有权力的人如何实施这些规则（Andrejevic, 2011; Canry, 2011; Wood and Skeggs, 2011）。例如《全美超模大赛》（*America's Next Top Model*）的评委是时尚界人

① 《粉雄救兵》每期节目都会设置节目主持人“神奇五人组”，也叫做“fab5”（fab是fabulous的缩写，意为“极好的”），他们一般会对异性恋男性的服装、室内设计等方面进行改造，并为他们提供一些关于打扮、生活方式和烹饪的建议。——译者注

士，他们知道业内的商业规则。《高速公路巡警》（*Cops and Highway Patrol*）节目里的警察是有执法权的国家官员。真人秀这种流行文化能够定位哪些人拥有权力，告诉我们如何评价他人（Wood and Skeggs，2011：9）。而这些规则和判断也创造并促进了权力关系。诚然，我们都有参与的权力，但都必须在别人控制的社会结构下发挥作用。作为观众，我们也可以根据其他普通人来定位自己，被鼓励在一种社会等级秩序中去判断和定位人（Couldry，2011）。想想中产阶层观众评判真人秀节目中"白人垃圾"选手时的那种得意的心态吧。《饥饿游戏》这本书和电影正是一例：穷人和普通人必须为城市中产阶层的娱乐而战斗至死。这些评头论足的场面显然是我们流行文化消费中喜闻乐见的一部分。

流行媒体文化从我们的社会制度当中攫取资源，用戏剧化的方式来处理生产、监测、评估和提升我们自己的工作。显而易见，想想《厨艺大师》（*Masterchef*）这种烹饪节目，它指导我们如何烹饪，如何成为更受朋友欢迎的健康的人。除了看节目以外，我们还会购买烹饪书籍和更好的食材，通过练习来提高技能。这让我们成为流行文化的参与者，也把饮食文化商品化，将之与加工食品、家电品牌、超市、餐厅、名厨及烹饪指南联系起来。我们不仅为之付出劳动，还通过自主行动为烹饪节目及其文化实践提供框架与认可。我们并非只是简单地坐在沙发上，任由这些想法进入我们的大脑。流行文化文本是整体生活方式的一部分，是政治和商业制度中的一种"文化技术"。流行文化在市场结构当中组装文化身份与实践。无论考察何种流行媒体文化，我们都不能认为那只是孤立的符号表演，而应该将之视为更广泛的文化体制和经济体制的一部分（McRobbie，2004；Peck，2008）。

五、数字私密关系

259 在脱口秀和真人秀中出现的那些私生活和私密关系的公开展演文化，已经是数字媒介平台的文化内核与政治经济核心。从早期的博客和视频聊天，到YouTube、Instagram、TikTok和Tumblr等社交媒体平台，我们的家庭故事、私生活和内心故事已经被公开，与数字文化中观看和被观看的实践相互交织。这些实践可以被视为数字亲密关系的展演。私密分享或披露我们人生中通常被认为是隐私的部分（McGlotten，2013），把自己内心的想法和感受与他人分享，就是分享私密。那可能是浪漫或充满情欲的，但也可以是日常生活中人与人之间常见的相处、感情、友谊或关怀。私密关系让我们的身份得以社会化并为他人所辨识或受到肯定，因此它非常重要。社交媒体是当下流行媒体文化中的一个关键领域，是展演私密关系的场所，通常会让公私界限发生坍塌或重组（Dobson et al., 2018）。大部分关于社交媒体的"道德恐慌"都针对私生活的过度分享，包括色情图片、情绪宣泄帖子、披露禁忌的经历或行为，以及打破或挑战那些单一配偶异性恋、核心家庭以及身体吸引力等主流文化身份的内容。私密关系在数字媒体上的公开过程是政治性的，因为这相当于把过去在公共空间隐匿的或不受欢迎的人、身体、表演和观念推到公众面前。数字私密关系指的是在数字媒介平台上公开披露和展现私密关系。我们之所以要关注这种现象，是因为它可以干扰公共空间中的那些被允许的或所谓正常的、可接受的身体、经验与身份展演。

数字媒介平台已经成为开展、协商和学习私密关系的中心（Dobson et al., 2018）。我们可以结合实践来思考这一点：我们在家里大部分的聊天、友情和爱情生活，都在社交媒体的群聊和评论中频频出现。我们也可以通过数字媒介平台来探索、搜索与了解"好的"或"理想的"私密关系是什么样的。正如我们会在YouTube、Reddit和Tumblr上搜索与我们相似的人、我们想要成为的人，以及那些可以为我们带来启发或提供建议的人，这可能与我们的两性关系、身体、情感、心理健康、政治观点以及我们关于种族、性别与阶层的经历相关。无论我们是谁或想成为谁，也无论我们对自己的定位如何符合或偏离主流或非主流的社会类别，社交媒体都是我们学习如何以"其他方式"生活的领
域（Berlant, 2008）。数字私密关系是陌生人因共享的生活经历而彼此相遇、分享人生 260
经历、在情感上相互支撑并为对方提供过上美好生活的建议。

但数字私密关系也存在矛盾。那些与主流文化规范不"符"的身份、身体和生活经历在过去无法公开表达，但数字媒体为之提供了契机，能促进人们对新事物的接受与认可，帮助人们打破禁忌，但也可能会让非主流的身份遭受更多的伤害。

数字媒体让我们通过更多非正式的学习方式来探索、披露私密生活。拍摄分享私密照片是表达愉悦、欲望并促进信任的一部分（Hasinoff, 2013），但不同性别、种族和阶层对这种能力的掌握是不平衡的（Dobson, 2018）。有些人因为性别、种族、阶层、性行为、残疾或地域因素，在"现实生活中"很难有这样的机会，或没有渠道获得这种乐趣。对这些人来说，这种能力分配的不均衡现状显得非常重要。但分享这些信息也存在风险，因为我们的私密照和我们披露的隐私信息可能会以某种我们不希望的方式传播开来。例如，多布森（A. Dobson, 2018）探索了性分享行为如何打破性别和阶层层面的社会禁忌：年轻女性常常被告诫不要分享性行为，否则可能会"受辱"，但年轻男性却可以不顾劝阻地分享照片，而社会对他们的谴责也更少。可见，分享性行为的能力是一种

自我探索的权力，在阶层层面也分布不均（Dobson，2018）。因此，数字亲密关系的可供性取决于社会关系和权力关系，用移动媒体来传播私密照片的行为嵌入在复杂的人际权力和制度权力网络中。奥伯里等人（K. Albury et al.，2013：18）研究中的访谈参与者详细解释了这些照片及其在社会关系中的扩散方式：

- 拍私密照或自拍是给自己看，而不是分享。
- 把自拍照发布到社交媒体是为了向朋友或陌生人进行展示，包括穿上新衣服或做了新发型的照片。
- 以幽默方式展示裸体搞笑图像。
- 私密伴侣之间自愿拍摄和分享的用于调情的图片。
- 有冒犯性的或不道德的色情图片，可能是在双方同意的情况下拍摄的，但分享这些图片可能是为了报复；未经同意进行拍摄；或在朋友圈之外传播。

261 奥伯里等人（2013）的研究发现，参加访谈的年轻人在乎的是传播照片的信任度。当事人如果同意分享照片而且彼此信任，就不会传播到更广泛的范围。因此，这些照片实际上表现了我们对这段关系的感受，分享私密照片是在表达信任、兴奋和亲密的情感，必然需要情感关系基础。在当代的移动媒介文化下，创建并分享私密图片是人与人之间建立关系时的一种有意义且有创意的方式。

数字媒体为我们提供了更多自我表达的机会，不仅能帮助我们探索我们是谁，还能让我们在社交媒体上找到志同道合的人。例如，Tumblr和Reddit等平台是匿名的，为用户提供了一层安全保障，让我们能管理自我展示、探索身份和与他人互动的方式。网络匿名让人们的表达更开放，但社交媒体平台的算法也会通过不断学习来“过滤”那些不符合主流规范或不利于平台注意力经济的身份表达，因此可能会削弱非主流人士、不遵循审美规范的人、表达太过情绪化的人或太夸张、太有争议的表达方式（Bishop，2018；Dobson，2018）。因此，学习何时以及以何种方式披露私密关系，同时确保安全、让人愉快且有积极意义，实际上是一种社会资本。社交媒体文化鼓励某些人用某种方式进行自我披露，同时忽略甚至诋毁另一些人。披露私密关系如果能在社交媒体的注意力经济中带来价值，就会获得回报。因此，分析数字私密关系的学者呼吁我们重新思考形成这些规范的历史社会结构。相比思考如何能够让非主流身份在网上“合适地”展露私密，我们更应该思考如何重整公共的数字空间，为更丰富的身份和生活体验腾出空间（Senft，2012；Dobson，2015）：

人们在数字空间中展露私密生活的这种现象，需要我们思考如何为女孩、同性恋、唠叨的母亲、情人和“奇怪”的社交媒体朋友的出格行为留出空间并对他们更加宽容，因为他们不**知道**评论什么，也不知道如何分享并不留痕迹。这种现象需要我们思考如何人道地关注并回应我们周围的人，他们中有些人是被迫的，有些人是必须这么做的，或者有些人只是在无意识下不分场合的“过度分享”，他们向数字亲密环境中周边的人寻求帮助、关怀、愉悦感和**关注**（例如说脏话）。（Dobson et al., 2018: 15）

数字媒体可能会鼓励人们披露私密生活，这也是社交媒体平台经济中的一种有价 262
值的劳动（Jarrett, 2014, 2016）。数字私密是把私密生活变为有价商品这一广泛过程的一部分。贾勒特（K. Jarrett, 2016: 5）认为，表达情绪、制造欢乐以及关心他人都是情感劳动，“是数字媒体社交网络中具有高度经济意义的劳动”。这种劳动并非是在人们离开厨房进入互联网时才被“发明”出来的（Jarrett, 2014: 15）；它们是资本主义长期历史的延续，资本主义将这类社会再生产的劳动划归到了妇女无偿工作的类别中。社交媒体平台将私密的表达、展演和交换转变为有价值的关注度和数据。我们在网上表现的生活越多，特别是表达的方式越持续、激烈、情绪化，就越能引起关注并产生有价值的数据。就算有些过度表达会让人恼怒和厌恶，但对平台算法而言却是有价值的，有助于推荐算法更好地“学习”何种表达能引起关注，让平台更好地对个体表达的信息流进行处理、分类。我们所做的就是训练算法的工作，就是让算法对人的感觉、注意力进行识别、挑选和分类，并提升我们相互影响的能力：

随着平台算法越来越定制化，用户任由平台来决定哪些用户能让人喜欢。平台判断哪些用户在激励机制下会广泛投入，以及降低哪些用户的可见度，因为他们会减少或阻碍平台的参与度。平台算法通过量化人类的参与和交互行为来学习并持续发展，而人类也通过学习和**想象**算法来塑造自己的行为。（Dobson et al., 2018: 20）

于是，数字平台不仅让其他人更容易看到我们的私生活，也让平台的数据驱动技术更容易利用这些信息。我们已经不再通过工业媒介系统的符号进行身份的展演。我们的身份被转化为数据，不仅在人与人的交流当中形成，也在我们与算法媒体之间的互动中产生。当我们思考如何表达自己和自己的感受，以及如何影响他人时，往往需要想象自己的身份如何被我们应用的算法系统识别并分类。

当今时代，关于社交媒体的“道德恐慌”往往指向一个问题：我们在这种媒体上的

263 行为高度公开，而我们所分享的生活面向属于应该保密的信息。我曾经与同事辩论，在社交媒体上展示私密生活的公众面临一个矛盾，“其政治变革潜力中的内在特质——例如过度、违规和情感强度——也是其主要的商业价值所在”（Dobson et al., 2018）。实际上，社交媒体平台并不是太过公开，而是不够公开。我们最应该关心的是，社交媒体如何将我们公开展演的私密生活转变为媒介系统中的私人资本；这些媒体正前所未有地接近我们的私密生活，它们积累数据、优化算法，并操纵着我们的私密生活。在平台媒体时代，身份既是符号性的展演，也是数据的流动（Cheney-Lippold, 2011）。这意味着，我们既需要把身份、媒体与权力之间的关系视为一种关于表达和展演的机会问题，同时也要思考对私密物质技术的共享控制意味着什么。也就是说，要想象一种我们可以表达自我、寻找约会并与亲友联系的文化，其中既不存在数据商品的生产，也没有算法系统来攫取我们的注意力和生产力。

案例1：Alexa是谁？

文/莉莉安·朗吉亚

亚马逊的Echo智能语音助手可以通过Alexa的语音界面来识别和响应用户发出的语音命令。Echo的设计是基于用户指令来管理家庭生活。亚马逊声称，这种语音助手是一种可以控制“智能”家居设备（如电源开关、吸尘器和恒温器）、收集信息和组织日常生活的科技产品。

Alexa不仅仅是一种没有实体的算法机器（见图10-1），她还有名字、有声音。她的程序设计让她有了某种身份。正如Alexa会与我们进行互动，要求一定程度的尊重，并会劝阻辱骂行为或侮辱性的问题，让我们学会友好地对待她，这都彰显了她的主体性（West, 2019: 32）。Alexa的设计旨在满足家庭需求，但家庭也必须学会适应Alexa。在这个意义上，我们可以把她当作一位家庭成员。

图10-1 亚马逊Alexa

Alexa是一个理想的家庭数字佣人(Phan, 2019)。她存在的意义就是服务家人，对人言听计从；她象征性地进行社会关系的再生产工作，让这种家庭服务正常化。但与人类帮佣不同的是，她没有自己的需求，事事以我们为先。这其实强化了 264
中产阶层消费者的价值观，并“前所未有地实现了更广泛的个性化服务，把自己纳入数字时代消费的一部分”(West, 2019: 32)。

家务是高度性别化、种族化和阶层化的工作。在19世纪和20世纪，做饭、打扫房间和照顾孩子等家庭“职责”落到了家里的女人身上(Phan, 2017)。富裕的家庭会雇佣廉价的女佣来完成这些工作，要求她们对家庭成员言听计从。Alexa正如传统的家庭佣人，她的名字和声音被编码为女性，其家庭地位具有服从的特性(Phan, 2019)。在21世纪的“智能”家庭中，Alexa再生产了女性化家政服务这种社会关系。

潘(2019)指出，Alexa取代了真正的人类劳动者，但同时也掩盖了家政服务背后的种族阶层身份政治。家庭佣人在传统上是移民和少数族裔，属于奴隶制和殖民主义的遗产(Phan, 2019)。但数字家庭佣人却能掩盖那些让人不安的种族与阶层权力失衡状态。Alexa在口音、词汇选择和习性方面的编码都体现了霸权白人中产阶层的身份。中产阶层白人消费者对这种数字佣人行使权力，而不必承认他们与人类佣人之间隐含的经济种族权力失衡的问题(Phan, 2019)。

正如Alexa重构了佣人的身份，她也透过男性消费主义视角重构了中产阶层家
庭中的女性主体身份。在潘(2019)看来，Echo让女性在为工作、健康和家庭腾出 265
时间的同时，还能更好地处理家务(Phan, 2019)。你可以搜索一些亚马逊Echo广告的图片，这款设备看起来就像中产阶层女性家里那种有品位的软装。她像一个装饰软垫或女性饰品，一般会与其他的传统女性用品一起被放在家里，例如女式太阳镜、日程计划表和食谱等。Alexa这种“智能”助手反映了一种更广泛的趋势，即“理想的”中产阶层女性需要同时兼顾工作和家庭，她们不仅要工作，还得照顾家庭(Gregg, 2008)。

Alexa通过翻译人的语音命令来与用户互动。如果Alexa听不懂你的话，就无法执行你的命令。2018年，《华盛顿邮报》的一项调查发现，Alexa事实上很难理解“带口音的”美式英语(Harwell, 2018)。最让人惊讶的是，Alexa对第二语言为英语的人的误解频率要比英语母语者高出大约30%，而且她理解美国本地口音也极为困难(Harwell, 2018)。正如德鲁·哈维尔(Drew Harwell, 2018)在《华盛顿邮报》中写道：“人工智能如果要学习不同的说话方式，就需要听到各种各样的

声音，但专家提到，它现在还没有听过这么多声音，因为有太多的人在训练、测试和使用系统，但这些声音听起来完全一样。”Alexa的研发主要基于霸权白人中产阶层的口音，它的设计师也是这群人。

你在阅读这个案例的时候，可能已经注意到一个矛盾。一方面，我们可以将Alexa视为一种再生产中产阶层家庭女性和佣人的非支配地位的技术。另一方面，Alexa又是一种无法识别非主导声音的科技产品。

我们可以用多种方法来解决Alexa无法识别不同声音的问题，其中一种方法是将之理解为一种技术问题。因此，“修复”Alexa就要增加训练声音的多样性，从而帮助Echo理解不同的声音。但这种做法只是调整了Alexa的训练数据，固然能使之更好地识别家里的各种声音，但却掩盖了Echo无法识别更多类型家庭声音的事实。在这种情况下，系统只会继续让消费者遵守某些家庭生活的特定规范，例如让女性负责家务等。因此，技术修复无法解决Alexa再生产主导社会关系的问题。

这也是我们要采取结构化的方式来真正“修复”Alexa的歧视问题的原因。我们或许不仅需要把Alexa看作一种充当家庭佣人的科技产品，认为这种技术再生产了富裕白人中产阶层家庭的社会规范；我们还可以去思考，应该如何设计一种可
266 以满足各种用户需求、帮助残障用户更好生活的语音助手，它甚至可以去挑战家务劳动分配的传统规则。

诚然，Alexa能够更好地向用户提供信息，回应其问题和指令。但Alexa模糊了家政服务的新殖民主义权力关系，再生产了家庭的消费主义价值观，重构了家庭女性的主体身份，而且还错误地识别非白人和非中产阶层的语音。Alexa也规定了用户为了获得信息而必须具有的身份类型。如果Alexa不仅能影响什么人能获取信息，还能影响什么信息会被获取，那么亚马逊的开发者及其开发的相关技术就需要满足更高程度的公平性和多样性标准。Alexa这个案例表明，在数字平台时代，身份政治的范围已经超出媒体内容对不同身份的表征。

思考题

1. Alexa如何再生产家庭中的主导社会关系？
2. 如何解决Alexa的歧视问题？
3. 哪些身份最能受益于Alexa？
4. 哪些身份无法享受Alexa的服务？
5. 思考Siri、谷歌家庭助手等数字语音助手，它们与Echo有哪些异同？

6. 搜索亚马逊的Alexa广告，这些广告传达了哪些与身份相关的规范？

案例2：数字私密关系

文/莉莉安·朗吉亚

本案例将探索自拍、Tumblr和约会应用程序，它们是人们经历、协商数字私密关系的关键场所。

自拍

自拍是对私人身份和私人空间的公开，这些照片往往是在卧室、浴室等地方拍摄的。自拍的私密性在于主体既是拍摄者又是被拍摄者——这是一种充满自我表达、能动性和创造的时刻。某些自拍行为是创造性的日常政治行动。布恩与彭 267
特尼（S.Boon and B.Pentney，2015）分析了女性哺乳自拍中的政治力量。在这种自拍中，女性身体“在策略上是一种端庄的呈现”（Boon and Pentney，2015）。这些照片不是用性的方式来展示女性身体，而是聚焦婴儿与乳房之间的关联，从而挑战了女性自拍应该符合艾米·多布森（2015）所谓的“异性”审美的期望。但有些自拍也会“策略性地表现煽动性”，会故意展示一般不会在公开场合看到的母性特征，例如酷儿群体的母性（Boon and Pentney，2015）。在这两种情况下，女性发布者都是在用自拍来动员自己的权力和不可见的元素，来挑战那些关于母性的规范。

思考题

1. 还有哪些普遍且常见的数字媒体应用具有私密的意味？
2. 自拍在哪些方面具有政治意义？
3. 思考你在媒介平台上发布的照片，你如何认为一张自拍“适合在Instagram”上发布？请画一个流程图，表现你在发布照片时的思考过程。什么样的价值观让你作了这个决定？
4. 分享私密生活也是平台劳动吗？
5. TikTok中的舞蹈视频表现了什么样的私密情境？

Tumblr

亚历山大·周（Alexander Cho，2018）指出，Tumblr对用户资料的公开程度与Facebook等平台不同，后者采取的是一种“默认公开”模式。默认公开是一种程序设计偏见，它“假设公开信息几乎没有风险”（Cho, 2018: 3184），因此它不鼓励用户匿名，或限制用户对其参与行为的可见度控制（Cho, 2018）。这种选项与平台的广告模型相互关联，因为平台广告建立在监视的基础上，需要使用户的公开参与行为与其私人个体产生关联。而周（2018）发现，非主流性别认同的青少年有色人种群体更青睐Tumblr，而非Facebook等其他平台。这种群体在公开表达时经常遭到辱骂，而Tumblr平台并不默认身份公开，因此用户不需要透露姓名或公开身份，也不需要把线下的社交关系转为平台联系人。而且Tumblr平台上的信息交流机制让人很难理解，因为平台会对那些不熟悉规则的人隐藏用户发布的内容（Cho, 2018）。Tumblr也因此吸引了各种表达私密生活的形式。

卡奈（A. Kanai, 2019）指出，Tumblr上的用户或博客之间的关联不完全是依
268 据共享的朋友圈或小组而确定的，也可以通过价值观、性格和情感体验的“关联性”来建立联系（Kanai, 2019: 65）。卡奈发现，有些Tumblr博客会制作一些关于女生烦恼的幽默段子或模因。他认为，这种幽默能让观众对创作者的玩笑产生愉悦的亲密感（Kanai, 2019）。

卡奈提出了两种方法来思考年轻女性Tumblr博客中的情感关联政治。在某种程度上，情感关联是年轻女性用来“管理”或者“应付”生活的自反性策略。这是因为女性很多时候无法满足男权社会的过高要求，而情感关联是抵抗女性气质（异性）规范的能动性表达策略。但从另一个角度来看，情感关联策略也受到新自由主义的限制，因为有些身份在文化和经济层面比其他身份更受欢迎（Kanai, 2018）。卡奈（2018）研究的Tumblr博客社群就是因为无法应付或改变生活中的权力关系，转而从情感关联当中寻求安慰。

269 Tumblr不默认身份公开为非主流身份提供了表达和受到认可的机会。在这个平台的论坛和粉丝群中，关于性、酷儿和其他非主流身份和相关经历的讨论很受欢迎，许多博客都是酷儿学习和讲授自己性别认同或性行为的地方（Byron et al., 2019）。拜伦等人（P. Byron et al., 2019: 2243）指出：“Tumblr平台的‘混杂’吸引了非主流的酷儿与性别认同多元化的年轻用户，这些年轻人不跟随潮流，也不顺应普遍的出柜和变性方面的叙事。”在Tumblr上，数字私密为非主流身份提供了抵抗和展现的空间。

但Tumblr不采用默认公开选项的做法也使之在商业上更加受限。2018年，当Tumblr试图整顿色情内容及“成人内容”时，就受到了用户的指责，他们认为平台的这种做法无异于向父权制俯首称臣，是要限制非异性恋的表达。在拜伦

（2019）看来，用户的这种反应衬托了Tumblr的重要性，因为它为那些在其他平台受限或被边缘化的身份提供了安全的公开表达空间，“用户反对的共同点是他们对表达空间的反思，平台赋予了他们这种空间，但又剥夺了它。用户也表达了安全感、自由和创造力需要一种对多样使用方式和多种身体类型都开放的空间，而不是用一种总体规则简单地把和性有关的内容全部定性为‘违规’”（Byron，2019：348）。

思考题

1. 平台是否能在**不**采用默认公开用户身份的前提下获得商业成功？

2. Tumblr平台上的公开表达表现了什么样的文化和政治价值？

3. 思考你使用的社交媒体平台，用户可以通过哪些方式反抗平台默认的身份公开设置？

4. 网络化的公众怎么才能成为普通公众？除了Tumblr之外，还有哪些平台的用户特征是网络化公众而非普通公众？

5. 思考与你身份认同相关的其他幽默段子，你需要了解哪些社会文化规范才能“理解”这些内容？

约会交友软件

数字私密关系还涉及我们对其他数字技术的应用方式，例如交友软件和约会软件，我们可以用这些软件来**组织**自己的私密生活。我们在这些应用程序上建立的私密关系结构取决于其商业模式和市场竞争（Wilken et al.，2019）。它们是免 270
费的、付费的还是二者结合？它们的母公司是初创公司还是成熟的集团？它们的目标受众是哪些人？不同群体“披露”私密的方式不同，而这些应用程序都是为了适应不同的私密文化（Race，2015），有时它们也会以用户数据来强化主导的异性恋和白人至上的霸权文化规范。

Tinder与Grindr完全不同，这个约会软件的界面和功能都体现出异性恋的规范，而且采用了更高的默认公开程度。Tinder鼓励用户提供比Grindr更多的信息，它的社区准则是要么“做自己”，要么除名（Tinder，2020），因此用户只有有限的匿名权限，而且并不被鼓励这么做。Tinder也更支持单一配偶的异性约会，而非随意的性行为或其他性接触形式。它是一种为“单身人士”带来“新火花”的平台，暗示支持理想的单一配偶制度，避免随意的性行为。

约会交友软件会优先设置特定的性私密关系形式，同时也会产生一些排他行
为，这些行为往往因性别、种族与阶层而不同。例如，Grindr具有臭名昭著的种族
271 主义倾向，用户为此还发起过反歧视运动。但在某种程度上，是应用程序本身促
进了这种文化。直到2020年，Grindr推出了族裔过滤的功能，这是一种“性种族主
义”（Lim et al.，2020）。卡尔森（B. Carlson，2020）还在Grindr上发现，澳大利
亚原住民男性用户在聊天时披露自己的原住民身份以后就会被骂，因为原住民身
份不一定能从用户个人资料照片中显示出来。卡尔森总结道：

> 在暴露身份之前，他们还能在聊天里看出“调情”的意愿。因此对原住民来说，“性种族主义”就是种族主义。原住民在使用社交媒体和约会交友软件时一直会面对这种结构性的暴力。它表现了人们对原住民根深蒂固的仇恨，这与生物特征无关，而是一种传统的种族主义。（Carlson，2020：141）

澳大利亚原住民女性也会在Tinder上遭遇种族主义歧视（Carlson，2020）。Tinder没有种族过滤的功能，但用户会根据其他人的资料照片，把潜在的匹配对象分为感兴趣和不感兴趣的人，也就是在屏幕上用不同的滑动方式来进行挑选，然后决定是否发起聊天，这基本上完全是根据用户照片的外表作出的决定（Carlson，2020）。一些原住民女性担心，如果她们在个人资料中用了自己的真实照片，就会遭遇性种族主义歧视，然后不会受到任何性关注，因此她们会故意用其他女性的照片，而且主要是“金发碧眼”的女性（Carlson，2020：143）。但这么做就不可能会有线下接触，于是，原住民女性在Tinder上既不如白人女性那样常见，对程序的应用也完全不同。

约会程序让我们能够以不同于异性恋或父权制的非传统方式来组织亲密关系，但也反映了种族、性和性别方面的身份霸权，那些有着规范身份的用户要比其他用户拥有更多优势。

思考题

1. Tinder、Grindr、Bumble或其他的约会应用程序如何编码关于性、约会和人际关系的霸权规范？

2. Tinder的平台设计及其用户具备哪些特征促使你去使用它，你出于什么目的使用这

个应用?

3. Bumble程序与Tinder不同，它把自己定位为一款让女性用户更安全、更舒适的应用，其中只有女性能够发起会话(Wilken et al., 2019)。与Tinder和Grindr相比，Bumble可能 272 具有哪些歧视性或边缘化的做法?

4. 约会交友软件对平台上的种族主义和尖锐的批判负有何种责任?这些应用程序对平台上的厌女言论、威胁和攻击行为负有何种责任?

5. 数字私密关系在哪些方面是你生活的一部分?你如何用媒介平台来表现或“开展”私密生活?

小 结

我们把身份定义为嵌入表征并始终在建构中的过程。我们分析了媒体在制造集体身份方面的作用，解释了身份的形成和管理如何与权力的获得和维持相互关联。本章回顾了20世纪大众集体身份的生产，以及当代数字平台注意力经济中参与式的身份展演。我们更容易看出，20世纪的身份是一种明确的意识形态项目，民族国家试图建立庞大的媒介文化系统以产生同质化的集体身份。现在，数字媒体和社交媒体平台成为我们陈述、学习身份和人际关系的关键场所。它们让我们有机会来探索和表达自我。但在很大程度上，非主流身份在这些系统中是不可见的。媒介平台中出现的对身份的公开或私密展演存在矛盾性：它们为我们提供了更高的可见度，也为我们提供了更多机会来讲述关于我们自己和个体经历的故事，但它们把我们的身份转化为有商业价值的内容和数据，而且我们无法控制自己在平台上的可见度。身份的媒介化展演已经是我们媒介文化中最有价值的一种商品。

延伸阅读

延伸阅读所列文献进一步探索了数字私密关系的实践和经验。奥伯里等人(2017)分析了约会软件的数据使用政策。布恩与彭特尼(2015)探讨了女性哺乳自拍中的政治。拜伦等人(2019)聚焦年轻人对Tumblr上酷儿群体的表达或体验。卡尔森(2020)对澳大利亚原住民在约会应用上的种族主义经历进行了批判性分析。周(2018)提出了 273 “默认公开”的概念，帮助我们理解数字平台如何实现或限制自我表达和亲密关系。贾勒特(2014)批评了数字媒体上的“女性工作”，这种工作需要兼顾照料家庭和社交。卡奈(2019)描述了Tumblr中女性主义者关于关联和幽默的论述。潘(2019)对数字语音助手存在的种族主义和白人主义提出了批判。森夫特与贝姆(T. M. Senft and N. K.

Baym，2015）指出了自拍作为一种媒体实践的重要性。蒂登伯格（K. Tiidenberg，2015）解释了自拍如何同时促进并抵制女性自我展示的规范。

Albury, K., Burgess, J., Light, B., Race, K., & Wilken, R.(2017).Data cultures of mobile dating and hook-up apps: Emerging issues for critical social science research.*Big Data & Society*, *4*(2), 1-11.

Boon, S., & Pentney, B.(2015).Selfies| virtual lactivism: Breastfeeding selfies and the performance of motherhood.*International Journal of Communication*, *9*(14), 1759-1774.

Byron, P., Robards, B., Hanckel, B., Vivienne, S., & Churchill, B.(2019). 'Hey, I' m having these experiences' : Tumblr use and young people' s queer (dis) connections. *International Journal of Communication*, *13*(20), 2239-2259.

Carlson, B.(2020).Love and hate at the Cultural Interface: Indigenous Australians and dating apps.*Journal of Sociology*, *56*(2), 133-150.

Cho, A.(2018).Default publicness: Queer youth of color, social media, and being outed by the machine.*New Media & Society*, *20*(9), 3183-3200.

Jarrett, K.(2014).The relevance of 'women' s work' : Social reproduction and immaterial labor in digital media.*Television & New Media*, *15*(1), 14-29.

Kanai, A.(2019).On not taking the self seriously: Resilience, relatability and humour in young women' s Tumblr blogs.*European Journal of Cultural Studies*, *22*(1), 60-77.

Phan, T.(2019).Amazon Echo and the aesthetics of whiteness.*Catalyst*: *Feminism, Theory,* Technoscience, *5*(1), 1-38.

Race, K.(2015). 'Party and play' : Online hook-up devices and the emergence of PNP practices among gay men.*Sexualities*, *18*(3), 253-275.

Senft, T.M., & Baym, N.K.(2015).What does the selfie say? Investigating a global phenomenon.*International Journal of Communication*, *9*(Feature), 1588-1606.

Tiidenberg, K.(2015).Selfies| Odes to heteronormativity: Presentations of femininity in Russian-speaking pregnant women' s Instagram accounts.*International Journal of Communication*, *9*(13), 1746-1758.

第十一章　新闻与战略传播

新闻生产是建构和维持权力的关键场所。

★ 新闻生产的管理场所有哪些，采用哪些惯例？ 275

★ 新闻生产的权力关系有何特点？

★ 记者、战略传播者与平台之间有什么关系？

★ 平台如何影响新闻，对权力运行有何作用？

本章内容

- 考察新闻生产的管理场所及惯例；
- 解析记者与战略传播者之间的关系；
- 探索平台时代新闻生产的变化。

一、专业新闻的出现

276 20世纪，记者与战略传播者之间形成了一种互惠关系。大型新闻媒体的记者需要持续和稳定的故事来源填充报纸和广播电视节目，而为政府、政党、利益集团、公司以及体育娱乐产业工作的战略传播者则需要能够有效接触大众的渠道。战略传播者学会了向记者提供内容，迎合媒体日益标准化的意义生产过程；记者则围绕来自关键机构和产业的战略传播者来组织新闻生产流程。报纸内容生产和经营报纸工厂的成本相对固定，如果能够吸引大量受众，就可以获得广告收入，从而保障对内容和基础设施的投资。因此，报纸的受众越多、越富有，广告商为刊登广告付出的费用就越高。

这种建立大量受众并将之售卖给广告商的做法改变了意义生产的本质。报纸生产的内容需要让尽可能多的受众感兴趣，而不是为像舆论制造者这样的小众专业群体服务。要让内容生产尽可能稳定而廉价，就需要工业化的生产程序，需要雇用那些拥有特定圈子或擅长专门领域的记者，让他们每天生产大量新闻。记者因此掌握了常规和系统的内容生产方式，这些机构内部也出现了专业的新闻生产惯例和价值规范，这些惯例后来逐渐进入电视等其他大众媒体机构。制作新闻的场所都有一套自己偏好的实践和话语体系来指导记者。要理解新闻业与权力运作之间的关系，就要考察生产新闻的制度化场所及其主导的实践方式、记者与其他专业传播者在新闻生产中的关系，以及新闻业在更大的传媒业和平台中的位置。

二、新闻生产惯例

新闻生产受到工作实践、惯例和规则的影响。有些做法是记者决定的结果，另一些则根植于更宽泛的组织实践以及更广泛的行业规范。与这些实践相关的一个问题是技术，因为资金投入和技术部署会影响意义生产的方式，进一步又会影响可以生产哪些
277 意义。意义生产不仅受到新闻编辑部实践的影响，更广泛地组织实践在标准设定方面同样重要。例如，在商业新闻组织里，新闻编辑部的实践必然与广告部门的需求密切相关，但广告商不会直接对编辑记者施压，当然在有些情况下可能会出现这种情况。商业媒体在本质上必须聚集、打包受众并将之售卖给广告商。所有商业媒体编辑的任务就是生产并包装具有吸引力的素材，以吸引广告商的目标受众。要实现这个目标，最简单的一种方法就是聘用那些与目标受众世界观一致的员工，不过有时还需要编辑干预。这

实际上是一种"市场审查"机制，它会避免出现那些让目标受众感到陌生的话语。换言之，新闻编辑部会收集契合目标受众兴趣的信息，久而久之，这种行为就会自然化。新闻编辑部通过员工招聘和培训来再生产这些新闻实践和新闻类型。一旦这种做法正常化，新闻生产的限制因素就不再重要，新闻生产的场所也会形成一套话语实践，形成常规的"做事方式"。

新闻是一套制度化的工作实践的产物。这些实践与记者的职业话语、记者自己的话语和受众话语相互交织。记者要学习如何开展工作，以特定的方式理解自己的职业和工作。我们可以从新闻生产实践和新闻编辑部的结构当中看出一种通用的盎格鲁模式。这种模式源于19世纪由普利策（J. Pulitzer）、斯蒂德（W. T. Stead）与诺斯克利夫（Northcliffe）在商业报纸中发起的"新新闻主义"，然后蔓延到了广播、电视和网络新闻，并在英美主导时期遍及全球。

马克·德乌兹（Mark Deuze，2005）列举了五种记者职业意识和价值观：

1. 记者认为自己是提供公共服务的监督者和信息传播者，在告知公众信息方面具有至关重要的民主作用。

2. 记者认为自己是可信的，因为他们是客观的、公正的、中立的、公平的。

3. 记者认为自己是自主的、自由的、独立的。

4. 记者认为自己的工作需要快速地"如实呈现"现实。

5. 记者"有道德感、可靠性高并具有合法性"。

所有这些元素组合在一起就形成了关于记者本身的职业叙事及其向公众传达的故事。我们固然可以认为，新闻传达的是当天发生的事件，但这也让新闻业成为一种具有 278
社会意义的重要实践。记者用简单的客观性理念来标榜自己的工作，但却掩盖了事件的复杂性和混杂性，因为它们往往深刻而紧密地嵌入人们的视野和经验。记者虽然可能重视自主，但他们也明白自己的工作受到组织实践的限制。记者需要运用这些价值观并根据特定的受众和环境进行调整（Muller and Gawenda，2010）。记者关于客观性和公信力的叙事为新闻组织创造了价值，为其生产的内容的质量奠定了合法性基础。

记者往往要面对海量信息以及大量可以成为新闻的现象。做新闻必然需要对这些现象进行分类，从中挑选出最后要传达给受众的信息。新闻生产因此是一种选择、强调和弱化的过程，用记者的专业术语来说，即"新闻价值"。记者具有把关作用（White，1950），他们让一部分信息通过门区，另一些则止步于此。对那些想要建立霸权统治的人来说，信息的封锁至关重要。因为话语支配权不仅关乎传播什么，或许更关乎不传播什么。正如科恩（1963：13）所说："媒体可能很难告知人们怎样想，但在告诉人们想什么方面却惊人地成功。”记者作为把关人，能有效决定过滤掉哪些信息，从而决定人们“想什么”。记者是议程设置者，他们不仅设置议程，也为社会讨论的内容设定规范。正如诺艾尔-诺伊曼（Noelle-Neumann，1991）指出的，这些把关人和议程设置者有能力启动“沉默的螺旋”，让社会话语的空间逐渐关闭，因为人们如果发现自己的观点与媒体表现出来的多数意见不一致，就会陷入沉默。把关人或议程设置者因此具有重要的社会意义。

把关在新闻编辑部里已经制度化，那些选择、强调和弱化信息的过程已经成为一套系统化的操作流程。但新闻的流程化对记者群体并不透明，因为记者工作本质上是一种经验主义的世界观，他们相信新闻就在那里，自己只是去发现它，如果能够发现新闻，是因为他们知道什么事情才有新闻价值。但诸如塔奇曼（G. Tuchman，1978）这样持建构主义者观点的学者则认为，记者是在“建构真实”，而非发现真实。

三、新闻是了解世界的窗口

在塔奇曼（1978）看来，新闻是“了解世界的窗口”。记者从墙上打开了一扇窗，外面是全景，记者生成的却是一个局部的景观。换言之，人们通过这扇窗户只能了解一部分
279 现实，其余的东西被隔绝在窗框外面或隐藏在墙后。窗框的大小和位置塑造了新闻。但记者一般并非有意呈现部分现实，因为窗户的位置取决于一整套实践、工作惯例和话语，是记者经过职业社会化之后所接受的“做事方式”。

新闻价值是一种后天习得的感知机制，指导记者在报道新闻时作出决定。新闻价值既体现于记者实践，也彰显于记者话语，既指导记者**如何**工作，也让他们**相信**自己所做的事情。实际上，选择、强调和弱化信息的过程已经被纳入一套常规，这些常规由准则、框架、新闻线索、新闻编辑部的工作程序和新闻呈现形式构成。任何一天，都有机构、社会场所和个体在制造新闻。新闻框架指的是记者呈现事件的方式，是对呈现手段的一种定义。记者用框架来定义问题、确定原因、作出判断并提出解决方案（Entman，1993）。框架“引导人们注意现实当中的某些方面，同时掩盖其他事情”（Entman，1993: 55）。记者报道提出的问题和解决方式基本上都是已经确定好的，因为要告诉别人那些他们还不知道或不了解的事情非常困难。设立新闻框架的过程就是对社会常识的组织（Gamson et al.，1992），其中的文化叙事往往优先反映精英观点（Markens and Conrad，2001; Blood and Holland，2004）。

记者、专业传播者以及其他领域的专业人士和公民都会参考公认的媒体框架来开展行动或进行自我定位（Kitzinger, 2000）。意义生产者如果抛开那些持久的框架和模板，就会面临真实的障碍或感到受阻，因为他们倾向于垄断常识，并在常识与那些他们以为存在的问题、判断和行动之间建立强关联。新闻报道中的竞争性框架可能看似重要、公正且缜密，但那实际上也许只是在封闭的文化空间中对辩论本身设立的框架。竞争框架也来自共享的文化语境，因此在本质上往往更具有相似性而非差异性。框架之间的竞争掩盖了权力关系的持续性。设立框架的真正影响体现在文化层面，会让人慢慢形成看待世界的方式；但这种视角模棱两可，会把复杂的现实简化为有力的叙事并将之自然化。专业传播者往往不仅要架构自己的观点，也要影响竞争者的观点及其立场。持久的框架和模板会压缩人们提出异见的空间，正因为它们固化了人们可以接受的定义、判断和行动方式，导致异见很难取信于人。利益集团的战略性框架应该着力于影 280
响持久的框架或媒体模板，而不是想当然地自说自话。

四、新闻生产的场所

新闻编辑部是记者、编辑相互交流和生产新闻的关键场所。编辑日程和编辑部文化形塑着新闻的日常生产实践。但新闻编辑部嵌入在更大的组织影响网络当中，承受着来自管理者、所有者和其他利益相关者的商业和政治压力，即便这些影响往往是间接的、不透明的。在现实中，新闻采编人员的招聘、晋升和解雇，以及编辑部的规则和工作程序的发展，都间接而潜移默化地塑造着新闻编辑部文化。如果编辑记者的新闻议程与所有者及管理者的利益（包括商业利益和政治利益）完全契合，这种新闻编辑部就具有霸权性质。媒体所有者和管理者一方面需要新闻编辑部来生产内容以吸引受众，另一方面也希望新闻能加强他们与政治和商业精英之间的联系。因此，媒体的人事安排或许是让意义生产符合自身利益的一种核心机制，因为媒体聘用的人员决定了推广哪些话语。

编辑记者指导新入职员工学习规则。每个编辑部都有一套程序和对应的组织文化。那些关于收集信息、撰稿和提交稿件的常规程序只会出现在特定的编辑部，这可能是出于编辑的偏好。如果所有新闻编辑部共享一套程序和组织文化，那么其他的一些流程也会出现在所有的媒体当中。所有流程都为新闻生产设定了前提；让新记者学习媒体组织的工作流程，有助于引导他们向媒体偏好的新闻类型和风格靠近。因此，新闻是一种高度流程化的意义生产方式，信息的收集处理都有正式的程序，这些工作流程和程序都可以被预测。由于大部分战略传播者都做过记者，他们其实可以凭借对这些常规和价值观的了解来设计故事，形成吸引记者关注的事件，或为记者提供他们需要的内容。新闻生产的可预测性让他们能够最大限度地利用报道来实现自己的目的。

数字新闻编辑部和新闻生产

数字媒介技术和网络平台改变了新闻编辑部的组织和常规工作。数字媒介平台的
281 参与文化是一种内容来源，记者一般会在平台上寻找故事，编辑部还会根据数据面板上的实时信息反馈来监测和调整意义建构，包括新闻网站和数字媒介平台上的“点击量”和“浏览量”。新闻编辑部需要生产能够在数字平台和网站上吸引用户的内容，这也影响了新闻组织的招聘机制和意义生产惯例。例如，当Facebook的推荐算法向视频新闻报道倾斜时，许多媒体快速招聘了视频记者，而当Facebook随后承认夸大了视频的效能时，大部分机构又解雇了视频记者。一些新闻机构，例如Buzzfeed，已经形成能够适应Facebook等平台推荐算法的新闻编辑部，但当Facebook在2016年不再优先推荐新闻时，大部分媒体随之又缩小了新闻编辑部的规模。

在大众社会，编辑和管理者无法判断哪些内容最能让读者感兴趣，无法实时监测每个报纸读者的阅读习惯，也无法了解哪些故事才能引起他们的兴趣并延长他们的阅读时间。但在数字时代，网站或平台上的每篇报道都会产生大量数据指标，可以表现谁点击了报道、花了多长时间阅读、是否从这篇报道转向网站中的另一篇报道等。这些数据指标无处不在，有时也出现在编辑部的分析面板上，并由此渗透进新闻的生产文化。数据已经是意义生产的构成，编辑记者都会从中了解什么样的故事、头条和公众人物最能引起关注。这些指标不断地对报道进行排名，成为新闻框架发展的重要构成。有些编辑部还用数据指标对记者进行排名，甚至根据其报道产生的流量来支付工资（Bunce, 2019）。另外，数据指标强烈影响着记者如何看待报道及其受众（Anderson, 2011; Petre, 2015）。正如受众行为会被实时记录下来，包括他们点击、查看了什么内容，这些都成为塑造新闻实践反馈循环中的关键要素（Anderson, 2011）。受众持续的反馈实时地呈现在分析面板上，加快了新闻编辑部的节奏，促使他们对受众的“点击”行为作出快速回应。可见，受众的实践对编辑的决定和编辑部文化越来越重要。

除了监测受众的数据指标外，编辑记者还需要监测社交媒体平台，从而寻找有吸引力的内容。数字平台提升了普通人捕捉、扩散事件目击者的陈述的能力。尽管记者要获得可靠消息，仍然需要在政府、企业和文化产业那里建立有价值的专业联系网络，但

也要善于和社交媒体上的普通人打交道，特别是在有些事件中，目击者已经能用智能手机拍摄和传播影像（Andén-Papadopoulos，2013）。

值得注意的是，记者在把这些内容纳入新闻报道并呈现出来的同时，也赋予了这些 282
内容以权威性和合法性。只有记者把关于政治抗议、革命和暗杀的影像加入报道，这些内容才会有意义。影像本身是文化原材料，而记者则赋予这些内容以框架和意义。目击者提供的内容已经成为媒体当中高度真实的内容，有鉴于此，公关专家和活动家也越来越擅长用新媒介技术来生成供给记者的原始素材。记者在危机事件中不一定要亲自收集信息，也可以整理目击者提供的材料。要让这些内容能为记者所用，既需要记者能够在Twitter和YouTube等快速变化且信息混杂的社交网站中进行搜索，也需要活动家能够创造内容并将之直接提供给记者。

当记者采用网民生成的内容时，内容的合法性基础就不再是客观真实，而是那些现场目击者未经加工的陈述是否真实（Andén-Papadopoulos，2013：344）。记者不再标榜他们是客观事件的描述者，而是让我们能像现场目击者一般，从报道当中见证事件的发展。记者作为中介展现人们对事件的临场感。目击者素材中的第一人称视角具有情感色彩但并不全面，其真实性体现在素材的原始性、非叙事性和超移动性上面（Andén-Papadopoulos，2013：347）。影像从目击者的角度来为观众架构现场，能够调动人的情感。因此，与其说记者提供了客观事件的描述，不如说他们是获得真实一手资料的渠道。正如前面提到过的，记者的报道高度简化了复杂的现实，那么我们也可以认为，那些采用目击者影像的报道以同样简化的方式呈现了复杂的政治抗议、危机、暴力等事件，因为我们只看到了这些事件的原始材料和内在的混乱性，却没看到必要且谨慎的解释说明。记者虽然在现场报道中使用了这些吸引眼球的影像，但不一定会核实或说明材料的来龙去脉，因为他们需要的不是真相，而是目击者对真实的主观体验。

五、记者与战略传播者之间的共生关系

20世纪下半叶，包括新闻生产在内的意义生产不断受到公关专家等战略传播者的影响。文化工业产生了一种特殊的智识实践——战略传播者致力于影响意义建构，以支
持其雇主的利益。最成功的专业传播者能让记者依赖他们提供的信息。这也与新闻编 283
辑部的变化相互关联。编辑部由于成本削减而不断精简，让更少的记者去填补“新闻空窗”的压力也在不断上升。于是，新闻实践越来越依赖公关专家，新闻也越来越“公关

化”。公关专家会“预先打包”好内容素材，然后提供给那些缺少时间和资源的记者。这同时也让那些能够有钱聘请战略传播者的人可以更容易操纵新闻。

新闻与战略传播的互动关系中，包括四类参与者：

1. 媒体工作者，例如记者、广播电视主持人、研究人员，他们与专业传播者合作发掘灵感和故事。

2. 管理客户与记者之间关系的专业战略传播者。

3. 媒体表演者，如政治家、名人、演员、运动员和专家。

4. 幕后的企业、组织和政策制定者，他们指导专业传播者和公共代表。

记者对新闻没有完全的自主权，他们供职的机构已经设定好新闻议程和框架。记者需要创造对媒体受众有意义且可接受的报道，还要与战略传播者、其他专业人士及其所属组织（如政党、政府部门、企业、体育联盟和影视发行商等）保持工作关系。但记者在“陈述”现实方面具有独特的作用，他们在决定关注哪些议题和如何架构议题方面具有自主性。

记者与战略传播者之间的关系是新闻采集的核心。记者通常将之称为“联络人”（contacts），当记者需要信息或“金句”时经常会咨询他们。每个新闻编辑部都设有一个可以经常咨询的联络人库。有效的新闻生产有赖于记者与联络人之间的共生关系。具体而言，记者需要联络人提供评论和信息，而联络人则需要记者来塑造形象或宣传特定的理念、产品或组织。对许多人来说，成为媒体的长期咨询人对其职业生涯至关重要。例如，政治家需要公众关注，而媒体是其传播渠道。任何有抱负的政治家都必须与记者打交道，包括直接接触记者以及不断扩充公关官员和媒体顾问团队；这些人可以帮助他们管理记者与人才之间的关系。正如记者会发展联络人，公关人士和媒体顾
284 问也会培养记者朋友圈。在整个20世纪下半叶，公关行业都增加了与记者的“专业接触”。在千禧年之交，任何一个大型组织、公司和政府都有公关部门。这些公关人士一般都做过记者，了解新闻组织的惯例和报道方式，而且认识许多地方记者。

任何一个新闻编辑部的联络人都只是极少数人。因此，联络人的选择也反映了新闻编辑部如何看待其报道的社区，这种选择从根本上决定了记者建构的新闻框架或那扇窗子的形状和位置（Tuchman, 1978）。这扇窗子是记者社会化的一个重要机制，需要新闻编辑或资深记者把合适的联络人提供给初入职场的年轻记者。在任何媒体中，了解编辑以及编辑认为的“合适的”联络人，是新闻员工复制工作模式的一个重要过程。记者会在指派联络人或因采用“不合适”的联络人而被拒稿的过程中，了解哪些类型的联络人才是合适的。

联络人除了提供背景材料以外，还提供预先制作好的内容和安排好的活动，为时间有限的记者提供优质且经济效益良好的内容。新闻发布会就是一例，记者在会上可以收集优质的声音、影像和背景信息。这些材料为记者报道提供了便利。有时，公关专家会将新闻透露给他们需要的记者，以发展、维持与记者之间的相互依赖关系，比如提供独家报道等。这实际上是一笔人情债，可以用于未来的讨价还价。但是这种关系需要双方特别谨慎、机智且相互信任，这样记者才不会觉得他们是被利用了或“被耍”了——公关人士不能触碰记者专业意识形态的红线。

采用联络人让新闻框架更加狭隘。记者都倾向于引用霸权精英的观点，部分是因为他们是有新闻价值的重要人士，也因为社会、政治和经济精英本身就有资源雇用公关机器。要成为媒体可靠的联络人，运行公关机器的能力就变得越来越重要。可靠性包括随时能够联系上，并及时提供合适的新闻引用内容。好的联络人会理解记者的截稿压力及其内容需求，迎合媒体组织内部的风格和编辑政策。记者一旦拿到他们想要的信息，就不会再给别人打电话了。因此，记者在撰写报道时会查询自己的联络人列表，然后从最合适的人开始联系，导致新闻的建构往往更偏向或宣传那些有资源维护公关机器并能提供符合媒体要求的言论和影像的人。 285

新闻生产常规也有效地引导着记者，让他们优先去某些新闻发生场所。有些事件是随机、偶然的，例如飞机坠毁或汽车事故，但即便是报道这些事件，记者也会倾向于把警察、救护车和医院发言人作为消息来源，从而降低了事件的偶然性。总而言之，非随机新闻已经成为当代新闻生产的基本内容。而大多数新闻来自四个制度化的新闻发生场所：

1. 政治和法律系统；

2. 体育产业；

3. 娱乐产业；

4. 商业部门。

这些场所都有高超的公关机制，能够向记者提供有经验的媒体联络人和新闻素材。每个场所都有“新闻塑造者”（Soley, 1992）或行家，行家就是那些在新闻里出现的专家，他们会对事件进行评论并与记者展开讨论。自从电视报道开始运用同期声，新闻塑造者出现的频率也随之提高。所谓新闻塑造者，指的是广电媒体内部研究人员眼中合适的专家，因为他们的评论既满足编辑要求，也可以为广播电视节目提供所需的同期声。媒体把这些塑造新闻的行家视为上述四个场域的专家，经常邀请他们作出评论、解释新闻。他们与记者之间的直播讨论经常有编辑的痕迹，其设置的议程往往与新闻组织的编辑政策保持一致。

上述四个新闻发生场所与新闻媒体之间的关系已经变得专业化。各大社会组织都设有公关机器，其中一些推崇营销传播者（如体育部门）；还有一些需要政治化妆师（如政客的公关人员和“风控”机制）；另外一些则注重形象建构或公众游说（如许多商业部门的公关部门）。这些公关机器已是新闻制作不可或缺的一部分。在记者与公关人士的共生关系下，新闻不断“公共关系化”。对新闻媒体而言，用公关机器提供的专业材料来制作新闻要比自己生产便宜得多。信息公开与公关机器已经成为一种新闻外
286 包机制，记者与公关人士相互依赖，二者的工作惯例也相互交融。可以说，如果没有公关机器，当代新闻采集流程就会崩溃。如果记者不为政客、体育明星和商业领袖提供接触公众的渠道，这些人就无法向公众展示他们的工作。记者与那些专业打造形象的人相互依赖，并形成了和谐的专业团队，这些人包括公关人员、营销人员、政客、运动员、娱乐业人士和商业领袖。记者与形象建构者彼此需要，必然会形成一套程序和实践以便彼此利用。新闻正是在二者常规化的相互依存关系中产生的。

记者与那些受雇于政党、政府和企业的专业传播者也在持续地争夺主导权。虽然总体上记者的确是强大的意义生产者，但出于种种原因，其建构和解释新闻的能力在不断下降（Graber, 2001: 440）。数字平台让各种组织可以绕过记者和新闻媒体等“把关人”来提供信息。而专业传播工业也在蓬勃发展，让记者的新闻生产不断被外包出去。例如，美国劳工部表示，2019年美国有244,100名公关人员和44,000名记者。然而在20年前，美国有大约15万名战略传播者，13万名记者（美国劳工统计局，2019）。战略传播者和记者都在竞争设置议程。优秀的记者拒绝被利用，会尽最大努力让政治传播机器为自己的议程服务，从而扭转局面。

六、平台时代的新闻与战略传播

20世纪，媒体成为社会治理的一个核心构成。治理指通过建立组织社会生活的规则和结构来行使权力的能力（Gorwa, 2019）。媒体在呈现并使治理合法化方面具有重要的作用。媒体机构对社会如何组织、如何使政治和经济精英有效地实现这些目标进行公开的讨论和解释。它们也是我们了解彼此的关系是如何组织起来的机构。20世
287 纪，大众传媒为普罗大众组织日常仪式，同时带他们进入共享的信息体系，并塑造他们的世界观。

我们可以认为，媒体与治理之间的相互作用兼具“大众”与“精英”功能（Louw，2010b）。大众功能指的是用媒体来塑造共识。为此，媒体和其他强势群体合作生产关于应该如何组织社会的叙事。而精英则与媒体机构合作建构“美好生活”的理念，并把这种映射其自身经历的愿景传达给普通人。媒体通过肯定某些活动（例如在社交媒体上投票或分享观点）以及否定其他活动（如罢工）来塑造人们的民主参与。大众传媒鼓吹某些人是值得信赖的专家，例如政客、商业领袖或警察。媒体的精英功能是为政治、经济和文化精英提供一个场所，使之分享自己的社会治理观念并与其他观念竞争。精英媒体对社会正在发生的事情、政治和经济精英组织社会关系的方式以及关于应该如何组织社会的观念进行生动的评论。总而言之，媒体的大众功能体现于每日新闻简报、广播电视的早间节目、大量发行的小报以及社交媒体上的帖子中；而媒体的精英功能则体现在订阅新闻推送、大报、期刊和公共讲座上。

媒体虽然兼具大众功能和精英功能，但它们在社会治理方面似乎已经陷入危机，这主要体现在政治、经济、技术和文化四个维度上。政治方面，精英媒体已经很难延续其情报收集分析的机制，因为它们对其“气泡”之外的社会关系和社会运动的理解高度受限。布伦斯（A. Bruns，2019：52）认为，“回声室和过滤气泡的概念可能在一些记者、媒体评论家和政客那里很受欢迎，因为这些专业人士的确更有可能生活在这种信息茧房里”。政治、经济和文化精英被“隔离”在“缺乏社会经济、种族和性别多样性”的场所、组织和信息当中（Bruns，2019：51），导致精英媒体不仅缺乏多样性，而且无法了解社会生活的复杂性和治理之道。同时，精英媒体也遭到了“普通”大众的蔑视，因为媒体不仅无法理解、更不能改善他们的生活。正如弥漫在民粹政治运动中的反精英主义的情绪，其目的是削弱、抛弃精英媒体，用“排污”这个词来形容再贴切不过。

大众传媒已经很难维系其制造社会共识的合法性。这不仅体现于新闻公信力的下降，也表现为人们新闻消费习惯的转变（Newman et al.，2019）。而今，大众传播媒体正在向定制化的数字平台转变，这打破了同步的叙事消费与内容同质化。越来越多的人把 288
社交媒体当作接收新闻的中介，从而大大削弱了大众传媒向广大受众同步传播同质化日常社会生活故事的能力。在经济方面，大众传媒和经营媒体的商业模式受到数字平台的严重挑战，那些由广告商资助的大众新闻媒体对此应该感触最深，它们一度高度稳定的分类广告收入已经转向数字平台。过去，分类广告和企业广告为媒体带来了巨大收益，使之能够资助大众新闻和一部分精英新闻。而数字平台给新闻业带来了三重压力：它们带走了受众，夺走了广告收入，并为政府、企业、利益集团和政党提供了更为可控的传播渠道，让他们能够绕过记者，按照自己的方式来管理与普通受众和精英受众的沟通方式。

如果大众传媒的信息环境主要由记者和战略传播者之间的相互作用塑造而成，那么当代的信息环境则凸显为记者、战略传播者和平台之间不断变化的关系。数字平台已经成为传播新闻及开展战略传播的关键渠道，而这些本来是记者和新闻媒体的职责。在大众传媒的信息体制下，记者和大众新闻媒体是主要的中介，他们拥有意义生产的基础设施和接触广大受众的渠道，因此掌控着权力。而平台媒体的信息体制取代了记者和大众新闻组织。在这个体制下，平台才是关键的中介，因为战略传播者和记者都需要通过它来接触广大的定制用户。平台于是成为新的注意力中间商，而新闻组织已经失去编辑把关的功能，无法管理流向受众的信息。

（一）把关人的变迁

大众新闻媒体的把关功能是一种个体和机构相结合的信息分类选择机制。大众新闻媒体的把关概念源于一系列研究，它们揭示了记者如何在其供职的新闻组织的编辑框架内，运用自己的判断力来选择、架构故事的过程（Schramm，1949；Tuchman，
289 1978）。同样，战略传播者也会根据对把关过程的理解来向记者推销故事。而数字平台在四个方面改变了这种把关功能：

第一，平台算法具有把关作用。这些计算模型会"选择"信息并将之呈现给受众（Napoli，2015）。它们取代了人类的判断，实现了信息的自动化处理。这些算法通过自我调整，让受众"留"在平台上。第二，算法把关导致记者报道不断适应平台的注意力经济（Anderson，2011；Vaidhyanathan，2018；Pickard，2019；Meese and Hurcombe，2020）。他们争相了解算法推荐的运作机制，学习并创造那些能让Facebook等平台算法力推的报道。如果Facebook的算法倾向于推送视频，记者就会制作更多视频。如果Facebook的算法偏爱那些能够获得大量点赞的报道，那么记者也会在标题中加入"点击诱饵"的元素。第三，受众也具有把关作用，这不是一件新鲜事。早在20世纪中期，大众传播研究就发现了信息的"多级流动"（Katz and Lazarsfeld，1966）。大众传媒传播的观点只有在"意见领袖"接受并与其亲友分享后才有意义。在数字平台上，信息的"多级流动"体现于用户的点赞、分享和评论。用户与新闻的互动越多，平台算法就越能"学会"在特定社交网络中分享此类信息。第四，在平台的广告模型当中，新闻媒体和战略传播者可以向特定用户直接推送内容，从而让那些有资金的人有效地绕过记者、意见领袖等把关人。

社交新闻、品牌新闻、网络本地新闻等新的新闻形式已经涌现出来，并且契合平

台的注意力经济（Hurcombe et al., 2021）。Buzzfeed这类新闻媒体创作的“社交新闻”很有创新力，专门被放在数字平台上供人分享。但其短板在于完全需要平台来接触受众。平台希望这些新闻媒体提供高质量的内容，但又不想与之分享广告收入。于是，Buzzfeed等新闻初创公司就设计了“本地广告”，以解决受众只在Facebook平台内部查看和分享内容、但不访问他们的新闻网站的问题。实际上，在Facebook等平台上发布报道的新闻出版商虽然对内容创作的投入较多，但只能为Facebook带来收入，很难把用户引流到自己的网站从而获得广告收入。为了解决这个问题，他们开始在“Facebook本地”把广告内容整合到社论和娱乐内容中。像Buzzfeed这样的社交新闻媒体出售的不是广告空间，而是“社交叙事”。为此，品牌内容写手与品牌合作，撰写类似新闻的故事和娱乐内容。Buzzfeed等社交新闻初创公司很容易受到平台算法推荐模式变化的影响。平 290
台鼓励记者和新闻媒体分享内容，但媒体无法从中获取收入，因此二者之间的关系比较紧张（Meese and Hurcombe, 2020）。此外，平台还控制了注意力的分配，并不断改变规则。例如，Facebook在2016年美国大选之后“降低”了新闻内容在信息推送中的级别，许多像Buzzfeed这样的社交新闻媒体很难再通过Facebook来让用户“有机”或“无偿”参与。因此，大多数此类媒体解雇了许多记者。

（二）平台是好的把关人吗?

如今，像Facebook这样的数字平台“凌驾于世界大部分信息系统之上，掌握了前所未有的权力”（Pickard, 2019: 125）。平台破坏了新闻生产的常规流程，取而代之的是一种高度精准的“有机”“付费”传播方式，对那些拥有资源并了解如何利用资源的战略传播者而言极为有利（Vaidhyanathan, 2018; Pickard, 2019）。大多数关于数字平台战略传播的夸张炒作都聚焦“假新闻”、“虚假信息”、机器人的“欺骗”行为和钓鱼行为。最重要的是，要认识到大部分这种活动都是战略传播者高效利用平台广告模型的产物。但从某种意义上来说，战略传播者完全是根据平台设计来对平台加以利用的，因此并没有破坏规则。诚然，我们可能会质疑某些战略传播者所提供信息的真实性，或认为他们利用平台来干扰而非促进关于现实的共享的理解。但我们应该认识到，这些活动家只是一部分追求自身利益的战略传播者。他们了解平台的推荐、审核与广告模型，能够熟练地加以利用以实现自己的目标。这实际上就是战略传播。但由此也生发出一种由来已久的矛盾。因为我们往往期待媒体在追求利益的同时也能服务于公共利益，期待他们能促进善治。我们会假设，媒体能维护某些共同的价值观并生产社会共识，从而帮助实现善治。但平台对此并无义务，并且总在避免承担大众新闻媒体的这些至关重要的治理职能。与之相反，平台鼓励战略传播者根据注意力规则开展工作，但并不像媒体那样需要战略传播者生产的内容。只要平台能掌控、操纵广大民众的注意力，就足以让战略传播者和新闻媒体产生依赖。平台并不想要承担编辑责任，为用户选择内容；其重点是算法模型，通过优化算法来增强用户的参与度。

291 十多年前，关于数字平台对公共舆论形成的作用，存在两种常见的观点。第一种观点认为，进步的数字平台是大众传媒的对立面（Langlois, 2013）。大众传媒控制信息流动且重视精英视角，而数字平台则让观点的表达更加开放、民主。第二种观点不同，它认为平台创造了"回声室"和"过滤气泡"（Sunstein, 2001; Pariser, 2011）。两者之间的辩论反映出参与文化和算法文化之间的区别，这一点在前几章中已有讨论。具体而言，平台算法让用户沉浸在自己认同的观点意见当中，即便人们可以自由地表达自己的喜好，但也往往只能看到他们认可的那些群体的想法。不过，这两种观点都没能经受住时间的考验。虽然平台确实为人们的表达提供了机会，但我们需要把提供机会和设定条件这两者区别开来。实际上，平台设定的条件才是我们开展有意义的讨论和相互理解的前提。

平台算法组织信息流动，让某些表达相比其他表达更具优势，而或许最根本的是，它们优先考虑的是永无止境的信息井喷，让信息源源不断。日报和广播的常规流程与有限的故事被铺天盖地的热点、模因和病毒传播视频所取代。社交媒体推送似乎已经打散我们对经验的理解。正如2017年Twitter的创始人伊万·威廉姆斯（Evan Williams）在接受《纽约时报》采访时表示，"我曾以为如果人人都可以自由地交流信息和想法，世界就会变得更美好，现在我知道我错了"（Streitfeld, 2017）。但问题的关键不在于我们沉溺在符合我们观点的小"气泡"里，也不在于我们接触的信息更同质化了。过去十年里，社会科学家其实无法证明"过滤气泡"和"回声室"确实存在（Bruns, 2019），因为大多数用户都可以在推送中看到多种观点。其实，我们更需要思考的是被倾听需要什么条件，而不是有哪些表达机会（Couldry, 2010; Dean, 2010）；我们要考虑的是信息的泛滥，而不是信息的多样性（Andrejevic, 2013, 2019a）。安德热耶维奇（2019a）指出，我们应考虑媒体如何为"公民特质"创造条件，让我们可以从"未知他者"的角度来理解社会世界。然而，平台的注意力经济优先考虑的是战略传播者，而这些人的目的是破坏"协商的条件"（Andrejevic, 2019a）。

战略传播者有目的地滥用平台，无论是假新闻、虚假信息，还是错误信息，都比大众传媒的宣传灵活得多，因为不需要强势群体来占有文化机构，也不需要那些追逐权力的群体去创建自己的媒体基础设施。他们只需要训练、优化自己对数字平台广告模型的利用。正如西娃·瓦德海纳森（Siva Vaidhyanathan，2018：179）对Facebook广告的指控：

> ……可能会助长错误信息或虚假信息。没有人能回应甚至质疑此类广告。没 292
> 有人会因为一个群体或竞选团队的做法而批评他们，也不会有人发广告作出回应。也不会出现关于竞选主题、论点和策略的公开记录，使得政治学者或未来的历史学家也无从分析。因此，滥用的可能性很高。

Facebook的广告模型让战略传播者能够不断进行受众迭代，方便他们调整讯息以规避公共监督。付费讯息只对专业传播者的目标人群开放，没有公开存档。

平台的治理并不依赖意义生产的符号过程和主体间性过程，而是依靠基础设施，通过数据驱动来实现注意力的优化。平台也许能让我们"察觉到"另类观点（Bruns，2019），而且平台也并非虚假信息的直接根源，但平台的技术基础设施确实在信息审核与叙事方面存在缺位。平台让我们沉浸在信息当中，而我们根本无法确定还有谁在看信息并受其影响。这种信息流的程序设计是为了让你不断滑动屏幕，浏览下一个帖子、下一条视频和下一张图片。在这种基础设施中，新闻成了一种"个体偏好问题"，而非"共同行动的资源"（Andrejevic，2019a：60）。安德热耶维奇（2019a：60）提醒我们："公民意识是一项历史成就，需要社会性和制度性的资源和实践的发展。"我们之所以能生活在良政社会，部分是因为大部分人都对"美好生活"有共享的认识，精英的权力也受到广泛认同；但这种状态是偶然的。在平台时代，我们发现这不仅仅是一项技术成就，也是一种以文化实践为支撑的成就，这些文化实践让我们对彼此之间的关系产生集体的理解。

要解决这个问题，并不是要让平台建立更好的分类算法来促进多元的观点。随着人工把关和传播叙事向定制化算法转变，我们其实并没有丢失观点的多样性，反而看到了更多多元的观点。相反，我们从有限的、共享的叙事转向对定制的、持续不断的信息流的算法规制，这些定制的信息是为了刺激我们去关注。平台算法的根本目的是创造注意力，而不是促进集体身份的形成。

（三）平台时代的战略政治传播

虽然平台重塑公共文化的方式存在争议，但战略传播者却把它当作数据驱动的意义生产的优化工具。平台让战略传播者绕过记者等把关人，建构定制化受众，并为之 293

检测、完善定制化的讯息。

政治竞选是综合利用平台数据驱动和参与可供性的重要的创新场所。2008年美国总统大选期间，贝拉克·奥巴马对数字媒体的运用堪称典范，彰显了数字媒介平台在调动公民参与和草根能动性方面的潜力。而在2016年大选期间，特朗普对数字媒体的利用却被视为对民主的威胁。如果我们认为奥巴马的数字媒体实践是“好的”、特朗普的是“坏的”，或者相反，就需要仔细思考个中原因。我们可以观察2008年和2012年的奥巴马选战与2016年的特朗普选战，从中理解战略政治传播者在媒体策略方面的变化。

过去十年，Facebook和谷歌等数字平台机构已经成为选战中的制度性参与者（Kreiss and McGregor, 2018）。平台在政治进程的培育下，逐渐成为政治精英接触公众的重要渠道。与此同时，政治选战在过去几十年间变成需要大量资源的活动，需要筹集和花费很多钱，政客因此成为平台极具价值的潜在客户。

平台是主要的数据掮客（Kreiss, 2016）。在过去几十年里，各政党都建立了自己的数据库。现在，竞选团队会把这些数据库与更大的平台数据库结合起来。而平台也提供了更复杂的方法来攫取数据价值，以期精准确定目标受众并测试传播讯息。

平台的广告模型让竞选团队能了解并调适自己的讯息和目标。他们运用平台广告模型的目的是不断优化与选民的接触。但一个日趋严峻的问题是，大部分调适其实都是为了避开公共监督（Kreiss, 2016; Vaidhyanathan, 2018），这已经破坏了公共监督政治讯息的规范。

平台会为竞选团队提供“内部”的咨询服务。因此，竞选团队不仅在平台上购买广告，还与之建立了多维的合作关系：平台顾问会在竞选团队里工作，“帮助他们优化、创造更多的参与度，为之量身打造广告并扩大触达率”（Kreiss and McGregor, 2018: 167）。这种安排互惠互利：竞选团队学会更有效地利用平台，平台则能获得更多收入，而且竞选团队也更加依赖平台。克雷斯与麦格雷高尔（D. Kreiss and S. C. McGregor, 2018: 167）认为，“竞选与平台的这种互惠关系完全不同于企业与新闻媒体之间的关系，后者往往是不平等的对立关系”。

这些变化的效应不断叠加，慢慢改变了政治团队对数字媒介平台的利用方式，他们从最初相对开放的参与式有机使用，逐渐向付费广告、咨询服务和数据处理这种更加
294 正式的使用转变。奥巴马在2008年第一次参选期间建立了自己的社交网络平台和数据库；到了2012年选战期间，除了社交网络和数据库以外，他还加大了对Facebook的投入；2016年，特朗普已经高度依赖Facebook的付费广告了。

奥巴马和特朗普的选战都会开展集会等大型活动，从而进行策略性的数据收集并对其支持者进行分析定位。奥巴马的竞选班底对数据库和平台建设投入了大量资源，以便管理选战活动并与支持者互动。奥巴马和民主党对技术基础设施下了重注，认为那将是未来选战的关键战略优势。他创建了专门的社交网站MyBo用来组织支持者和捐款。特朗普没有建立自己的基础设施，而是利用Facebook的广告模型，将其与自己的支持者数据库结合起来。这一时期，选战的重心也从有机参与转向付费参与。有机参与需要支持者在自己的社交网络中发布、分享竞选信息，而付费参与则依赖广告。

奥巴马和特朗普的竞选班底都兼顾大众和定制的面向。在大众层面，竞选团队为奥巴马和特朗普打造的形象既令人信服也能令人产生共鸣；在定制层面，他们会传播具有高度针对性的讯息。两人的团队都用数据来区分“动员起来的”选民和“流失的”选民。奥巴马的团队用数据来优化选战，例如确定让志愿者去访问哪些家庭，以及要讨论哪些问题最有成效。特朗普的竞选团队用Facebook来锁定那些可能会投票给希拉里·克林顿（Hillary Clinton）的选民，然后对其发送劝阻讯息。例如，其针对非裔美国女性投放的广告提醒道，在20世纪90年代克林顿总统任期时，非裔美国男子曾遭到大规模监禁（Lecher, 2016）。两个团队的目标都是动员自己的支持者，同时尽可能地让那些反对者保持沉默。数字媒介平台让选战团队可以仔细区分并精准推送讯息，以确保针对某个群体的信息不会“蔓延”到更大范围的公共讨论。

民主党之前建立了自己的数字基础设施（Kreiss, 2016），而2016年，特朗普的竞选团队则运用了Facebook的广告模型。这意味着他们更依赖Facebook的基础设施，而没有建立自己的基础设施。当然，大型集会和推广宣传依然是奥巴马和特朗普选战活动的核心，而且有线电视新闻也对特朗普获胜起到了至关重要的作用。两个团队都用数字平台来识别、定位和动员社交网络中的个体和议题，把选战活动推向新兴技术应用的前沿。

奥巴马和特朗普的竞选团队都试图快速应对参与文化。例如，在总统辩论期间，
数据分析师实时分析社交网络站点，分析特定人群对辩论内容的反应，然后立即作出 295
回应。奥巴马团队在一次辩论中注意到，罗姆尼提到的“装满妇女的活页夹”（binders full of women）[①]这句话在年轻选民中引起热议（Rentschler and Thrift, 2015）。奥巴马的竞选策划师一开始没有意识到这句话的重要性，但数据分析师发现关键选民出现了

① 2012年美国总统大选期间，候选人罗姆尼在回答一个妇女问题时提到了这个短语，指的是他在担任州长期间，接收过妇女团体联盟递交的妇女工作简历。这是一个口误，他指的是装满妇女简历的活页夹，而不是装满妇女的活页夹。罗姆尼在妇女问题上一直弱于同期候选人奥巴马。——译者注

迅速变化。竞选团队迅速推出定制内容，利用这句话攻击罗姆尼不关心广大公众都在意的性别问题。他们从流行文化中提取“搞笑”视觉图像并制作了许多网络模因，而罗姆尼的这次失态行为在很大程度上都是通过这些模因传播出去的。奥巴马的竞选团队很了解如何利用这次事件来让受众产生共鸣，用搞笑图片让年轻人和追赶潮流的受众在网上分享，这些图片会让人感到罗姆尼既不贴近群众，也不了解实际情况。

我们一般认为奥巴马和特朗普的选战活动存在显著的差异，但在利用数字媒体方面，他们其实是一脉相承的，因为他们都想绕过或不用大众传媒，用高度优化、数据驱动和参与式的选战方式取而代之。两人都用高度优化的信息传播方式来创造其无所不包的选战叙事。过去十年里，平台与战略传播者之间的关系发生了重大转变。对于新闻业而言，平台是他们不得不用的分发渠道，但对战略传播者来说，平台是一种广告机器。平台会与政治竞选团队和广告商等战略传播者直接合作，因为他们付了费。

与大众传媒不同，平台不需要与受众建立全面的内容编辑层面的“信任”，而只需充当中介，专注于如何吸引、调适受众注意力，然后将之卖给任何有钱购买的战略传播者。平台与战略传播者之间的合作并不需要后者提供契合编辑议程的内容，而是要提供能够提升平台注意力经济的内容。平台与受众之间的关系并不基于内容编辑的可信度或媒体独立性。平台让自己成为优化社会注意力的关键机构，它围绕我们的信息搜索习惯，设计出一种符合逻辑的控制机制，让我们沉浸其中。因此，我们并不是通过“阅读新闻”来了解自己与社会之间的关系。平台设计的这种无止境的信息推送，预制并强化了个人习惯、情绪和观点，从而让我们持续浏览信息。如果说平台是大众注意力最有力的组织者，那么它们也是媒介在社会生活治理中发挥作用的核心。如果我们的社会生活越来越任由平台治理，那我们就需要思考如何治理平台本身（Gorwa，2019）。我们正进入一个竞争时期，平台在公共文化中的所作所为正受到越来越强的监督。

案例：表征与道德准则

文/莉莉安·朗吉亚

296 记者职业协会颁发的道德准则反映了记者在呈现社会生活时所追求的价值观。你的国家有哪些记者道德规范？你可以在媒介与社会（Media and society）的网站上找到美国职业记者协会、英国记者工会和澳大利亚媒体娱乐艺术联盟关于记者道德准则的链接。

例如，澳大利亚媒体娱乐艺术联盟（Media, Entertainment and Arts Alliance, MEAA）的《记者道德准则》规定：

> 基本价值观一般需要解释，而且有时会产生冲突。新闻伦理需要结合语境来作出慎重的决定。除非公共利益能得到实质性的提高，或者存在对人民具有实质性伤害的风险，才可以推翻这些标准。（媒体娱乐艺术联盟）

本文将探讨记者在面对价值观冲突时所作的反思和决定。

澳大利亚的危机事件报道

澳大利亚经常发生森林火灾，这是夏季的常态，但在过去几十年中，火灾的破坏性越来越大。记者在呈现火灾、向受灾居民传递关键信息、分享灾区故事和让人全面理解危机方面具有核心作用。2011年，穆勒与贾文达（D. Muller and M. Gawenda）分析了2009年澳大利亚“黑色星期六”大型火灾的媒体报道，这场大火在一天内摧毁了维多利亚州，造成173人死亡。他们深入分析了记者在报道那场灾难时的一些道德灰色地带，试图解释记者在危机事件中的角色。

自“黑色星期六”以来，澳大利亚的火灾季日益严重。“黑色夏季”从2019年持续到2020年，破坏性极大，造成了23人死亡，摧毁了2000多座房屋，烧毁了近1100万公顷的土地，估计死亡动物超过10亿。这场“黑色夏季”火灾也给记者带来了新的伦理困境。

下文将讨论记者在报道森林火灾时面临的三重伦理困境，见于穆勒与贾文达 297
（2010: 71）提出的三个问题：

1. 是否应该允许记者进入救灾中心？
2. 记者是否应该在天气恶劣期间报道气候变化问题？
3. 记者是否应该进入灾区？

是否应该让记者进入救灾中心？

2019年12月，记者赴南澳大利亚高勒镇（Gawler）报道森林火灾，但在采访救灾中心时遭到了拒绝。记者雷特·布尔尼（Rhett Burnie）在Twitter上对此进行了直播，“高勒救灾中心的经理刚刚说，不允许我们在此寻求庇护，他说因为‘你们是媒体’。我刚到这里时快速采访了一名撤离居民，除此之外，我们没法接触任何人。她刚刚威胁如果我们不走，就要报警”（Burnie，2019: n.p.）。

几周后，记者提根·乔治（Tegan George）也遇到了类似的问题，他在

Twitter上进行了报道，“我们已经和贝加谷人民在这个展示场地待了五天，他们欢迎我们加入。我们已经报道了他们的故事，并且尊重他们的隐私，和他们一起哭、一起笑。现在@nswpolice①来了还要把我们赶出去。我无话可说”（George, 2020）。

这些案例表现了记者与官员之间的冲突。双方都想让人明白自己的道德责任，对新闻媒体进入救灾中心的理解也有所不同。高勒救助中心的管理者和新南威尔士州警方都不相信媒体会履行新闻道德准则，即“尊重个人的悲痛与隐私，克制对别人的干扰”。但记者认为有必要报道受灾人群，在他们同意的情况下“讲述他们的故事”。

此次事件在Twitter上得到了大量的回应，网友评论表现出各种道德立场。有些评论完全站在当事人一方，而大多数人持中立态度。一些人认为应该允许记者进入，但只能让他们寻求庇护而不能进行报道；另一些人认为，应该只允许澳大利亚广播公司（澳大利亚全国公共媒体）的记者采访，以防商营媒体利用受害者的痛苦谋利。还有人认为，不让记者进入是一种国家审查行为，而不是为了保护受害者。

由此可见，事件呈现由仪式和行动建构而成；参与这些仪式的人动机各异：他们可能秉持对记者工作意义和价值的认知，可能关注媒体与政客、急救服务等行动者之间的权力关系，还有的考虑到媒体的商业压力。

记者是否应该在气候恶劣期间报道气候变化问题？

298 当受灾居民、活动家和改革政治家把森林大火与气候变化联系起来时，媒体对此也进行了报道、解读和讨论，试图找出危机的起因和影响，从而进一步弄清火灾的根源。新南威尔士州的保守派州长格拉迪斯·贝尔吉格利安（Gladys Berejiklian）在被问到火灾是否与气候变化有关时，对这个问题进行了强烈的道德谴责，“我认为在现阶段就火灾原因展开政治辩论并不适宜”（ABC Perth, 2020）。

在贝尔吉格利安看来，在这个时候讨论气候变化不仅与公共利益不符，还会带来重大伤害，因为这会分散对救灾的政治讨论。保守派新闻媒体迅速指责那些把森林大火与气候变化联系起来的记者，认为那是在宣传记者自己的激进政治议程，显然违反了澳大利亚媒体娱乐艺术联盟的职业准则，即“不允许任何个人利益、信仰、承诺、报酬、贿赂或利益侵蚀新闻的准确性、公正性和独立性”。

---

① 澳大利亚新南威尔士州警察Twitter官方账号。——译者注

但正如其他记者指出的那样，不讨论气候变化也可能违反职业伦理，因为这也可以被视为把公众关注从气候议题转移开来，以便支持澳大利亚政府对气候议题的保守立场。这违背了澳大利亚媒体娱乐艺术联盟规定的另一项义务，即“诚实地报道和解释，力求准确、公正地披露所有重要事实。不隐瞒也不歪曲事实；尽最大努力实现公平的回复权”。

可见，对这个问题存在两种相互竞争的道德价值观，但没有明确的赢家。记者最终报道的内容取决于媒体组织和记者本身优先考虑的价值观。

你同意哪一方？

记者是否应该进入灾区？

记者必须让自己的道德价值观与其新闻职业角色及相关法律相互调和。在2009年澳大利亚“黑色星期六”这场森林火灾中，记者或是冒充救援人员，或是绕开路障，努力进入被封锁的火灾区。穆勒与贾文达（2010）通过采访记者发现，记者认为采取这些变通方法是道德的，因为他们优先考虑的是向公众“呈现”路障背后现场的职责，而不是媒体娱乐艺术联盟准则所规定的“用公平、可靠、诚实的手段获取材料。在开展任何用于出版或广播的采访之前，请先表明自己和雇主的身份。切勿利用人们的弱点及其对新闻实践的无知”。

但在这种情况下，我们有理由问这样一个问题：记者更应该告知公众，还是更应该尊重法律？公众究竟能从这种报道中获益多少？记者把自己置于危险的火 299
灾现场，是否会干扰消防员和救护人员？记者在灾区中对身处危难的人承担什么义务，应该伸出援手还是继续报道？

记者的道德选择与其经济利益之间也有矛盾。穆勒和贾文达（2010：71）指出：“媒体人往往更重视工作竞争压力，他们认为自己的职责是把看到的向公众告知，而非依循与之相反的道德责任或法律。”换言之，记者利用灾区的漏洞完成报道，有助于供职媒体从中获益。他们能否在进入灾区之后为其决定提供合乎道德的理由？

思考题

1. 请调查你所在国家如何呈现重大危机事件。记者在报道时与哪些人进行了互动？
2. 思考记者的报道与职业协会的道德准则之间的关系。
3. 在澳大利亚或其他国家，记者在报道危机事件时，是否能够做到：

● 公正报道所有关键事实；

● 使用公平、可靠和诚实的手段获取材料；

● 尊重个人的悲痛和隐私。

4. 比较两种记者道德规范并分析异同。

小 结

20世纪大众文化工业出现之后，记者与战略传播者之间的关系一直是我们理解社会世界、形成舆论和参与政治的核心。记者是社会"新闻"创作过程中核心的把关人、框架制定者和议程设置者；他们常规地为其"报道"的政治、经济和文化精英的活动设定框架，因此是社会权力关系顺利运作的中心。记者与战略传播者之间存在共生关系。在大众传播时代，战略传播者需要与记者建立良好的关系，因为记者是他们通过电视、广播和报纸接触广大受众的关键渠道。而在过去几十年出现的媒介平台既改变了新闻生产，也改变了记者与战略传播者之间的关系。如今，平台成了记者、政治经济精英与
300 公众之间的关键中介。平台还具有新型的编辑作用，虽然它们并不发布新闻，但其创造的算法模型能让某些内容在传播过程中比其他内容更有优势。记者和战略传播者现在都依靠平台来接触受众。对记者而言，他们对受众的控制力下降了；而对战略传播者而言，他们可以绕过记者，通过平台的算法和广告模型直接接触受众。平台的崛起与新闻业和政治传播的大众功能和精英功能面临的危机密切相关。日益碎片化的社会的组织不再围绕大众式的集体认同和政治参与展开，而如何利用平台来管理社会中的权力运行，成为政治、经济和文化精英面临的一个关键问题。

延伸阅读

延伸阅读所列文献探讨了数字平台、新闻业与政治进程之间的关系。安德森（C. W. Anderson, 2011）和邦斯（M. Bunce, 2019）的研究调查了受众参与的数据如何塑造新闻实践、新闻业和新闻编辑部的行为方式。克雷斯与麦格雷高尔（2018）考察了数字平台在竞选活动中的作用。米斯与赫科姆（J. Meese and E. Hurcombe, 2020）探讨了新闻出版商与Facebook之间的关系。皮卡德（V. Pickard, 2019）论证了在民主进程面临重大挑战的平台时代背景下，公众利益新闻具有重要意义。瓦德海纳森（2018）则对Facebook对民主的影响开展了批判研究。

Anderson, C.W. (2011).Between creative and quantified audiences: Web metrics and changing patterns of newswork in local US newsrooms.*Journalism*, *12* (5), 550-566.

Bunce, M. (2019). Management and resistance in the digital newsroom. *Journalism*, *20* (7), 890-905.

Kreiss, D., & McGregor, S.C. (2018). Technology firms shape political communication: The work of Microsoft, Facebook, Twitter, and Google with campaigns during the 2016 US presidential cycle. *Political Communication*, *35* (2), 155-177.

Meese, J., & Hurcombe, E. (2020). Facebook, news media and platform dependency: The institutional impacts of news distribution on social platforms. *New Media & Society*, 1-18.

Pickard, V. (2019). *Democracy without journalism? Confronting the misinformation society*. Oxford: Oxford University Press.

Vaidhyanathan, S. (2018). *Antisocial media: How Facebook disconnects us and undermines democracy*. Oxford: Oxford University Press.

第十二章　品牌文化

品牌化是文化、媒介和日常生活中的一个关键的传播过程。

301 ★ 什么是品牌化?

★ 谁塑造了品牌?

★ 品牌如何嵌入文化?

★ 品牌商如何表达其意义和道德主张?

本章内容

- 把品牌化概念定义为一种社会过程;
- 思考品牌与文化之间的关系;
- 考察品牌劳动;
- 探讨品牌、社会空间和互动媒体三者之间的关系;
- 讨论品牌化在日常生活伦理和实践中的作用。

一、品牌是什么?

品牌已经融入日常生活的每个角落,它们印刻在日用品、服饰和建筑上,嵌入人们 302
阅读、观看和进行互动的几乎所有媒介文本。品牌最初只出现于产品、包装和广告中,现在已经随处可见,而不仅仅是传递意义的象征符号。本章将探讨品牌作为一种社会过程的运作方式。品牌不仅仅是表现产品特性的标志,而是在文化中被持续创造并传播开来,是文化生产者与消费者之间互动的产物。

二、品牌与大众消费

品牌和广告对文化工业的发展至关重要。早期的品牌和广告是对产品特性的描述,典型的广告信息包括产品成分、制造工艺、家族名称、产地以及产品用途。这些都与产品的品质有关,包括含有哪些特定成分,来自哪个生产地点以及具有哪些特定用途。那时的品牌只是一个名称或标志,是为了让消费者认识品牌的特性。

当产品不断发展并向更广泛的受众进行营销时,品牌也变得更加重要。工业化生产导致商品产量供大于求,铁路等交通系统的发展把商品运输到更广阔的市场;与此同时,媒介技术进步也让产品信息可以被传送到更大的市场。随着大规模生产、大众市场和大众传媒的出现,普通人更频繁地从过去没有接触过的生产者那里购买产品。品牌成为一种促进远距离识别和信任的载体,是一种促进市场交换的社会手段,需要大规模生产和运输技术发展到一定程度才有可能出现。品牌也被用于创造并刺激新兴市场。如果工业生产和交通运输扩大了商品的扩散范围,那么大众传媒则能让人认识到这些产品的存在并产生欲望。商品在更大范围的扩散也为生产者带来了更多接触彼此的契机,一个地方的生产者能够发现其他地方的竞争对手,如果一个人能在全国范围内分销产品,他的竞争对手也可以。他们的产品现在都一起被放在超市里,也一起出现在消费者心目中。正因为竞争激烈,区分产品质量也更有必要。

制造商的利益与早期大众传媒经营者的利益不谋而合:制造商想把产品推销到更 303
大的市场,而早期大众传媒的经营者则需要资金支撑运营,例如报纸的商业模式就是通过广告收入来维持的。大众传媒生产受众并将之售卖给广告商,或者更确切地说,他们售卖的是受众的注意力。这套运营机制的一个要点是广告商为特定**类型**的受众付费,也就是那些有可支配收入的富裕消费群体。正因如此,许多人批评大众传媒的内容倾向于反映中产阶层的生活与价值观。但无论如何，大众传媒与广告商之间的这层关联为20世纪的大众文化发展奠定了基础，也解释了为何品牌是理解媒体和文化生产的内在要素。正如本章将要讨论的，品牌打造与品牌管理的变化也是21世纪媒体和文化生产功能转变的关键所在。因此，我们不应该把品牌仅仅看作意义，其更是一种开放的意义生产过程，是通过刺激欲望、促进产品流通来创造、攫取受众的注意力和参与。

三、品牌与文化

品牌起初是一种传递“制造商合法性、声誉和稳定性”的工具，目的是让消费者更好地理解产品的基本价值主张，指导他们使用新产品”（Holt，2002：80）。霍尔特（D. Holt，2002）把20世纪中叶的品牌化视为一种“文化工程”。当时的品牌从一开始只是“稍稍表现出产品的功能便利”，转而开始与人们对“现代美好生活”的理想、愿景和渴望产生关联。这种品牌化的模式是在战后美国中产阶层崛起的背景下出现的，他们是“首个数量巨大且拥有可支配收入的非精英阶层”（Holt，2002：82），他们不仅拥有闲暇时间，并且迅速向正在发展的郊区迁移。正如今天已经为人熟知的那样，品牌化是一种与普通的中产阶层人群交流的模式。

在这个时期，品牌旨在帮助生活在郊区的中产阶层过上“好日子”，让他们拥有更多的休闲时光，促进电视消费和大众消费。随着20世纪60年代反文化运动的兴起，品牌化的模式也发生了巨大改变，从促成大规模的同质化中产阶层身份，转变为推广“以消费品来追求个体身份构建”的理念（Holt，2002：83）。反文化运动为品牌带来了契机，使之更直接地嵌入个体创造性的身份建构活动。品牌化最早是为塑造国家集体身份产生的；到了20世纪下半叶，品牌化成为自由主义转型工程中至关重要的一部分，发挥着促
304 进集体民族身份向个体消费身份转变的功能。品牌化因此是社会、政治和文化进程的一部分，是人们对个体自由、表达方式和生活方式的渴望的中介。

品牌与文化运动和社会运动之间的关系高度复杂。虽然我们经常认为品牌是大众文化的产物，认为它吸收了有机的草根文化实践，但这其实忽视了品牌与文化之间更复杂的关联。20世纪60年代以来，品牌与广告的传播实践发生了三次重要转向：第一次转向，品牌开始吸收对大众消费社会的批评，这看似矛盾，但实则广告商可以利用对消费社会的批评来促进消费；第二次转向，广告商开始披露自己的手段，品牌不再假装真诚，也不再掩饰自己的利益追求，而是向消费者袒露广告建构的本质；第三次转向，品

牌开始呼吁有权力、有见识的消费者提出流行观点。

一种常见的观点认为，20世纪60年代的反文化是一场有机的社会运动，挑战了大众社会与文化工业。在这场社会运动中，摇滚乐、牛仔裤、性自由、药品和激进政治纷纷涌现，向美国战后不断扩大的郊区守旧势力发起挑战。主流文化与另类文化之间的象征性对抗此后成为反复出现的文化主题。例如20世纪90年代兴起的"另类"流行音乐文化，在许多方面都与反全球化运动紧密相关；再如21世纪第一个十年流行起来的"独立摇滚"和"DIY"文化，也往往与互动媒体允诺的公共参与相互结合。

这些运动都标榜自己的"真实"和"真性情"，以对抗主流文化的"粗制滥造"和"压迫性"。反文化的激进文化和身份政治似乎对美国中产阶层的同质生活构成了威胁。这种另类运动起初或许是为了反抗美国企业的贪婪以及全球资本主义的文化同质化及劳动剥削（参见Klein，2000）。而21世纪头十年兴起的独立音乐和潮人文化却与定制、手工制作、本土化和环境可持续的文化生产及道德消费形式产生了联系（Lewis and Potter，2011）。这些社会运动把自己作为假想的主流文化的对立面，表达与之不同的身份、价值观和政治理念。但这些运动在某种程度上都是企业生产并刺激出来的产物，不仅无法对资本主义和消费主义构成真正威胁，反而为品牌带来了宝贵的资源。而且大部分"对抗"和"另类"观点实际上仍然具有传统价值和商业价值。

（一）创意革命

20世纪60年代见证了广告里宣称的"创意革命"（Frank，1997）。恒美广告公司 305
（DDB）的比尔·伯恩巴赫（Bill Bernbach）提出了"反广告的概念，即利用公众不信任传播工作的心理"（Frank，1997：55）。在20世纪60年代知名的大众汽车营销活动当中，他运用广告来批判大众社会，同时提醒观众"注意那是广告"（Frank，1997：65）。这不仅是批评大众社会，而且还让公众了解广告的建构本质。他的广告自反式地告诉观众："我们知道你知道我们正在试图说服你。"这则广告没有运用那些建构、维护理想形象的技巧，也无须为了确保广告宣传的真实可信而感到担忧，而是让广告开始运用讽刺、创新、巧妙和联想的传播方式。

伯恩巴赫作为当时文化生产的先行者，预见到网络生产模式是围绕创造力和文化资本组织起来的。他意识到，鼓励个体自由和批判能让媒体组织和社会最有生产力，而不是对之进行约束。他预见到了如今已经司空见惯的文化生产方式，因此重组公司并组建了一个创新团队。他大肆宣传广告是一项需要创造力和艺术性的严肃工作，还鼓吹一套关于其工作意义和价值的理论。他的公开声明、采访、回忆录、公司组织及其制作的广告，无一不在展现他理解中的广告实践及其价值的“深层文本”（Caldwell，2008）。

正当大部分广告公司都按照标准化流程和科学模式来生产广告、真挚地呈现大众消费社会之时，伯恩巴赫和他的公司已经开始解构广告的生产方式和那些吸引消费者的技巧。他是首个在广告里批评大众社会的广告商。他的广告不仅把广告本身打造为一种促销方式，还将之作为一种“文化批评”（Frank，1997：55）。如果把伯恩巴赫的广告与反文化联系起来，就会发现广告并没有把反文化作为一种有机的社会运动进行收编。相反，反文化“受到大众文化发展而触发起来的程度，与底层民众变化所引发的程度一样。反文化的主角是摇滚明星、叛逆名人、富豪演员和文化工业的从业者；电视、广播、摇滚音乐会和电影是反文化的高光时刻”（Frank，1997：8）。与之同理，如果没有MTV、大型唱片公司和企业赞助商的支持，20世纪90年代的另类文化就不会演变为
306 群众运动（Klein，2000；Heath and Potter，2005）。我们现在熟悉的独立文化和潮流文化，也已经被整合到企业生产与大规模消费当中。品牌促进了道德消费和产品定制，互动媒介则刺激出分散而碎片化的文化生产形式并从中牟利（Lewis and Potter，2011；Banet-Weiser，2012）。如今，要保持个性、有创造力、与众不同，就需要持续投入，但要在生活和风格上战胜和我们差不多的人非常难，这种心理让我们成为富有生产力的消费者。广告构建精明的消费者并与之对话。就此来看，反文化并没有对消费主义构成威胁，反而是一套持续生成新观念和新潮流的生产机制。进一步来看，广告的自我批评也让它不必因为无法兑现承诺而遭人谩骂。

要理解品牌的运作方式，就要考察消费者如何在日常生活中让商品与文化实践建立联系。电影、音乐、小说、名人等文化产品承担着“意识形态的重任，品牌则是意识形态的寄生虫，紧紧跟随人们的文化实践”（Holt，2006：374）。品牌如果能够与文化实践建立关联，就能扩大以上神话中的意识形态表达，让消费者“归附”（Holt，2006：375）。品牌放大特定的文化实践和身份，甚至强化更广泛的文化观念和政治理念；但它们最终只有通过消费者和文化中介才有意义、有价值。

（二）品牌文化的矛盾性

品牌一旦嵌入日常生活和文化，就会成为人们建构日常实践、伦理和政治的一部分，成为生活意义的一种资源。品牌标榜自己更广泛的社会作用，对环境、道德和政治立场评头论足。这既是一种精心策划的商业策略，也是品牌与文化之间复杂作用的结果。正因为品牌致力于文化传播和基于身份的传播，无法不对人们日常生活中关心的

事情指手画脚，这也产生了一连串的后果：品牌既要通过文化劳动获利，又要对自己的文化活动负责。消费者和公民期待品牌能与其提出的文化道德主张言行一致（Klein，2000；Lewis and Potter，2011；Banet-Weiser，2012）。巴内特-怀瑟（2012）指出，其中一种后果就是消费者与品牌之间的关系存在矛盾：一方面，我们每天都在使用各种品牌商品，认为这些商品有意义，并且同意品牌提出的道德主张；但另一方面，我们经常对品牌的诚意、动机和意图冷眼旁观甚至不屑一顾。

正如刘易斯与波特（T. Lewis and E. Potter，2011：4）描绘的公平咖啡店，顾客可以 307
选择把买咖啡所产生的利润捐赠出去。研究者认为，“社会公平取向的商业活动把这种私人时刻的消费重构为一种公共行动，让消费者的选择具有担负责任的意涵，这种做法在当今时代日益普遍”。过去，人们购买商品服务只是为了满足生活所需，但现在这些行为却变成了某种社会行动和政治行动，与我们的身份、社会世界和权力关系发生关联。普通人的日常生活被一系列看似与宏大的伦理政治关切相关的问题和决定所困扰。我们如今觉得需要通过消费来表现我们是谁、我们重视什么以及我们想要什么样的社会。我们的日常生活似乎总是关乎更大的“集体、国家和全球层面的关切”（Lewis and Potter，2011：10）。品牌让我们反思自我，而不是让我们看到他人的经验。品牌为我们提供参与机会的同时，也把道德义务和伦理主张纳入其中，让我们将之作为表达自身价值观的工具。正是在这个过程里，我们让品牌成为文化世界中有意义、持久且合乎道德的一部分，并在品牌逻辑中形成我们的身份认同。这也让我们失去了对他人经验的考量，并影响我们在全球消费进程中扮演的角色（Chouliaraki，2013）。

在品牌文化里，买一杯咖啡或一瓶水的行为成为对发展中国家自然资源和劳动力命运的某种表达。我们买咖啡不仅是为了咖啡的味道，也关乎咖啡生产的伦理规范，还包括我们在商店、办公室或城市行走时喝咖啡的氛围、感觉或意义。消费成为一种象征性的传播行动，不仅表现我们想要什么，也表现我们如何理解自己在社会世界中的位置、价值观以及我们希望别人如何看待自己。伦理消费这种理念让消费者“为自己工作”，同时监督公司的价值观和实践（Potter，2011：119）。如果我们买一瓶水是为发展中国家的清洁水项目捐款，那么买水不仅彰显了我们自身的价值观，同时也向网络或市场传达了产品需求的信息。我们通过消费来表现自己的伦理取向，同时也让品牌产生了道德和意义，为之增添了品质和价值（Foster，2008；Potter，2011）。

品牌依赖我们的参与，我们也把品牌纳入自己的身份和文化实践，但我们需要认真思考品牌除了为企业创造价值以外还做了哪些实际工作。如果品牌是文化的一部分，那么它们也是我们“建构个体生活、共同体和历史”的一部分（Banet-Weiser，2012：9）。

有些品牌对批评持开放态度，对自己的建构本质开诚布公，并依赖消费者的参与，这种品牌化的过程不适合线性的讯息传递，而需要把意义的协商、挪用和传播作为宏大文化进程的一部分。品牌不再追求对讯息的创造和控制，而是要在文化生活中促进情感
308 关联。在这种文化语境下，“批判发达资本主义制度下的品牌不仅不会让产品贬值，反而将之扩大为一种模棱两可却又可以被识别的文化元素，这也正是我们自身可被识别的那部分”（Banet-Weiser，2012：92–93）。

四、品牌价值

如今，品牌化理念“假设品牌并非一种文化蓝图，而是消费者出于建构自我而自行选择的一种文化资源，这种品牌往往更有价值”（Holt，2002：83）。简而言之，品牌为人们提供了“文化资源”，霍尔特（2002）基于这种观念，提出品牌商可以采用如下策略：

- 打造具有讽刺意味和自反式的形象。这种策略并非直白劝说，而是鼓励消费者适应其主张和想象，用自嘲来避免批评（提前考虑批评的可能性）。
- 把品牌融入文化空间和实践，与艺术、时尚、亚文化、体育和音乐社区建立关联，让品牌成为这些实践的一部分。
- 品牌与消费者互动，让品牌成为人们日常文化实践的一部分。消费者把品牌整合到日常生活中，并与其价值观、实践和身份相互连接。
- 品牌开展幕后工作，借助口口相传以及普通人之间的日常互动加以传播。

霍尔特（2002）认为这些活动其实相互矛盾：一方面，品牌标榜自己在文化生活中真实无私；但另一方面，其商业目的人尽皆知，消费者自然会怀疑品牌是否真诚，这种态度也体现在各种消费者运动当中。例如，消费者向耐克的血汗工厂施压（Klein，2000），指出耐克“只管去做”（Just Do It）的宣言语与其现实当中对劳工的剥削存在天壤之别。霍尔特（2002）还指出品牌将耗尽真实可信的东西。但也许更关键的问题不在于品牌是否真诚，而在于它们是否吸引了我们的注意力以及我们是否投入于此。品牌依赖我们的创造性参与，而不是我们有多么相信它们的主张。

品牌是一种社会过程，需要消费者和其他文化行动者共同参与，从而创造价值。品牌通过“赋予消费者自由的权力，使之向特定的方向发展”，而不是把“特定的品位和欲望”强加于人（Arvidsson，2005：244）。品牌与个体身份的建构相互关联。个体的自由

及表达是过去十几年形成的灵活资本主义的核心。品牌通过消费者的社会行动获得价 309
值。当代对品牌的论述总强调消费者的行为难以预测，因为是消费者在创造意义，使得品牌发展的方向难以掌控（Holt, 2002; Arvidsson, 2005; Zwick et al., 2008）。消费者的难以预测既给品牌管理者带来挑战，也是品牌产生价值的重要来源。因此，品牌既需要培养消费者，又需要约束消费者的创造力（Foster, 2008: xix）。

品牌是企业商业战略的核心，是一笔需要打理的资产（Aaker, 1991）。品牌忠诚度能够降低留住老客户、吸引新客户的成本，能够促进意义网络的生成和发展，从而实现经济价值。品牌创造价值的方式包括：

- 品牌提升产品或服务的销量。例如，营销经理会分析品牌活动与销售增长之间的相关性。
- 品牌可以自己产生价值。例如，通过消费者的创意和沟通来提升产品的附加价值，并让消费者为这种服务买单（Zwick et al., 2008）。消费者可能会为那些与其身份和价值观有关的品牌支付额外费用。在同一品牌下，附加价值可以在不同产品之间转移。
- 品牌价值也表现为股票价值（Arvidsson, 2005）。股市根据消费者对品牌的联想、感受及品牌的可持续性进行估值，从而获得市场经济收益。

品牌是创造价值的工具，其创造价值的过程有赖于消费者的参与。但罗伯特·福斯特（Robert Foster, 2008: 29）指出，我们参与品牌生产的同时也将身份的部分“控制权转移”给了“品牌企业的所有者，而他们能合法捍卫品牌的知识产权”。

品牌在媒介技术和产品开发中具有核心作用。品牌商对媒体投入大量资源来建立和维持与受众的关系。过去，品牌与受众之间关系的维系是通过媒体出售内容旁边的广告栏来实现的，例如电视台出售广告时段、杂志出售版面。而如今，受众的生产与售卖要复杂得多。媒体机构通过生产内容和体验来建构、维持和管理广告商想要购买的受众类型。媒体的职责不仅包括寻找、吸引受众的关注，还包括对受众的动态建构，同时塑造其实践、身份、生活方式和价值观。品牌在促进媒体组织、技术、产品和内容方面 310
也有重要作用，因为品牌总要与媒体互动并告知媒体他们的诉求。

五、网红

品牌依赖音乐家、演员、名厨、时尚博主、网红等文化中介来创造价值。这些文化生产者运用自己的身份及追随者的关注，把品牌植入自己的生活方式和社交网络，例如穿特定的衣服或公开使用某种特定的设备，都是微妙的品牌推广方式。他们也可以直接把代言的品牌纳入自身的文化生产。例如，名厨杰米·奥利弗（Jamie Oliver）本身就是一个品牌，他把其他品牌植入自己的烹饪节目和赞助协议里进行交叉推广。品牌越来越多地与文化中介合作生产内容。例如，英国森宝利百货公司与奥利弗签约，让他在商店里推出食谱、传授烹饪技巧。时尚品牌与时尚博主的合作也越来越常见，这些博主在潮人粉丝那里有很高的影响力。

网红是一种推销型的劳动者，其社交媒体账号上有大量粉丝，他们平时都会有目的地把品牌、产品、体验和信息放到那些反映自己生活的帖子里（Abidin, 2015）。网红目前已经成为社交媒体广告模型下的一种特殊劳工，但他们不是凭空出现的，而是在消费者和名人文化这一更长远的历史当中发展出来的。自20世纪中叶以来，营销人员一直想把那些有影响力的消费者加入其营销战略。卡茨和拉扎斯菲尔德（E. Katz and P. F. Lazarsfeld, 1966）称这些消费者是“有影响力的人”。这些意见领袖型消费者是“二级传播”中的一个关键纽带，让信息从大众传媒、广告和政治营销那里流向自己的关系网络。营销人员在关注“有影响力的人”或“意见领袖”的同时，在20世纪发展出口口相传、游击营销和猎酷营销（cool-hunting）等策略。所有这些策略都需要找出潮流消费者并与之合作，通过他们来影响其关系圈。在早期的互联网文化中，博主和摄像师成为小众名人（Senft, 2008），他们以博客、资料介绍和其他渠道为媒介，调整了大众明星高度媒介化的展演，适应了互联网的参与文化。之所以叫他们小众名人，既因为其展演在碎片化的数字渠道中吸引的是小范围受众，也因为他们不同于大众传媒当中的明星，需要通过评论、点赞与叫卖的方式来与粉丝互动。在社交媒体和真人秀时代，名人实践成为“任何拥有移动终端、平板电脑或笔记本电脑的人都可以开展的行为”（Marwick,
311 2015: 140）。摄像师、博主、真人秀演员和网红都擅长在舞台展示、策划展演和坦诚相见之间熟练地切换。

网红与企业品牌合作，把产品和消费体验植入网络展演，并通过名人效应变现。他们可能会直接获得酬金，或者获得其他权力，例如参加独家活动或免费获得商品。随着社交媒体平台的广告模型与促销文化不断成熟，品牌、网红、营销机构与平台之间的关系也逐渐正式化。现在已经出现专门与网红合作或在品牌与网红之间建立合作的营销机构。社交媒体平台还开发出一套促进网红与品牌合作的广告模型，包括“付费帖”或“赞助帖”，从而帮助品牌提升参与度、管理目标受众、相互合作及跟踪分析数据。网红与品牌都可以根据数据分析结果来了解合作活动的效果。网红则用这些数据来监测、调整自己的表演，从而增加、维持粉丝的参与度。

网红运用数字私密的理念与手段来与粉丝互动，以产生共通的情感和亲密感（Abidin, 2015）。这种亲密关系经过数字界面的中介，充斥着对亲密感、业余性和真实感的频繁“校准”和“舞台化”的展演。阿比丁（C. Abidin, 2017）发现，网红可以在“播出”和“填充”内容之间不断切换。播出内容可以是一种创意技能或实践，如时尚、化妆、烹饪、唱歌、喜剧或模因，是网红出名的筹码和吸引粉丝的常用手段。填充内容则包括对日常生活、亲密关系和家庭生活的披露。这种“校准的业余表演是一种实践美学，通过注意力经济的劳动来人为地展现真实。无论这些演员在现实中或实践层面是否真的业余，但都表现出业余人士的原始审美”（Abidin, 2017: 1）。网红校准业余表演、披露亲密关系并开诚布公，这些都是让表演及粉丝互动产生真实感的策略。我们可能会将播出内容和填充内容比作前台和后台，后台的存在是为了看起来更加真实自然，但那也是表演。这并不是说这些表演名不副实，而是说其中的真实感总是一种社会建构。

网红不仅生产内容，也要动员粉丝参与、分享、复制和生产自己的内容（Abidin, 2016），从而扩大网红及其合作品牌的影响力。粉丝参与并点赞得越多，网红发布的内容就越能获得平台算法的“认可”。因此，调动粉丝参与被观看的工作，让粉丝生成内容和数据，扩大自己的影响范围，这一点尤为重要（Andrejevic, 2002a）。阿比丁 312
（2016）指出，网红鼓动粉丝点赞和评论，把一个帖子“顶”到算法推送主页上，就可以在品牌、粉丝及其社交网络之间发生连接。网红还为粉丝提供模板，让他们在自己的账号上制作并发布品牌信息或促销物料。在阿比丁（2016: 90）看来，这种“可见度劳动”（visibility labour）是“个体用自我摆拍装点自我呈现，从而达到引起关注和正面推销的效果”。网红招募粉丝参与劳动，让其出现在自己的朋友圈里，这也提高了网红及其合作品牌的知名度。网红推出的“今日穿搭”就是一种组织“可见度劳动”的典型策略（Abidin, 2016）。他们策划发布品牌赞助的穿搭帖，鼓励粉丝用品牌和活动主题标签发布自己的穿搭，而这些帖子里都会出现品牌网站和在线商店的链接。

在许多案例中，在品牌推出正式广告并与网红建立合作之前，网红已经开始在社交媒体上开展促销。网红对Instagram、Snapchat和YouTube等平台中促销文化的“形成”至关重要。许多由其发起的受众参与和推广形式逐渐成为这些平台正式的广告模型。但矛盾的是，平台的广告模型固然让网红、品牌与平台之间形成了正式的合作关系，但也让网红的劳动更容易受到剥削（Duffy and Hund, 2015; Duffy and Wissinger, 2017）。因为在这种模式下，平台和品牌设定劳动的条件，而平台的参与算法模型也在不断变化。于是，网红逐渐沦为“微型”或“纳米”网红，而不具有“名人效应”。久而久之，不仅网红个人的收入不断降低，其与品牌的谈判筹码也日趋削弱。Facebook和Instagram等平台的长期战略目标是把所有用户都变成有影响力的人，这样就可以把所有人的帖子都纳入品牌营销活动，每个人都能被分配到任务。平台之所以发生这种转向，部分是因为平台认为数据驱动的媒介系统可以操控、管理点对点的传播。Facebook于2020年出台了一项专利，将这种野心体现得淋漓尽致，其中的一项创新指出，用户可以用自己的图片作为广告，然后获得报酬（Systrom and Cole，2020）。例如，用户可能会把穿上一件新衣服、喝啤酒或去餐厅的照片发布到Facebook和Instagram上，平台的图像分类算法能够识别出照片里的产品或位置并对其进行标记，然后把这些作为广告机会提供给企业；像时尚、酒类品牌或餐厅这样的商家可以付费把这个帖子推送到消费者的朋友圈或其他类似的消费者那里。这些推送帖中还带有产品标签，方便消费者直接点击进入品牌商在Facebook或
313 Instagram上的在线商店并购买产品。消费者可以从这种推送帖中获得小额佣金，可以是现金，也可以是网络商店积分。这种模式可能会与Facebook计划推出的“Libra”货币结合起来。在这种模式下，网红不再是拥有大量粉丝的名人，而是被分解为一个个有影响力的瞬间。可见，广告商和平台的着力点在于如何优化影响力。网红只是当前社交媒体注意力经济下最有效的优化影响力的一种方式。平台正在寻求其他途径，以便所有用户都能参与其中并提高生产效率。

六、参与文化和算法文化中的品牌

社交媒体平台正在孕育算法品牌文化。算法品牌文化中的“品牌价值来自对开放式参与、参与者的创造力以及媒介平台的算法之间相互作用的管理”（Carah and Angus，2018：180）。算法品牌文化围绕三个相互关联的环节组织起来。

第一，品牌创造共享的社会性。品牌为消费者提供文化资源和文化体验，鼓励消费者积极参与意义生产。日常生活中的社会文化空间越来越促进我们与品牌之间的互动。例如苹果和星巴克商店的零售空间、音乐节和体育赛事等公共文化空间，甚至Facebook和Instagram等平台都被设计成用来体验品牌的地方。这些都是我们平时与品牌互动的场所。在这些空间里，品牌运用文化嵌入的策略，更多是为消费者创建、管理社会空间，而不是告诉消费者思考什么或相信什么。品牌希望能够驾驭消费者的自由表达与创造力。

第二，品牌介入共享的社会性。消费者用智能手机拍照并将之传播出去，这些图像将他们定位在有关他们自己生活的内容流中。无论是卧室自拍，还是在音乐会、节日庆典等公共场所中拍摄的照片视频，我们都会将品牌纳入其中。我们通过数字媒体进行创作和分享记忆、情感和感受，品牌的目的就是融入这些创作传播实践。例如，酒类品牌会在音乐节上打造大型的主题酒吧，邀请参与者喝酒、跳舞、社交，让他们拍照并发布到网上（Carah, 2017; Carah and Angus, 2018）。这些主题酒吧是一种专门被开辟出来的社会空间，与人们的节日体验相互交织。酒吧把有生产力的受众、文化资源和品 314
牌活动汇聚起来，并将品牌编织进粉丝的节日体验和记忆当中。而消费者则把自己的身份作为节日文化图式的一部分，为品牌创造价值。正如去音乐节的人在现场观察、判断、相互影响，把节日体验和记忆用手机拍摄下来，对照片进行裁剪、添加滤镜以表现情绪，并在打上标签后发布到社交网络上，让品牌以此种方式进入观众、音乐家、艺术家和表演者的图片网络；人们看到这些照片后，又以点赞、分享和评论的方式为这些照片添加信息。这些实践产生的受众关注和数据都有价值，而这一切都是在人们参加音乐节、拍照并在社交媒体传播照片的时候开始的。

第三，人们生产的讯息和影像既是文化体验，也是有价值的数据集合。消费者创建的图像和视频具有双重功能，正是这些内容把品牌、文化体验和消费者的个体身份联系起来。人们在社交网络上传播的图片，不仅让品牌讯息具有较高的可信度，同时也是社交媒体生成数据的载体。随着图像的传播，朋友圈里的查看、点击、喜欢、标记、分享和评论行为一并而来。每一次受众互动都为社交媒体和品牌带来了有价值的数据。品牌则据此为参加音乐节和参与品牌互动的人群画像，提前设计未来的文化空间和受众互动。

品牌通过创建、管理社会空间和社会过程来创造价值，迎合了消费者富有创造力的意义生产活动。品牌用文化资源和专门设立的社会空间来支持、管理消费者的参与，并从中创造价值（Holt, 2002; Moor, 2003; Thompson and Arsel, 2004; Arvidsson, 2005; Foster, 2008）。

算法品牌文化以品牌为核心来刺激社交，让人们把社会体验转化为社交媒体平台上的影像流，并为这种活动创造条件。这些影像把品牌作为日常生活表演的一个构成要素，把个体、品牌和文化实践之间的关系转化为数据，从而进一步优化这些关系。因此，品牌文化不仅是品牌融入我们身份的象征性过程，也能根据动态的数据，不断优化用户的注意力及其参与行为。

品牌受到媒介平台参与文化和算法的加持，大大提升了引导和培养消费者参与的能力，因为这些媒介平台可以实时监测、回应消费者。哪怕消费者和文化中介在创作参与的过程中，其“实验和创新在本质上具有抵抗性”，这些参与仍然能够创造价值（Zwick et al., 2008: 168），因为价值来自个体的影响力，而不是对特定意义的坚守。
315 因此，品牌越来越不需要对真实性、酷或反文化价值观进行特别的呈现，而是真实扎根于参与者激活情感联结、吸引关注和提高辨识度的能力（Taylor, 2007; Meier 2011）。在平台时代，品牌“更少依赖我们的评判，更多依赖机器的操控能力，以便自动、实时地判断我们的行为”（Carah and Angus, 2018: 193）。

案例：网红

文/莉莉安·朗吉亚

网红是数字时代里在网络灵活经济中出现的文化劳工，其中绝大多数都是女性或经济不稳定的劳动者，她们用自己的生活方式吸引粉丝，向粉丝推销产品，然后把粉丝“售卖”给公司。要了解网红劳工，首先要了解这类群体背后的工业。

TRIBE是一家澳大利亚公司，也是品牌与网红之间的中间商，负责协调网红的广告推广活动。你可以点击查看他们网站中关于网红广告服务的内容。这家公司在向网红推广服务时，罗列了网红工作的各种美好职业前景，包括灵活、赋权、轻松、真实，其中最重要的就是收入不菲。在“我是创作者”这个主页上，公司鼓励网红或创作者与它签约，上面还有“创作内容，获取报酬”的广告语，好像不用干活就可以赚钱。TRIBE告诉网红和创作者，他们可以“与自己了解和喜爱的品牌合作”“自定价格”“在48小时内获得报酬”，并为“真实性”生产内容。

TRIBE在向品牌方介绍网红工作时，内容却大不相同。它提出网红是“创作者”，负责根据品牌提供的信息来制作内容。TRIBE可能会向某个品牌推送100份申请，但公司只会从中挑选少数。因此，品牌商只需为他们认可的内容付费，这当然很划算。但对网红来说，这种工作可能就没什么吸引力了。他们需要先制作广告才有可能被选中并获得报酬，但这根本无从保证。这种无偿劳动不仅不轻松，还让网红付出了不小的代价。TRIBE（2020）对网红解释道：

316 > 除了特殊情况以外（即商品尚未发布），品牌方不通过TRIBE向你发送产品。我们的平台是为了促进真实的产品推广，你也是为自己喜欢或愿意尝试的产品做推广。如果你自己都不准备买这个产品，怎么向粉丝推荐呢？

因此，网红必须在购买品牌产品后再生产广告内容。如果他们的内容没被选中，就得不到佣金，而且他们在妆容、道具、摄像和内容编辑上花费的时间和金钱成本也得不到补偿。

不难看出，在网红看似灵活的劳动背后，还存在一个更大的问题。网红工作一般被包装成掌控权力、轻松容易且积极进取，但这掩盖了网红与品牌方、平台和中间商之间的权力失衡关系。在分析这个案例时，我们需要批判性地考察这些权力关系。网红劳动是一种性别化的社会再生产，具有灵活、不稳定、无偿或薪酬过低的特点。

凯莉·贾勒特指出，这种劳动的社会再生产"生成并维持合适的社会文化倾向"，从而使网络资本主义的社会关系和等级制度正常化（Jarrett，2014：21-22）。传统上，这种工作由在家照顾孩子的妇女承担（Jarrett，2014），正如其他家务一样，人们希望女性能够出于与生俱来的母爱和女性"责任感"，无偿地承担这种工作（Jarrett，2014）。灵活性和适应性是这种劳动生产的核心。

网络经济的转型让文化产业中的劳动不断"女性化"（Jarrett，2014）。正如本章中提到的，弹性曾是家务劳动的前提，但如今成了开展文化产业相关工作的必要条件。随着网红劳动的女性化，妇女原来出于热爱、创意表达或自我实现而承担的理想的无偿工作模式，转变为文化产业里的工作。

我们可以认为，无论网红有无报酬，他们做的都是社会再生产的工作。其中最突出的是，网红通过为产品聚集并动员新的受众为品牌创造了价值。他们在社交媒体上展现特定产品的消费行为，使之充满诱惑力且适合其粉丝受众。进一步来看，网红促进了"女性即消费者"的这种资本主义构想（Duffy and Hund，2015）。

比舍普（2018：81）指出，网红的工作是一种"希望劳动"（hope labor）。要成为网红，需要从业余者开始做起，通过不断培养粉丝以期未来的回报。但不同平台意味着不同的实践任务。例如，如果想成为YouTube的"创作者"就要制作视频，
如果想成为Instagram的网红就要会拍照。除此之外，还要投入"可见度劳动"才 317
能获得广告商和粉丝的关注，然后才能获得报酬（Abidin，2016）。因此，网红最先要做的是让平台算法看到自己，然后才能把自己的内容推荐给其他用户（Bishop，2018）。比舍普（2018）对YouTube的算法进行逆向分析后发现，当女性创作者发布更具商业价值的视频时，就会被优先展示出来，但为此她们先要购买特定产品。创作者会模仿那些受到高度追捧且有较大商业价值的知名网红的视频，例如时尚

品牌的“购物”视频和化妆教程，期待算法能把自己制作的内容推荐给那些知名网红的受众（Bishop, 2018）。与之相似，阿比丁研究了新加坡女性网红及其粉丝在Instagram上的实践，他发现，业余网红会模仿她们最喜欢的商业网红的做法，包括后者的帖子、标记和添加的主题标签，这么做实际上是为这些成功网红进行大量的无偿品牌推广（Abidin, 2016）。业余网红不会因此获得报酬，而是希望能被商业网红认可，从而强化她们自己的文化资本并提升粉丝量（Abidin, 2016）。

网红在开展可见度劳动和希望劳动的同时，也面临着巨大的经济压力和情感压力（Bishop, 2018）。网红必须让平台算法、公司和其他网红注意到自己，才能获得商业成功，为此必须消耗大量金钱，才能让自己的消费与不断变化的流行趋势保持同步，而且无法确定能否得到补偿。因此，网红是非常不稳定的职业。就算是那些已经成功的商业网红，如果无法足够快地适应变化，推出的内容也会无人问津，面临掉粉的风险（Bishop, 2018）。

此外，由于网红需要对广告商有利用价值，因此必须表现出能够促进商品售卖的女性特质。于是，成功的知名网红倾向于表现出一种契合艾米·多布森（2015）所谓的“异性恋”审美的特质，亦即同质的、视觉化的、高度商品化的且具有后女权主义的理想女性特质。

网红是品位的锻造者。我们之所以想购买网红推荐的产品，是因为我们想模仿她们的生活方式。正如达菲与洪德（B. E. Duffy and E. Hund, 2015）所指出的那样，网红会为了创造商业价值而掩盖工作中不稳定、低薪和守旧的元素，让自己的生活看起来光鲜亮丽、令人羡慕。她们倾向于用“激情”方式描述自己的劳动，把过低的薪酬合理化（Duffy and Hund, 2015: 4）。正如贾勒特笔下的数字家庭主妇以及其他的女性劳动形式，如果网红是为了激情而工作，那么似乎也能从无偿
318 劳动中获得满足。

网红还会通过表演“奢华的生活”来掩饰其劳动的本质（Duffy and Hund, 2015: 6）。她们与名人合影，参加独家活动，在社交媒体上展示自己购买的设计师商品，这无异于把自己的休闲生活商业化，以达到提升知名度、增加社交资本的目的（Duffy and Hund, 2015）。网红还通过富有“真实感”的叙事来平衡自己的炫富行为，例如分享私生活或承认自己不完美（Duffy and Hund, 2015: 7）。这种真性情的表演模糊了劳动与生活之间的界限，使网红的展演成为真实自我的延伸，而非精心策划的产物（Duffy and Hund, 2015）。

达菲和洪德在研究中选取了一些网红的创作内容，讲述了一些真实人物“激情”“奢华的生活”和“精心策划”的故事。

思考题

下面将介绍一些正当红的网红，但她们红得快消失得也快。在阅读本文之前，你可能需要了解她们发生了什么情况，或者她们在当红时刻能够告诉我们哪些关于社交媒体的知识。你当然也需要参考自己目前关注的网红，或你每天都在用的社交媒体，思考网红售卖的是一种什么样的生活方式，她们想吸引哪种类型的人关注。

查里·达梅利奥（Charli D'Amelio）是一位15岁的网红，她因自编自导的舞蹈视频在TikTok走红。之后，其他用户复制了她拍视频的方式。她是青年TikTok名人团体Hype House的成员，她们全是TikTok网红，经常合作利用彼此的粉丝，也与Instagram上的品牌达成赞助合作。请点击观看她与喜剧演员吉米·法伦的访谈节目《今夜秀》（www.youtube.com/watch?v=poS7rZ7-_RU）。

艾玛·张伯伦（Emma Chamberlain）是一位美国YouTube播主，因为在视频中表现“真性情”而受到欢迎。她的特点是自嘲式的幽默，在视频里打嗝、放屁、咒骂，这也是她与其他网红的主要区别。她体现了典型的“VSCO女孩”①审美，具有年轻白人女性的那种既时尚又古怪的气质。点击观看张伯伦的视频，如巴黎48小时时装周（www.youtube.com/watch?v=L8Wur3MkQkU）。

莉莉安·阿亨肯（Lillian Ahenkan）呈现出一种典型的白人后女性主义形象，这是另一 319
种女性特质。阿亨肯是澳大利亚MTV电视台的主持人，在Instagram和其他社交媒体上发起了关于身体自信的反父权话语。你可以浏览她的Instagram照片。

莎迪拉·菲尔道西（Shadira Firdausi）是一位印度尼西亚网红，因为在YouTube上翻唱流行歌曲而走红。她在Instagram（@shadirafirdausii）上用印度尼西亚语和英语发帖，并为服装品牌代言。

1. 这些网红如何将自己的劳动定义为对“情感”的追求？
2. 网红如何展示自己与他人之间的“关联性”？
3. 网红如何挑战或强化中产阶层白人女性的特质？
4. 网红如何用其身份来进行品牌推广？
5. 具有非主导身份的网红如何定义其网红角色？
6. 你关注哪些网红？她们如何呈现自己的劳动？产生了什么价值？

---

① VSCO女孩指的是那些拍照风格与摄影应用程序VSCO风格相符的女生，在Instagram、TikTok等社交媒体上非常火爆。VSCO应用以简约、迷幻的修图效果为主打路线。VSCO女孩一般穿大号T恤或短上衣，搭配牛仔短裤、发圈，穿一双Vans、Crocs或Birkenstock的鞋子，随时随地都会发沙滩照。——译者注

小 结

在本章中，我们探讨了品牌作为一种社会过程是如何运作的。品牌要变得有意义、有价值，就需要我们与之互动，需要我们将品牌融入自己的身份、文化实践和社会生活。品牌适应了媒介平台的参与文化和算法文化。我们把品牌融入自己的社交媒体账号中，品牌则为我们提供机会和资源来表达自我和彰显身份。我们越是把品牌融入自己生成的内容、与它们互动的次数越多，我们生成的数据也越多，这些数据表现了品牌与我们身份、社交网络、偏好和行为之间的关联。我们的身份显现了品牌的特点，反之亦然。巴内特-怀瑟（2012：43）指出，品牌依赖我们的劳动，这种劳动就是让品牌产生情感联结，让品牌兼具灵活性和模糊性。它们并非单一的对象，而是具有适应性的社会过程。依赖广告资助的媒介平台始终要考虑广告商的利益，它们把品牌化的开放性、创造性、数据驱动以及可计算的特征纳入其中。营销人员用平台进行的品牌推广活动越来越灵
320 活。如果他们能监测和响应消费者的创意行为，看到消费者把品牌作为其表现自己生活和消费的构成时，也就无须控制品牌的具体含义和品质了。品牌已经成为一种多面的社会过程，能够驾驭并引导人们的关注、感觉和行动。品牌的重要性在于它越来越多地设定媒介平台的参与、数据驱动和促销文化的前提。

延伸阅读

延伸阅读所列文献能帮助我们进一步了解品牌文化。阿比丁（2016）探讨了网红及粉丝在Instagram上的可见度劳动。巴内特-怀瑟（2012）和赫恩（A. Hearn, 2008）分析了人们在商业流行文化和媒体框架内表达自我和政治观点的手段，以及其中的矛盾性和复杂性。比舍普（2018）和达菲、洪德（2015）的研究分析了创作者和网红在社交媒体脆弱且灵活的经济中的推广策略。

Abidin, C.（2016）.Visibility labour: Engaging with Influencers' fashion brands and# OOTD advertorial campaigns on Instagram.*Media International Australia*, *161*（1）, 86-100.

Banet-Weiser, S.（2012）.*Authentic TM: The politics and ambivalence in a brand culture*.New York: New York University Press.

Bishop, S.（2018）.Anxiety, panic and self-optimization: Inequalities and the YouTube algorithm.*Convergence*, *24*（1）, 69-84.

Duffy, B.E., & Hund, E. (2015). 'Having it all' on social media: Entrepreneurial femininity and self-branding among fashion bloggers. *Social Media+Society, 1* (2), 1-11.

Hearn, A. (2008). Meat, mask, burden: Probing the contours of the branded self. *Journal of Consumer Culture*, *8* (2), 197-217.

第十三章　媒体与传播专业人员

传播专业人员生产意义并管理这一过程。

321 ★ 传播职业如何受控?

★ 传播工作有哪些特点?

★ 传播工作有哪些优缺点?

本章内容

- 分析生产意义的人如何受控;
- 定义传播工作和非物质劳动;
- 思考专业传播者的职业意识形态;
- 考察当代文化工业里幕后工作的特征。

一、专业传播者

本书探讨了媒体作为一种社会过程的运作方式。我们经常把媒体看作报纸、电视节目、电脑屏幕上的图像等，但媒体不仅仅是静态的文本，而是人类互动的产物。政客与记者的互动产生了政治进程；新闻媒体的编辑、记者、制作人和程序员之间的互动产生了新闻内容；在社交媒体平台上，我们与朋友、品牌和名人之间的互动是我们身份展演和生活叙事的一部分。因此，我们需要从生产媒体的社会关系这一层面来理解媒体。如果这些互动在工业社会发生，那么这种活动就是工作。专业传播者不仅制作文本，也生产并承担着人与其生活世界之间的中介关系。传播工作之所以独特，是因为其产物是非物质性的观念、意义和社会关系。非物质劳动不仅需要操作机器等物质和机械技能，也需要与人类智力、身份、想象力和价值观有关的技巧和能力。因此，传播工作是一种复杂且细致入微的工作，不仅取决于我们能做什么，也取决于我们是谁。 322

培养专业传播者

许多专业传播者的角色都对应着某种地位，因为他们能够制定并管理社会意义的指标。随着文化工业越来越善于美化和提升专业传播者的地位、价值观和创造力，媒体和文化工作的地位也得到了提升。文化工作职位的竞争高度激烈，因为人们认为这些工作富有影响力、创造力和权力。这些职业的管理包括专业标准、资格考试和专业仪式，例如试镜、作品集和会议。随着传播职业的发展，大学和其他教育机构纷纷设立传播学科和专业培养方案，为行业输送他们需要的兼具专业技能和职业观念的传播人才。大学传播学科的成功，一直依赖其对接行业需求和价值观的能力。随着这些行业的发展，在20世纪初出现了一批新闻学院以及培养公关人才和广告人才的商学院。正因为这些新兴行业需要掌握特定技能的员工，这些领域才会成为大学里的学科。在整个20世纪，文化工业在塑造大学专业和课程方面具有重要作用。专业传播者虽然不只是单纯地 323
在机构中工作，但他们所受的训练是为满足这些机构的需求而专门设计出来的，其思考和行动也指向这些机构的需求。

关于教育培养专业传播者的争论中一直存在一对紧张关系，即大学如何在职业技能培训与公民角色的批判式教育之间取得平衡。一些人认为，职业技能固然是毕业生进入媒体和传播行业的敲门砖，但他们并非只需要技能，还需要有能力思考媒体和传播行业在社会中能发挥何种作用，这种批判能力将随着学生未来职业发展而变得更加重要。以上提到的紧张关系是在一场更大的社会辩论中展开的，即大学主要是为行业培养毕业生的职业机构，还是也要让学生发挥重要的公民作用。随着传播机构和相关大学的培训项目在全球铺开，批评者发出警告：这些行业里已经满是那些追随全球传播网络趋势的高智商“应声虫”。这给个体、行业和社会都会带来影响。对个体而言，教育相当于把他们变成了螺丝钉而非思考者。教育是塑造人们生活及相互关系丰富性和质量的核心力量，那些只会墨守成规的技术工人缺乏思考和反思的能力。供职机构如果在遭遇危机时发现他们的雇员只会照章办事，那这些机构就只能自己苦苦挣扎以适应新变化。在2016年英国脱欧和特朗普上台等重大政治事件当中，我们已经看到那种经过狭隘训练后的文化阶层所造成的现实后果。只有少数记者和战略传播者有能力预测和解释上述事件，其余多数都不能，哪怕他们当时正在目睹这些事件发生。因此，新闻业面临着商业与合法性的双重危机。这些机构是我们赖以协调与他人关系的重要机构，在塑造我们生活方面有着重要作用；但这种教育的后果就是，这些机构丧失了反思其社会作用的能力。我们需要持续设想未来的传播工作和教育方式，使之超越单纯的内容生产与受众生产，培养出具有思考和反思能力的专业传播者。

二、非物质劳动和创造性劳动

传播这样的劳动是人类生活的一个独特面向。我们通常认为劳动就是生产物品（如汽车、电视、电脑），但劳动总是涉及与他人的合作或为他人工作，因此劳动产生了人类关系。在最基本的意义上，工作指的是用体力和脑力开展的有目的的活动。你可
324 以是园丁，也可以写歌或写诗。这些有目的的创造性活动在特定条件下就成了劳动。对大多数人来说，工作是为了获得报酬，我们劳动是因为有人会付钱，然后我们才能过日子。由于我们的劳动力能够创造价值，因此是可交易的。对专业传播者来说，他们劳动的价值是创造和传播意义并促进社会关系。那些聘用专业传播者的机构将其创造的社会关系赋予价值。例如，他们可以把劳动者生产的内容用来吸引受众，然后把受众注意力卖给广告商。

媒体机构需要为建筑和设备等物质资料和技术进行投资，劳动者则凭借其创造力来创造价值，创造力可以吸引注意力、影响受众、管理社会关系。专业传播者产生、传播和管理观念、表征、身份、受众和社会关系。在某种意义上，上述每种产品都是非物质性的，而不是能为人识别、触摸或持有的物质，这些产品只存在于人的脑海里。因此，创造和传播观念的劳动不仅取决于我们能做什么，而且在很大程度上取决于我们是谁以

及我们影响他人的能力。

专业传播者的产品是非物质性的，包括符号、关系、注意力、受众和人口。非物质劳动分为象征性劳动和情感性劳动（Hardt, 1999）。象征性劳动是指生产和扩散新闻报道、视频、设计、文字等内容。情感劳动是指人们用来创造社区、集体主体性和社会关系的观念、情感和交流能力（Hardt, 1999）。专业传播者是情感劳动者，致力于引导人的注意力。他们利用社交网络、创新实践和身份来创造内容和受众，并促进社会关系和社会空间的形成，因此他们也是非物质劳动者。非物质劳动者运用自己的身份和能力来进行传播并影响他人，从而创造意义和社会关系。

（一）自由与自主

自由、选择和权力这些概念是理解工作的基础。我们对劳动的看法与我们看待生活、身份和价值观的方式相互交织。自由并非如其字面意义那样简单，它总是受到权力关系的制约，总是在社会关系中被协商出来。个体自由往往具有双重性质。我们可以自由出售自己的劳动力，但不能直接拥有和控制生产手段。虽然媒体和文化工作者可以自由出售自己的创造力、观点和制造意义的能力，但这也是被迫选择的结果，因为如果他 325
们不出售自己的创造力，就没有钱生活。那些机构或生产过程占用了他们的创造能力，但这些机构并不受其控制。思考专业传播者与文化产业之间的关系显得特别重要，因为这种工作乍一看好像自由而不受约束。与工厂、呼叫中心或建筑工地的工人相比，他们的工作似乎更灵活、更需要创意，好像是“很酷的”工作。传播者和创意人员好像有更大的自主权来选择做什么以及怎么做。他们的自主意识和创造力是其工作的价值来源，并不需要控制和规训，而是需要放大、引导和利用。通常而言，那些能激发媒体和文化工作者最大创造力和自主性的组织最能获取最大价值。例如，谷歌的“Googleplex”技术工作场所是一个开放而有趣的环境，那里有舒适的工作空间、美食和休闲设施。这些公司投资设计这些工作场所是为了吸引、留住最优秀的设计师、分析师和程序员，让他们发挥自己的创造力。

媒体和文化产业依赖劳动者的创造力。传播从业者的创造力和自主性越强，就越有可能为供职机构创造价值。自主感和创造力既是文化工作中有益且可取的元素（Hesmondhalgh and Baker, 2011），也是文化产业组织和管理员工生产力的手段（Banks, 2010）。政府、经济学家和城市规划者都对弹性工作、创意城市和创业劳动有所论述。工作者们也创造并扩散有关其自主权的话语。事实上，“假装”自主是专业传播者为文化工业创造价值的一种关键的方式（Banks, 2010）。正如新闻业的可信度立足于记者表现出来的无所畏惧和独立性，网红工作的真实感也取决于他们如何把自己表现为一个普通人。这些呈现越让受众接受，她们为文化生产创造的价值就越大。

（二）“好”工作与“坏”工作

传播和文化工作常常被冠以创造力和自主性的外表，让人心生向往。我们对“好”工作和“坏”工作的观念根植于社会规范和价值观，并受到相对权力关系的影响。赫斯蒙德哈尔与贝克尔（D. Hesmondhalgh and S. Baker, 2011: 29）指出，人们对“好的”和“坏的”传播、文化和创意工作有如下看法：

326 ● **好工作**表现在高工资、适当的工作时间、安全感、自主性、兴趣、参与、社交、自尊、自我实现、工作与生活之间的平衡和保障等方面。好工作产出的优秀产品有利于共同利益。

● **坏工作**表现在低工资、不合理的工作时间、缺乏安全感、无能为力、无聊、孤立、自卑和羞耻、发展受挫、过劳和风险等方面。坏工作产生低质量的产品，无法为社会福祉作出贡献。

在这种认知模式下，自主性和自我实现是“好”工作的核心。这是因为文化工作需要我们自己拥有良好的价值观、身份和创造力，必须反映我们对“共同利益”的理解。赫斯蒙德哈尔与贝克尔（2011）建议专业传播者开展一些能够反映自己身份和价值观的工作。当然，并非所有专业传播者都是理想主义者，许多人对工作意义和价值的看法比较务实、冷漠，有的甚至极为现实。

虽然专业传播者能想出具有批判性的观点，具有一定的自主性，但文化工业还是对其自主性设定了框架。但至少，传播从业者仍然具有“想人之不敢想”的能力（Banks, 2010: 262）。虽然文化工业要对他们施加控制，但也需要他们的创造力，因此这些工作必然存在不可预测的因素。文化工业不能完全约束员工的思想，否则他们的工作产物就会比较平庸；创意和关系正是其创造价值的基础。因此，文化工业对人的创造力设定了框架和程序，以便更好地管理和驾驭。专业传播者则根据自己在文化生产权力关系中的地位，对自己的自由、创造力和自主权进行协商。他们在很大程度上并不认为自己是一味效仿他人、墨守成规、唯唯诺诺的人。正如记者为自己的独立性和说真话的勇气而感到自豪，广告人则为其创造力和跳出条条框框的能力而感到骄傲，平台和应用程序的开发人员自认为是在不断突破人类连接的界限。这些叙事让此类工作看起来光鲜亮丽，但我们需要谨慎地思考这些从文化工业内部产生的叙事，需要从中挑选出一些令人信服的解释，找出一些能够真正表现媒体、传播和文化工作自主性、自由和创造力的论点。此外，在思考传播工作的创造力时，也需要分析这种创造力得以发挥的制度和社会语境。

下文批判性地反思了当代传播工作者的关键品质：灵活性、生产力和自我推销。

三、灵活性

专业传播者既基于自己的身份来开展工作，也通过工作来生产自己的身份。专业传 327
播者的身份与其生产的文化产品、工作组织网络及其同事有关。随着传播工作更加灵活化和网络化，文化劳动者也在不断据此来调整自己的身份和有意义的工作方式。

吉莲·乌塞尔（Gillian Ursell, 2000）对英国电视制作的变化进行了分析，她指出，自20世纪80年代以来，各大电视网削减了大量固定员工和工会成员，并引入了更灵活的人力管理方式，与多技能和多任务的外包者和自由职业者签订劳动合同。这是因为电视台庞大臃肿且管理僵化，需要与供应商和劳动力建立更加灵活的关系；而随着媒体生产的权力关系重构，就业条件也发生了重大变化：大型工会受益者的权力受到削弱，而那些能够适应弹性工作和合同制工作的人则从中受益。乌塞尔（2000：807）指出，工人参与“组织劳动力市场”并产生专业身份，使得灵活、不确定和高度竞争的劳动力安排正常化。

随着全球网络资本主义的发展，专业传播者把这种制度下的部分价值观和规范融入自己的身份。那些曾经供职于大型组织的工人，现在以自由职业的方式进行工作，他们需要创造并管理自己的产出或在团队中工作。正因为如此，专业传播者往往与其合作者相互依赖，因为工作履历以及同事关系会影响自己的声誉。在这种文化生产模式下，专业传播者需要投入大量的精力和资源来维护自己的业内声誉，他们“既是同僚，也相互竞争”（Ursell, 2000：812）。

弹性工作需要工作者本人的积极参与。最成功的专业传播者善于自我推销，懂得如何把自己打造为有高度价值的劳动力。他们大肆宣扬传播和文化工作中关于创造力和自主性的叙事，以至于让整个行业都不断朝向低薪却有抱负的“下层阶层”发展。专业传播者不仅制作内容，也讲述关于其工作的故事，方便文化工业利用这些灵活且不稳定的劳动力，甚至产生剥削性的劳动关系。换言之，文化工作者鼓吹这种工作不仅自主性高且富有创意，还受到社会尊重；人们因此对创意工作产生了过高的需求和渴望，结果却被文化工业所利用（Ursell, 2000）。媒体和传播从业者并没有“欺骗”别人，他们其实

明白，将工作身份与这些劳动形式相互关联，并不符合自己的长远利益，而且也会让雄
328 心勃勃的年轻生产者陷入剥削关系。但他们不仅热爱工作，也乐于享受工作给自己带来的关注和回报，加之有些人迫切需要获得报酬，那些隐患也就不值一提了。

安吉拉·麦克罗比（Angela McRobbie, 2002）指出，那些对于创意、传播和文化工作是酷的、自主的且有趣的工作的赞颂，实际上值得质疑。她观察到，弹性的文化生产模式创造出一种“没有政治的工作场所”，因为人们没有时间也没有空间来进行批判性的反思和讨论。但反思不仅是创造力的源泉，也是一种“自律”形式（McRobbie, 2002: 522）。人们固然会在工作中“检查自己和别人的做法”，但并不考虑更大的社会、文化或政治语境。弹性文化产业中的网络具有自反性、连续和快速的特征，但不具有反思性。正如麦克罗比（2002: 523）指出的，“他们下班后去俱乐部等社交场所，整晚都有饮料公司赞助的免费伏特加，谁敢提出‘人才领衔’经济有什么缺点这种负面的‘不酷的’问题？……一个人显得难搞并不酷”。因此，灵活性也可以是一种控制策略，如果一个人无法以更少的成本来生产更多产品，无法长年工作，无法在短时间内出成果，就无法获得工作。乌塞尔（2000: 816）认为这种观念也在话语层面运作：“以前可以思考并表达出来的东西，现在却被边缘化了。”换言之，灵活的新型工人无法表达对网络零工经济下劳动力安排的不安，因为那些反抗的人只会被排除在新的劳动安排之外，也不会拥有获得工作机会的社会关系。简而言之，“提出”问题只会让自己被排除在社交圈之外。这种不稳定的状态促使工作者把自己打造为有创意且才华横溢的个人“品牌”，并与其他人相互竞争。

四、生产力

网络移动设备的到来让许多专业人士的工作不再局限于工作场所，他们在上下班途中、晚上以及周末都在家里持续工作。移动媒介技术把我们的家改造成了媒体信息经济下的生产场所。虽然技术广告和管理人员把居家办公当成一种员工福利，认为这对员工的创造性和自主性有许多好处，但对许多人来说，这无异于把工作扩张到了私人空间（Gregg, 2011a, 2011b）。技术广告、企业和政府政策宣传移动媒介技术可以实现工作与生活的平衡。工作现在不再局限于工作场所，我们还可以在工作中融入自己其他的兴趣与承诺。广告往往让我们以为是在田园诗一般的环境下工作：我们不是在办公室里加班加点，而是在公共图书馆、咖啡馆或海滩享受工作的乐趣。工作的这种变化特别

影响女性，女性往往被鼓励用移动媒介技术来平衡家庭、工作和生活，特别是还可以在工作中兼顾照顾孩子的责任（Gregg, 2011b）。例如，女性可以在孩子睡着时工作，或用 329 笔记本电脑及手机来接收任务。因此，为人母并不会中断女性的职业生涯，移动媒体完全可以成为赋权女性的工具。互联媒体为人们带来了希望，让我们可以一直回复电子邮件、提出想法、承担任务。科技广告的说辞与政府要求、行业对创意创新产业的投资叠加在一起；这些政策不仅让发达信息经济体的经济加速增长，也让工作看起来更愉快、更有权力且充满创造性。

移动设备打破了工作与家庭之间的界限，工作场所（如工厂、服务场所、呼叫中心、专业服务场地）里为人熟悉的管理技术也进入私人空间。正如工作场所会安排、跟踪和评定员工表现，在私人生活领域，我们则用生产力技术和应用程序来管理、评估和调节自己的生产力。对此，格雷格（M. Gregg, 2018: 94）指出：

> 负责任的个体采用生产力工具，为自己设定预期目标、生产和休息机制，以便根据日程安排在限定时间内完成各项任务。这种劳动既包含预备元素也包含恢复元素，但其实与强制并无二致。随着个体生产力向个人规划转变，创业工人需要不断完成持续出现的任务和项目管理，为工作场所的灵活性创造条件。

随着工作延伸到家庭生活，移动设备成为一种干预工具，塑造并组织着人们对任务的执行方式。工作者开始根据应用程序和任务显示器上的指标对个人绩效进行微调，同时忽略了工作中的社会性、工作目的、员工与组织的共同使命以及成果共享所带来的团结。

效率应用程序也促成了正念程序（mindfulness app）的开发，效率应用程序对快节奏工作是精调和细磨，而正念程序则是充当平衡器，让人们从快节奏的工作和无休止的指标中获得喘息的机会。但正如格雷格（2018: 124）的观点，“只要让劳动者拥有恢复和疗愈的机会，就没有必要改变让他们精疲力竭的激励机制”。正念是一种“自我调节”的方式，把人们对工作团结的需要转变为个体的自我保健。

五、自我推销

专业传播也涉及自我推销，把自己打造成灵活的创业型工作者的形象并将之推销

330 出去。艾利森·赫恩（2008）认为，自我推销是“在全球网络资本主义的时代背景下发展起来的”。如果经济整体的基础是永久的创新、灵活性和传播，那么个体也要顺应时势，持续提高自己的声誉，在不断变化的职业和文化网络中定位自己，从而赢得关注。这种品牌化自我的工作包括以下三个方面：

- 体现在我们的外表和穿着：性别、种族、体格和服装都在传达我们是“谁”。
- 与他人维系人际关系和联络情感，包括我们讲话的语气、观点的质量、对他人的态度以及别人与我们互动的方式；个人品牌与声誉相关，需要别人的支持和推荐。
- 呈现自己的方式不断媒介化，包括名片、作品集、电子邮件、网络资料、社交网站以及我们制作的内容。

所有这些元素相互结合，成为包装自我品牌的一部分。专业传播者本能地知道，要在文化产业中脱颖而出，就需要打造一个自我、一种叙事、一个形象、一种与他人发生关联的方式，以及让我们可信且有价值的社会关系网络。专业传播者可能为有进取心的组织工作，而组织的这种性格也融入了我们的文化、日常生活和我们对自己的看法。我们的“进取心”是通过有意识的建构和自我呈现的方式体现出来的。

文化工业的管理控制形式结合了等级、纪律和参与等要素。一个人要获得成功，就要去感知行业的工作指标和需求是什么。纪律、控制和管理是个体的责任，只要这个人有进取心，有自我约束力。自我品牌传播的要求很高，但“人们**必须**表达自我，**必须**说话、交流与合作”（Lazzarato, 1996: 135，引自Hearn, 2008: 204），因此除了参与以外别无选择。我们的劳动权力实际上不仅在于我们能创造什么（无论是电视节目，还是新闻报道这样的文化产品），还在于我们是谁以及我们的性情。文化工业要求我们成为一种能够建立并维护特定社会关系和组织方式的创意工作者。其自主权利局限在文化生产限定的程序、网络和目标以内。我们的抵抗、创造力和自主性是价值的源泉，而不是需要被约束和控制的东西。品牌化自我是“灵活个性时代更为自利的一种产物，是一种自我展示的方式，唯一的目的是吸引注意力，获得文化价值和金钱”（Hearn, 2008: 213）。在艾利森·赫恩这样的批判学者看来，自我推销是一种竞争游戏，它的问题在于
331 “认为工作无非是一种游戏，因此不需要尊重规则，而是适应规则”。如此一来，我们就不会为了集体身份和文化价值而努力，由此失去了承载集体实践的共同政治项目和公共空间，只能缩回到无休止且令人厌倦的创意劳动当中，从事生产和动员工作，哪怕是剥削自己（Duffy and Hund, 2015; Duffy and Wissinger, 2017）。

本节围绕灵活性、生产力和自我推销这三个概念介绍了一些批判观点，这并不是

妄自菲薄，也不是告诫大家传播产业里的工作方式“比较糟糕”，因此不要进入这个行业。相反，我的目的是指出这些行业中的工作是如何在权力关系中形成的。每一代的新人不仅要了解如何在这些行业中“拔得头筹”，也要了解这个行业如何为所有从业者创造“良好的”工作方式和“美好生活”，以及这些行业在追求商业利益以外所发挥的政治、社会和文化价值的作用。

六、幕后工作

文化生产的工作高度复杂，涉及“台前”与“幕后”的各类工种。这些工种包括固定员工、合同制、临时工和无薪劳动等。传统上，台前工作者是那些可以被公众看到的人，例如电视节目主持人、新闻记者和电影名导等，他们一般是电视节目、新闻报道或电影行业里的脸面。但文化文本的生产需要庞大的劳动网络，其中大部分人不会进入公众视野，他们也是所谓的幕后工作者，包括许多高薪的成熟职业，例如媒体关系、广告创意、编辑和编剧等。他们的工作往往需要较高的技能和创造力。

近来，台前工作者和幕后工作者之间出现了另一种区分，前者指长期工或正式工，后者指灵活职工、非正式职工、半职工、临时工、自由职业者和无偿工作者。正如上文讨论的那样，灵活工种和不稳定工种的增长是全球网络资本主义的一个特征。不稳定的幕后工作包括独立摄影师、社交媒体审查员、内容审核员、星探和广告摄影师。

许多幕后工作极不稳定，这与工作者的文化身份和业余生活有关。维基·梅耶（Vicky Mayer, 2011: 124）研究了为电视真人秀工作的星探，指出他们“把自己的社会关系作为生产试镜商品的手段”。梅耶解释道：星探会在俱乐部和购物中心结交潜在 332
的真人秀选手。他们运用自己的身份和社交技巧向路人搭话，招募他们参加试镜。我研究过在娱乐街区酒吧和为社交媒体酒类品牌工作的夜间摄影师和推销员，这些人会利用自己的身份、外表、时尚的穿着以及沟通技巧跟顾客搭话。他们看上去越酷，人们就越愿意搭腔、让他们拍照和跟随（Carah, 2014a; Carah and Dobson, 2016）。这种幕后工作也有情感意义，因为工作者需要用自己的身份、外表和能力来建立社会关系并吸引关注。他们许多人认识不到自己的价值，往往出于对工作的热爱或希望转正而进行这种低成本或无偿的劳动（Mayer, 2011）。

幕后工作不可见，部分是因为这种工作能够让数字媒体经济看起来更加自动化且不着痕迹。莎拉·罗伯茨（Sarah Roberts, 2019）调查了商业内容审核员的工作，他们为

YouTube和Facebook等平台工作，负责审核和删除平台内容。这种工作“虽然重要但不可见”。商业内容审核员在幕后，对分类算法（例如，算法检测到图像中裸露皮肤的百分比、存在赤膊的图片或特定关键词）或用户标记的大量内容进行人工审核，包括图像、视频和帖子。

这些审核员的不可见，不仅对隐藏那些在平台上源源不断的暴力、裸露画面和仇恨言论而言至关重要（平台需要每天找到并删除这些内容），而且对于维护平台的神话——开放的参与式社区，且日常内容管理不需要严格的编辑干预——也不可或缺。反之亦然。社交媒体平台由人类和算法基础设施构成，并围绕决定什么内容可以被分享并被看到的庞大任务组织起来。这些任务被委派给了幕后工作者。之所以说他们从事的是幕后劳动，不仅仅因为这些工作不可见。例如，当你在Facebook或YouTube上“标记”某个内容时，并不需要与审核员交流，而是会收到一条看似是自动发送的消息。与此同时，与平台的其他员工相比，幕后工作者的“幕后”也体现在待遇方面。商业内容审核员是平台所需的可支配非物质劳动力的一部分，他们也是生产和维护平台的劳动者。他们需要掌握复杂的平台规则和法律知识，来判断内容是否合规，也需要足够的文化能力来理解内容生产或分享的历史语境和社会语境。尽管如此，他们是典型的工作承包者，通常受雇于第三方公司，或为离岸的外包内容审核公司工作。本国的承包商处理的
333 是复杂内容，因此需要较高的分析能力和文化知识，而离岸的承包商则审核更为直接的内容，例如色情或无端的暴力内容（Roberts, 2019）。

审核员是流动性较高的临时劳动力，但他们仍是平台商业模式中的一个长期且核心的构成部分，因为虽然机器能够标记有害内容，但无法作出情境化的决策。而且，平台的管理压力仍在随着内容流量的提升而不断高涨。平台通过劳动轮换机制来规避情感伤害所带来的风险，防止审核员组织起来向平台要求更好的工作条件，同时能让平台与这些审核员作出的决定保持一定的距离，以便推卸责任（Roberts, 2019）。

实习

实习是一种典型的幕后工作，是人们为开启媒介和文化产业职业生涯而获取必要文化资本、能力和关系网络的越来越重要的一个环节。佩林（R. Perlin, 2012）的研究援引了两个理论，一是赫恩（2008）提出的“自成品牌”（branded self）概念，二是乌塞尔（2000）关于文化工作者自己形成了一种竞争性和剥削性劳动关系的观点，认为许多年轻人实习的主要目的是为了在简历上“增加履历”。无论实习生能否获得薪酬、经验或技能，只要能有一份实习，尤其是在一家可靠的公司实习过，就已经很有价值了。职业性

"自成品牌"的生产往往是从第一次实习开始的。正如上文提到过的"自成品牌"和灵活劳动，实习也是全球网络资本主义的产物，是许多受过高等教育的年轻人进入劳动力市场的主要途径。但佩林（2012）认为，实习制度存在许多问题。

首先，实习数量的增长使公司对入门职位、毕业生岗位和低技能职位的需求降低。虽然人们通过实习可能会（而且在许多情况下，这里的"**可能**"是被强调的）发展技能、增长经验和拓展社交，也有可能在未来获得更高薪酬的工作，但实习生的工作会削弱其他人获得公平报酬的权利，让底层民众的就业更加艰难。组织机构聘用实习生可以达到多个目的，例如不招聘新员工、替换离职员工、处理繁忙时期的工作或让他们承担特殊项目。

其次，实习机会通常是由阶层决定的，最好的实习往往需要家庭关系和专业关系。此外，就算能够获得实习机会，也需要有足够的经济实力来支撑长时间的无薪生活。这些因素都使得社会经济地位较低的学生无法获得实习机会，进一步阻断了他们进入那些需要把实习当作敲门砖的行业的机会。在媒体和文化产业领域，这是一个特别严重的问题，因为这些产业内部的多样性具有深远的社会、文化和政治后果。在佩林 334
（2012：164）看来，阶层问题之所以重要，是因为：

> 许多职业实习对社会产生了深远的影响。电影和电视塑造了我们的希望、梦想、刻板印象、历史观和对未来的看法；记者塑造着舆论，日复一日地为人们提供重要信息；政客则掌管着我们的经济和社会基础设施，事关每个人的人生大事。

佩林（2012：164）认为，"工薪阶层的孩子更容易成为商业或军事精英，而难以进入高度集中于流行实习的文化精英圈子"。虽然实习可能存在剥削，但如果一个人因为阶层而遭拒，则无论对个体还是对社会而言都更为残酷。佩林（2012：xi）指出，"实习悄悄地内化并促进着机会的不平等，即便我们一直在努力减少这种不平等"。实习让"那些享有特权的人抢占了重要的先机，他们在专业和财务方面的差异也会不断增长"（Perlin，2012：161）。实习以霸权方式运作，让精英能够自然地主导社会上的特定职位。

最后，大学也被卷入剥削性的实习制度，他们向学生收取学费，并把实习作为一门学术课程进行管理，这无异于让学生支付学费来免费工作（Perlin，2012：85）。对一些大学而言，实习是以最低成本获得学费收入的重要来源。但大学有责任确保提升实习项目的学术价值。

在美国、英国和澳大利亚，合法的实习一般都需要为学生提供合理的培训，而且实习生不得从事那些本应获得报酬的工作。

案例：实习与法律

文/莉莉安·朗吉亚

正如本章已经讨论的，媒体专业人士负责监督和规范意义的生产。不难发现，实习是文化产业中的一种非正式、低薪或无薪的工作，但这几乎是从事媒体工作的先决条件。正因如此，谁能获得实习机会，往往是决定在公共领域有哪些意义能够被再生产和传播出去的重要因素。如果你正在阅读本书，你很有可能也希望
335 在文化行业工作。因此，这个案例能帮助你了解实习是如何反映并生产特定的阶层、种族和性别身份的主导地位的，你也可以在准备进入媒体行业以前了解这些到底意味着什么。

我们从两个问题出发，来思考身份与实习之间的相互作用：

1. 谁可以获得实习机会？

2. 成为实习生意味着什么？

谁可以获得实习机会？

无薪实习是为中上阶层提供的。因为这种实习没有收入，只有那些足够富有的人或家里足够富裕的人才能做这些工作。此外，罗斯·佩林（2012）观察到，人们往往是通过非正式关系或通过文化精英的介绍才能获得这些实习机会。因此，你需要成为这个关系网的一员，才能“获知”在这些关系网中传播的实习机会。这种关系网由家庭或朋友形成，例如，父母或亲戚可能在这个行业工作，或者你可能和媒体人士的孩子一起上学。这属于非正式关系，意味着具有中产阶层背景的人往往主宰这个专业网络，因此有更多的特权来获得机会。由于工人阶层与这个行业没有太多关联，加之非正式网络以外的实习机会并不常见，因此，来自工人阶层家庭的孩子获得这种实习的机会要少得多。

就算你已经踏入一只脚，也需要有中产阶层的背景，因为这里是中产阶层的世界。艾伦等人（K. Allen et al., 2013: 432）研究了英国创意产业的无薪实习工作发现，要在工作场所游刃有余，就需要理解并能够表现出中产阶层的价值观、习俗和“存在方式”。那些不熟悉这些惯例的工人阶层家庭实习生在工作场所中往往感到受排斥和不安全，有时会重新考虑是否真的要从事创意产业。

我们还可以把这种状况与种族联系起来。博尔顿（C. Boulton, 2015）分析了广告行业的实习情况，他发现，广告公司的高层管理人员主要是白人，而且“必须雇用”（即亲友介绍）的实习生也往往是白人。博尔顿把这些招聘情况与该公司的

平权行动计划进行了比较。该项计划是为了促进招聘更多不同种族的实习生和员工。博尔顿发现，广告工作者和实习生认为，平权行动计划的确让非白人实习生有 336
了一席之地，一定程度上侵蚀了“精英统治”，但他们并不认为“必须雇用”也是这种情况。而且，通过平权行动计划进来的实习生被认为不如白人实习生那样优秀，这反而强化了白人劳动力的主导地位。博尔顿认为，白人在工作岗位中的主导地位，也体现于非白人身份在由该公司制作的广告当中的边缘化地位。这里的表征具有重要的意义。当传媒工作者的身份多样性水平较低时，媒体可能会不断地再生产同质化的主导身份叙事。

佩林（2012）认为，传媒高管通过自己的亲友让少数实习生获得机会，这种做法限制了传媒人士的价值观、观念和经验的多样性，进一步又限制了传媒人再生产意义的多样性，最终将不断稳固现有意义和叙事的主导地位。

成为实习生意味着什么？

如果你获得了一个实习机会，就要了解自己的权利和责任。大多数国家和地区都有相关法律，规定雇主可以让实习生做什么以及不能做什么。

与实习相关的法律规定是为了防止公司剥削实习生。例如，雇主可能会用实习生代替带薪工人，以提高公司生产力和节省劳动力成本；或者，雇主可能会让实习生从事琐碎的工作而不提供实质培训，这些情况都属于剥削。但这些规定的执行往往需要实习生能够识别剥削并向有关部门投诉。但由于实习生身处其中，有时很难发现自己被剥削了。

罗蒂诺–克罗奇诺和贝博里克（M. Rodino-Colocino and S. N. Beberick, 2015: 488）采访了美国公关行业的实习生，并从中总结了实习工作中存在三种能让剥削关系正常化的“训诫”。首先，由于有大量的实习申请，因此获得机会的人会觉得很幸运，就算是那些通过私人关系获得实习机会的人也会这么认为。但这种态度可能会让实习生同意糟糕的工作安排。正如罗蒂诺–克罗奇诺和贝博里克（2015: 492）提出的，“实习生有理由感到‘幸运’，他们免费付出劳动（或很少薪资，甚至自掏腰包），而且可能无法转正，这种实习让人降低了对薪资和转正的期待”。

其次，公关行业的实习文化高度“女性化”（Rodino-Colocino and Beberick, 2015: 489）。换言之，人们想当然地认为女性会做这种工作，因为那是女性“基本素质”的延伸。与其他的女性化工作一样，它指的是让女性接受某种 337
工作，而不是让女性认为应该从中获得报酬。结果就是实习生这种女性化工作往往报酬过低甚至没有报酬。然而，女性工作长久以来都不被当作真正的工作。施瓦茨（M. Schwartz, 2013）认为，人们对实习的态度与他们对家庭主妇的传统观念相似，“做饭或扫地，不管需要多少时间，只要不是佣人做的，就不是劳动，而是爱与责任的表达，是女性作为妻子和母亲角色的自然延伸”，与之相应，学生期待并接受实习，因此不应该有报酬。

罗蒂诺-克罗奇诺和贝博里克提出，我们可以从实习生描述的工作方式来观察美国公关行业实习的女性化模式。一些参与研究的实习生认为，实习是不受欢迎的“糟糕工作”（Rodino-Colocino and Beberick, 2015: 487），但又说他们享受且热爱这个工作，把享受与训练看作一种可以代替工资的回报。而实际上，他们的雇主能够从其工作中获得直接利益。因此，这种实习生工作符合美国对有偿劳动的法律定义。

实习的女性化指的是男性和女性都接受这种无薪工作，当然男性可能会因为其女性化表现而获得比女性更多的回报（例如更多的工作机会，或在未来获得更高的工资），因为他们的“女性化”被视为一种需要磨炼的技能，而非“与生俱来”的特质（Rodino-Colocino and Beberick, 2015）。

最后一种实习的正常化剥削方式是“希望劳动”（Rodino-Colocino and Beberick, 2015: 495）。实习生希望把实习经历放在简历里，而且希望能借此获得一份带薪工作。这种“希望”就像享受一样，可以替代报酬、掩盖剥削，成为一种替代性的满足。

反思实习

我们在理论层面探讨了实习如何反映并强化阶层、种族和性别的特权。当你开始开启自己的媒体职业生涯时，也要考虑实习对你自己和周围其他人的影响。

思考题

1. 当你开启媒体职业生涯后，请查阅所在国家或地区有关实习的法律规范，并回顾自己的相关经验，思考实习对你自己和周围其他人有何影响。

338 2. 在你过去的实习经历中，种族、阶层和性别对你有着什么样的影响？你认为这些情况如何影响你未来获得实习机会的可能性？

3. 如果你已经完成实习，你受到了什么样的培训？有没有得到公平的回报？

4. 你可以从实习当中获得什么价值？

5. 我们应该如何改革实习制度？

案例：数字媒体经济中的自由职业者

文/艾拉·唐纳德

如果要总结过去几十年间新闻业的变化，我们可能会想到以下几个方面：社交媒体彻底改变了读者获取新闻的方式，同时为记者带来了收集、呈现故事的新方式；印刷媒体的广告收入持续下降；24小时即时新闻发布的热潮。

这些因素与经济影响、技术变革和社会对新闻的期待一起，汇集到了自由新闻职业的工作当中。面对新闻编辑部的关闭、高质量电子消费产品与即时通信技术的应用，传媒业出现了越来越多的自由职业者（Mathisen, 2017）。美国国家记者培训委员会（Spilsbury, 2016）发布的一份报告显示，2015年，英国大约有25,000名自由职业记者，比2000年增加了67%。2015年，35%的英国记者认为自己是自雇经营者，远高于所有工种15%的平均水平。

澳大利亚也存在类似的趋势（Sherwood and O' Donnell, 2018），其中的主要原因是媒体在持续裁员。2016年，九号娱乐公司［当时的名字是“费尔法克斯”（Fairfax）］裁掉了120位编辑，2017年继续裁掉115位。2020年，Buzzfeed停办了本地新闻业务（Sweney, 2020），之后，第十频道关闭了网站Ten Daily（Rigby, 2020）。随着这些媒体陆续关停，带薪职位大幅缩水，许多记者选择了自由职业（Edstrom and Ladendorf, 2012），而无论是像《纽约时报》这样的国际主流媒体，还是像《悉尼先驱晨报》这样的本地媒体，都越来越依赖新闻外包来填充内容，这样就不需要为聘请长期雇员而支付更多费用（Holton, 2016）。

自由职业记者大多数是在不确定能否获得报酬的前提下，向一些媒体编辑推 339
销自己的文章。他们往往需要先收集足够的信息来提供无偿的初步报道，然后用电子邮件或社交媒体的即时通信功能向编辑“销售”他们的想法并证明其重要性。但编辑收到的电子邮件和消息比较多，很容易忘记自由职业记者最开始的提议。媒体有时会忽略这些信息，或者用了其中的一些想法却不支付报酬。这种制度很容易抹杀观点提出者的劳动，自由职业者也无法与编辑维持长久的联系。

当今自由职业记者普遍关切的一个问题是，自己的想法是否会被窃取，因为经常发生自由职业者提供初步想法却被带薪记者拿走撰写的情况。相关的案例在谷歌搜索上会出现上百万个结果，分布在各种在线社区和博客里。例如，奈拉·布尔顿（Nylah Burton）是一位曾在《纽约杂志》、*Vogue*（印度版和英国版）等出版物上发表文章的署名作家，她在2019年8月发了这篇推文：

> 我很生气。我向一份在线出版物提交了五个想法（我为这些建议研究了很长一段时间），但他们拒绝了。没什么大不了，这就是他们。但这份出版物迄今已经发表了我提交的三个想法，都是其他作者写的。我认为这不是巧合，因为我的想法非常具体。（Butrton, 2019）

目前，一些专业组织和工会（而不是出版物）已经就这个问题提出一系列保护自由职业者的解决方案。例如，世界自由职业记者联盟的产业工人组讨论，要建立一个数据库，专门用于登记自由职业者提出的想法（Popek, 2019）。

为此，《华盛顿邮报》在2015年推出了一个承载创新理念的平台—人才网络（Talent Network），这是一个面向自由职业记者的会员平台，他们可以申请在平台上注册，提供包括资格证明、感兴趣的领域和工作案例方面的信息，通过审核后就可以获批会员资格（*Washington Post*, 2020）。他们可以为该报的纸质版和网络版提供报道，内容涵盖所有类别，包括评论、国外新闻、科学报道等。自由职业者还可以看到故事的推进进度，包括"收到""暂定""接受"，编辑必须在14天内明确拒绝或正式委托。

《华盛顿邮报》强调，这个"网络"要为新闻记者建立一个全球共同体，从而确保世界各地万一有事发生，就有当地记者进行报道，正如其标语所说的那样，"你可以成为这个影响全国和世界的记者网络的一部分"。这个网络具有平台的性质，对出版物与自由职业记者之间的关系进行了规范管理。这与传统的方式完全不同，向编辑邮箱发送邮件的做法比较分散，而且常常无人回复。《华盛顿邮报》
340 在面向自由职业者的广告中，把"人才网络"作为解决记者职业问题的一个答案：更加正式地与世界各地的记者建立关系，同时采取更加灵活多样的雇用形式，以便降低人力成本。

该平台能够在编辑与合适的自由职业者之间快速建立联系，其主要推手是杰里米·吉尔伯特（Jeremy Gilbert）。他在行业网站MediaShift的采访中提道，"邮报曾经有段时间在全国都设有办事处，副主编安妮（Anne Kornblut）想找到一种方法，让《华盛顿邮报》拥有与过去一样的规模和影响力"（Baker, 2015）。特别是近几年来，大型媒体大幅削减了驻外记者的数量（Archetti, 2012），例如Buzzfeed曾在澳大利亚设有办事处，但后来为了省钱，撤掉了这个分社，而且停止了世界大型城市的报道工作。毕竟在战略层面，就算是资金最充裕的媒体组织也无法在全世界各地设立站点，因为并非所有地方每天都有新闻可报。除了海外的突发新闻以外，这一点在唐纳德·特朗普2016年的总统竞选中也更加明显。当时，大部分新闻媒体都没有特朗普集会活动的报道许可，导致许多媒体不得不采用电视报道，而《华盛顿邮报》则可以在每个想要报道的集会上都派出一名记者。该报的政治编辑史蒂夫·金斯伯格（Steve Ginsberg）告诉《哥伦比亚新闻评论》，“假如没有‘人才网络’，我们很多时候都无法出现在新闻现场。但如果要报道总统选举，就必须到场”（Friess，2017）。

“人才网络”为自由职业者带来了更多保障并认可其作出的贡献，但依然无法像带薪工作那样，在创作保护、工作条件等方面保护自由职业者的权益。米尔亚姆·高尔米兹尔（Mirjam Gollmitzer）提到过德国的情况。德国共有约48,000名记者，其中约有12,000人是自由职业者（25%）（Gollmitzer，2014）。高尔米兹尔采访了12位自由职业者，询问了关于身心健康和工作倦怠的问题。她发现，虽然大多数自由职业者对工作表示满意，但并不打算在新闻业长期工作。受访者还谈到了其他更大的问题。高尔米兹尔（2014：833）写道：

> “远程”记者一般只认识值班编辑或主编，而不认识其他的同事和竞争对手。他们缺乏关于裁员、重组与培训方面的组织信息，也无法与同事之间进行正式和非正式的聚会。自由职业者因为没有面对面的接触机会而感到焦虑，他们收到的工作反馈很少。

高尔米兹尔还提出，自由职业者存在对自由和自主权的担忧，而自由和自主权是媒体对承包者的责任。

这对于《华盛顿邮报》的自由职业者来说也特别重要，例如独立记者艾比·塞夫（Abby Seiff）有过这样一段经历：她在转发对《华盛顿邮报》发表的一则新闻 341
的批评推文后，发现该报把她的稿子“毙掉了”。塞夫在稿子里讲的是一个关于河燕的故事，这些鸟类在返回柬埔寨湄公河的途中，可能会因为当地的水坝而面临威胁。塞夫后来在《哥伦比亚新闻评论》上刊登的一篇文章中写道（Seiff，2018）：“为了报道这个故事，我和我的柬埔寨翻译在一个偏远的岛屿上露营了三天，走了两天……当我为此联系《华盛顿邮报》时，一位外国编辑很快回复了，他愿意支付500美元，让我写1000字。一个字50美分，在这个行业已经是个好价钱，因为没有人会承担这些费用。当时我松了一口气。”但在开始写这篇报道之前，她收到了编辑的另一封邮件，要求她解释转发的那条针对《华盛顿邮报》一则东南亚报道的批评推文。编辑在收到她的回复后就不打算让她写那则新闻了，并指出："本报无法接受这种强烈谴责其工作的作者。"塞夫提道："我等了6个月——如果一切顺利的话，我觉得可以再次向他们投稿。"但在投稿之后的几周里，塞夫一直面临着对其专业精神的质疑，还有人认为她对这份报纸不怀好意，之后她收到了道歉，但没有任何赔偿。

可见，虽然"人才网络"希望在自由职业者与媒体之间建立正式的关系，也想通过技术创新来补充人力资源，但塞夫这个案例表明，"非物质劳动"仍然是自由职业者新闻工作的核心。自由职业者与新闻机构的关系比较薄弱，需要在不断变化的媒体格局中进行持续的斗争。而正如塞夫在《哥伦比亚新闻评论》中指出的那样，"作为自由职业者，我们的价值明显更低"。

思考题

1. 国际层面的自由职业者如何改变时事报道的再现？权力会向哪些方向转移？

2. 本案例描述了自由职业者与新闻机构之间的权力不平衡状态，这种状态如何影响新闻报道工作？

3. 新闻机构如何更好地支持自由职业者？

三 小 结

我们解析了在灵活的网络化文化工业中的工作性质和经验，分析了文化工作者如何在工作中运用自己的身份，如何让自己的工作对自己、同事和公众有意义。我们思考了媒体和传播工作的一些特性，分析了它"好"在哪里，又"坏"在哪里。思考媒体和传播工作的本质和质量非常重要，因为这些行业共同建构和管理着我们理解世界的方式。
342 专业传播者是在全球信息资本主义的权力关系中产生并管理意义的。他们中的大多数在组织内部工作，接受组织的引导和制约；他们的创造力是为赞助人、投资者或领导人的战略目标服务的。

要对传播进行生产管理，必然存在组织机构与高技能创意人士之间的互动，这种互动关系具有动态性和反身性。灵活、互动和参与式的媒介系统在根本上依赖专业传播者，他们不只生产内容，也产生社会关系并管理复杂的传播过程。

延伸阅读

延伸阅读所列文献介绍了媒体和传播行业中的经验和政治。博尔顿(2015)探索了结构性的种族主义如何影响广告行业的实习机会。达菲和洪德(2019)以及达菲和威辛格(B. E. Duffy and E. Wissinger, 2017)研究了网红的性别化劳动,分析他们如何进行真实性和关联性的展演。格雷格(2018)分析了灵活的、网络化的、数字化的工作场所的生产力政治。罗蒂诺-克罗奇诺和贝博里克(2015)以及施瓦茨(2013)对实习政治进行了解释。罗伯茨(2019)调查了内容审核的幕后工作。

Boulton, C. (2015). Under the cloak of whiteness: A circuit of culture analysis of opportunity hoarding and colour-blind racism inside US advertising internship programs. *tripleC: Communication, Capitalism & Critique: Open Access Journal for a Global Sustainable Information Society, 13* (2), 390-403.

Duffy, B.E., & Hund, E. (2019). Gendered visibility on social media: Navigating Instagram's authenticity bind. *International Journal of Communication, 13* (20), 4983-5002.

Duffy, B.E., & Wissinger, E. (2017). Mythologies of creative work in the social media age: Fun, free, and 'just being me'. *International Journal of Communication, 11* (20), 4652-4671.

Gregg, M. (2018). *Counterproductive: Time management in the knowledge economy*. Durham, NC: Duke University Press.

Roberts, S.T. (2019). *Behind the screen: Content moderation in the shadows of social media*. New Haven, CT: Yale University Press.

Rodino-Colocino, M., & Berberick, S.N. (2015). 'You kind of have to bite the bullet and do bitch work': How internships teach students to unthink exploitation in public relations. *tripleC: Communication, Capitalism & Critique, 13* (2), 486-500.

Schwartz, M. (2013). Opportunity costs: The true price of internships. *Dissent, 60* (1), 41-45.

第十四章　管理参与

权力运行涉及意义的生产与管理。

343 ★ 意义在权力运行中有何作用？

★ 平台媒体如何通过意义和数据来行使权力？

★ 对意义创造和扩散的参与如何嵌入权力运行？

★ 我们的身份在意义扩散和权力运行当中有何作用？

本章内容

- 表达与被听到之间的关系；
- 积极的意义解码与权力运行之间的关系；
- 参与和媒介数据处理权力之间的关系。

一、意义与权力

本书描绘了媒体和文化产业的发展：在20世纪，这些产业把意义生产工业化；在过 344
去二三十年间，一种灵活的、参与式的、数据驱动的平台逐渐形成，并嵌入全球网络资本主义的体系。我们发展出一种对媒体的解释，认为它是控制意义生产和数据处理的核心。一方面，媒体是管理表征过程的关键场所；强势群体与媒体合作，塑造了人们对社会世界的共同理解。另一方面，媒体也是把人类日常生活和参与表达转化为数据的关键场所。强势群体与媒体合作，把社会生活转化为数据，通过数据处理来优化人的注意力，并预测他们的偏好和行为。

二、平台时代的意义、数据和权力

本节分析平台时代的意义、数据和权力之间关系的三个重要维度：

- 表达与被听到之间的关系；
- 积极的意义解码与权力运行之间的关系；
- 参与文化和数字媒介平台数据处理权力之间的关系。

（一）表达与被听到之间的关系

数字媒介虽然能够让普通人记录生活、重要的经历和观点，但我们需要审慎地考察表达机会如何与权力关系产生关联（Turner, 2010）。如今，虽然任何人都可以在网上发言，但权力依然掌握在那些真正受关注的人手里。那些能被听到的群体主要是媒体机构、政治精英、经济精英、名人、网红和受过良好教育的文化知识阶层，他们大多拥有经济资源、技术资源和符号资源。

我们的表达只有在别人意识到以后才有意义，只有在这些声音可以塑造我们与他人之间的关系时才会变得强大。尼克·库尔德里（2010）提出了两种关于发声的重要主张：

- 发声取决于人类生活的组织框架和那些**重视**发声的资源框架。如果没有那些**支** 345
持发声的框架，即便人们可以表达，也没有太多意义。
- 发声是一个过程，我们以此来讲述自己的生活状况。这是一种持续的行动，我们通过这种行动来讲述自我。

虽然我们的声音和身份对数字传播参与的运转至关重要，但这并不一定意味着这些平台会让我们随心所欲地表达对生活的见解，这对世界的组织方式有着实质性的影响。库尔德里（2010）提出了发声的几个条件，能帮助我们批判性地考察这种需要我们参与但又不倾听我们的数字文化，有助于分析平台媒体参与文化的可能性和局限性。

发声有其社会基础。发声既包括说话，也包括被倾听。声音是社会性的，只有在别人意识到它时，它才有意义。其中涉及发声如何嵌入符号资源分配不平衡的社会关系。有些人要比其他人更有表达和被倾听的能力，更有可能让别人认识到其生活状况及其关心的事情。

发声是一种自反的能动形式。我们发出的声音内化于我们对自己生活的持续理解。我们的声音与自己的行动息息相关，因此我们必须对自己讲的故事负责，而且其他人必须认识到我们对自己的描述根植于我们的生活现实。我们讲述的故事不仅涉及我们去过的地方和想去的地方，对我们如何在社会关系中定位自己也至关重要。

发声是一种具身化的过程。发声的人处于某个特定的位置。我们的声音从自己的身体发出；我们的身体则位于特定的社会关系、历史和地点。当我们倾听别人的声音时，需要知道发出这种声音的人所处的世界与我们不同。倾听别人不仅是要去理解，也是尝试认识他们的身份与我们的身份有何差异，因为不同身份所处的历史不同，发声的人所在的社会关系也不同。

发声需要物质基础。发声在本质上具有社会性。个体的发声能力根植于更大的社会形态，包括机构、组织或持续的社会过程。我们需要可以记录和识别我们声音的物质社会结构，例如教室、餐桌、在线社交网络、社区广播节目或全国媒体中的辩论。

个体身份与其讲述生活状况的能力紧密相关。每个人都希望自己的讲述能得到认
346 可，能够影响世界并为之作出贡献。前文提到过，意义对生活和社会的塑造过程是被嵌入权力关系中的。一些群体拥有更多的物质资源和符号资源来创造、控制那些组织社会世界的意义。在20世纪的大部分时间里，民族国家为身份建构提供了象征与文化空间；权力在于控制国家的结构，从而组织意义的创造和传播。目前，数字平台已经成为极其强大的机构，能够组织谁能说话、谁能被听到。

我们已被卷入持续而不间断的工作状态，在数字平台的注意力经济当中生产自己、定位自己，那么我们是否能够因此而投入集体社会结构的建构，并分享看待世界的方式呢？根据楚里拉其（Chouliaraki，2013）的观点，媒体的作用应该是促成我们对他者生活体验的想象。我们愈发积极地生产文化内容，表达我们是谁、属于哪里、做的是什么，但这是否能帮助我们相互借鉴、发觉差异并相互尊重？又能否让我们作出关于生

活、社区和世界组织方式的艰难决定？平台媒体是否只是让我们去做那些“低强度的短期劳动，而不是形成深刻的责任感，让我们拥有他者导向的团结意识”（Chouliaraki，2013：55）？媒体需要让我们遇见他者、审慎地开展讨论、见证那些可以激发我们想象力和创造力的表演。

（二）意义生产与权力运行的关系

当我们从大众传播文化过渡到平台媒体文化，我们已经能更加积极地创造、传播和评论文本。但在思考这种积极参与如何作用于表达与被倾听之间的关系之外，我们还需要反思，这种参与如何可能改变表征这一社会过程。根据编码—解码理论，受众是意义创造和传播的积极参与者。意义的生产具有开放性，解码者总是能够以协商式或对抗式的方式解读。但“解码”的时刻不再与编码脱节，而主要发生在普通人的私人经历或家庭生活里，并已经被整合进数字平台的界面和文化之中。随着我们越来越卷入意义的生产和传播过程，我们也更直观地意识到表征的建构本质。我们可能认为自己完全能够游刃有余地消费意义。那些不太相信表征的公众，或许更有可能批判地分析意义并推断其背后的权力关系。让公民了解实情，使之能够创造性和批判性地解码与区 347
分“真假”，这固然很重要；但我们需要把这些知情的公众与参与那些揭穿表征建构本质的公众区分开来。我们认为，揭穿表征的假象无法等同于有成效地“揭开权力的真相”。

实际上，媒体和流行文化本身也在披露表征的建构本质。正如脱口秀节目中的名人和政客的忏悔，真人秀节目曝光其生产过程和后台阴谋，企业品牌坦白其呼吁的工具本质，以及假新闻、机器人和钓鱼行为的存在……这种媒介文化的确让人们关注到了媒体表征的建构本质。有人指出，让受众参与揭露表征开启了一种新的批评方式，能够调动以往被动的受众更积极地参与其中，从而让公共生活焕发新的生机（van Zoonen，1998；Baym，2005；Coleman，2005；Feldman，2008）。喜剧新闻、真人秀、社交媒体和流媒体都被认为能够产生这种作用。而批评者则认为，人们在解码、揭穿媒体表征的过程中越来越有见识，反而产生了一种“批判性的冷漠”，不会“设想替代方案”（Teurlings，2010：370）。人们不愿相信表征，这种现象实际上是后尊崇社会的一种特征——人们不相信强大精英、媒体人物、民选代表或商界领袖说的话，也不相信他们会恪守承诺（Coleman，2005）。

在如今的媒介文化中，富有创造性和精明尖锐的表征解构实践比比皆是，这也让意义不再那么稳定。安德热耶维奇（2009：40）认为，“过去的用户消费媒介影像，现在他们开始生产这些文本，对媒体表征的建构有了自觉的、以实践为基础的认知”。我们越来越熟练地从媒体和文化世界中找出符号资源来建构自己的身份，把自己当作灵活的呈现工具（Turkle，1997）。我们越来越少关心身份和表征所表达的价值观，反而更关注它们能否有效地让我们掌握更多的权力。那些积极的受众对表征的建构越来越漠然。如果我们正在建构自己的身份并为之赋予意义和表征，以便更好地利用社会关系，那么我们会怀疑其他人必然也会这么做。随着我们越来越了解表征的建构本质，我们开始与它保持一定的距离（Turkle，1997：78–79）。当然，认识身份展演这种能力并不新鲜。戈夫曼（Goffman，1959）解释过，我们会根据社会语境来调节自己的不同面向、呈现不同的自我。

如今出现了一个悖论：虽然媒体实践与技术不断涌现，为受众提供了越来越多参与表征过程的新方式，但人们对这些表征对现实的影响越来越嗤之以鼻。受众更多地
348 被鼓励去了解表征的建构方式、探寻背后的真相，而不是相信表征。因此，公众越来越喜欢揭露秘密，了解事情的来龙去脉，发现真正的权力运作方式，并优先了解强大组织内部的运作方式（Dean，2002：15）。这些做法虽然从表面来看获得了权力，但如果这本身成了目的，反而会削弱权力。如果对表征的怀疑成了我们在公共生活中的默认态度，那么表征就会在人们所依赖的意义流动中失去效力，在人们所相信的社会关系的协调中以及在解释事务如何有别于或可能有别于当下表象时失去作用（Žižek，1999）。表征是一种社会过程，需要参与者的相互信任与认可。只有当那些扩散出去的意义能够整合到人的行动中、体现在人的物质生活中，并让别人认为有意义时，表征才能有效地发挥作用（Couldry，2010）。如果表征这一社会过程缺乏信任的基础，我们就会很难理解彼此之间的关系，也很难想象和思考差异的可能性。

让人们来揭露与解构表征反而有可能助长现有的权力关系。如今，那些有权力的人允许别人批评自己，甚至对自己的表征进行批判性的解构，这么做反而能够维持和控制社会空间，让更加审慎和有建设性的批评意见陷于沉默。这种做法随处可见，一如品牌广告会拿自己开玩笑、政治策略师在有线电视新闻上解释政治营销如何运作。这些时候，无论是对表征的解构，还是促进受众参与，都是在生产意义，从而维持权力。因为如果品牌拿自己开玩笑，抑或政客揭露自己政治选战中的阴谋，那么无论评论家如何批评这些意义生产的实践，都不会有太大的影响力，因为公众觉得自己已经知道表征如何运作，就算他们可能不相信，但在实践当中依然会同意他们的做法。如果意识形态的传统观念——表征之所以有效，只是因为人们不知道它们如何掩盖现实——表现为“他们不知道自己在做什么”，那么在当代，“他们知道，但他们仍然这样做”的观念则

意味着人们对表征过程更为淡漠的参与方式（Žižek，1989）。

如果公众对那些表征现实的做法越来越不买账，强势群体就会试图绕过表征（Andrejevic，2013）。他们会用观察和对意义的持续扩散做出回应的策略来管理权力，而不只是控制特定的意义。这是一种更加宽容、更具参与性的控制模式。如果他们已经具备实时观察、响应意义、感受和行动的技术能力，就不需要再控制人们的表达 349
（Clough，2008）。权力的行使并不仅仅在于告诉我们想什么，还在于持续的观看和引导我们的传播活动。曾经的媒介和文化工业可能会阻碍普通人的参与，如今却强有力地促进人们的参与，因为如今文化工业的控制模式比以往任何时候都更加依赖普通人的参与（Dean，2010）。但需要注意，文化工业不需要理解我们表达了什么意思，只需要利用和引导我们的传播活动来吸引注意力，从而预测个体和群体的情绪和行为。这就引出了我们必须要解决的两个关键问题。第一个问题是在参与式和数据驱动的媒介平台时代，有意义且能够赋权的解码方式可能是什么样的。第二个问题是绕过或破坏表征的尝试最终是否会失败，因为归根结底，人类需要能够在一起讲述他们对世界的社会经验；强者最终将重新认识到，要让人类社会有凝聚力，需要共享的表征过程。

（三）参与文化和数字媒介平台数据处理权力之间的关系

过去十年，数字媒介的参与文化越来越被整合到平台算法及其商业架构中，最明显的体现是从“有机”参与到“付费”参与模式的转变。那些有财力和文化知识的人能利用平台算法的广告模型，因此更能在平台上获得关注。Facebook、谷歌、Instagram、YouTube、Snapchat和TikTok等平台助推公共表达和私人体验的商业化，这是一个重要的历史过程。它们不仅仅是组织表征这一社会过程的公司，更多的是以多边市场的基础设施来运作，以便协调和优化消费者、企业与平台之间的关系（Nieborg and Helmond，2019）。这些平台现如今已经被编织进我们的日常文化，通过智能手机近乎永久地绑在我们身上，与我们的想象力相互纠缠。它们是庞大人口日常生活的中心，涵盖了人们的表达、体验和行动。

数字文化的创造性、开放性和参与性的特点与其数据处理能力相得益彰。有时大众评论是把数字文化的两个面向——参与和算法——作为对立面，好像参与是自下而上的“好的”权力安排，而数据收集和监控是自上而下的“坏的”操纵。本书已经指出，参与和算法相互纠缠。我们用数字媒体来进行表达并组织生活，就是把现实“编码” 350
为数据（Alaimo and Kallinikes，2017）。我们发帖不仅仅是用图像、视频和评论来讲述生活，也是在编制和管理数据库，这些数据库则被用来训练算法。最重要的是，数字平台需要参与者不断上传关于自己的信息。平台与更大的历史进程相互依存，并体现在以下方面：

- 创建公共和私人空间，将之整合进数字媒体设备；
- 刺激文化实践，更新数字界面，从人们的日常生活当中生成持续的内容流和数据流；
- 建立数据库、开发算法，对平台内部产生的数据进行分类和展演；
- 预测参与者的活动，塑造吸引注意力的模式和意义流动的方式。

强势群体能够驾驭网络的连通架构来实时监测、响应受众；在这种媒介系统中，权力的行使是通过引导、利用注意力和意义的持续流动来完成的。数字媒体的数据处理权力首先有赖于参与者能否吸引彼此的关注，还需要在社会生活与算法之间建立关联。

我们生活在数字文化之中，面对着无处不在的连通性和持续的数据脉动。与我们互动的平台是一种捕捉和引导我们注意力并塑造我们行动的装置。随着媒介技术的演变，其文化品质也会发生变化，我们对自己和社会世界的生活体验也会随之改变。媒介不仅仅是一个让人们了解世界的窗口、一个叙述共享经验的象征系统，或是一个让我们看到并思考彼此关系的框架；也是用来组织生活的数据处理基础设施。媒介不仅为人们提供象征符号来了解世界，还试图预测和调节人们的偏好、欲望和行为。因此，数字媒介文化中的人类角色是多维的，他们不仅是表征的编码者和解码者、收集上传信息的探测器，也是系统运行操作的对象。

数字媒介平台主导了当今的传媒业，它们通常自称为工程公司，投资的是媒介而非内容；它们不以创新内容为目的，而是要设计新的媒介形式，例如增强现实、人工智能
351 神经网络、脑机接口、可穿戴设备、可植入设备、传感器等。它们的大部分设计都指向平台的数据处理权力与人类象征创造力之间的"矛盾"，人类的象征创造力就是我们给予或获得关注、相互影响、创造意义、生产社会性的能力。平台的驱动力源自两个问题：第一，如何把经验转化为数据？第二，如何用这些数据来优化人类经验——注意力和身体？数字媒介系统的瓶颈、不确定性和政治控制，无不着眼于生命体及生活体验与媒介数据处理能力之间的交汇点，遍布硬件与软件、金属与肉体。如果有读者对媒介批判感兴趣，你的思考维度就需要超越媒介在表征现实方面的作用。媒介在20世纪大规模地塑造了表征过程，因此具有极为重要的历史意义。目前，媒介已经成为把生活经验转化为数据这一历史进程的核心；成为人类意味着什么、是何种感受，媒介是这些问题的中心。因此，我们需要把媒介理解为意义的生产和扩散与数据收集和处理的核心。

这把我们引向了两组问题。借用安德热耶维奇（2019a）的表述，第一组问题关于媒

体机构和媒介系统内部发生的事情。在表征层面，我们需要继续提出一个一直存在的问题：媒体对社会世界的再现方式是否准确、真实、公平或有意义。在算法层面，我们需要考察媒介系统的数据驱动面向如何让歧视制度化并不断增强。第二组问题关乎媒介系统更广泛的文化逻辑，我们需要思考这种媒介系统构想的是一种什么样的社会关系和人类体验。媒介是否仍然是人类理解世界的渠道，还是媒介已经尝试绕过创造共享现实的过程，以便直接干预？我们需要关注自动化媒介如何对人施展权力，也要思考这种媒介如何实现这一重大的历史变化——它们让媒介从表征性转向操作性，从叙述世界转向操作世界，从思考转向预测，从知晓转向行动。

我们或许认为自己正处于一个重要的历史时刻——我们正在生成那些用来训练和调整算法模型的数据。平台想象中的媒介文化似乎万物皆可读取，包括事物、地点和身体。我们在Instagram上发帖，就是把生活经验转化为数据，这些积累起来的大量训练数据正被用来塑造我们的即时体验。我们正在创建一种反馈循环：我记录我的经验，机器对其进行分类，平台基于其运行。当我们把图像上传到Instagram等平台时，并非只是
在向朋友讲述经验，同时也在训练机器对视觉文化的分类，以便训练下一代机器进行模 352
拟。平台设想用一个个比特来取代人类观看、呈现和体验的方式，因为它们认为人类对现实的体验是有限的，所以必须这么做。且不论这种媒介文化能否实现，数字文化的限制因素并不在于计算机的数据处理能力，相反，媒介文化一直面临的问题是“稀缺商品”是“人的注意力”（Hayles，1999）。

既然如此，我们就需要思考生活在这样一个媒介系统中的体验，这个系统不仅用持续的符号流来填充我们的注意力和信息环境，还尝试绕过那种过于人性化的理解世界的模式。而随着算法决策被整合到越来越多的人类文化时刻，日常生活越来越多地被用来训练计算系统，相应的社会政治关切也在不断高涨：越来越多的人开始质问平台的公平性、问责制和透明度。但我们需要超越程序性的问题，去思考媒介如何（不）能够作用于人类的经验和感受，以及在未来可能实现的共享文化中，媒介会持久地扮演何种角色。编码数据库和训练算法正如人类试图一起做的所有其他事情一样，与人类文化——人的感觉结构和社会支配系统——紧紧地纠缠在一起。

三、从广播到平台

电视是建构大众身份的关键技术，而智能手机则是形成具有参与性、灵活性和网

络化特征的身份的关键技术。电视展现的是图像和表征流，那些画面把我们的私人生活与更广泛的集体过程、空间和观念联系起来。智能手机是一种响应式设备，也如电视那般向我们呈现图像流，但需要我们不断与之交互。这种图像流不仅为我们提供了符号资源来理解世界，还不断刺激我们进行互动。那些流经我们智能手机的内容由文化工业提供，或者来自文化工业控制下的传播结构、技术和设备的集合。只要让文化工业监测和响应我们的活动，我们就可以随心所欲。文化工业为受众更积极的意义创造和扩散的参与行为设定了框架，而且利用了人们产生的大部分资源。

这一身份建构的过程不仅关乎我们如何用文化工业提供给我们的符号资源来点缀身份，也涉及我们在意义流中的参与如何能被人看到。我们用智能手机把自己置于被他
353 人观看与感受的网络之中，包括我们与家人和爱人交流时的亲密关系和私人生活，我们与朋友分享的私生活，以及我们与品牌、媒体、名人、政党之间公开的互动方式。我们的生活和身份的每一面都被接入这种大范围监测、跟踪和响应的文化生产系统之中。电视的文化生产方式以表征元素为典型，如今得到了一系列监测技术的补充，从而把私人生活、个体生活和公共生活编织在一起。这些技术让我们沉浸在文化工业的意义流之中，不仅让我们在自己的生活里表达意义，同时全方位地监测与回应我们的行为和表达。智能手机是网络中信息扩散的节点，它分配意义，串联人们的参与，监测人们的行为和表达。智能手机在私人空间和城市公共空间中收集关于我们身份、身体和运动的信息，并塑造了我们在意义流中的定位。

虽然我们也参与文化工业的传播网络并让自己为人可见，但我们需要仔细分析在这种参与下什么样的声音才能被听到。一些有识之士指出，这些传播并不支持用善解人意和审慎的方式来建构集体生活（Couldry, 2010；Dean, 2010；Andrejevic, 2013）。如果我们把所有时间用来管理信息流，例如点赞、点击或评论，这些做法固然是主动的、具备自反性的，但我们不会反思，因为我们没有时间思考。我们的身份是我们看待自己与世界之间关系的产物，这种思考过程非常重要。但在这种情况下，身份塑造的过程总是让我们更加可见，让我们不断调整自己的呈现样貌以应对网络信息的脉动。身份成为一种用来吸引注意力的资源，私人、个体、职业或公共生活还能从中有所回报；这个过程是一种自反性的生产。在这些充满竞争的网络中，身份并非根植于那些需要一生时间才能确立下来的价值观和生活方式，但它们却恰恰是人与人之间深刻共享且相互理解的内容（Hearn, 2008）。但如今，身份成了一种与其他个体竞争的资源，而不是一种集体的结构，也禁不起推敲。智能手机成了人们相互展演与监控身份的设备。

互动式文化工业的技术和网络向我们承诺“美好生活”。这些技术仿若神话一般，

让我们表达自己、与爱人联系、发挥创造力，更充分地体验日常生活之美。苹果公司的iPhone手机广告就是这一承诺的典型，其电视广告里的“每日一照”展示了几个生活场景：一个人滑滑板穿过停车场，见到墙上的涂鸦艺术，经过一座崎岖的山，看一场乐队 354
表演，在餐厅吃饭，跟朋友在卧室跳舞，在酒吧唱卡拉OK。广告里的人用iPhone拍下这些时刻并在社交媒体上分享。广告声称，用这个设备来记录和分享这些时刻能够丰富我们的生活。于是，我们把这些时刻变成图像，从手机传到网上，让其他人用手机接收到，我们的生活和身份也被他们看到并感受到。这个设备对于社会关系中的自我定位至关重要。

劳伦·贝朗特（Lauren Berlant，2011：1）认为，这些“美好生活”的承诺实际上是“残酷”的。她提出了“残酷乐观主义”（cruel optimism）的概念：“你想要的东西实际上是你发展的障碍，那可能是一种食物，一种爱，也可能是对美好生活的幻想或政治计划。当你对这些东西产生依恋，让它阻碍了你的初心，这种关系也会变得残酷。”由此来看，那些认为智能手机能够为我们赋权的乐观说法，是否反而是残酷的？我们拍摄、分享、点击、点赞和评论的次数越多，是否会离“美好生活”越远？甚至，这是否会阻碍我们反思那种我们想要的生活和社区？当你步行回家，看到美丽的日落，欣赏最喜欢的乐队演奏，或与爱人躺在公园里时，智能手机在这些时刻的介入能否丰富这段经验中的关系？能否让你实现拥有“美好生活”的身份认同？你的智能手机会让你与那些能够改变你关系的政治行动发生关联，还是让你远离这些行动？智能手机支持的互动方式让我们在那些自以为追求的价值观、生活和体验当中打转（Dean，2010）。我们表现得好像“只要点击这个、点赞那个，或在网上表达这个想法或发布那张照片，就可以让自己的生活受到认可，就能改善自己的生活或社会”。

智能手机有赖于我们的参与。我们从事着吸引、关注并在传播网络中扩散这种关注的工作。这种工作或许对我们有一定的价值，但也会在这些网络中积累价值，让这些网络构建、组织并合理化我们未来对那些空间的使用。长此以往，互动网络会适应我们，会区分我们接收哪些信息、接触哪些想法，以及可能与谁建立联系，并由此塑造我们的生活轨迹。我们需要检视互动网络中的参与如何能让我们以有意义和实质的方式发声，或许这才会丰富我们的关系。

我们在这些网络中的活动是一种生产活动。文化工业需要我们无限的社会能力，从而激发和引导关注与认可。这也为复杂的人类社会带来了一个问题，因为这种自反式网络的传播组织方式在削弱审慎决策的同时，促进了预测和分析性的决策。这些决策 355
的依据是数据趋势和数据模式，而不是复杂的生活方式和问题。那么我们就要思考，这是否会削弱我们解决复杂问题的能力？这些复杂问题并不在于获得关注、组织参与和整理信息，而在于人类特定的价值观，例如集体的长期理解、信任和影响彼此的能力。

案例：全球网络建设者的愿景

文/莉莉安·朗吉亚

图14-1这张照片是在2016年世界移动通信大会上拍摄的。Facebook的首席执行官马克·扎克伯格把这张照片发布到Facebook上后，不仅收到了大量回复，还出现了大量模因呈现这一反乌托邦的景观。扎克伯格极力推崇虚拟现实技术，认为那是下一代至关重要的平台媒体界面，但批评人士认为，这是Facebook意欲控制我们现实体验的隐喻。这张图片让人联想到一种原子化和反社会的传播方式，而不是那种能够产生连接的社群传播形式。这凸显了硅谷企业创始人和工程师的技术乌托邦叙事，让人不得不思考平台对我们政治、社会和生活经验产生何种影响。

你如何解读这张照片？它预示了什么样的未来？

图14-1　马克·扎克伯格在2016年世界移动通信大会上的照片

资料来源：马克·扎克伯格，2016，https://www.facebook.com/zuck/posts/10102665126861201?pnref=story。

谁是硅谷平台经济的主要推手？

356 你很可能已经知道许多响亮的名号。微软公司创始人比尔·盖茨和已故的苹果公司创始人史蒂夫·乔布斯是早期人物。现在的Facebook联合创始人、首席执行官兼董事长马克·扎克伯格，以及亚马逊创始人、首席执行官兼总裁杰夫·贝索斯正在把自己定位到数字媒体创新的中心。我们之所以知道他们的名字，不仅因为他们非常富有，还因为他们既是各自企业背后的驱动力，也代表了这些品牌的公众形象。

诸如扎克伯格和贝索斯这样的全球网络建设者正在不遗余力地通过公开演讲或者说表演，诉说他们的公司要在世界上“做什么”、为什么这样做对我们有好处。他们用这些故事来奠定平台的合法性。扎克伯格和贝索斯将其公司的愿景“展示”成一种贸易仪式（Caldwell, 2008），通过新闻稿、产品发布、公共活动、演讲、贸易小组会谈以及开发者大会，传达他们的品牌和精神。Facebook和亚马逊都有自己的年度开发者大会，分别叫作F8和Re:MARS，这些活动的目的是推销公司的创新产品。

史蒂夫·乔布斯和第一台手机

史蒂夫·乔布斯为了推出iPhone等新产品而举办的活动，是展演贸易仪式的一个标志性的案例。请在YouTube上查看乔布斯在2007年推出iPhone时的场景。在iPhone揭幕以前，所有工作都是保密的。当年，记者和业内人士受邀参加一个会议，但谁都不知道要推出什么产品。该会议采用演示形式，从一开始就营造出一种神秘而令人兴奋的氛围。发布会在一个黑暗的舞台上进行，就像一部电影或者说一场戏剧。

乔布斯出现了。他穿着标志性的黑色高领毛衣和牛仔裤，意味着他不是企业“雇员”。乔布斯首先回顾了苹果过去打造的革命性产品，例如1984年的私人电脑。他说，今年将推出三款革命性的产品——音乐设备、移动手机和互联网服务。然后出现了一个惊喜的“转折”，这三款设备实际上是同一款产品：iPhone。人群中爆发出热烈的掌声。乔布斯接着介绍iPhone的功能，一遍又一遍地解释这些是过去的手机从没有做到过的事情。

在整个发布过程中，乔布斯一直在解释iPhone将如何彻底改变通信方式。Apple、Amazon和Facebook等公司渴望发展自己的品牌，因此这些硅谷的创造者一贯把旧的通信设备或软件当作过时的东西，而把自己的创新产品标榜为未来的
趋势。他们鼓吹自己的产品突破了旧有的限制。硅谷的这些技术乌托邦企业领导者 357
的梦想是超越限制，包括大规模工业资本主义的限制、人类思维和身体的限制，甚至地球及资源的限制。自20世纪60年代以来，“超越”一直是旧金山反文化中一个有着高度影响力的概念，硅谷的网络文化也由此而生（Turner, 2010）。然而，早期硅谷理想主义者的“共享和超然意识，逐渐让位于通过技术来支撑无摩擦合作的梦想”（Turner, 2010: 127）。从像乔布斯这样的全球网络建设者在演讲中频频使用诸如“突破”“颠覆”和“革命”之类的语言，就可以感知上述

乌托邦愿景是如此经久不衰。

乔布斯在推出iPhone时传达的“革命性”叙事，与其在1984年推出个人电脑时所使用的语言遥相呼应。那一年，苹果在“超级碗”期间放映著名的“老大哥”广告（在YouTube上很容易找到）。广告描绘了一个反乌托邦的场景：人们被技术矩阵所奴役，大量同质的人群茫然地盯着电影屏幕，里面传出一个专制的声音，令人想起乔治·奥威尔（George Orwell）的小说《1984》中的“老大哥”；一个象征苹果公司的女人穿过人群，用大锤打碎屏幕。数字技术成为超越墨守成规的大众社会的界限的工具。40多年来，硅谷的企业领导者一直在上演永久的技术革命愿景。硅谷打造的贸易仪式也一直都是推广技术的手段。

马克·扎克伯格的Facebook年会

自2007年以来，马克·扎克伯格一直在Facebook的F8会议上发表年度主题演讲（你可以在YouTube上找到这些视频）。随着Facebook企业战略和政策主张的发展，他的演讲内容也发生了改变。在Facebook上市之前的几年里，这些演讲在投资者那里引起了大量炒作和期待。在上市后的头几年里，Facebook没有召开F8会议。F8在2014年回归，提出了针对开发人员的议程。这与Facebook的定位——数据收集共享、广告、内容创作和网络商务的基础设施——相一致。自2014年以来，F8大会更加重视宣传公司的突破性创新。

在2016年的主题演讲中，扎克伯格宣布了Facebook的“10年计划”。该计划的一个关键是消除用户与平台之间的物理接口，如智能手机。扎克伯格设想通过智能隐形眼镜等增强现实设备，在数字媒介与生命体之间建立无缝接口（Chafkin,
358 2015; Brodmerkel and Carah, 2016）。“超越”的理想再次出现在他关于心灵与媒介之间“无缝”衔接界面的描述里。技术乌托邦主义在扎克伯格2017年的主题演讲中依然存在，当时他宣布了增强现实软件，展示了让人直接把信息从大脑输入手机的技术。

然后，2018年，F8会议的主旨演讲因为剑桥分析公司丑闻事件再次发生变化。该政治营销公司利用了数百万用户的Facebook数据。这起丑闻让人们开始更加关注硅谷巨头的政治经济权力。扎克伯格在向美国参议院司法委员会辩护时，承认对违规行为负有责任。有鉴于此，扎克伯格在2018年的主题演讲中不再大肆宣传突破性的新技术，而开始解释为什么Facebook的技术突破能够服务于更大的公共利益。

2019年扎克伯格的主题演讲与2007年乔布斯的演讲大致相同。这次演讲以一则电影“预告片”开场，表现了Facebook的新愿景——建立本地社区。扎克伯格走上舞台时，盛大的音乐响起，台下的人群开始疯狂起来。可见，扎克伯格虽然卷入了丑闻，但仍受人欢迎。他从自己的角度讲述了Facebook的历史，开玩笑说剑桥分析公司的丑闻就像一段令人尴尬的童年记忆。这个案例可以用卡尔德维尔（J. T. Caldwell, 2008）提出的“管理披露”概念进行解释。扎克伯格开玩笑式的认罪具有双重意义，因为他有两种听众：社会听众和硅谷内部听众。从表面上看，他的玩笑像是在取笑公司过去的缺点；但在另一个层面，他知道他的主要受众是开发人员，是对平台运营方式有着更深入了解的“内部人士”，他们知道数据收集是其业务模式的内核。

扎克伯格把我们的关注引向创新技术，他认为那是保护用户隐私和建立社区的关键。他明确承认，Facebook在保护隐私方面是失败的，然后欢迎其他演讲者谈论Facebook产品的具体创新。他招募的发言人大多似乎是非白人和非顺性男性[1]，但Facebook在2019年的多元化报告中承认，该公司在领导层和人员发展方面严重缺乏多样性。扎克伯格在述说自己品牌发展方向的同时，也在产生关于自己的叙事。跟乔布斯一样，他的着装随意。他向台下的人讲话，就好像是在和朋友讲话。这些都让他看上去为人正直、真诚，有助于营造透明而真实的氛围，这对Facebook的品牌也至关重要。

扎克伯格告诉我们，Facebook正在更深入地连接小的群体。他设想了一种无摩擦的社会性，亦即超越所有障碍，跟那些与你不合的人约会，遇到和你观点不同或你不认可的人，或竭尽全力地找到你的“部落”。在扎克伯格设想的这个未来中，Facebook已经把日常生活的节奏和关系殖民化了。他揭开了秘密暗恋（Secret Crushes）[2]和社区功能的面纱，从而让这些理想具体化。虽然这两个功能都迎合 359
了我们对亲密关系的设想，但它们也是Facebook将社会生活纳入平台的更大议程的一部分。

杰夫·贝索斯的太空殖民梦想

杰夫·贝索斯于2019年推出航空航天工程公司“蓝色起源”（Blue Origin，你可以在YouTube上找到当时的启动仪式），彰显了为人类作出更大贡献的愿望。贝索斯为人熟知的身份是亚马逊的创始人兼首席执行官。他在启动“蓝色起源”

① non-cis-male，非顺性别认同，“cisgender”指的是出生时生物性别与社会性别相同的人。——译者注

② Secret Crushes是Facebook为Facebook Dating新增的一项暗恋功能，用户之间会收到匿名的消息，如果匹配不成功，用户发出的暗恋信息不会有任何人知道。——译者注

时，提出了对地球的愿景和一种超越地球的生命愿景。他在主题演讲的开头指出，太空旅行是下一个要超越的前沿问题。在他看来，让人生活在人造行星上是保护地球的唯一途径，而且可以在无须约束经济增长的前提下享受生活（他说这对高质量生活至关重要）。在演讲的第二部分，贝索斯介绍了“蓝色起源”的“产品”：一个月球着陆器和太空探索装置。在贝索斯对未来的愿景中，我们将通过太空殖民来超越地球的局限，他的月球着陆器就是第一步。贝索斯和他的硅谷同僚一样，讲述的是一种“超越”的叙事。面对越来越紧迫的气候变化讨论，企业则将其技术方案当作自己为公共利益所作的贡献。像亚马逊这样的企业巨头因不可持续的消费增长而备受压力，但贝索斯告诉我们，为了保护地球，就必须前往太空。

硅谷技术乌托邦领导者的这些讲话很重要，他们的霸权叙事把数字平台视为超越社会、身体和物质世界阻碍和限制的载体。我们应该慎重地思考，这些叙事如何为他们的平台所打造的物质条件与人类关系塑造共识。

思考题

1. 寻找媒体和技术公司及其领导人召开的产品发布会和行业讨论视频。网上有许多展现这些贸易仪式的视频。请据此回答以下问题：

- 谁在说话？
- 其未来愿景的核心是什么？
- 他们试图为哪些潜在产品或观念争取认同？

2. 全球网络建设者如何把自己的愿景打造为令人期待且不可避免的常识？

3. 平台真的是一种向善的力量吗？你是否同意本文描述的全球网络建设者的愿景？

360 4. 假设你要用最麻烦的方式来展示平台技术，你会怎么做？

5. 请思考其他传媒行业的贸易仪式，例如电影业和出版业。它们与我们在平台媒体技术行业中看到的贸易仪式有何异同？

6. 其他全球网络建设者的愿景与其现实提供的物质条件之间有哪些矛盾？

7. 扎克伯格或许在努力地让Facebook成为一种连接社区的力量，但这很难实现。Facebook正在努力减少仇恨言论等社会危害，其中的一个方法是建立一个独立监督委员会，由其负责决定删除哪些内容。这个委员会在促进Facebook融入社区方面将有何效果？

三 小　结

20世纪末见证了一种新的社会经济组织方式的诞生，它具有全球性、信息化和灵活性的特征。数字技术被卷入全球网络资本主义及其生产控制模式之中。我们需要考虑的关键问题是，基于参与、数据处理和自动化的传播能否为所有社会面临的问题带来创造性的解决方案。正如人们对表征的真实性有所怀疑，也对算法的预测能力有所质疑，这也恰恰意味着以审议、讨论和理解的方式来进行决策的价值所在。未来的霸权斗争可能越来越着眼于信息和传播，人们将为了控制数字平台及其数据处理的权力而展开斗争。至于意义生产及其在权力运行中的作用，人类斗争也将持久存在。

约翰·杜汉姆-彼得斯（1999：6）提醒我们，关于传播的主张往往“充满说教”，比如“沟通有益，互惠关系有益，分享越多越好”等。我们倾向于认为，如果有了更多的辩论、对话、参与或理性的信息交流，我们的民主制度、社区和生活就会变得更好、更丰富、更公正。而杜汉姆-彼得斯（1999：30）质疑这个神话，认为答案并非是更多的沟通：

> 沟通（communication），从更深层次的意义上讲，是与他人有意义地一起相处一段时间，这与其说是技术和方法，不如说是信念和风险：为什么别人不像我那样使用单词，或不像我那样感受世界或看待世界呢？这不仅是调整讯息传递接收的问题，也是协调集体的存在、为彼此创造空间的问题。无论“沟通”是什么意思，在根本上都是一个政治和伦理问题，而不是语义问题。 361

根据杜汉姆-彼得斯（1999）的观点，答案是相反的。因此，我们需要深刻反思传播在“协调集体存在”和“为彼此创造空间”中的政治功能和伦理内涵。互动传播网络依赖我们的参与，虽然它承诺我们有发言权，但它也能在收集、访问、组织和处理信息的过程中获益。这里的关键问题是，我们表达得越多，它们观察、回应和塑造社会关系的能力就越强。

这种传播权力机制依赖我们的日常参与，而我们需要审视“良好”的传播意味着什么：

- 特定的传播方式会让我们的生活和社会变得更好吗？
- 在这样一个通过表达来进行参与的世界里，设想“好的”传播固然容易，但我们进行沟通的平台由精英掌控；这些平台采取数据处理和自动化的处理模式，而且其中的注意力和资源流动并不均衡。
- 在把我们的表达转变为数据这样一个系统中进行沟通意味着什么？
- 大量数据的收集和分析对于传播和人口的管理有何作用？

在我们带着对更美好的世界的希望和梦想投入传播以前，需要问自己一些基本的问题：

- 谁可以发言？
- 谁可以被听到？
- 谁可以被看到？
- 谁可以被观看？
- 谁是受益人？
- 谁反抗这些传播模式和控制模式？如何反抗？
- 在复杂的网络化大众社会中，有意义的参与是什么样的？
- 权力在哪里？
- 权力如何构成？
- 互动式传播和参与式传播如何被合法化？

362 在关闭话语空间和开放话语空间之间展开角力，仍将是人类社会的一种特质。但问题在于，这种斗争是如何在文化和传媒生产的集合里组织起来的，其中包括意义创造和扩散、个体参与以及对信息收集分析的管理。我们需要思考，参与式的媒介形式如何改变人类相处的方式，如何让我们的生活变得有意义，我们又如何共同决定这个世界的生活方式。我们不能相信网络的神话，天真地以为所有人都能参与重要的决策。对那些无休止的传播活动的参与，并不一定意味着获得了权力或有什么意义。但如果要征求每个人的意见，而且每个人都必须参与，那么又如何作出艰难的决定呢？

我们的参与不一定意味着别人能够带着信任或信心以有意义的方式认识我们。专业传播者经常面临众口难调的挑战，因为人们对其建构的表征并不买账。过去，在权力确立的过程中，媒介的用途表面上是建立信任和获得赞同，而互动媒介则把重点转移到参与和能见度上。专业传播者对传播结构的创建至关重要，这种结构控制谁说话、谁被听到、谁被看到和谁被观看。要成为熟练的专业传播者，既需要有能力创造能够吸引关注且有说服力的内容，也需要有能力来管理复杂而持续的参与形式。通过观察和回应人们的需求、调节意义的流动，专业传播者正在迅速掌握创造社会空间和传播过程的技巧。但他们是否能够保留并持续发展原有的能力，即那种理解、协商、说服、信服的能力，那种让公众对领导者、机构和共同生活方式建立长期信任的能力？对复杂社会的管理和长远决定的制定，是否无须对共同的生活方式、身份和价值观达成共识？对任何社会系统的终极考验就是应对复杂问题的能力。那么，一种能够持续分析预测且能够控制信息流的系统，是否也能为处理那些日益复杂的社会、文化、技术和生态问题有所贡献，仍然是一个有待观察的问题。

延伸阅读

延伸阅读所列文献探讨了数字媒介平台如何影响我们的体验。阿来莫与卡里尼克斯（C. Alaimo and J. Kallinikos, 2017）分析了我们的表达和行为如何在数字平台中被“编码”为数据。安德热耶维奇（2019b）解释了数字媒介的自动化级联逻辑。布赫尔（2017）发展了“算法想象”的概念，探索我们如何理解算法对我们的关注和回应。杜汉姆–彼得斯（2015）把媒介视为收集、存储、处理和分配信息的基础设施。霍夫曼等人（A. L. Hoffman et al., 2018）批判性地分析了马克·扎克伯格和 363 Facebook 的意识形态。特纳（F. Turner, 2009）考察了谷歌等硅谷公司的意识形态。

Alaimo, C., & Kallinikos, J.（2017）.Computing the everyday: Social media as data platforms.*The Information Society, 33*（4）, 175–191.

Andrejevic, M.（2019b）.Automating surveillance.*Surveillance & Society, 17*（1/2）, 7–13.

Bucher, T.（2017）.The algorithmic imaginary: Exploring the ordinary affects of Facebook algorithms.*Information, Communication & Society, 20*（1）, 30–44.

Durham–Peters, J.（2015）.*The marvelous clouds: Toward a philosophy of elemental media*.Chicago, IL: University of Chicago Press.

Hoffmann, A.L., Proferes, N., & Zimmer, M.（2018）. 'Making the world more open and connected': Mark Zuckerberg and the discursive construction of Facebook and its users.*New Media & Society, 20*（1）, 199–218.

Turner, F.（2009）.Burning Man at Google: A cultural infrastructure for new media production.*New Media & Society, 11*（1/2）, 73–94.

参考文献

Aaker，D.（1991）.*Managing brand equity*：*Capitalizing on the value of a brand name*. New York：Maxwell Macmillan.

Abbott，T.（2018）. *Statement to parliament on remote indigenous education—The Hon Tony Abbott* [online]. The Hon Tony Abbott. Available at：http：//tonyabbott.com.au/2018/12/ statement-parliament-remote-indigenous-education/（accessed 21 January 2021）.

ABC Perth（2020）. NSW Premier on bushfires and climate change. *Australian Broadcasting Corporation*. Available at：www.facebook.com/watch/?v=435975037116296（accessed 21 January 2021）.

Abidin，C.（2015）. Communicative intimacies：Influencers and perceived interconnectedness. *Ada*：*A Journal of Gender*，*New Media*，*and Technology*，*8*，1–16.

Abidin，C.（2016）. Visibility labour：Engaging with Influencers' fashion brands and# OOTD advertorial campaigns on Instagram. *Media International Australia*，*161*（1），86–100.

Abidin，C.（2017）. # familygoals：Family influencers，calibrated amateurism，and justifying young digital labor. *Social Media + Society*，*3*（2），1–15.

Adorno，T.，& Horkheimer，M.（2008）. *Dialectic of enlightenment*. London：Verso.

Alaimo，C.，& Kallinikos，J.（2017）. Computing the everyday：Social media as data platforms.*The Information Society*，*33*（4），175–191.

Albury，K.，Burgess，J.，Light，B.，Race，K.，& Wilken，R.（2017）. Data cultures of mobiledating and hook-up apps：Emerging issues for critical social science research. *Big Data & Society*，*4*（2），1–11.

Albury，K.，Crawford，K.，Byron，P.，& Mathews，B.（2013）. *Young people and sexting in Australia*：*Ethics*，*representation and the law*. ARC Centre for Creative Industries and Innovation/ Journalism and Media Research Centre，University of New South Wales，Australia.

Allen，K.，Quinn，J.，Hollingworth，S.，& Rose，A.（2013）. Becoming employable students and 'ideal' creative workers: Exclusion and inequality in higher education work placements. *British Journal of Sociology of Education*, *34* (3), 431–452.

Althusser, L. (1971). *Lenin and philosophy and other essays*. London: New Left Books. Andén-Papadopoulos, K. (2013). Media witnessing and the 'crowd-sourced video revolution'. *Visual Communication*, *12* (3), 341–357.

Andersen, B. (1983). *Imagined communities: Reflections on the origin and spread of nationalism*. London: Verso.

Anderson, C. W. (2011). Between creative and quantified audiences: Web metrics and changing patterns of newswork in local US newsrooms. *Journalism*, *12* (5), 550–566.

Andreessen, M. (2007). *The three kinds of platforms you meet on the Internet*. 16 September. Available at: https: //web.archive.org/web/20071002031605/http: //blog.pmarca.com/2007/09/the-three-kinds.html (accessed 21 January 2021).

Andrejevic, M. (2002a). The work of being watched: Interactive media and the exploitation of self-disclosure. *Critical Studies in Media Communication*, *19* (2), 230–248.

Andrejevic, M. (2002b). The work of watching one another: Lateral surveillance, risk, and governance, *Surveillance & Society*, *2* (4): 479–497.

Andrejevic, M. (2004). *Reality TV: The work of being watched*. Lanham, MD: Rowman and Littlefield.

Andrejevic, M. (2007). *iSpy: Surveillance and power in the interactive era*. Lawrence, KS: University of Kansas Press.

Andrejevic, M. (2008). Watching television without pity: The productivity of online fans. *Television & New Media*, *9* (1), 24–46.

Andrejevic, M. (2009). Critical media studies 2.0: An interactive upgrade. *Interactions: Studies in Communication & Culture*, *1* (1), 35–51.

Andrejevic, M. (2011). Surveillance and alienation in the online economy. *Surveillance & Society*, *8* (3), 278–287.

Andrejevic, M. (2013). *Infoglut: How too much information is changing the way we think and know*. New York: Routledge.

Andrejevic, M. (2019a). *Automated media*. New York: Routledge.

Andrejevic, M. (2019b). Automating surveillance. *Surveillance & Society*, *17* (1/2), 7–13.

Andrejevic, M., & Burdon, M. (2015). Defining the sensor society. *Television & New Media*, *16*(1),

19–36.

Andrew, D. (2019). Programmatic trading: The future of audience economics.*Communication Research and Practice*, *5* (1), 73–87.

Ang, I. (2006). *Desperately seeking the audience*. London and New York: Routledge.

Angwin, J., & Parris, T. (2016). Facebook lets advertisers exclude users by race. *Pro Publica*. Available at: https: //www.propublica.org/article/facebook-lets-advertisers-exclude-users-by-race (accessed 21 January 2021).

Angwin, J., Mattu, S., & Parris, T. (2016). Facebook doesn't tell users everything it reallyknows about them. *Pro Publica*. Available at: www.propublica.org/article/facebook-doesnt-tell-users-everything-it-really-knows-about-them (accessed 21 January 2021).

Angwin, J., Varner, M., & Tobin, A. (2017). Facebook enabled advertisers to reach 'jew haters'. *Pro Publica*. Available at: https: //www.propublica.org/article/facebook-enabled-advertisers-to-reach-jew-haters (accessed 21 January 2021).

Archetti, C. (2012). Which future for foreign correspondence? London foreign correspondents in the age of global media. *Journalism Studies*, *13* (5/6), 847–856.

Arnold, M. (1957 [1869]). *Culture and anarchy*. Cambridge: Cambridge University Press. Arvidsson, A. (2005). Brands: A critical perspective. *Journal of Consumer Culture*, *5* (2), 235–258.

Aubert, M., Lebe, R., Oktaviana, A. A., Tang, M., Burhan, B., Hamrullah, Jusdi, A., BudiantoHakim, A., Zhao, J., Made Geria, I., Sulistyarto, P. H., Sardi, R., &Brumm, A. (2019).Earliest hunting scene in prehistoric art. *Nature*, *576*, 442–445.

Baker, D. (2015). Will *Washington Post*'s talent network become the Uber of freelancing?*MediaShift*, August. Available at: http: //mediashift.org/2015/08/will-washington-posts-talent-network-become-the-uber-of-freelancing/ (accessed 21 January 2021).

Balnaves, M., O'Regan, T., & Goldsmith, B. (2011). *Rating the audience: The business of media*. New York: Bloomsbury Academic.

Banet-Weiser, S. (2012). *Authentic TM: The politics and ambivalence in a brand culture*.New York: New York University Press.

Banks, M. (2010). Autonomy guaranteed? Cultural work and the 'art–commerce relation'.*Journal for Cultural Research*, *14* (3), 251–269.

Baran, P. (1964). On distributed communications networks. *Communications Systems*, *IEEE Transactions*, *12* (1), 1–9.

Bayerl，P.S.，&Stynov，L.（2016）.Revenge by photoshop：Memefying police acts in the public dialogue about injustice. *New Media & Society*，*18*（6），1006–1026.

Baym，G.（2005）*The Daily Show*：Discursive integration and the reinvention of political journalism. *Political Communication*，*22*（3），259–276.

BBC News.（2014）. Abbott governs from indigenous area. *BBC News* [online]. Available at：www.bbc.com/news/world-asia-29201754（accessed 21 January 2021）.

Beaton，C.（2016）Your new poster resembles outright Nazi propaganda，@Nigel_Farage. *Twitter*. Available at：https：//twitter.com/cdbeaton/status/743397112923230212?lang=en（accessed 21 January 2021）.

Beleaga，T.，& Geary，J.（2012）. ScoreCardResearch（ComScore）：What is it and what does itdo? *The Guardian*，23 April. Available at：www.theguardian.com/technology/2012/apr/23/scorecardresearch-tracking-trackers-cookies-web-monitoring（accessed 21 January 2021）.

Benjamin，R.（2019）. *Race after technology*：*Abolitionist tools for the new Jim Code*.Cambridge：Polity.

Benkler，Y.（2006）. *The wealth of networks*：*How social production transforms markets and freedom*. New Haven，CT：Yale University Press.

Bensinger，G.（2020）. As primary season gets underway，YouTube cracks down on doctored election videos. *The Washington Post*. Available at：www.washingtonpost.com/ technology/2020/02/03/youtube-election-videos/（accessed 21 January 2021）.

Berg，P.，Isaacs，S.，& Blodgett，K. L.（2018）. Airborne fulfilment center utilizing unmanned aerial vehicles for item delivery. United States Patent Office. Available at：https：//patents. google.com/patent/US9305280（accessed 21 January 2021）.

Bergen，M.（2019）. YouTube executives ignored warnings，letting toxic videos run rampant. *Bloomberg*. Available at：www.bloomberg.com/news/features/2019-04-02/youtube-executives-ignored-warnings-letting-toxic-videos-run-rampant（accessed 21 January 2021）.

Bergen，M.，& Shaw，L.（2020）. YouTube's secretive top kids channel expands into merchandise. *Bloomberg*. Available at：www.bloomberg.com/news/articles/2020-02- 10/popular-youtube-kids-channel-cocomelon-gets-into-merch-and-toys（accessed 21 January 2021）.

Berger，P. L.（1977）. *Pyramids of sacrifice*. Harmondsworth：Penguin.

Berlant，L.（2008）. *The female complaint*. Durham，NC：Duke University Press.

Berlant，L.（2011）. *Cruel optimism*. Durham，NC：Duke University Press.

Bernays, E. L. (1947). The engineering of consent. *The Annals of the American Academy of Political and Social Science*, *250* (1), 113–120.

Bishop, S. (2018). Anxiety, panic and self-optimization: Inequalities and the YouTube algorithm. *Convergence*, *24* (1), 69–84.

Bishop, S. (2019). Managing visibility on YouTube through algorithmic gossip. *New Media & Society*, *21* (11–12), 2589–2606.

Block, E., &Negrine, R. (2017). The populist communication style: Toward a critical framework. *International Journal of Communication*, *11* (20), 178–197.

Blood, W., & Holland, K. (2004). Risky news, madness and public crisis: A case study of the reporting and portrayal of mental health and illness in the Australian press. *Journalism*, *5* (3), 323–342.

Bogost, I., & Madrigal, A. (2020). How Facebook works for Trump. *The Atlantic*, April.Available at: www.theatlantic.com/technology/archive/2020/04/how-facebooks-ad-technology-helps-trump-win/606403/ (accessed 21 January 2021).

Boon, S., & Pentney, B. (2015). Selfies| virtual lactivism: Breastfeeding selfies and the performance of motherhood. *International Journal of Communication*, *9* (14), 1759–1774.

Boulton, C. (2015). Under the cloak of whiteness: A circuit of culture analysis of opportunity hoarding and colour-blind racism inside US advertising internship programs. *tripleC: Communication, Capitalism & Critique*, *13* (2), 390–403.

Boyd, d., & Ellison, N. B. (2007). Social network sites: Definition, history, and scholarship. *Journal of Computer-Mediated Communication*, *13* (1), 210–230.

Brand, S. (2001). Founding father. *Wired*, March. Available at: www.wired.com/2001/03/baran/ (accessed 21 January 2021).

Bratich, J. (2005). Amassing the multitude: Revisiting early audience studies. *Communication Theory*, *15* (3), 242–265.

Bridle, J. (2017). Something is wrong on the internet. *Medium*. Available at: https://medium.com/@jamesbridle/something-is-wrong-on-the-internet-c39c471271d 2 (accessed 21 January 2021).

Brodmerkel, S., &Carah, N. (2016). *Brand machines, sensory media and calculative culture*. London: Palgrave Macmillan.

Bruns, A. (2019). *Are filter bubbles real?* Hoboken, NJ: John Wiley & Sons.

Bucher, T. (2012). Want to be on the top? Algorithmic power and the threat of invisibility on Facebook. *New Media & Society*, *14* (7), 1164–1180.

Bucher, T. (2017). The algorithmic imaginary: Exploring the ordinary affects of Facebook algorithms. *Information*, *Communication & Society*, *20* (1), 30–44.

Bucher, T. (2018). *If . . . then*: *Algorithmic power and politics*. Oxford: Oxford University Press.

Buck-Morss, S. (2002). *Dreamworld and catastrophe*: *The passing of mass utopia in East and West*. Cambridge, MA: MIT Press.

Bunce, M. (2019). Management and resistance in the digital newsroom. *Journalism*, *20* (7), 890–905.

Buolamwini, J. (2016a). How I'm fighting bias in algorithms. *TED*. Available at: www.youtube.com/watch?v=UG_X_7g63rY (accessed 21 January 2021).

Buolamwini, J. (2016b). The coded gaze: Unmaking algorithmic bias. *YouTube*. Available at: www.youtube.com/watch?v=162VzSzzoPs (accessed 21 January 2021).

Buolamwini, J. (2017). *Gender shades*: *Intersectional phenotypic and demographic evaluation of face datasets and gender classifiers*. Cambridge, MA: Massachusetts Institute of Technology.

Buolamwini, J., &Gebru, T. (2018). *Gender shades*: *Intersectional accuracy disparities in commercial gender classification*. Proceedings of the First Conference on Fairness, Accountability and Transparency, in PMLRI, *81*, 77–91.

Burgess, J., & Baym, N. K. (2020). *Twitter*: *A biography*. New York: New York UniversityPress.

Burgess, J., & Green, J. (2018). *YouTube*: *Online video and participatory culture*. Hoboken, NJ: John Wiley & Sons.

Burnie, R. (2019). Manager of Gawler Relief Centre has just told media we are not allowed to seek shelter in the centre because 'you're media'. . . *Twitter*. Available at: https: //twitter.com/RhettBurnie/status/1207883666388422657 (accessed 21 January 2021).

Burrowes, T. (2013). Stats revealed for Hamilton Island Instameet social media PR project: 800, 000 'likes'. *Mumbrella*. Available at: https: //mumbrella.com.au/stats-revealed-for- hamilton-island-instameet-social-media-pr-project-800000-likes-139528 (accessed 21 January 2021).

Burton, N. (2019). I'm so angry right now... *Twitter*. Retrieved from: https: //twitter.com/yumcoconutmilk/status/1157015313847918593.

Byron, P. (2019). 'How could you write your name below that?' The queer life and death of Tumblr. *Porn Studies*, *6* (3), 336–349.

Byron, P., Robards, B., Hanckel, B., Vivienne, S., & Churchill, B. （2019）. 'Hey, I'm having these experiences'：Tumblr use and young people's queer （dis）connections. *International Journal of Communication*, *13*, 2239–2259.

Caldwell, J. T. （2008）. *Production culture：Industrial reflexivity and critical practice in film and television*. Durham, NC：Duke University Press.

Carah, N. （2014a）. Watching nightlife：Affective labor, social media, and surveillance. *Television & New Media*, *15*（3）, 250–265.

Carah, N. （2014b）. Brand value：How affective labour creates brands. *Consumption, Markets and Culture*, *17*（4）, 346–366.

Carah, N. （2017）. Algorithmic brands：A decade of brand experiments with mobile and social media. *New Media & Society*, *19*（3）, 384–400.

Carah, N., & Angus, D. （2018）. Algorithmic brand culture：Participatory labour, machine learning and branding on social media. *Media, Culture & Society*, *40*（2）, 178–194.

Carah, N., & Dobson, A. (2016). Algorithmic hotness：Young women's 'promotion' and 'reconnaissance' work via social media body images. *Social Media+ Society*, *2*（4）, 1–10.

Carah, N., Brodmerkel, S., & Knaggs, A. （2012）. Gruen nation：Dissecting the show, not the business. *Communication, Politics and Culture*, *45*（1）, 60–77.

Carlson, B. （2020）. Love and hate at the Cultural Interface：Indigenous Australians and dating apps. *Journal of Sociology*, *56*（2）, 133–150.

Castells, M. （1996）. *The rise of the network society*. Oxford：Blackwell.

Chacon, B. （2017）. Everything you need to know about Instagram's new paid partnership feature. *Later*. Available at：https：//later.com/blog/paid-partnership-feature/ （accessed 21January 2021）.

Chafkin, M. （2015）. Why Facebook's $2 billion bet on oculus rift might one day connect everyone on earth. *Vanity Fair*. Retrieved from：https：//www.vanityfair.com/news/2015/09/oculus-rift-mark-zuckerberg-cover-story-palmer-luckey （accessed 12 March 2021）.

Cheney-Lippold, J. （2011）. A new algorithmic identity：Soft biopolitics and the modulation of control. *Theory, Culture & Society*, *28*（6）, 164–181.

Cho, A. （2018）. Default publicness：Queer youth of color, social media, and being outed by the machine. *New Media & Society*, *20*（9）, 3183–3200.

Chouliaraki, L. （2013）. *The ironic spectator：Solidarity in the age of post-humanitarianism.*

Cambridge：Polity Press.

Chun，W. H. K.（2016）. *Updating to remain the same：Habitual new media*. Cambridge，MA：MIT Press.

Clough，P. T.（2008）. The affective turn：Political economy，biomedia and bodies. *Theory，Culture & Society*，*25*（1），1–22.

Coard，C.（2020）. Facebook targeting options explained. *Business to Community*，14 January. Retrieved from：www.business 2community.com/facebook/facebook-targeting-options-explained-02291947（accessed 21 January 2021）.

Cobb，G.（2017）. 'This is not pro-ana'：Denial and disguise in pro-anorexia online spaces. *Fat Studies*，*6*（2），189–205.

Cohen，B. C.（1963）. *The press and foreign policy*. Princeton，NJ：Princeton University Press.

Cohen，J. E.（2017）. Law for the platform economy. *UCDL Review*，*51*，133.

Cohen，N. S.（2008）. The valorization of surveillance：Towards a political economy of Facebook. *Democratic Communiqué*，*22*（1），5–22.

Cohn，J.（2016）. Ultrasonic bracelet and receiver for detecting position in 2D plane. *United States Patent Office*. Available at：https：//patents.google.com/patent/US9881276B2（accessed 21 January 2021）.

Coleman，S.（2005）. New mediation and direct representation：Reconceptualizing representation in the digital age. *New Media & Society*，*7*（2），177–198.

Costine，J.（2017）. Snapchat growth slowed 82% after Instagram Stories launched. *TechCrunch*，2 February. Available at：https：//techcrunch.com/2017/02/02/slowchat/（accessed 21 January 2021）.

Cotter，K.（2019）. Playing the visibility game：How digital influencers and algorithms negotiate influence on Instagram. *New Media & Society*，*21*（4），895–913. Couldry，N.（2003）. *Media rituals：A critical approach*. London：Routledge.

Couldry，N.（2010）. *Why voice matters：Culture and politics after neoliberalism*. London：Sage.

Couldry, N. (2011). Class and contemporary forms of 'reality' production, or hidden injuries of class. In H. Wood & B. Skeggs（Eds.），*Reality television and class*（pp. 33–44）. Basingstoke：Palgrave Macmillan.

Couldry，N.，& Hepp，A.（2013）. Conceptualizing mediatization：Contexts，traditions，arguments. *Communication Theory*，*23*（3），191–202.

Crawford, K. (2017). The trouble with bias. *Neural Information Processing Systems Keynote, Long Beach Convention Centre, California*. Available at: www.youtube.com/ watch?v=fMym_BKWQzk&t=1311s (accessed 21 January 2021).

Crawford, K., & Gillespie, T. (2016). What is a flag for? Social media reporting tools and the vocabulary of complaint. *New Media & Society*, *18* (3), 410–428.

Crawford, K., & Paglen, T. (2019). *Excavating AI: The politics of images in machine learning training sets*. Available at: https: //www.excavating.ai/ (accessed 21 January 2021).

Crook, S., Pakulski, J., & Waters, M. (1992). *Postmodernization: Change in advanced society*. London: Sage.

Cukier, K., & Mayer-Schoenberger, V. (2013). The rise of big data: How it's changing the way we think about the world. *Foreign Affairs*, *92*. Available at: https: //www.foreignaffairs. com/ articles/2013-04-03/rise-big-data (accessed 21 January 2021).

Cyphers, B. (2020). Google says it doesn't 'sell' your data: Here's how the company shares, monitises and exploits it. *Electronic Frontier Foundation*, 19 March. Available at: www. eff.org/ deeplinks/2020/03/google-says-it-doesnt-sell-your-data-heres-how-company- shares-monetizes-and (accessed 21 January 2021).

Dahl, R. A. (1961). *Who governs?* New Haven, CT: Yale University Press.

Darmody, A., & Zwick, D. (2020). Manipulate to empower: Hyper-relevance and the contradictions of marketing in the age of surveillance capitalism. *Big Data & Society*, *7*(1), 1–12.

de Saussure, F. (1974). *Course in general linguistics*. London: Fontana.

Dean, J. (2002). *Publicity's secret: How technoculture capitalizes on democracy*. Ithaca, NY: Cornell University Press.

Dean, J. (2010). *Blog theory: Feedback and capture in the circuits of drive*. Cambridge: Polity Press.

Derrida, J. (1976). *Of grammatology*. Baltimore, MD: Johns Hopkins University Press.

Deuze, M. (2005). What is journalism? Professional identity and ideology of journalists reconsidered. *Journalism*, *6* (4), 442–464.

Dieleman, S. (2014). Recommending music on Spotify with deep learning. *GitHub*, 5 August. Available at: https: //benanne.github.io/2014/08/05/spotify-cnns.html (accessed 21 January 2021).

D'Ignazio, C., & Klein, L. F. (2020). *Data feminism*. Cambridge, MA: MIT Press.

Dione, M. (2018). *White woman called out for racially targeting black men having BBQ in Oakland* [Video]. Available at: www.youtube.com/watch?v=Fh9D_PUe7QI&t=34s (accessed 21 January 2021).

Dobson, A. S. (2015). *Postfeminist digital cultures: Femininity, social media, and self-representation*. New York: Palgrave Macmillan.

Dobson, A. S. (2018). Sexting, intimate and sexual media practices, and social justice. In A. S. Dobson, N. Carah, & B. Robards (Eds.), *Digital intimate publics and social media* (pp. 93–110). London: Palgrave Macmillan.

Dobson, A. S., Carah, N., & Robards, B. (2018). Digital intimate publics and social media: Towards theorising public lives on private platforms. In A. S. Dobson, N. Carah, & B. Robards (Eds.), *Digital intimate publics and social media* (pp. 3–27). London: Palgrave Macmillan.

Duffy, B. E. (2017). *(Not) getting paid to do what you love: Gender, social media, and aspirational work*. New Haven, CT: Yale University Press.

Duffy, B. E., & Hund, E. (2015). 'Having it all' on social media: Entrepreneurial femininity and self-branding among fashion bloggers. *Social Media + Society*, *1* (2), 1–11.

Duffy, B. E., & Hund, E. (2019). Gendered visibility on social media: Navigating Instagram's authenticity bind. *International Journal of Communication*, *13* (20), 4983–5002.

Duffy, B. E., &Wissinger, E. (2017). Mythologies of creative work in the social media age: Fun, free, and 'just being me'. *International Journal of Communication*, *11* (20), 4652–4671. Durham-Peters, J. (1999). *Speaking into the air: A history of the idea of communication*. Chicago, IL: University of Chicago Press.

Durham-Peters, J. (2015). *The marvelous clouds: Toward a philosophy of elemental media*. Chicago, IL: University of Chicago Press.

Dyer, R. (1997). *White: Essays on race and culture*. London: Routledge.

Edstrom, M., &Ladendorf, M. (2012). Freelance journalists as a flexible workforce in mediaindustries. *Journalism Practice*, *6* (5/6), 711–721.

Ekbia, H., &Nardi, B. (2014). Heteromation and its (dis) contents: The invisible division of labor between humans and machines. *First Monday*, *19* (6).

Entman, R. M. (1993). Framing: Toward clarification of a fractured paradigm. *Journal of Communication*, *43* (4), 51–58.

Facebook. (2018). Hard questions: What information do Facebook advertisers know about me?

Facebook. Available at：https：//about.fb.com/news/2018/04/data-and-advertising/（accessed 21 January 2021）.

Facebook for Business.（2018）. The iconic：Increasing conversions and sales revenue with Facebook value optimisation. *Facebook for Business*. Available at：www.facebook.com/ business/success/ the-iconic（accessed 21 January 2021）.

Facebook for Business.（2020）. Facebook audience network. *Facebook*. Available at：www. facebook. com/business/marketing/audience-network（accessed 21 January 2021）.

Fadell，A.，Matsuoka，Y.，Sloo，D.，&Veron，M.（2018）. Smart-home automation system that suggests or autmatically implements selected household policies based on sensed observations. *Google*. Available at：https：//patents.google.com/patent/US 20160259308（accessed 21 January 2021）.

Feldman，L.（2008）. The news about comedy：Young audiences，*The Daily Show*，and evolving notions of journalism. *Journalism*，*8*（4），406–427.

Feldman，L.（2013）. Breaking boundaries| cloudy with a chance of heat balls：The portrayal of global warming on *The Daily Show and The Colbert Report. International Journal of Communication*，*7*，22.

Foster，R.（2008）. *Coca-globalisation*：*Following soft drinks from New York to New Guinea*. New York：Palgrave Macmillan.

Foucault，M.（1972）. *The archaeology of knowledge*. London：Tavistock.

Foucault，M.（1977）. *Discipline and punishment*. Harmondsworth：Penguin.

Frank，T.（1997）. *The conquest of cool*：*Business culture*，*counterculture*，*and the rise of hipconsumerism*. Chicago，IL：University of Chicago Press.

Friedberg，A.（1993）. *Window shopping*：*Cinema and the postmodern*. Berkeley，CA：University of California Press.

Friess，S.（2017）. Sprawling freelancer network pays dividends for *The Washington Post. Columbia Journalism Review*，27 January. Available at：www.cjr.org/business_of_news/ washington_post_ freelance_network.php（accessed 21 January 2021）.

Fuchs，C.（2012）. The political economy of privacy on Facebook. *Television & New Media*，*13*（2），139–159.

Funk，C.（1994）. The Committee on Public Information and the mobilization of public opinion in the United States during World War I：The effects on education and artists. *Journal of Social Theory in*

Art Education，*14*（1），120–147.

Funk，C.（2011）. Popular culture，art education，and the committee on public information during World War I，1915–1919. *Visual Arts Research*，*37*（1），67–78.

Galloway，A. R.（2006）. *Gaming*：*Essays on algorithmic culture*（Vol. 18）. Minneapolis，MN：University of Minnesota Press.

Gamson，W. A.，Croteau，D.，Hoynes，W.，& Sasson，T.（1992）. Media images and the social construction of reality. *Annual Review of Sociology*，*18*，373–393.

George，T.（2020）. We have been with the Bega Valley ppl at the showground for 5 days and they have welcomed us into their community... *Twitter*. Available at：https：//twitter.com/ tegangeorge/ status/1213285521461399553（accessed 21 January 2021）.

Gerlitz，C.，& Helmond，A.（2013）. The like economy：Social buttons and the data-intensive web. *New Media & Society*，*15*（8），1348–1365.

Gerrard，Y.（2018）. Beyond the hashtag：Circumventing content moderationon social media. *New Media & Society*，*20*（12），4492–4511.

Gershgorn，D.（2017）. The data that transformed AI research—and possibly the world. *Quartz*. Available at：https：//qz.com/1034972/the-data-that-changed-the-direction-of-ai- research-and-possibly-the-world/（accessed 21 January 2021）.

Ghostery.（2020）. About Rakuten LinkShare. *Ghostery*. Available at：https：//apps.ghostery. com/ apps/linkshare（accessed 21 January 2021）.

Gillespie，T.（2010）. The politics of 'platforms'. *New Media & Society*，*12*（3），347–364.

Gillespie，T.（2016）. Algorithm. In B. Peters（Ed.），*Digital keywords*：*A vocabulary of information*，*society and culture*（pp. 18–30）. Princeton，NJ：Princeton University Press.

Gillespie，T.（2018）. *Custodians of the Internet*：*Platforms*，*content moderation*，*and the hidden decisions that shape social media*. New Haven，CT：Yale University Press.

Gleick，J.（2011）. *The information*：*A history*，*a theory*，*a flood*. London：Vintage.

Goffman，E.（1959）. *The presentation of self in everyday life*. New York：Anchor Books.

Goldmacher，S.（2016）. Alex Jones says Trump called to thank him. *Politico*，November.Available at：www.politico.com/story/2016/11/trump-thanked-alex-jones-231329（accessed 21 January 2021）.

Gollmitzer，M.（2014）. Precariously employed watchdogs? Perceptions of working conditions among freelancers and interns. *Journalism Practice*，*8*（6），826–841.

Google（n.d.）AdSenseHelp.Google.Availableat：https：//support.google.com/adsense/?hl=en#topic=3373519.

Gorwa，R.（2019）. What is platform governance? *Information*，*Communication & Society*，*22*（6），854–871.

Gorwa，R.，Binns，R.，& Katzenbach，C.（2020）. Algorithmic content moderation：Technical and political challenges in the automation of platform governance. *Big Data & Society*, *7*(1), 1–15.

Govil，N.，& Baishya，A. K.（2018）. The bully in the pulpit：Autocracy，digital social media，and right-wing populist technoculture. *Communication*，*Culture & Critique*，*11*（1），67–84.

Graber，D.（2001）. Adapting political news to the needs of twenty-first century Americans. In W. L. Bennett & R. L. Entman（Eds.），*Mediated politics*：*Communication in the future of democracy*（pp. 433–452）. Cambridge：Cambridge University Press.

Gramsci，A.（1971）. *Selections from the prison notebooks*. London：Lawrence & Wishart.

Gregg，M.（2008）. The normalisation of flexible female labour in the information economy.*Feminist Media Studies*，*8*（3），285–299.

Gregg，M.（2011a）. *Work's intimacy*. Cambridge：Polity Press.

Gregg，M.（2011b）. Do your homework：New media，old problems. *Feminist Media Studies*，*11*（1），73–81.

Gregg，M.（2018）. *Counterproductive*：*Time management in the knowledge economy*.Durham，NC：Duke UniversityPress.

Grindr（2020）. About. *Grindr*. Available at：https：//www.grindr.com/about/.

Hackley，C.（2002）. The panoptic role of advertising agencies in the production of consumer culture. *Consumption*，*Markets and Culture*，*5*（3），211–229.

Hall，S.（1973）. *Encoding and decoding in television discourse*（Vol. *7*）. Centre for Cultural Studies，University of Birmingham or Hall，S.（1991）. *Culture*，*media*，*language*：*Working papers in cultural studies*，*1972–79*. London：Routledge.

Hall，S.（1980）. Encoding/decoding. In S. Hall，D. Hobson，A. Lowe，& P. Willis（Eds.），*Culture*，*media*，*language*（pp. 129–138）. London：Hutchinson.

Hall，S.（1981）. The determinations of news photographs' recurrence. In S. Cohen & J. Young（Eds.），*The manufacture of news*（pp. 147–156）. London：Constable.

Hall，S.（1983）. The problem with ideology：Marxism without guarantees. In B. Mathews（Ed.），*Marx*：*A hundred years on*（pp. 57–86）. London：Lawrence & Wishart.

Hall, S. (1996). Introduction: Who needs 'identity'? In S. Hall & P. Du Gay (Eds.), *Questions of cultural identity* (pp. 1–17). London: Sage.

Hall, S. (1997). *Representation: Cultural representations and signifying practices*. London: Sage.

Hall, S., Evans, J., & Nixon, S. (Eds.). (2013). *Representation: Cultural representations and signifying practices*. London: Sage.

Hallinan, B., & Striphas, T. (2016). Recommended for you: The Netflix Prize and the production of algorithmic culture. *New Media & Society*, *18* (1), 117–137.

Hameleers, M., Bos, L., & de Vreese, C. H. (2017). The appeal of media populism: The media preferences of citizens with populist attitudes. *Mass Communication and Society*, *20* (4), 481–504.

Hardt, M. (1999). Affective labor. *Boundary 2*, *26* (2), 89–100.

Hartley, J. (2010). *The uses of digital literacy*. New Brunswick, NJ: Transaction.

Harvey, D. (1989). *The condition of postmodernity*. Oxford: Blackwell.

Harwell, D. (2018). The Accent Gap. *The Washington Post*. Available at: https://www.washingtonpost.com/graphics/2018/business/alexa-does-not-understand-your-accent/ (accessed 21 January 2021).

Hasinoff, A. A. (2013). Sexting as media production: Rethinking social media and sexuality.*New Media & Society*, *15* (4): 449–465.

Hayles, N. K. (1999). *How we became posthuman: Virtual bodies in cybernetics, literature, and informatics*. Chicago, IL: University of Chicago Press.

HDCYT. (2007). Charlie bit my finger – again! *YouTube*. Available at: www.youtube.com/watch?v=_OBlgSz8sSM (accessed 21 January 2021).

Hearn, A. (2008). Meat, mask, burden: Probing the contours of the branded self. *Journal of Consumer Culture*, *8* (2), 197–217.

Hearn, A. (2010).Structuring feeling: Web2.0, online ranking and rating, and the digital 'reputation' economy. *Ephemera: Theory & Politics in Organisation*, *10* (3/4), 421–438.

Heath, J., & Potter, A. (2005). *The rebel sell: Why the culture can't be jammed*. Chichester: Capstone.

Helmond, A. (2015). The platformization of the web: Making web data platform ready. *Social Media + Society*, *1* (2), 1–11.

Helmond, A., Nieborg, D. B., & van der Vlist, F. N. (2019). Facebook's evolution:

Development of a platform-as-infrastructure. *Internet Histories*, *3* (2), 123–146.

Hesmondhalgh, D., & Baker, S. (2011). *Creative labor: Media work in three cultural industries*. London: Routledge.

Hoffmann, A. L., Proferes, N., & Zimmer, M. (2018). 'Making the world more open and connected': Mark Zuckerberg and the discursive construction of Facebook and its users. *New Media & Society*, *20* (1), 199–218.

Holland, A. (2018). Why Tony Abbott's appointment as indigenous envoy was a diplomatic blunder and policy failure. *The Conversation* [online]. Available at: https://theconversation.com/why-tony-abbotts-appointment-as-indigenous-envoy-was-a-diplomatic-blunder- and-policy-failure-106345 (accessed 12 March 2021).

Holt, D. (2002). Why do brands cause trouble? A dialectical theory of consumer culture and branding. *Journal of Consumer Research*, *29* (1), 70–90.

Holt, D. (2006). Jack Daniel's America: Iconic brands as ideological parasites and proselytizers. *Journal of Consumer Culture*, *6* (3), 355–377.

Holton, A. E. (2016). Intrapreneurial informants: An emergent role of freelance journalists. *Journalism Practice*, *10* (7), 917–927.

Humphreys, L. (2018). *The qualified self: Social media and the accounting of everyday life*. Cambridge, MA: MIT Press.

Huntington, H. E. (2016). Pepper Spray Cop and the American Dream: Using synecdoche and metaphor to unlock internet memes' visual political rhetoric. *Communication Studies*, *67* (1), 77–93.

Hurcombe, E., Burgess, J., & Harrington, S. (2021). What's newsworthy about 'social news'? Characteristics and potential of an emerging genre. *Journalism*, *22* (2), 378–394.

Ingold, D., & Soper, S. (2016). Amazon doesn't consider the race of its customers. Should it? *Bloomberg*. Available at: www.bloomberg.com/graphics/2016-amazon-same-day/ (accessed 12 March 2021).

Jamie. (2005). Guitar. *YouTube*. Available at: www.youtube.com/watch?v=QjA5faZF1A8 (accessed 原书有误，此处没有写完——译者注)

Jarrett, K. (2014). The relevance of 'women's work': Social reproduction and immaterial labor in digital media. *Television & New Media*, *15* (1), 14–29.

Jarrett, K. (2016). *Feminism, labour, and digital media: The digital housewife*. New York:

Routledge.

Jarvis, J. （2011）. *Public parts: How sharing in the digital age improves the way we work and live.* New York: Simon & Schuster.

Jay, M. （1973）. *The dialectical imagination.* London: Heinemann.

Jenkins, H. （2006）. *Convergence culture: Where old and new media collide.* New York: New York University Press.

Jenkins, H., Ford, S., & Green, J. （2018）. *Spreadable media: Creating value and meaning in a networked culture* （Vol. *15*）. New York: New York University Press.

Jhally, S. （1990）. *The codes of advertising: Fetishism and the political economy of meaning in the consumer society.* New York: Routledge.

Jhally, S., & Livant, B. （1986）. Watching as working: The valorization of audience consciousness. *Journal of Communication*, *36*（3）, 124–143.

Kanai, A. （2018）. *Gender and relatability in digital culture: Managing affect, intimacy andvalue.* New York: Springer.

Kanai, A. （2019）. On not taking the self seriously: Resilience, relatability and humour in young women's Tumblr blogs. *European Journal of Cultural Studies*, *22*（1）, 60–77.

Kantor, J. & Streitfield, D. （2015）. Inside Amazon: Wrestling big ideas in a bruising workplace. *The New York Times.* Available online: https://www.nytimes.com/2015/08/16/ technology/inside-amazon-wrestling-big-ideas-in-a-bruising-workplace.html （accessed 15 March 2021）.

Katz, E., &Lazarsfeld, P. F. （1966）. *Personal influence: The part played by people in the flow of mass communications.* New Brunswick, NJ: Transaction.

Kittler, F. （2010）. *Optical media.* London: Polity Press.

Kitzinger, J. （2000）. Media templates: Patterns of association and the （re）construction of meaning over time. *Media, Culture & Society*, *22*（1）, 61–84.

Klein, N. （2000）. *No logo: No space, no choice, no jobs: Taking aim at the brand bullies.* London: Flamingo.

Kofman, A., & Tobin, A. （2019）. Facebook ads can still discriminate against women and older workers, despite a civil rights settlement. *Pro Publica.* Available at: https://www.propublica.org/article/facebook-ads-can-still-discriminate-against-women-and-older- workers-despite-a-civil-rights-settlement （accessed 21 January 2021）.

Kreiss, D. （2016）. *Prototype politics: Technology-intensive campaigning and the data of democracy.*

Oxford：Oxford University Press.

Kreiss，D.，& McGregor，S. C.（2018）. Technology firms shape political communication：The work of Microsoft，Facebook，Twitter，and Google with campaigns during the 2016 US presidential cycle. *Political Communication*，*35*（2），155–177.

Laclau，E.，& Mouffe，C.（1985）*Hegemony and socialist strategy*. London：Verso.

Laipply，J.（2006）. Evolution of dance. *YouTube*. Available at：www.youtube.com/watch?v=dMH0bHeiRNg（accessed 21 January 2021）.

Langlois，G.（2013）. Participatory culture and the new governance of communication：The paradox of participatory media. *Television & New Media*，*14*（2），91–105.

Lanier，J.（2010）. *You are not a gadget*. New York：Random House Digital.

Lanier，J.（2013）. *Who owns the future?* New York：Simon & Schuster.

Lash，S.，& Urry，J.（1994）. *Economies of signs and space*. London：Sage.

Lasswell，H. D.（1948）. The structure and function of communication in society. In Bryson，L.（Ed.），*The communication of ideas*（pp. 37–51）. New York：The Institute for Religious and Social Studies.

Lauer，J.（2017）. *Creditworthy*：*A history of consumer surveillance and financial identity in America*. New York：Columbia University Press.

Lazzarato，M.（1996）. Immaterial labour. In M. Hardt & P. Virno（Eds.），*Radical thought in Italy*：*A potential politics*（pp. 133–147）. Minneapolis，MN：University of Minnesota Press.

Lears，J.（2009）. *Rebirth of a nation*：*The making of modern America*，*1877–1920*. New York：Harper Collins.

Leaver，T.，Highfield，T.，& Abidin，C.（2020）. *Instagram*：*Visual social media cultures*. London：Polity Press.

LeCavalier，J.（2016）. *The rule of logistics*：*Walmart and the architecture of fulfillment*. Minneapolis，MN：University of Minnesota Press.

Lecher，C.（2016）. Trump campaign using targeted Facebook posts to discourage black Americans from voting. *The Verge*，27 October. Available at：www.theverge.com/2016/10/27/13434246/donald-trump-targeted-dark-facebook-ads-black-voters（accessed 21 January 2021）.

Levett，D.（2019）. Instagram removing likes is about money，not mental health. *Mumbrella*. Available at：https：//mumbrella.com.au/instagram-removing-likes-is-about-money-not-mental-health-589970（accessed 21 January 2021）.

Lewis, T., & Potter, E. (2011). *Ethical consumption: A critical introduction*. London: Routledge.

Lim, G., Robards, B., & Carlson, B. (2020). Grindr is deleting its 'ethnicity filter'. But racism is still rife in online dating. The Conversation. Available at: https: //theconversation.com/ grindr-is-deleting-its-ethnicity-filter-but-racism-is-still-rife-in-online-dating-140077 (accessed 21 January 2021).

Lippmann, W. (1922). *Public opinion*. The Project Gutenberg Ebook. Available at: www. gutenberg. org/cache/epub/6456/pg6456-images.html (accessed 21 January 2021).

Lippmann, W. (1965). *Public opinion*. New York: Free Press.

Livingstone, S. (1998). Audience research at the crossroads: The 'implied audience' in media and cultural theory. *European Journal of Cultural Studies*, *1* (2), 193–217.

Livingstone, S. (2005). On the relationships between audiences and publics. In S. Livingstone (Ed.), *Audiences and publics: When cultural engagement matters for the public sphere* (pp. 17–42). Bristol: Intellect Books.

Livingstone, S. (2008).Taking risky opportunities in youthful content creation: Teenagers'use of social networking sites for intimacy, privacy and self-expression. *New Media &Society*, *10* (3), 393–411.

Livingstone, S. (2019). Audiences in an age of datafication: Critical questions for media research. *Television & New Media*, *20* (2), 170–183.

Livingstone, S. M. (1993). The rise and fall of audience research: An old story with a new ending. *Journal of Communication*, *43* (4), 5–12.

Lo, Dawn. (2020). How THE ICONIC uses data analytics to help customers buy what they really want. UNSW News Room, 30 March. Available at: https: //newsroom.unsw.edu.au/news/ business-law/how-iconic-uses-data-analytics-help-customers-buy-what-they- really-want (accessed 21 January 2021).

Lobato, R. (2019). *Netflix nations: The geography of digital distribution*. New York: New York University Press.

Lomas, N. (2017). I watched 1000 hours of YouTube Kids content and this is what happened... *TechCrunch*, 12 November. Available at: https: //techcrunch.com/2017/11/12/i-watched-1000-hours-of-youtube-kids-content-and-this-is-what-happened/ (accessed 21 January 2021).

Lotz, A. D. (2018). *We now disrupt this broadcast: How cable transformed television and the internet revolutionized it all*. Cambridge, MA: MIT Press.

Louw, P. E. (2010a). *Roots of the Pax Americana: Decolonization, development, democratization and trade.* Manchester: Manchester University Press.

Louw, P. E. (2010b). *The media and political process.* London: Sage.

Lukes, S. (1974). *Power: A radical view.* London: Macmillan.

Lunden, I., & Perez, J. (2016). Flipboard confirms it will get cut off from Instagram after the feed API ends this month. *TechCrunch*, 25 May. Available at: https: //techcrunch.com/2016/05/25/flipboard-confirms-it-will-get-cut-off-from-instagram-after-the-feed- api-ends-this-month/ (accessed 21 January 2021).

Lyon, D. (2011). *Surveillance studies: An overview.* Cambridge: Polity Press.

Maddox, J. (2019). Calling out racism for what it is: Internet memes, the oppositional gaze, and BBQ Becky. In L. Coleman & C. Campbell (Eds.), *Media, myth and millenials: Critical perspectives on race and culture.* Lexington, MA: Lexington Books.

Mann, J. L. (2018). What's your emergency? White women and the policing of public space.*Feminist Studies*, *44* (3), 766–775.

Marcuse, H. (1964). *One-dimensional man.* London: Routledge and Kegan Paul.

Markens, S., & Conrad, P. (2001). Constructing the 'gay gene' in the news: Optimism and skepticism in the US and British press. *Health*, *5* (3), 373–400.

Martens, M. (2011). Transmedia teens: Affect, immaterial labor, and user-generated content. *Convergence: The International Journal of Research into New Media Technologies*, *17* (1), 49–68.

Marwick, A. E. (2015). Instafame: Luxury selfies in the attention economy. *Public Culture*, *27* (1 (75)), 137–160.

Mathisen, B. R. (2017). Entrepreneurs and idealists: Freelance journalists at the intersection of autonomy and constraints. *Journalism Practice*, *11* (7), 909–924.

Mayer, V. (2011). *Below the line: Producers and production studies in the new television economy.* Durham, NC: Duke University Press.

Mayer-Schönberger, V., & Cukier, K. (2013). *Big data: A revolution that will transform how we live, work, and think.* Boston, MA: Houghton Mifflin Harcourt.

McCombs, M., & Shaw, D. (1972). Agenda-setting function of mass media. *Public OpinionQuarterly*, *36* (2), 176–187.

McGlotten, S. (2013). *Virtual intimacies: Media, affect and queer sociality.* Albany, NY: State

University of New York Press.

McGuigan, L. (2019). Automating the audience commodity: The unacknowledged ancestry of programmatic advertising. *New Media & Society*, *21* (11/12), 2366–2385.

McQuire, S. (2019). One map to rule them all? Google Maps as digital technical object. *Communication and the Public*, *4* (2), 150–165.

McRobbie, A. (2002). Clubs to companies: Notes on the decline of political culture in speeded up creative worlds. *Cultural Studies*, *16* (4), 516–531.

McRobbie, A. (2004). Post-feminism and popular culture. *Feminist Media Studies*, *4* (3), 255–264.

Media, Entertainment and Arts Alliance. (n.d.) *MEAA journalist code of ethics. Media Entertainment and Arts Alliance*. Available at: https: //www.meaa.org/meaa-media/code- of-ethics/ (accessed 21 January 2021).

Meese, J., & Hurcombe, E. (2020). Facebook, news media and platform dependency: The institutional impacts of news distribution on social platforms. *New Media & Society*, 1461444820926472.

Meier, L. M. (2011). Promotional ubiquitous musics: Recording artists, brands, and 'rendering authenticity'. *Popular Music and Society*, *34* (4), 399–415.

Mezzadra, S., & Neilson, B. (2019). *The politics of operations: Excavating contemporary capitalism*. Durham, NC: Duke University Press.

Millington, A. (2015). How Instagram's mobile ad revenue will overtake Google and Twitter. *Marketing Week*. Available at: https: //www.marketingweek.com/how-instagrams-mobile- ad-revenue-will-overtake-google-and-twitter/ (accessed 20 January 2021).

Mills, C. W. (1959). *The power elite*. Oxford: Oxford University Press.

Milner, R. M. (2016). *The world made meme: Public conversations and participatory media*. Cambridge, MA, and London: MIT Press.

Molla, R. (2020). Tech companies tried to help us spend less time on our phones. It didn'twork. *Vox*. Available at: www.vox.com/recode/2020/1/6/21048116/tech-companies-time-well-spent-mobile-phone-usage-data (accessed 21 January 2021).

Montfort, N., & Bogost, I. (2009) .*Racing the beam: The Atari video computer system*.Cambridge, MA: MIT Press.

Moor, E. (2003). Branded spaces: The scope of new marketing. *Journal of Consumer Culture*, *39*(3),

41–60.

Morley, D.（1993）. Active audience theory：Pendulums and pitfalls. *Journal of Communication*, *43*（3）, 13–18.

Morley, D.（2005）. *Family television*：*Cultural power and domestic leisure*. London：Routledge.

Morley, D., & Robins, K.（1995）. *Spaces of identity*：*Global media*, *electronic landscapes and cultural boundaries*. London：Routledge.

Morozov, E.（2011）. *The net delusion*：*The dark side of internet freedom*. New York：Public Affairs.

Muller, D., & Gawenda, M.（2010）. Ethical free-for-all over media access to the fire zone.*Media International Australia*, *137*, 71.

Napoli, P. M.（2010）. *Audience evolution*：*New technologies and the transformation of media audiences*. New York：Columbia University Press.

Napoli, P. M.（2015）. Social media and the public interest：Governance of news platforms in the realm of individual and algorithmic gatekeepers. *Telecommunications Policy*, *39*（9）, 751–760.

Napoli, P. M.（2016）. The audience as product, consumer, and producer in the contemporary media marketplace. In Lowe, G. F. & Brown, C.（Eds.）, *Managing media firms and industries*：*What's so special about media management?*（pp. 261–275）. London：Springer.

Napoli, P. M., & Caplan, R.（2017）. Why media companies insist they're not media companies, why they're wrong, and why it matters. *First Monday*. https：//doi.org/10.5210/ fm.v22i5.7051.

Newman, N., Fletcher, R., Kalogeropoulos, A., & Nielsen, R.（2019）. *Reuters Institute digital news report 2019*（Vol. *2019*）. Oxford：Reuters Institute for the Study of Journalism.

Newton, C.（2019）. YouTube's misinformation crisis was years in the making. *The Verge*, 18 April. Available at：www.theverge.com/interface/2019/4/18/18429735/youtube- misinformation-hate-speech-susan-wojcicki（accessed 21 January 2021）.

Nieborg, D. B., & Helmond, A.（2019）. The political economy of Facebook's platformization in the mobile ecosystem：Facebook Messenger as a platform instance. *Media*, *Culture & Society*, *41*（2）, 196–218.

Noble, S. U.（2013）. Google search：Hyper-visibility as a means of rendering black women and girls invisible. *InVisible Culture*, *19*. Available at：http：//ivc.lib.rochester.edu/ google-search-hyper-visibility-as-a-means-of-rendering-black-women-and-girls- invisible/（accessed 21 January 2021）.

Noble, S. U.（2018）. *Algorithms of oppression*：*How search engines reinforce racism*. New York：

New York Univrsity Press.

Noelle-Neumann, E.（1991）. The theory of public opinion: The concept of the spiral of silence. In J. A. Anderson（Ed.）, *Communication Yearbook 14*. Newbury Park, CA: Sage.

O'Donovan, J. A., Warzel, C., McDonald, L., Clifton, B., & Woolf, M.（2019）. We followed YouTube's recommendation algorithm down the rabbit hole. *Buzzfeed*. Available at: www.buzzfeednews.com/article/carolineodonovan/down-youtubes-recommendation-rabbithole（accessed 21 January 2021）.

O'Reilly, L.（2014）. Instagram publishes best practice guide for marketers. *Marketing Week*.Available at https://www.marketingweek.com/instagram-publishes-best-practice-guide-for-marketers/（accessed 21 January 2021）.

Oremus, W.（2020）. How Facebook could use Giphy to collect your data. *One Zero*. Available at: https://onezero.medium.com/how-facebook-could-use-giphy-to-collect-your-data-70824aa2647b（accessed 21 January 2021）.

Ouellette, L., & Hay, J.（2008）. *Better living through reality TV: Television and post-welfare citizenship*. Malden, MA: Blackwell.

Oxford English Dictionary（2020）. Medium, n. and adj. *Oxford English Dictionary Online*.Oxford: Oxford University Press.

Pariser, E.（2011）. *The filter bubble: What the internet is hiding from you*. London: Penguin.

Pasquinelli, M.（2020）. *The nooscope manifested: Artificial intelligence as instrument of knowledge extractivism*. Available at: http://nooscope.ai/（accessed 21 January 2021）.

Peck, A. M.（2014）. A laugh riot: Photoshopping as vernacular discursive practice. *International Journal of Communication*, *8*, 1638–1662.

Peck, J.（2008）. *The age of Oprah: Cultural icon for the neoliberal era*. Boulder, CO: Paradigm.

Perlin, R.（2012）. *Intern nation: How to earn nothing and learn little in the brave new economy*. London: Verso Books.

Petre, C.（2015）. *The traffic factories: Metrics at chartbeat, gawker media, and the* New York Times. New York: Tow Center for Digital Journalism, Columbia University. Available at: https://academiccommons.columbia.edu/doi/10.7916/D80293W1（accessed 21 January 2021）.

Phan, T.（2017）. The materiality of the digital and the gendered voice of Siri. *Transformations*, *29*, 23–33.

Phan, T.（2019）. Amazon Echo and the aesthetics of whiteness. *Catalyst: Feminism, Theory,*

Technoscience，*5*（1），1–38.

Pickard，V.（2019）. *Democracy without journalism? Confronting the misinformation society.* Oxford：Oxford University Press.

Plantin，J. C.，Lagoze，C.，Edwards，P. N.，& Sandvig，C.（2018）. Infrastructure studies meet platform studies in the age of Google and Facebook. *New Media & Society*，*20*（1），293–310.

Pollyanne，B（2016）. Smoky eye using the Urban Decay Naked 2 Pallette! Available at：https：// www.youtube.com/watch?v1/4FwkmuKBwg1E（accessed 18 December 2020）.

Popek，E.（2019）. What to do when your pitch gets stolen. *Medium*. Available at：https：// medium.com/@emily.farmer/what-to-do-when-your-pitch-gets-stolen-edc82b5fdde5（accessed 21 January 2021）.

Popper，B.（2015）. How Spotify's Discover Weekly cracked human curation at internet scale. *The Verge*，30 September. Available at：www.theverge.com/2015/9/30/9416579/spotify- discover-weekly-online-music-curation-interview（accessed 21 January 2021）.

Potter，E.（2011）. Drinking to live：The work of ethically branded bottled water. In T. Lewis & E. Potter（Eds.），*Ethical consumption：A critical introduction*（pp. 116–130）. London：Routledge.

Protalinski，E.（2012）. 600 million of Facebook's 1 billion users are mobile. *The Next Web*. Available at：https：//thenextweb.com/facebook/2012/10/04/facebook-now-has-600-million- monthly-active-mobile-users/（accessed 21 January 2021）.

Race，K.（2015）. 'Party and play'：Online hook-up devices and the emergence of PNP practices among gay men. *Sexualities*，*18*（3），253–275.

Redondo，I.，& Aznar，G.（2018）. To use or not to use ad blockers? The roles of knowledge of ad blockers and attitude toward online advertising. *Telematics and Informatics*，*35*（6）.

Rentschler，C. A.，& Thrift，S. C.（2015）. Doing feminism in the network：Networked laughter and the 'Binders Full of Women' meme. *Feminist Theory*，*16*（3），329–359.

Rid，T.（2016）. *Rise of the machines：A cybernetic history*. New York：W. W. Norton & Co.

Ridge-Newman，A.（2018）. Reporting the road to Brexit：The EU referendum and the media. In A. Ridge-Newman, F. León-Solís& H. O'Donnell H.(Eds.), *Reporting the road to Brexit*(pp. 3–21). London：Palgrave Macmillan.

Rigby，B.（2020）. 10 Daily to close this Friday. *Mumbrella*. Available at：https：//mumbrella.com.au/10-daily-to-close-this-friday-628420（accessed 21 January 2021）.

Roberts, D. (2020). YouTube has a big climate misinformation problem it can't solve. *Vox*, 26 January. Available at: www.vox.com/energy-and-environment/2020/1/26/21068473/youtube-climate-change-misinformation-epistemic-crisis (accessed 21 January 2021).

Roberts, S. T. (2019). *Behind the screen: Content moderation in the shadows of social media*.New Haven, CT: Yale University Press.

Rodino-Colocino, M., & Berberick, S. N. (2015). 'You kind of have to bite the bullet and do bitch work': How internships teach students to unthink exploitation in public relations.*tripleC: Communication, Capitalism & Critique*, *13* (2), 486–500.

Roose, K. (2019). The making of a YouTube radical. *The New York Times*, 8 June. Available at: www.nytimes.com/interactive/2019/06/08/technology/youtube-radical.html?smid=nytcore-ios-share (accessed 21 January 2021).

Rossiter, N. (2016). *Software, infrastructure, labor: A media theory of logistical nightmares*.New York: Routledge.

Roth, L. (2013).The fade out of Shirley, a once-ultimatenorm: Colour balance, image technologies and cognitive equity. In R. Hall (Ed.), *The melanin millennium: Skin color as the 21st century international discourse* (pp. 273–286). New York: Springer.

Sandvig, C. (2015). The Internet as the anti-television: Distribution infrastructure as culture and power. In L. Parks & N. Starosielski (Eds.), *Signal Traffic: Critical Studies of Media Infrastructures* (pp. 225–245). Urbana, IL: University of Illinois Press.

Schramm, W. (1949). The gatekeeper: A memorandum. In W. Schramm (Ed.), *Mass Communications* (pp. 175–177). Urbana, IL: University of Illinois Press.

Schwartz, M. (2013). Opportunity costs: The true price of internships. *Dissent*, *60* (1), 41–45.

Seaton, J. (2016). Brexit and the media. *The Political Quarterly*, *87* (3): 333–337.

Seel, P. (2012). *Digital universe: The global telecommunication revolution*. Chichester: Blackwell-Wiley.

Seiff, A. (2018). Freelancers are precarious: When should they push back? *Columbia Journalism Review*. Available at: www.cjr.org/analysis/washington-post-twitter-apology.php (accessed 21 January 2021).

Senft, T. M. (2008). *Camgirls: Celebrity and community in the age of social networks* (Vol. *4*). New York: Peter Lang.

Senft, T. M. (2012). *Hating Habermas: On exhibitionism, shame & life on the actually existing internet*. Available at：www.academia.edu/7989480/Hating_Habermas_On_Exhibitionism_Shame_and_Life_on_the_Actually_Existing_Internet （accessed 21 January 2021）.

Senft，T. M.，& Baym，N. K. （2015）. What does the selfie say? Investigating a global phenomenon. *International Journal of Communication*，*9*（Feature），1588–1606.

Shannon，C. E. （1948）. A mathematical theory of communication. *The Bell System Technical Journal*，*27*（3），379–423.

Sherwood，M.，& O'Donnell，P. （2018）. Once a journalist，always a journalist? Industry restructure，job loss and professional identity. *Journalism Studies*，*19*（7），1021–1038.

Shu，C. （2017）. Instagram opens its shoppable posts feature to retailers on Bigcommerce's platform. *TechCrunch*，2 October. Available at：https：//techcrunch.com/2017/10/02/ instagram-opens-its-shoppable-posts-feature-to-retailers-on-bigcommerces-platform/（accessed 21 January 2021）.

Silverstone，R.（1994）. *Television and everyday life*. London：Routledge.

Smith，A.，Toor，S.，& van Kessel，P. （2018）. Many turn to YouTube for children's content，news，how-to lessons. *Pew Research*，7 November. Available at：www.pewresearch.org/internet/2018/11/07/many-turn-to-youtube-for-childrens-content-news-how-to-lessons/ （accessed 21 January 2021）.

Smythe，D. （1981）. *Dependency road*：*Communications*，*capitalism*，*consciousness and Canada*. Norwood，NJ：Ablex.

Soley，L. C.（1992）. *The newsshapers*：*The sources whoexplain the news*.Westport，CT：Praeger.

Spilsbury，M. （2016）. *Exploring freelance journalism*：*Report for the National Council for the Training of Journalists*. London：National Council for the Training of Journalists. Available at：www.nctj.com/downloadlibrary/EXPLORING%20FREELANCE%20JOURNALISM%20 FINAL.pdf（accessed 21 January 2021）.

Srnicek，N. （2016）. *Platform capitalism*. Oxford：Polity Press.

Stempfhuber，M.，& Liegl，M. （2016）. Intimacy mobilized：Hook-up practices in the location-based social network Grindr. *Österreichische Zeitschrift für Soziologie*，*41* （1），51–70.

Streitfeld，D. （2017）. 'The internet is broken'：@ev is trying to salvage it. *The New York Times*，20 May. Available at：www.nytimes.com/2017/05/20/technology/evan-williams-medium-twitter-internet.html?_r=0 （accessed 21 January 2021）.

Streitz，M.，& Tynan，R. （2016）. Are ad-blockers killing the media? Speigel Online's Matthias Streitz in a head-to-head debate with Privacy International's Richard Tynan. *Index on Censorship*，

45（2），78–80. https：//doi.org/10.1177/0306422016657033.

Striphas，T. （2015）. Algorithmic culture. *European Journal of Cultural Studies*，*18*（4/5），395–412.

Sunstein，C. R. （2001）. *Echo chambers：Bush v. Gore，impeachment，and beyond.* Princeton，NJ：Princeton University Press.

Swant，M. （2015）. Instagram floods the newsfeed. *Adweek*，*56*，11.

Sweney，M. （2020）. BuzzFeed pulls plug on UK and Australian news operations. *The Guardian*，13 May. Available at：www.theguardian.com/media/2020/may/13/buzzfeed-pulls-plug-on-uk-and-australian-news-operations （accessed 21 January 2021）.

Systrom，K.，& Cole. A. （2020）. Method for selectively advertising items in an image. United States Patent Office. Available at：https：//patents.google.com/patent/US 20140279039A1/en （accessed 21 January 2021）.

Taylor，T. D. （2007）. The changing shape of the culture industry; or，how did electronicamusic get into television commercials? *Television & New Media*，*8*（3），235–258.

Taylor，T. L. （2018）. *Watch me play：Twitch and the rise of game live streaming.* Princeton，NJ：Princeton University Press.

Terranova，T. （2000）. Free labor：Producing culture for a digital economy，*Social Text*，*18*（2），33–58.

Teurlings，J. （2010）. Media literacy and the challenges of contemporary media culture：On savvy viewers and critical apathy. *European Journal of Cultural Studies*，*13*（3），359–373.

The Betoota Advocate. （2020a）. *About Us – The Betoota Advocate* [online]. Available at：www.betootaadvocate.com/about-us/ （accessed 21 January 2021）.

The Betoota Advocate. （2020b）. *Ep 114：Wild Black Women* [podcast]. The Betoota Interview Podcast. Available at：www.betootaadvocate.com/betoota-podcast/ （accessed 21 January 2021）.

The Mix.（2018）. [TV programme]. Sydney，NSW：Australian Broadcasting Corporation. Thompson，C. J.，&Arsel，Z. （2004）. The Starbucks brandscape and consumers' （anticorporate） experiences of glocalization. *Journal of Consumer Research*，*31*（3），631–642.

Thompson，J. B. （1995）. *The media and modernity：A social theory of the media.* Redwood City，CA：Stanford University Press.

Thwaites，T.，Davis，L.，& Mules，W. （2006）. *Introducing cultural and media studies：Asemiotic approach.* London：Palgrave.

Tiidenberg, K. （2015）. Selfies| Odes to heteronormativity：Presentations of femininity in Russian-speaking pregnant women's Instagram accounts. *International Journal of Communication*, *9*（13）, 1746–1758.

Tinder. （2020）. Guidelines. *Tinder*. Available at：www.gotinder.com/community-guidelines（accessed 21 January 2021）.

TRIBE. （2020）. Influencers. *TRIBE*. Available at：www.tribegroup.co/influencers （accessed 21 January 2021）.

Trottier, D. （2011）. Mutual transparency or mundane transgressions? Institutional creeping on Facebook. *Surveillance & Society*, *9*（1/2）, 17–30.

Tuchman, G. （1978）. *Making news*. New York：Free Press.

Turkle, S. （1997）. Multiple subjectivity and virtual community at the end of the Freudian century. *Sociological Inquiry*, *67*（1）, 72–84.

Turner, F. （2009）. Burning Man at Google：A cultural infrastructure for new media production. *New Media & Society*, *11*（1/2）, 73–94.

Turner, G. （2003）. *British cultural studies*：*An introduction*. London：Routledge.

Turner, G. （2010）. *Ordinary people and the media*. London：Sage.

Turow, J. （1997）. *Breaking up America*：*Advertisers and the new media world*. Chicago, IL：University of Chicago Press.

Turow, J. （2011）. *The daily me*：*How the advertising industry is defining your identity and your worth*. New Haven, CT：Yale University Press.

Urry, J. （1990）. The end of organised capitalism. In S. Hall & M. Jacques （Eds.）, *New Times*（pp. 94–102）. London：Verso.

Ursell, G. （2000）. Television production：Issues of exploitation, commodification and subjectivity in UK television labour markets. *Media*, *Culture & Society*, *22*（6）, 805–825.

US Bureau of Labor Statistics （2019）. May 2019 Occupation Profiles. *United States Department of Labor*. Available at：https：//www.bls.gov/oes/current/oes_stru.htm#27- 0000 （accessed 21 January 2021）.

Vaidhyanathan, S. （2018）. *Antisocial media*：*How Facebook disconnects us and undermines democracy*. Oxford：Oxford University Press.

van der Nagel, E. （2018）. 'Networks that work too well'：Intervening in algorithmic connections. *Media International Australia*, *168*（1）, 81–92.

van Dijck，J. （2009）. Users like you? Theorizing agency in user-generated content. *Media*，*Culture & Society*，*31*（1），41–58.

van Dijck，J. （2013）. *The culture of connectivity*：*A critical history of social media*. Oxford：Oxford University Press.

van Dijck，J.，Poell，T.，& De Waal，M. （2018）. *The platform society*：*Public values in a connective world*. Oxford：Oxford University Press.

van Zoonen，L. （1998）. A day at the zoo：Political communication，pigs and popular culture. *Media*，*Culture & Society*，*20*（2），183–200.

Villa，L. （2019）. Rep. Rashida Tlaib says House Democrats will 'impeach the motherfucker'. *Buzzfeed*. Available at：www.buzzfeednews.com/article/lissandravilla/rashida-tlaib-trump-impeachment-comments （accessed 21 January 2021）.

Waisbord，S. （2018）. The elective affinity between post-truth communication and populist politics. *Communication Research and Practice*，*4*（1），17–34.

Wark，M. （2019）. *Capital is dead*：*Is this something worse?* London：Verso.

Washington Post. （2020）. Talent network. *The Washington Post*. Available at：https：// talentnetwork.washingtonpost.com/ （accessed 21 January 2021）.

Weber，M. （1978）. *Economy and society*：*An outline of interpretive sociology*. Berkeley，CA：University of California Press.

Webster，J. G. （2014）. *The marketplace of attention*：*How audiences take shape in a digital age*. Cambridge，MA：MIT Press.

West，E. （2019）. Amazon：Surveillance as a service. *Surveillance & Society*，*17*（1/2），27–33.

White，D. （1950）. The 'gatekeeper'：A case study in the selection of news. *Journalism Quarterly*，*41*，383–370.

Wiener，N. （1989 [1950]）. *The human use of human beings*：*Cybernetics and society*. London：Free Association Books.

Wikström，P. （2020）. *The music industry*：*Music in the cloud*. Chichester：John Wiley & Sons.

Wilken，R.，Burgess，J.，& Albury，K. （2019）. Dating apps and data markets：A political economy of communication approach. *Computational Culture*，*7*，1–26.

Williams，G. （1960）. Gramsci's concept of 'Egemonia'. *Journal of the History of Ideas*，*4*，586–599.

Winston，B. （1985）. A whole technology of dyeing：A note on ideology and the apparatus of the chromatic moving image. *Daedalus*, *114* (4), 105–105.Available at: http: //search. proquest. com/docview/60733273/ (accessed 21 January 2021).

Wood, H., & Skeggs, B. (Eds.) (2011). *Reality television and class*. London: Palgrave Macmillan.

YouTube. (2019). The Four Rs of Responsibility, Part 2: Raising authoritative content and reducing borderline content and harmful misinformation. *YouTube*, December. Available at: https: //youtube.googleblog.com/2019/12/the-four-rs-of-responsibility-raise-and-reduce. html (accessed 21 January 2021).

Žižek, S. (1989) The sublime object of ideology. New York: Verso.

Žižek, S. (1999) The ticklish subject. New York: Verso.

Zuboff, S. (2015). Big other: Surveillance capitalism and the prospects of an information civilization. *Journal of Information Technology*, *30* (1), 75–89.

Zwick, D., & Knott, J. (2009). Manufacturing customers: The database as a new means of production. *Journal of Consumer Culture*, *9* (2), 221–247.

Zwick, D., Bonsu, S., & Darmody, A. (2008). Putting consumers to work: 'Co-creation' and new marketing govern-mentality. *Journal of Consumer Culture*, *8* (2), 163–197.

索　引

（索引中所有页码均为原书页码，即本书边码）

图表用粗体页码表示。页码后面的字母“b”代表延伸阅读部分的书目信息。

A

B

C

D

E

F

G

H

I

J

K

L

M

N

O

P

Q

R

S

T

U

V

W

Y

Z